U0906524

美国的没落

The Decline of the United States

张文木 著

山东人民出版社·济南
国家一级出版社 全国百佳图书出版单位

图书在版编目（CIP）数据

美国的没落 / 张文木著. —济南 ：山东人民出版社，2023.8

ISBN 978-7-209-13903-8

Ⅰ. ①美… Ⅱ. ①张… Ⅲ. ①政治—研究—美国
Ⅳ. ①D771.2

中国版本图书馆 CIP 数据核字(2022)第 208303 号

美国的没落

MEIGUO DE MOLUO

张文木　著

主管单位　山东出版传媒股份有限公司
出版发行　山东人民出版社
出 版 人　胡长青
社　　址　济南市市中区舜耕路 517 号
邮　　编　250003
电　　话　总编室（0531）82098914
　　　　　市场部（0531）82098027
网　　址　http：//www. sd - book. com. cn
印　　装　山东临沂新华印刷物流集团有限责任公司印装
经　　销　新华书店

规　　格　16 开（169mm ×239mm）
印　　张　21.5
字　　数　340 千字
版　　次　2023 年 8 月第 1 版
印　　次　2023 年 8 月第 1 次
ISBN 978-7-209-13903-8
定　　价　88.00 元

如有印装质量问题，请与出版社总编室联系调换。

自　序

好理论应当回答时代问题

一、学问具有实践品格

好的理论要回答时代问题，要做到这一点，就要坚持实事求是，走自己的路。

坚持实事求是，是中国共产党从长期实践中总结出的重要经验。在中国新民主主义革命的时候，我们曾经以苏联为样板，结果大片大片地丢掉了根据地，这说明在革命中全盘“苏化”是不行的；同样的道理，在今天改革开放中，全盘“美化”即以美国为样板，也是要出事的。只有实事求是才能走得远，中国能够走到今天并取得如此巨大的成就，遵循的就是四个字——“实事求是”。我在做研究的时候，对这一点体会最深。

在我看来，实事求是有两个基本点，一个是唯物论，一个是辩证法。唯物论的出发点就是人得吃饭，辩证法的出发点就是人的能力是有底线和极限的，过了就会走向反面。国家与人一样也是有生命的，也有“吃饭”的问题和能力的底线与极限的问题，既不能“饿死”，也不能“撑死”。国家发展需要消耗资源，这是唯物论，也是我们思考问题的出发点。同时国家都有力量极限，过了这个极限，国家就会走向衰落。这是今天美国走向没落的除制度因素外的重要原因。由此我提出“大国崛起于地区性守成，消失于世界性扩张”的命题，这是符合辩证唯物主义的命题。

国家战略本质上是让国家长治久安的学问，而不是让国家为了短期利益或一时义气而拼命的学问。毛泽东同志说：“‘灭此朝食’的气概是好的，‘灭此朝食’的具体计划是不好的。”[①] 这就是说，拼命只是战役层面上的事，绝不能将它上升到战略，尤其是国家战略层面。毛泽东在《论持久战》中提出“赌国家命运的战略决战应根本避免”，“拼国家命运的战略的决战则根本不干”[②] 的原则。由于坚持了这一原则，积小胜为大胜，以时间换空间，中国最终赢得了抗日战争的全面胜利。以前英国的麦金德及后来美国的凯南、布热津斯基等为自己的国家提供了一整套导致国家为争地盘而疲于奔命的战略[③]，结果他们的国家生生被麦克阿瑟、拉姆斯菲尔德之类的“愤青”将军放倒。今天美国的军工生产已开足马力[④]，大批量的产品需要战争打开销路。此时美国的敌人就是时间与和平。因此，在当前中美战略博弈中，一切李立三式的“饮马长江”、一赌国运的思路都是不利于中国而有利于美国的。我们的目标是实现祖国统一而不是其他，在当前，解决台湾问题是推进中华民族伟大复兴进程中的重大历史任务，是主要矛盾的主要方面。

学问是用来解决问题的，解决问题必须带着“刀子”即工具。治学的

① 毛泽东：《中国革命战争的战略问题》(1936 年 12 月)，《毛泽东选集》第 1 卷，人民出版社 1991 年版，第234 页。

② 毛泽东：《论持久战》(1938 年 5 月)，《毛泽东选集》第 2 卷，人民出版社 1991 年版，第 506～507 页。

③ 参见张文木：《“麦金德悖论”与英美霸权的衰落——基于中国视角的经验总结》，《国际关系学院学报》2012 年第 5 期；张文木：《大失败——布热津斯基的战略理论及其历史地位》，《世界经济与政治》2017 年第 6 期。

④ 2016～2019 年，美国国防投资增长从－0.6％飙升到 5.6％。参见国家统计局信息中心编：《世界经济运行报告》，中国统计出版社 2019 年版、2020 年版、2021 年版、2022 年版，第 194、218、238、230 页。

目的是把学问变成“刀子”，如果把“刀子”研究成所谓的“学问”，这样的治学就失败了。现在学界有些人“言必称希腊”，都是把“刀子”变成学问了，仅靠“之乎者也”是解决不了问题的。要坚持问题意识，解决问题是治学的正确导向。北宋时期的文化人就是把“刀子”变成了“无问西东”的学问，于是就有了导致北宋覆灭的“靖康之难”[①]。王明把马列主义变成学问教条，李德更是在军事上搞“拼国家命运的战略的决战”，结果才有了湘江战役中的重大损失。当时我们出发时的八万多中央红军，突围后就剩三万多人了。挫折使我们党再次找到毛泽东。毛泽东是善于将学问变成解决问题的“刀子”的共产党人。为此，他还为延安整风写了篇著名的文章，题目就是《改造我们的学习》，他在这篇文章中说：

> 不论是近百年的和古代的中国史，在许多党员的心目中还是漆黑一团。许多马克思列宁主义的学者也是言必称希腊，对于自己的祖宗，则对不住，忘记了。认真地研究现状的空气是不浓厚的，认真地研究历史的空气也是不浓厚的。
>
> 其次说到学习国际的革命经验，学习马克思列宁主义的普遍真理。许多同志的学习马克思列宁主义似乎并不是为了革命实践的需要，而是为了单纯的学习。所以虽然读了，但是消化不了。只会片面地引用马克思、恩格斯、列宁、斯大林的个别词句，而不会运用他们的立场、观点和方法，来具体地研究中国的现状和中国的历史，具体地分析中国革命问题和解决中国革命问题。这种对待马克思列宁主义的态度是非常有害的，特别是对于中级以上的干部，害处更大。[②]

---

① 靖康之难，亦称“靖康之祸”“靖康之变”，是历史上发生于北宋年间的著名事件。靖康元年闰十一月（1127 年 1 月），金军攻破东京（今河南开封），俘虏了宋徽宗、宋钦宗父子及大量赵氏皇族、后宫妃嫔与贵卿、朝臣等数千人，押解北上，东京城中公私蓄积为之一空。这次事件导致了北宋的灭亡。

② 毛泽东：《改造我们的学习》（1941 年 5 月 19 日），《毛泽东选集》第 3 卷，人民出版社 1991 年版，第 797 页。

马列主义是具有实践品格的，学问本质也是具有实践品格的。黑格尔说“国家不是艺术品”[①]，也是这个意思。

二、“改造我们的学习”

好学问决不能“无问西东”，它一定是有指向的。研究美国的问题是为了解决当下中国的问题，是为了推进党的“两个一百年”奋斗目标和中华民族的伟大复兴。我们拒绝“言必称希腊”是对的，但前提是要扎扎实实地去把中国问题解决好；我们要解决好中国问题就必须准确地认识美国。

在这方面，光有批评或否定而没有建设是不行的。我们既要识别并反对敌人用虚无主义解释我们的历史，同时也要警惕我们一些同志——可能出于好意——用虚无主义解释敌人的历史。用虚无主义反对虚无主义、用唯心论反对唯心论，正如用空气打空气、用棉花打棉花一样，效果是无力的，在政治上是不成熟的，结果更是有害的，这种不成熟的意识形态斗争方式对于苏联的解体要负很大的责任。因此，不唯上，只唯实，用马列主义观察问题，坚持唯物论、辩证法，形成融合实事求是、中国道路和中国学风于一体的战略理论体系，对于我们的事业是有益的。

恩格斯说：“否定不是简单地说不，或宣布某一事物不存在，或用任何一种方法把它消灭。”[②] 黑格尔也说：“凡是现实的都是合乎理性的。”[③] 这就是说，说不出昨天美国存在的进步性（合理性）即“真老虎”的方面，就说不准今天美国的没落性即“纸老虎”的本质。一味批评与一味赞扬一样，都是无力的。否定的前提是肯定，反之亦然。因此，本书对美国的批

---

① ［德］黑格尔：《法哲学原理》，范扬、张企泰译，商务印书馆 2009 年版，第 259 页。

② 恩格斯：《反杜林论》，《马克思恩格斯选集》第 3 卷，人民出版社 1972 年版，第 181 页

③ ［德］黑格尔：《法哲学原理・序言》，范扬、张企泰译，商务印书馆 1961 年版，第 11 页。

判，恰恰是从美国诞生的合理处开始的。肯定即否定。[1] 缺点是优点的过度使用。肯定和否定都应当是唯物辩证的存在，这样得出的结论才可能有说服力。

迄今为止的西方战略理论特别是地缘战略理论，大部分是为帝国主义扩张服务的，实际上这也是导致美西方国家的战略理论失败的原因。历史上搞帝国的国家大都没什么好结果。西方的地缘政治理论，从麦金德到布热津斯基，都在无节制地推动国家的扩张，这使得一个又一个帝国垮掉。如果我们在这方面不加批判地学习他们的战略理论，用“言必称希腊”的态度构建中国的战略理论，那么一个一个倒下的西方帝国的结局就是前车之鉴。所以我们要对西方的战略理论进行批判性的改造，即在把“婴儿”留下来的前提下，再倒掉“洗澡水”。

改造西方理论是为了发展我们自己，在这方面，唯物论、辩证法，一个都不能少。具体来说就是：有多少资源做多大的事，有多少干粮走多远的路。有了这个思想，地缘政治理论就有了中国化的逻辑起点，“环球同此凉热”的理想的实践就有了哲学归宿。1935 年 10 月，毛泽东在《念奴娇·昆仑》一词中说：“而今我谓昆仑，不要这高，不要这多雪。安得倚天抽宝剑，把汝裁为三截？一截遗欧，一截赠美，一截还东国。”这是毛泽东“不称霸”思想诗化的表述。目标与资源相匹配是我考虑中国地缘政治理论的一个基本视角，也是我分析美国没落的基本视角。跟身体一样，有多大体力扛多重的活儿。许多国家，比如第二次世界大战前的德国、日本等以及今天的美国，都是被自己制定的超出自己能力的目标打倒的。除了制度的天生缺陷，目标设计不当即支出远远大于摄入，是导致包括美国在内的近现代帝国衰落的重要原因。

---

① 斯宾诺莎：“规定即否定。”转引自马克思：《〈政治经济学批判〉导言》，《马克思恩格斯选集》第 2 卷，人民出版社 1972 年版，第 93 页。马克思此处援引的斯宾诺莎的命题是采用黑格尔的解释。

但衰落毕竟不是没落，衰落是政策不当造成的，而没落则是制度自身不可弥补的缺陷造成的；衰落的国家调整政策后还可以复兴，而没落的国家则意味着国家生命已行将就木。本书就是从国力和制度两个层面研究美国的没落问题的。

列宁说："资本家瓜分世界，并不是因为他们的心肠特别毒辣，而是因为集中已经达到这样的阶段，使他们不得不走上这条获取利润的道路。"[①]也就是说，资本主义制度使西方不得不走向帝国扩张并走向没落；同样的道理，一个生气勃勃的美国今天进入末途，也不是资本家"心肠特别毒辣"，而是美国人建立的这类绝对资本主义制度使然。美国人太热爱自由了，以致将自由绝对化，结果由"自由"造成的制度反而成了打倒美国自由的力量：为自由而挣脱欧洲，为捍卫和巩固革命得来的自由成果又将自由绝对化，结果绝对自由及建立其上的片面信仰又将自由葬送。这样的结局确实需要今天的美国人乃至新成长起来的中国青年反思。20 世纪初，列宁在《帝国主义是资本主义的最高阶段》一书中对处于"最高阶段"的资本主义及其运行规律进行了深刻的分析并得出了相应的结论，那么，对于 21 世纪初处于"没落阶段"的资本主义及其运行规律，我们仍需要作出我们的分析并得出相应的结论，这是时代对中国学者提出的要求，这当然就是本书的应有之义。

三、今天的学问要有新时代的担当

我常想，中国共产党带领人民在 21 世纪前半叶进行的伟大实践，在 22 世纪的孩子眼中将是怎样的，会不会被今天的某些"言必称希腊"和忘

---

① 列宁:《帝国主义是资本主义的最高阶段》,《列宁选集》第 2 卷,人民出版社 1972 年版,第 795 页。

记祖宗的学者们带错了节奏？我们这一代学者需要用自己的笔正确反映这个时代的本质。黑格尔说得好：

> 公共舆论中有一切种类的错误和真理，找出其中的真理乃是伟大人物的事。谁道出了他那个时代的意志，把它告诉他那个时代并使之实现，他就是那个时代的伟大人物。他所做的是时代的内心东西和本质，他使时代现实化。谁在这里和那里听到了公共舆论而不懂得去藐视它，这种人决做不出伟大的事业来。①

伟大的新时代呼唤伟大的事业。今天的知识分子的伟大事业就是认真研究并正确反映这个时代的意志和本质。伟大的时代不一定需要有武功，但一定要配之以文治。② 汉武帝和司马迁共存的汉朝才是完整的。因此，担起司马迁“究天人之际，通古今之变，成一家之言”③ 的使命，深刻地反映我们这个时代，是今天知识分子必须担当的崇高使命。22 世纪的人认识 21 世纪中国特色社会主义的高度，取决于我们这一代知识分子反映这个时代的深度，如果不能把这个时代准确地反映出来，那我们就辜负了我们的时代和中华民族伟大复兴的事业。

总之，今天人们不能回避，当然也是本书直面的“时代问题”就是美国的没落。今天的美国比较集中地体现了列宁的帝国主义理论所揭示出的腐朽性、垂死性，并在当前表现出任性、凶恶和残酷的特征。我们会发现，

---

① ［德］黑格尔：《法哲学原理》，范扬、张企泰译，商务印书馆 2009 年版，第 334 页。

② 1939 年 12 月 1 日，毛泽东在《中共中央关于吸收知识分子的决定》中指出：“在长期的和残酷的民族解放战争中，在建立新中国的伟大斗争中，共产党必须善于吸收知识分子，才能组织伟大的抗战力量，组织千百万农民群众，发展革命的文化运动和发展革命的统一战线。没有知识分子的参加，革命的胜利是不可能的。”中共中央文献研究室编：《毛泽东年谱（1893～1949）》中卷，中央文献出版社 2013 年版，第 147 页。

③ ［西汉］司马迁：《报任安书》，阙勋吾、许凌云、张孝美等译注：《古文观止》上，湖南人民出版社 1982 年版，第 341 页。

美国没落的不是一个国家，而是我们曾经历过的一种文明。中国快速发展反映的也不是一个国家的简单上升，而是已经出现在世界人民视野中的“人类文明新形态”。

最后，在读者阅读本书之前，笔者需要特别说明的是：本书所提到的“美国”概念有特定含义，它是指作为帝国的“美国”，而不是作为民族国家的“美国”。毛泽东在谈到美国的反动性时总是用“美帝国主义”的概念，他始终是将“美国人民”与“美帝国”区分开来的[①]，这是列宁主义的语境。笔者在本书的题目及全书的论述中都是在这个语境中使用“美国”这个概念的。

---

① 1961年8月18日，毛泽东在杭州会见巴西友人，谈到美国时说：“我说的美国人，指的是美国政府、垄断资本，不是讲美国人民，美国垄断资本不仅对中国人民不友好，对世界各国人民也是不友好的。它不仅压迫社会主义国家，也压迫民族主义国家或争取民族独立的人民。”在谈到中国和巴西的关系时，毛泽东说：“现在障碍只有美帝国主义。”在谈到巴西发展时，毛泽东说：“为什么北美能有一个美国，南美就不能有一个‘美国’，我讲的不是帝国主义，是讲经济、文化上强大的巴西。”（中共中央文献研究室编：《毛泽东年谱（1949～1976）》第5卷，中央文献出版社2013年版，第9页。）1965年11月25日，毛泽东在接见外宾时说：“我们反对美国帝国主义，只是限于反对帝国主义分子，一定要把美国帝国主义分子同美国人民划分清楚。现在美国人民起来反对他们政府的侵略政策，我们表示高兴，表示欢迎。”（中共中央文献研究室编：《毛泽东年谱（1949～1976）》第5卷，中央文献出版社2013年版，第543页。）1966年8月21日，毛泽东在会见赞比亚友人时说：“美帝国主义是我们的对头。我们对美国的了解也是逐步的，就像你们了解英国一样。”（中共中央文献研究室编：《毛泽东年谱（1949～1976）》第5卷，中央文献出版社2013年版，第615页。）

目　录

第一章

新文明的晨钟将在哪里响起?[①]

人类文明是全人类共同创造的，创造文明是任何民族都可以做到的，而传承文明的能力并不是所有国家都具有。文明总是要落在地上的，国家是民族的载体[②]。不同的地形特点不影响国家创造文明但影响其承载文明的时间长短。正如玛雅文明已成往事，而中华文明却于五千多年后仍历久弥新。世界上能传承文明的国家大多都是在本地区占据主体地理板块的国家，而不是拥挤在地缘政治“破碎”地带的国家。近代工业文明产生于欧洲，传承于具有主体地理板块的美国。当西方文明的发展模式再也无法复制之时，新文明的晨钟将会在哪里响起呢?

一、绝对破碎，严重内耗使欧洲无力长期承载工业文明

欧洲地缘政治力量分布是破碎的，而亚太地区则明显呈现出大板块特征：北太平洋东岸有目前世界最强大的国家美国，西岸有中国、俄罗斯。

欧洲面积为1016万平方千米，约占世界陆地总面积的6.8%，欧洲主要大国是英国、法国、德国、俄罗斯，它们相继对欧洲历史产生过重大影响，但

---

① 本文刊发于2008年3月8日《环球时报》,收录于《环球时报》编辑部编:《战略中国》,上海人民出版社2010年版,第288～292页,有修订。

② 黑格尔说:“哲学也必须在有国家生活的地方才能够出现。”[德]黑格尔:《历史哲学》,王造时译,上海世纪出版社集团、上海书店出版社2001年版,第69页。

英、法、德三国面积仅占欧洲面积的十分之一左右。亚洲面积为 4400 万平方千米，约占世界陆地总面积的 29.5%，主要大国是俄罗斯、中国和印度，其中，中国和印度约占亚洲总面积的 28.6%。

说欧洲是世界地缘政治的破碎地带，还在于除俄罗斯外，与其他地区相比，它还是大国间边际缓冲地带最少的地区。德国与法国边界相接，安全地带重合，经济重心紧邻且双方实力均等，呈对称型制衡状态。法国与西班牙、意大利边界直接相接，后二者与前者也足以构成准对称型制衡状态。历史经验表明：如无广大殖民地补偿，国力，尤其是大国的国力会同与其力量对称的国家相互抵消，抵消的程度与双方力量对称的程度及边界接近的程度成正比，这符合合力计算中“两个力间的夹角越大，合力越小”① 的原理。

欧洲是破碎型地缘政治板块，也就是说，与其他陆地大洲相比，欧洲板块——不管其生产力总量如何——是合力最小的地区。欧洲国家近代殖民扩张更多是为了转移国家间的巨大挤压，这种内部挤压使欧洲在不到半个世纪的时间里竟成了两次世界大战的策源地。

相反，中国、俄罗斯、印度、美国这几个国家地理板块间的广阔的缓冲地带有着巨大的政治意义。比如远离国家政治经济重心的俄罗斯西伯利亚地区，中国西藏、青海、新疆地区，印度北方地区以及美国与亚洲诸国相隔着的太平洋，都使亚太大国力量之间有了广阔的缓冲地带；更为有利的是，在这几大国各自周边又镶嵌着广泛的具有对等破碎地域特征的国家。比如，中俄交界附近的中亚各国及蒙古等，中印交界附近的巴基斯坦、不丹、尼泊尔、缅甸等，这对亚太政治都起着比欧洲更为有效的缓冲作用。对中国更为重要的，还有中国东部边界还为同具破碎特征的国家所镶嵌，这在相当程度上缓冲了甚至像朝鲜战争、越南战争那种来自美国对中国东部和南部的战略压力。

与诞生于地缘政治破碎地带的古巴比伦创造了伟大的文明，却不能像中国、印度、埃及那样长期承载文明的原因一样，欧洲对等破碎的地缘政治特

---

① “两个力间的夹角越大，合力越小；当夹角为 180°时，即两个力的方向相反时，合力最小，等于两个力的大小之差，其方向跟较大的力的方向相同。”张世中、林树和主编：《物理》，山东大学出版社 2004 年版，第 12 页。

点，使它没有能力长期承载由它创造的工业文明。欧洲在17世纪到18世纪还陷于不间断的战乱之中，当时只有奥斯曼帝国和中国具有这种传承人类文明的世界影响力，以至于美国历史学家孔华润说："欧洲的民族国家在整个17世纪和18世纪却一直深陷不间断的战乱。这足以使当时任何一位冷静的观察家都会作出如下预言：这些国家将很快内耗衰竭，而中东和东亚地区（笼统地被称为'亚洲''东方'或'东部'）较为统一的帝国则会成为长时间影响世界事务的决定力量。"[①] 只是由于北美洲主体地缘政治板块即美利坚合众国的出现，欧洲工业文明才得以承接过去。从华盛顿到林肯完成了国家独立到统一的任务，后来又不断扩张，最终使美国成为一个在北美洲占据绝对主体地缘政治板块的国家。这为发源于古希腊的西方文明经欧洲西进为美国所传承打下了基础。美国汲取了欧洲的经验，坚决不允许它在北美的主体地缘政治板块出现分裂。

这里需要说明的是，欧洲工业文明是古希腊文明的进一步发展，但保留并传承古希腊文明的并不是近代以英、法、德为主体的欧洲，而是以古罗马帝国为主体的欧洲。古罗马以地中海为中心将欧洲整合为一个在欧洲大陆具有主体地缘政治板块的帝国，并由此传承了古希腊文明。欧洲文艺复兴将古希腊文明，经欧洲大陆过渡和改造，最终通过"五月花"号船传到北美并以最纯粹的资本主义形式在北美扎根。我们可从美国人的"五月花"精神中看到古希腊、中世纪意大利商业文明中契约精神的影子。

二、绝对主体，天价的国防不利于美国长期传承资本主义文明成果

现在我们再来看亚洲和北美洲。如果我们认为亚洲是一个相对地缘政治主体板块的地区，那么北美洲则是一个绝对地缘政治主体板块的地区。这为美国的发展和扩张提供了欧洲和亚洲远不能比的地缘优势。如果联想到美国独立之

---

① 参见[美]孔华润主编：《剑桥美国对外关系史》下，王琛等译，新华出版社2004年版，第1页。

初，北美洲的地缘政治所呈现的远比欧洲破碎的地理历史，那我们就不能不为从华盛顿到林肯的美国领袖的治国能力和远大眼光所折服，作为中国人也不能不对维护祖国的统一抱有铁血决心。

也应看到，美国在北美洲拥有的绝对主体板块地位对其发展的影响是双重的：从正面说，美国犹如暖洋中的天鹅，北美洲内没有可构成威胁的陆地近邻，北美洲外又有太平洋和大西洋的西东合抱，在人类尚未完全征服大洋的昨天，美国的国家安全成本相对较低。因而只要国力许可，美国就可自由制定和实施其国家战略目标。如果说，正因为欧洲大陆地缘政治板块的破碎特征，才使英国成为世界霸主，那么正是美国在北美洲的绝对主体地位，才使美国在第二次世界大战后取代英国成为世界性的霸权国家。

但美国的发展模式也受到了其所处地缘政治位置的限制。在人类有能力跨越大洋的今天，美国绝对主体板块的地位，在更广大的范围内又增大了美国的防务成本。也就是说，两洋只能阻隔一定程度的而非所有程度的安全威胁。一旦威胁——比如“珍珠港事件”——能够越洋而来，那对美国来说就是致命的。正是因为美国所选择的发展模式和它所面对的这个世界，使美国人养成了从世界范围考虑其国家安全问题，并从世界范围来实施其国家安全政策的思维定式。

随着人类越洋能力的逐渐加强，美国主宰全球的外交政策使它对两洋防务的压力也越来越大，美国的国家利益正变得“无穷大”，以至其必须不断扩张的“安全边界”（利益边界）与对手国家的“边界安全”（主权边界）相重合。更可怕的是，面对空旷而无阻碍的两洋海域，一个奢望用全球资源来支撑的美国必须占据分布于各大洋中的关键岛屿，这又使美国的安全边界事实上与美国的边界安全无形重合，换句话说就是：美国就是世界，世界就是美国。这对美国国防几乎是一个天价的负担，不利于美国长期传承资本主义文明成果。

对此，只要读读美国每几年一出的国家安全评估报告，并将美国的战略报告与其他国家的同类报告比较，我们就不能不说，美国的发展模式及其在北美洲的绝对主体板块地位，使美国成了一个永远以世界主要大国为对手的国家。这对美国来说，是有幸中的不幸，因为美国自己创造又被迫维持了一个巨大却又永远不足的国防开支，而这正是美国国家安全的脆弱性所在。这种脆弱性导致美国总是为世界所累，它无法做到“深挖洞，广积粮，不称霸”[①]。为此，美国通过第二次世界大战摆脱欧洲压迫后，就投入朝鲜战争、越南战争；在遭遇“9·11”袭击后，又发动旷日持久的阿富汗战争和伊拉克战争。

美国的发展模式及其据此而制定的全球性的安全目标需要全球资源支撑，这样的奢侈使美国不得不以全球海上关键通道安全为其战略的绝对重心。这些通道分布于世界各大洋，为美国保证了巨大的用以滋养庞大的国内中产阶层的世界资源和利润回流。因此，美国事实上就不可能再有更多的资源来支撑远离制海权的陆上目标。

三、相对主体，中国在亚洲的地缘政治优势决定了这里可以长期传承和创新人类文明新形态

相比较而言，中国的地缘政治优势决定了这里将是传承人类新文明的国家。

如果我们用“对称破碎板块”来概括欧洲的地缘政治特征，那么，相对北美洲的“绝对主体板块”而言，我们可以将亚洲的地缘政治特征用“相对主体板块”来概括。由于中国拥有的亚洲中心的地理地位，我们用“相对主体中心板块”来概括中国在亚洲的地缘政治特征也是贴切的。

与美国近乎“裸状”的地缘政治特点相比，中国地缘政治位势处于最佳状态：东北这边有朝鲜半岛挡着，东南有中南半岛挡着。新中国诞生后，朝鲜战争和越南战争原本是对着中国的，结果中国在朝鲜半岛和中南半岛抗击美国十几年，中国大陆“身体”没有受损伤，坚持进行经济建设。中国周边国家对中国的“减震”作用，是中国地缘政治天然优于美国的方面。在亚洲地区，中国北部和西南部地区有俄罗斯和印度两个大国。中国的西部以及俄罗斯的东部空旷地带，使中、印、俄之间有了广阔的缓冲空间，其“减震”条件较充分。

毛泽东说过：“一个民族能在世界上在很长的时间内保存下来，是有理由的，

---

① 中共中央文献研究室、中国人民解放军军事科学院：《毛泽东军事文集》第6卷，军事科学出版社、中央文献出版社1993年版，第408页。

就是因为有其长处及特点。”[①]中国在世界地缘政治中的上述条件使它伸缩自如，这个条件在未来发展中还将继续产生积极作用。所以说，不要忽视中国五千多年的文明历史。五千多年能留存下来并一直保持大国版图的资源丰富的国家，世界上没有几个。世界霸权国家一直想分裂中国，但都没能得逞。仅此就可知中国必然是有超强整合力的国家，这样的国家必然是文明创新能力和传承条件极具优势的国家。黑格尔看出这一点，他说：“假如我们从上述各国的国运来比较它们，那么，只有黄河、长江流过的那个中华帝国是世界上唯一持久的国家。征服无从影响这样的一个帝国。”[②] 如果说西方是人类文明终结之地的话，那么，按黑格尔的说法，东方则是人类文明的起点，是“太阳升起的地方”[③]。哲学家冯友兰似乎也看到了这一点，他说：

> 我国家以世界之古国，居东亚之天府，本应绍汉、唐之遗烈，作并世之先进。将来建国完成，必于世界历史居独特之地位。盖并世列强，虽新而不古；希腊、罗马，有古而无今。惟我国家，亘古亘今，亦新亦旧，斯所谓周虽旧邦，其命维新者也。[④]

现在的世界北面是“朱门酒肉臭”，南面是“路有冻死骨”。这么两极对立和分化下去，何时是了？世界还得和平、和谐地发展。目前这种高成本的和依靠掠夺外部资源来支撑本国发展的西方模式已走到尽头，人类文明新形态的晨钟已在东方敲响。大同是世界的正道，而大同思想的故乡恰恰是在东方。现代世界文明正在向东方转移。

---

① 毛泽东：《同达赖喇嘛的谈话》（1955 年 3 月 8 日），中共中央文献研究室、中共西藏自治区委员会、中国藏学研究中心选编：《毛泽东西藏工作文选》，中央文献出版社、中国藏学出版社 2001 年版，第 113 页。

② ［德］黑格尔：《历史哲学》，王造时译，上海书店出版社 2001 年版，第 117 页。

③ “太阳——光明——从东方升起。”“世界历史从‘东方’到‘西方’，因为欧洲绝对地是历史的终点，亚洲是起点。”［德］黑格尔：《历史哲学》，王造时译，上海书店出版社 2001 年版，第 106 页。

④ 西南联大《除夕副刊》主编：《联大八年》，新星出版社 2019 年版，第 12 页。

第二章

美国的政治结构与外交政策[①]

国家的外交政策及其走向不取决于它发表的各种白皮书和各类研究机构发表的研究报告，而取决于这个国家的政治结构和国际社会对其外交政策的接受程度。笔者试着从这个角度研究美国的外交政策并对其可能的走向及中国的应对政策作出必要的分析。

一、美利坚民族国家的形成及其异化

“权利永远不能超出社会的经济结构以及由经济结构所制约的社会的文化发展。”[②] 国家需求是一种结构性的存在。美国最早的社会结构主要是在反抗英国压迫的过程中形成的。美国外交史学者孔华润等指出：“第一次世界大战前夜的世界是由欧洲主宰的。在我们追溯 1913 年至 1945 年间的美国对外关系史时，重要的一点是应当认识到美国是在由欧洲军事、经济和文化主导下的世界体系当中得以建立并从事其对外事务的。”[③] 从美国独立到第二次世界大战前，美利坚民族属于被欧洲压迫的民族，美利坚合众国属于被欧洲压迫的国家，因此，这一时期美国的外交政策带有很强的民族主义即反

① 本文刊发于《国际关系研究》2013 年第 3 期，有修订。

② 马克思：《哥达纲领批判》，《马克思恩格斯选集》第 3 卷，人民出版社 1972 年版，第 12 页。

③ 参见[美]孔华润主编：《剑桥美国对外关系史》下，王琛等译，新华出版社 2004 年版，第 1 页。

欧洲压迫的色彩。这一时期美国的工业资本和金融资本尚属民族资本范畴，与美利坚民族的利益需求大体一致。华盛顿早期强调工业立国。就职的当天，他特意穿着国产布料制成的服装，当时的记者说："这位伟人就用了这一个简单而特别令人感动的方式，使一切后继者，一切后来的立法者，获得了一次深刻的教训，告诉他们怎样才能够促进这个国家的福利。"① 德国学者弗里德里希·李斯特对美国独立战争的性质作了中肯的评价，他说："一切工业都垄断在祖国的手里，这一点就是美国革命主要原因之一，至于茶税事件只是提供了革命爆发的一个机会。"② 美国在林肯执政时期完成了国家统一，终止了对英国的政治依附，走上了独立自主的资本主义发展道路。

第二次世界大战的爆发为美国跻身世界强国提供了机会，美国利用这次战争联手苏联，将法国诺曼底作为开辟第二战场的地点，将东欧让给苏军解放，由此欧洲为所谓"铁幕"一分为二，欧洲世界霸权从中心地带被摧毁。随后，美国与苏联并列成为世界霸权大国。第二次世界大战后期，美苏在各式国际会议上"分田分地"，终于形成由雅尔塔会议确定的苏联控制东欧和亚洲东部陆地部分、美国控制海洋和整个西欧的划分。这个划分是战后雅尔塔体系的法权基础。

在这"从奴隶到将军"的转变中，美国的军工生产起了极大的推动作用，同样，美国军工集团也从国家那里得到极大的政策优惠。太平洋战争前夕，罗斯福曾对军火大亨们说，欧洲打仗，他卖军火："越多越好！来，快来！使我们的工厂能进行批量生产，好！""我将尽我所能，通过尽快地向世界上大约四十或五十个现在还保持独立的国家运送一切它们有能力支付的货物，以维护它

① ［德］弗里德里希·李斯特：《政治经济学的国民体系》，陈万煦译，商务印书馆 1961 年版，第 89 页。

② ［德］弗里德里希·李斯特：《政治经济学的国民体系》，陈万煦译，商务印书馆 1961 年版，第 88 页。

们的独立。这就是美国的外交政策。（鼓掌）"[①] 这里，“维护它们的独立”就是保持欧洲破碎状态的另一种表述；换言之，只要欧洲保持破碎，美国军火就有市场。第二次世界大战后，美国与苏联进入冷战，美苏的全球争霸再次刺激并强化了美国的军事工业。两次世界大战中，大批量、长时间的军事订货在为美国崛起作出巨大贡献的同时，也为它制造了一个尾大不掉且反客为主的庞大的“军工复合体”。这是美国政治的一个结构性的变化。艾森豪威尔意识到这一变化的危险，1961 年 1 月 17 日，在卸任前，他“感到有必要就这些发展的危险性向全国再次发出警告”，他说：

> 庞大的军事编制和巨大的军火工业的这种结合，在美国是前所未有的。它的整个影响——经济的、政治的甚至精神的——在每座城市、每个州政府、每个联邦政府机构里都能感受到。我们承认这种发展是绝对必要的。然而我们不可不看到它是牵连广远的。我们的劳动、资源和生计全都同它有牵连；我们的社会结构本身也是如此。
>
> 在政府的各种会议上，我们必须防止军事-工业复合体有意无意地施加不正当的影响。促成这种大权旁落的有害现象的潜在势力，目前存在，今后也将继续存在。
>
> 我们绝不可让这种结合的压力危及我们的自由和民主进程。我们不可掉以轻心。只有一个保持警惕和深明事理的公民集体，才能迫使巨大的工业和军事防务机器去紧密配合我们的和平方法和目标，这样，安全和自由才可能共存共荣。[②]

值得注意的是，艾森豪威尔提到的美国当时已出现的“大权旁落”现象即

---

① 《美国总统罗斯福同美国参议院军事委员会协商的会议记录（节录）》（1939 年 1 月 31 日），李巨廉、王斯德主编：《第二次世界大战起源历史文件资料集（1937.7～1939.8）》，华东师范大学出版社 1985 年版，第 452 页。

② ［美］德怀特·D. 艾森豪威尔：《艾森豪威尔回忆录》四，樊迪、静海等译，东方出版社 2007 年版，第 479～480 页。

指军火财团支配政府决策的现象。集中于华尔街[1]的军工财团——哪怕在和平时期——需要的也不是面包而是军火，而拉动军火工业的只能是战争，最好是美国直接发动的战争。为了巩固其在美国已形成的反客为主的政治地位，这个“军工复合体”从部门利益出发就必须不断制造敌人，以此促使美国外交不断强势升级且不能停止战争。只要有战争，美国的军工集团就有赢利，由此它在美联储从而在美国就有巩固的地位。巨大的利润——庞大的国内枪支销售利润只是它用于保底的基数——增加了军工财团的收入，华尔街财团再拿出其中一部分通过美联储“反哺”白宫并由此控制美国财政。如果白宫拿钱不办事，摆在它前面的就是“财政悬崖”——由此可以找出美国枪击案频发而禁枪难以立法[2]，以及在获得第二次世界大战胜利后美国又提出遏制理论并继续发动朝鲜战争和越南战争的深层原因。毛泽东看透了这一点，1973 年 6 月 5 日，他告诉越南劳动党第一书记黎笋，越南战争“花了一千二百亿美元，打了十一年。一个不能讲越南话的美国兵，离开美国多少公里，跑到越南送死，那个能持久啊？其所以能打十一年，就是军火商人拼命要消耗那些 B–52 之类”[3]。

---

① 华尔街位于美国纽约市，为美国和世界的金融中心、证券交易中心，通常把华尔街作为垄断资本的代名词。鉴于二战后美国金融资本在国际上的统治地位，华尔街越来越多地失去民族性，因而它已异化为国际垄断资本的代名词。本书正是从后一种意义使用这一词语的。

② 一项旨在扩大购枪背景调查的控枪法案草案（2013 年 4 月）17 日下午在美国参议院未获通过，被美国媒体视为奥巴马“惊人的失败”。支持控枪法案的政要们纷纷发表愤怒声明，谴责“投票结果是特殊利益集团绑架了华盛顿政治”。奥巴马则直斥这是华盛顿“耻辱的一天”。“参议员在全美步枪协会咄咄逼人的气焰面前退缩了，尽管康涅狄格州小学枪击案发生至今不过 4 个月”，美国《华盛顿邮报》感叹道。美国全国广播公司称，一些支持控枪的人士，如纽约市长布隆伯格和康涅狄格州长等纷纷发表愤怒声明，称“投票结果是特殊利益集团绑架华盛顿政治所引发的严重后果”，“46 名议员宁肯无视 90%美国人的诉求，也不敢得罪越来越偏激的枪支支持者”。文章称，参议院表决前，大多数参议员私下都表示了对控枪法案的支持，但到了现场许多人却变得不敢说话了。分析称，从目前状况来看，拥枪游说团体的力量太强大了。全美步枪协会不惜出巨资，动员会员用电话、邮件和信件对参议员发动“地毯式游说攻势”。表决当天，该协会就花了 50 万美元进行批评“奥巴马枪支禁令”的宣传活动，对外界宣称：“在该不该控枪的问题上，告诉你们的参议员，要听美国警察的意见，而不是美国总统和纽约市长。”《控枪案被议会否决　奥巴马怒称是华盛顿的耻辱》，来自新华网。

③ 中共中央文献研究室编：《毛泽东年谱（1949～1976）》第 6 卷，中央文献出版社 2013 年版，第 481 页。

美国称霸世界之后，其政治结构便日益失去民族性和独立性。这时美国政治已不由政治家而由军火商操纵了。这就可以解释为什么二战刚结束，美国不转入国内建设而要急急火火地开启朝鲜战争和越南战争。美国政府许多重要官员，特别是国防部的官员都是军火商的代言人①。而对于那些试图停止战争从而使国家摆脱军火商控制的具有民族主义意识的美国总统——比如肯尼迪②——不是被暗杀就是被换掉。他们知道，民生工业在和平时期只会有助于美利坚民族的发展而非军工复合体的成长；一旦美利坚民族有了日益壮大的民族工业，就会有自己的财政来源继而有国家可以控制的银行，这样白宫与华尔街的地位就会发生转变。这是华尔街国际资本财团不愿意看到的结局，而避免这种结局的方式只能是不断制造战争。

这里就提出了一个问题，美国到底是谁的，是美利坚民族的还是军工复合体的。列宁一针见血，他说："生产的集中；由集中而成长起来的垄断；银行和工业的溶合或混合生长——这就是金融资本产生的历史和这一概念的内容。"③ 具体说到美国，华尔街国际资本就是这个"银行和工业的溶合或混合"力量的象征。如果它可以为美利坚民族国家所掌握，也就是说，如果白宫能够

---

① "实际上，美国军工企业在华盛顿极有影响。根据 Open Secrets.org 近期报告，在 2006 年，国会 151 名议员在军工企业中的投资，总计达到 1.955 亿美元。主要的军工企业都参与到 2008 年大选中。洛克希德·马丁公司捐赠了 261 万美元的竞选经费，其中 49%捐赠给民主党，51%捐赠给共和党；波音捐赠 222.6 万美元竞选经费，58%捐给了民主党；通用动力向两党捐赠了 600 万美元。在 2008 年，诺思—格鲁曼公司和美国雷神公司，分别花了 2000 万美元和 600 万美元的公关费用，以影响国会决策。特别值得一提的是，雷神副主席林恩——另一位保守主义者，还被奥巴马提名为国防部副部长。2009 年 2 月 11 日，美国参议院以 93 票赞成、4 票反对的投票结果，批准了奥巴马对林恩的任命。"（易强：《美国沉没》，人民日报出版社 2009 年版，第 218 页。）"发动两次伊拉克战争的布什父子都有深厚的财团支持背景，小布什的再次当选更是与他强力支持军工财团密切相关。2005 年他计划军费支出 4160 亿美元，而庞大的军费开支是军工财团利润的来源。至于由各州选出的国会参众两院议员，他们的当选也和相关的支持密不可分。"（杜文君：《美国战争经济论》，中国财政经济出版社 2009 年版，第 154 页。）

② 1963 年 10 月 11 日，即在肯尼迪遇刺前一个多月，他曾签署了《第 263 号国家安全行动备忘录》，决定在 1963 年底将 1000 名美国军事顾问从越南撤出。11 月 22 日，肯尼迪遇刺。参见[美]罗伯特·达克莱：《肯尼迪传》，曹建海译，中信出版社 2005 年版，第 444～459 页。

③ 列宁：《帝国主义是资本主义的最高阶段》，《列宁选集》第 2 卷，人民出版社 1972 年版，第 769 页。

决定华尔街，那它就是民族的力量——比如当年的英国，这样的霸权还是压迫民族的霸权；现在的问题是，今天的美国已与列宁时期大为不同，它已“大权旁落”：是华尔街国际资本决定白宫而非相反。奥巴马第二任期甫始便遇到的“财政悬崖”就是华尔街国际资本敲打提醒新任美国总统的方式之一。委内瑞拉前总统查韦斯曾称美国中情局常用暗杀手段对付与美国拉开距离的拉美左翼领导人[①]，何止如此，即使是美国总统，如想要与华尔街国际资本拉开距离，其结果也是朝夕不保。事实表明，今日之“美国”已非华盛顿创建的那个美国，那时“一切工业都垄断在祖国的手里”[②]，而现在它的一切已垄断在华尔街国际财团手里而非美利坚民族手里。今日美国已异化为华尔街的代名词。古罗马由共和国转变为帝国后，黑格尔说：“这样一来，罗马威震四海的主权便成了一个人的私产。这种重要的变迁不能看作是偶然机会；这是必然的——为环境所造成的。民主宪法在罗马实际上已经不能够再维持，只是虚有其表罢了。”[③] 将黑格尔这个结论用于今天的美国仍然是适当的。

美国的军工复合体的片面增长与当年工业帝国主义英国以战争扩大殖民市场，以殖民市场推动国内生产的结果不同，而与高利贷帝国主义的法国相似。这些由战争开辟的巨额海外收益的相当一部分在美国并没有进入除军工之外的其他生产领域，除了一部分饱了军火巨头的私囊外，其余的则经华尔街扣除后由白宫财政进入了国民消费领域，由此刺激了美国服务业以及随后的虚拟经济发展而非实体经济发展。1990～2017 年，在美国国内生产总值的三次产业构成中，第一产业即农业增加值占国内生产总值的比重从 2%下降到 1%，同期第二产业这一比重从 28.1%下降至 18.9%，第三产业从 69.9%上升到 77%。[④] 美国由以往的以实体经济为主体的社

---

① 委内瑞拉总统乌戈·查韦斯怀疑美国政府和他的患癌有一定关系。拉美地区的很多国家首脑都得了该病，这不可能是一个巧合。同时费尔南多·卢戈也(巴拉圭)，迪尔玛·罗塞夫和前领导人卢拉·达席尔瓦(巴西)，以及克里斯蒂娜·基什内尔总统(阿根廷)也得了这种致命的疾病。查韦斯在一次发言中说道：“这极有可能是美国在无人知晓的情况下研发出了一种癌症诱发技术。”[比]赫尔曼·伯尔：《601 个人们深信不疑的谎言》，王奕瑶译，中国青年出版社 2015 年版，第174 页。

② [德]弗里德里希·李斯特：《政治经济学的国民体系》，陈万煦译，商务印书馆 1961 年版，第 88 页。

③ [德]黑格尔：《历史哲学》，王造时译，上海书店出版社 2001 年版，第 308 页。

④ 刘洪编：《国际统计年鉴 1999》，中国统计出版社 1999 年版，第 108 页；国家统计局编：《国际统计年鉴 2018》，中国统计出版社 2019 年版，第 42 页。

会结构不自觉地滑入一个以消费为主业的寄生性的社会结构。

当然，我们也不否认华尔街国际财团在获得足够利润的前提下取出一部分用于安抚美国人民。比如苏联解体后以美国为首的西方世界普遍分享到了来自苏联的浮财利益。与19世纪后半叶欧洲出现的“维多利亚时代”的繁荣——其间欧洲普遍出现“工人阶级贵族化”现象，英帝国也在其间达到它的顶峰——是建立在中国和印度被英国打败后向西方释放出的巨量浮财之上的现象一样，20世纪末西方出现的普遍“繁荣”及由此造成的西方价值观的广泛传播，也是苏联和东欧社会主义国家在垮台中释放出的浮财流入西方的结果。

既然是浮财（而不是本国实体经济的利润回流），那它就不会持久。19世纪的欧洲的“维多利亚”繁荣从第一次中英鸦片战争开始到第一次世界大战中结束，维持了半个多世纪；20世纪末期出现的西方繁荣，自苏联、东欧垮台至“9・11”事件，其间则有约十年的光景。

但是，与当年的英国不同，来自南方国家的巨量浮财并没有刺激美国的实体经济——这是民族国家的基础，而是使美国由以往的以实体经济为主体的生产性社会结构不自觉地滑入一个以消费为主业的寄生性社会结构，并且到目前为止仍“没能找到一个合理的办法把维持庞大的武装力量所需的工业和财政支持跟社会上其他事业联系起来”①。结果，与古罗马灭亡的原因相似，大量或真实或虚拟的财富涌入美国的同时，也窒息了美国的实体经济和美国人的劳动精神。实体经济的衰落削弱了美利坚民族独立的根基：没有实体经济生产，美国政府只能听由华尔街金融财团②的摆布，而金融家与血吸虫一样，需要的不是国家，而是供其吸血的附体——由此可以解释美国不吸取在朝鲜和越南战败的教训，在国家持续衰落时还要屡败屡战，不断发动扩张战争的深层原因。时至20世纪80年代，凯南已看明白，他说：

由于我们在和平时期维持庞大的军事机构并向其他国家出售大批军

---

① [美]乔治・凯南:《美国外交》(增订本)，葵阳、南木、李活译，世界知识出版社1989年版，第140页。

② 华尔街金融财团是集中在华尔街以提供融资货币的资本家垄断集团，它根据预期效益为美国实体经济提供融资，其中获得最大最有力支持的是赢利最大的军工资本集团。

> 火，成千上万的既得利益者业已形成，也就是说，我们在冷战中造成一个庞大的既得利益集团。我们已经使自己依赖于这种可憎的行径。而且如今我们对它的依赖程度已经很深，以致可以毫无偏见地说：假如没有俄国人和他们那莫须有的邪恶作为我们黩武有理的根据，我们还会想出另一些敌手来代替他们。①

凯南提出的这个问题，早在20世纪60年代就引起毛泽东的注意。1960年6月8日，毛泽东批阅了外交部国际关系研究所编写的《有关美国军事生产的一些资料》，资料说，1960年美国有关国家安全的各部门雇用的人员达3700万人，有关国家安全的各项主要开支共为457亿美元，约占政府预算的58%，占国民生产总值的9%。1950～1959年，美国全国企业规模扩大了76.5%，而国防部开支则增加了246.2%。美国最大的50家公司获得了全部主要军事合同的65%。毛泽东在看完这份材料后批示："此件印发各同志。值得研究。美国为什么不愿意裁军呢？答案就在这里。这是资产阶级，特别是垄断资产阶级，需要一个庞大的军力和一个庞大的武器库。"②

如果说在尼克松之前，华尔街的主要财源是军火工业，需要战争以支撑其赢利，那么为了战争，他们需要理由：于是他们将凯南提出的目标远超出美国国力的从全球遏制苏联的战略瞬间炒热，而对于同期李普曼从美利坚民族主义立场出发主张"目的和力量之间保持平衡"③ 的节制国力的观点有意淡化，对于主张从朝鲜或越南撤军的总统或暗杀或缩短其任期。这时的美国已成为华尔街赚钱的工具。美国乃至接受它资助的外国总统上任后不管推行什么政策，如不能为华尔街牟利，就必须走人。

---

① ［美］乔治·凯南：《美国外交》（增订本），葵阳、南木、李活译，世界知识出版社1989年版，第137页。

② 中共中央文献研究室编：《毛泽东年谱（1949～1976）》第4卷，中央文献出版社2013年版，第411页。

③ "美国必须在它的目的和力量之间保持平衡，使它的宗旨在它的手段可以到达的范围之内，也使它的手段可以达成它的宗旨；使它的负担和它的力量相称，也使它的力量足够来完成它的'责任'：要是不确立起这个原则，那根本就谈不到什么外交政策。"［美］沃尔特·李普曼：《美国外交政策》，罗吟圃译，人文出版社1944年版，第17页。

但这对美国还不是最坏的结局，最坏的结局是在尼克松之后。

尼克松为美利坚民族作出的最卓越的贡献是成功使美国摆脱越战并与中国修好，但他为此付出的代价也是巨大的，对美利坚民族而言也许是致命的：他宣布放弃美元的金本位而将美元直接与国际石油挂钩。于是原来可以支持美元坚挺的美国工业——哪怕是军工——产品，直接变成了脱离了国民劳动且远离本土的资源产品即国际石油。这样，美元的坚挺就要靠国际大宗消费品石油的采购以美元结算来保证。从劳动形态上说，今后支持美元的就不是国民劳动而是国家对外战争。自从古罗马的存在方式建立在对外战争而不是国民劳动的基础上后，其统治者依靠的就不是罗马公民而是军阀；华尔街的赢利方式一旦摆脱美国的实体生产和国民劳动，也就摆脱了美利坚国家及其民族性的约束。同样的道理，由于美国国民已失去国民劳动的基础，他们也就只有听凭华尔街国际资本的摆布了。学者梁亚滨指出石油美元这种不劳而获的寄生本质："美国对世界石油的控制关键是确保石油标价和结算使用美元，并且只能使用美元。""美国凭借在世界政治经济中的优势地位使石油利润全部转换成美元资本，同时使石油美元的流动绕开国际货币基金组织，完全按照美国的利益，以购买美国各种债券等金融资产的方式回流回美国，弥补美国的财政和贸易赤字。实现这一目标的关键在于确立石油的美元标价和结算制度，同时说服石油出口国将石油出口带来的巨额顺差用来购买美国国债。"① 明乎此，也就不难理解尼克松连任的第二年便发生第四次中东战争（1973 年 10 月）的原因。沙特是第一个同意用石油美元购买美国有价证券——也只能购买有价证券而不能购买股票、不动产或其他有形资产②——的"石油输出国组织"（英文缩写为"OPEC"，简称"欧佩克"）国家。1975 年

① 梁亚滨:《称霸密码:美国霸权的金融逻辑》,新华出版社 2012 年版,第 221 页。

② "美国财政部的债券(其真正价值日渐可疑的美国借条)代替了黄金,成为全世界中央银行持有的储备形式。中央银行不购买股票、不动产或其他有形资产。1972 年后,当沙特阿拉伯和伊朗提议,用其石油美元开始购买美国公司时,美国官员表示,这被视为一种战争行为。石油输出国组织被告知,它尽可以将石油提高到其想要的价格,只要它用这笔收入购买美国政府的债券。那样,美国人就可以用他们自己的货币,而不是黄金或其他'世界货币'购买石油。出口到美国的石油、德国和日本的汽车,以及其他国家的商品,换到的是可以无限印刷的美元纸币。"[美]赫德森:《金融帝国:美国金融霸权的来源和基础》,嵇飞等译,中央编译出版社 2008 年版,第 401 页。

“欧佩克”成员同意只用美元进行石油结算①。1977年10月，“欧佩克”宣布石油价格由每桶3.011美元提高至5.11美元，稍后，又提高到11.65美元，结果使得国际收支结构发生很大变化。由于当时世界石油交易普遍使用美元结算，油价的暴涨使世界各国对美元需求激增，这大大“抵消了美元失去黄金支撑后各国对美元抛售所产生的副作用”②。由此美元从黄金本位被推入石油本位时代。美元的基础也从本国产品转移到中东石油，由此可以解释为什么尼克松之后的美国外交日益向中东集结以及石油价格在几十年间迅速严重偏离其价值。

金本位条件下的美元要靠国民劳动产品支持，而石油美元则要依靠为控制世界富油区的对外战争胜利来保证，这大大地满足了美国华尔街军工财团的利益——当然也同比地加重了美国国民的负担，同时还为华尔街金融资本在军工利润外又增加了新的能源支持。军工保证能源，能源保证金融，金融在军工、能源双滚动中增殖，这最终保证了华尔街国际资本在美利坚合众国中的主宰地位。美元依赖国际石油交易后，华尔街国际资本就彻底与美利坚民族相分离，并利用手中掌握的世界资源牢牢钳制着美利坚民族，使其成为华尔街牟利的工具。这时的“爱国”已成为美国国民日益听不懂的词汇。

现在看来，今天的华尔街财团就是曾寄生于欧洲又被欧洲各国驱逐到北美并利用两次世界大战在美国坐大，在尼克松之后转而彻底寄生于美国体内且尾大不掉的癌变力量。华尔街财团关注的并不是军火和石油的使用价值而是价值。尼克松之后，美国外交的重点不再是获取石油的使用价值而是要保证国际石油采购

---

① “1974年12月，尽管沙特政府和华盛顿都严格保守了秘密，但这种合作的性质是比较清楚的。美国财政部在利雅得与沙特阿拉伯货币局签署了一项协议，此协议的任务是为了‘通过纽约的联邦储备银行，与(美国)财政部借贷业务建立一种新型关系。在此安排之下，沙特阿拉伯货币局将购买持有期至少为一年的美国财政部新的有价证券’。美国财政部部长助理杰克·贝内特对此作出了说明；他后来成为埃克森公司的董事。对这些两个月以前达成的协定进行解释的贝内特备忘录，标注的日期为1975年2月，并全文报送国务卿基辛格。对于不了解英美在波斯湾利益发展史的人来说，对美国与沙特阿拉伯之间的这一系列协议真正感到震惊的是，欧佩克石油国家只接受美元作为石油交易的结算货币，这是一项排他性政策；只是美元，不是德国马克，也不是日元、法国法郎或是瑞士法郎，尽管它们都有明确的价值。”[德]威廉·恩道尔：《石油战争：石油政治决定世界新秩序》，赵刚、旷野等译，知识产权出版社2008年版，第165～166页。

② 宋鸿兵编著：《货币战争》，中信出版社2007年版，第187页。

以美元结算，通过军事手段保持对石油的使用价值的垄断并由此强迫国际社会维持对美元持续和旺盛的需求以使美元坚挺。对于那些不愿以美元而以其他币种进行石油结算的国家，美国不惜以军事手段惩罚。就这样，美国从一个依靠实体生产的国家彻底异化为一个寄生在“石油美元”上的国家，这时“美国生产”依靠的不再是劳动而是打仗，“美国制造”不再是民生产品而是美元和各式有价证券。马克思在《资本论》中曾提出“G—W—G′”即货币经过商品生产进而使其增殖的资本总公式①，如果将其中的W理解为War即战争而不是商品，我们就可以看出当今华尔街集团操纵的金融资本那极为腐朽的本质。美国前议员戴维·A. 斯托克曼②在《纽约时报》发表的一篇文章中写道：

> 自标准普尔500指数于2000年3月首次达到目前水平以来，美联储疯狂的印钞机已将他们的资产负债表扩张了六倍（从5000亿美元增至3.2万亿美元）。然而，在此期间，经济产出年均增幅只有1.7%（这是内战以来最慢的增速）；真实商业投资的年增长率只有0.8%；正式就业岗位数量的年增长率也只有微不足道的0.1%。家庭真实收入中位数增长下降了8%，中产阶级全职工作岗位数量下降了6%。收入“最低”的90%人口的真实净值下降了四分之一。领取食品补助券和残疾救助的人数翻了一番还多，达到5900万，约占美国人口的五分之一。③

这说明，以大量美国国民生命为代价、用战争维持的石油美元虽然使美国

---

① “G—W—G′”是马克思《资本论》中谈货币转化为资本的著名公式。G代表资本，W代表商品，G′代表经过商品交换后已经增殖的资本。参见马克思：《资本论》第1卷，人民出版社1975年版，第172页。

② 戴维·A. 斯托克曼，美国前行政管理和预算局局长，共和党人。1946年11月10日生于得克萨斯州胡德堡。1981年1月任行政管理和预算局局长。上任后持供应学派经济观点，积极主张大幅减税，削减联邦预算和社会福利开支，鼓吹自由市场经济，反对政府干预，1985年因与里根政府意见不合而辞职，成为所罗门兄弟公司常务董事。1988年起任布莱克斯通集团合伙人。著有《政治至上：里根革命何以失败》。参见《世界人物大辞典》编委会编著：《世界人物大辞典》下，国际文化出版公司1990年版，第1558页。

③ ［美］戴维·A. 斯托克曼：《美国经济是如何走向全面破产的》，李慎明主编：《世界社会主义跟踪研究报告（2013～2014）》下，社会科学文献出版社2014年版，第862页。

财富剧增，但它的主要部分与军工利润一样并没有回流给美国国民而是回流到华尔街；也并没有增加美国的力量，而是增加了华尔街国际资本的力量。美国国民似乎比中国人更明白这是问题的关键，2011 年他们发动街头革命的指向并不是白宫或各州政府而是华尔街。如果再考虑到美国没有国家控制的银行而政府财政要依赖华尔街控制的美联储为其注资、美国外交的决策权已不在白宫而在华尔街的事实，我们可以得出这样的结论：今天的美国已从早期民族主义国家蜕变为华尔街金融资本控制的国家，已从拥有独立主权和独立自主外交能力的国家转变为由国际财团控制的“半独立”甚至具有“半殖民地”性质的国家。恩格斯在分析古罗马衰落的原因时说：

> 奴隶制已不再有利，因而灭亡了。但是垂死的奴隶制却留下了它那有毒的刺，即鄙视自由人的生产劳动。于是罗马世界便陷入了绝境：奴隶制在经济上已经不可能了，而自由人的劳动却在道德上受鄙视。前者是已经不能成为社会生产的基本形式，后者是还不能成为这种形式。只有一次彻底革命才能摆脱这种绝境。①

现在，不管劳动还是不劳动，在美国都“不能成为社会生产的基本形式”，那么，如果没有其他像苏联垮台时流出的那样的国际“浮财”挽救，美国除了革命，还会有其他出路吗？没有。稍有区别的只是，目前白宫政府急需“浮财”，而美国人民则急需革命。现在美国白宫正在与美国人民“赛跑”。

二、成为世界霸权后，美利坚民族利益和华尔街利益开始分道扬镳

黑格尔说：“哲学也必须在有国家生活的地方才能够出现。”② 黑格尔这里

---

① 恩格斯：《家庭、私有制和国家的起源》，《马克思恩格斯选集》第 4 卷，人民出版社 1972 年版，第 146～147 页。

② ［德］黑格尔：《历史哲学》，王造时译，上海书店出版社 2001 年版，第 69 页。

说的“国家”指的是民族国家，而不是国际资本控制的国家。目前像美国这样“半独立”的国家已很难执行有哲学高度和独立自主的民族主义的外交政策。一个民族的自由程度反映着它对客观世界所达到的认识高度，一般说来，压迫其他民族的民族在外交上不会成为头脑清楚的民族。恩格斯说：“任何民族当它还在压迫别的民族时，不能成为自由的民族。”① 而美利坚民族就是这样一个不自由的民族。

第二次世界大战前的美利坚民族是被欧洲压迫的民族。这一时期尤其是华盛顿、林肯及两位罗斯福总统②时期的美国外交，站在民族主义的立场看真是精彩纷呈，可圈可点；第二次世界大战后美国则转化为压迫民族，其外交的亮点从民族主义视角看则日益惨淡，若从国际资本标榜的“全球化”视角看则大可让一些人“仰望星空”。有比较意义的是，与英国的称霸经验不同，英国大不列颠民族是以压迫民族的身份称霸世界的，而美利坚民族则是作为被（华尔街国际资本）压迫的民族来称霸世界的；也就是说，当美利坚民族在第二次世界大战后转化为压迫民族的同时它自身又受到华尔街国际金融财团压迫。这真是既辩证又讽刺：这时横行世界的美国已失去了它民族独立的性质，其外交成了在“美国”幌子下为华尔街财团牟利的工具，这就可以解释第二次世界大战前美国外交充满战略智慧，而在战后则挫折连连却又屡败屡战的原因。

第二次世界大战期间，罗斯福很明智地与斯大林联手，在打败希特勒的目标之下也附加了取代英帝国，解除欧洲世界霸权的目标。达到这一战略目标的关键就是将开辟第二战场的地点选在法国诺曼底而不是丘吉尔坚持的意大利。大兵所至即势力范围边界所至。如果从意大利登陆，东欧会被西欧控制。西欧离不开东欧，东欧在历史上一直是喂养西欧的头排“奶牛”。如果失去东欧，西欧的资本主义发展就失去了最近的外围市场。罗斯福和斯大林坚持从诺曼底

---

① 马克思、恩格斯:《论波兰》,《马克思恩格斯选集》第1卷,人民出版社1972年版,第288页。

② 即西奥多·罗斯福(Theodore Roosevelt,总统任期:1901～1909年)和富兰克林·罗斯福(Franklin Roosevelt,总统任期:1933～1945年)。

开辟第二战场的目的就是让东欧由苏联军队来解放。[①] 东欧解放后，东欧这头“奶牛”就让苏联牵走了。失去东欧，欧洲也就从内核被击垮并由此“去势”。接着美苏再次联手将目标瞄向喂养欧洲的后排“奶牛”即非洲殖民地。1956年“苏伊士运河事件”爆发，美苏利用联合国讲台把英、法从埃及赶走。英、法退出后，非洲这头“奶牛”又被美国牵走。失去东欧，再失去非洲，欧洲的世界霸权地位也就寿终正寝。

利用两次世界大战将美国推向世界霸权的是西奥多·罗斯福和富兰克林·罗斯福，这两位总统任期内对美利坚民族所做的贡献令美国人引以为豪。而这一时期美国外交能够如此挥洒自如并大获成功的原因，还在于这时的美利坚民族还处在被欧洲压迫的地位，它还在为自身的解放而斗争，以及被欧洲驱赶到美国华尔街的金融资本家对欧洲旧恨未消，因而他们与美利坚民族在反欧问题上尚能结成暂时的同盟。希特勒在打倒英帝国的同时也在欧洲“扫荡”了以犹太人为经营主体的国际财团，由此引出的辩证结果就是其客观上为国际反法西斯的阵营尤其是其中的美国送去了迫切需要的国际资本。与当年北美印第安人以博大的胸怀接纳了被欧洲人驱逐至北美的清教徒一样，美利坚民族以其博大的胸怀接纳了这些来自欧洲的“破落户”，这批在欧洲接近破产的人也用他们的财富和才智帮助美国及其盟国打败了希特勒法西斯势力，由此带来的另一个辩证结果便是在美国取代欧洲后，他们也深深地扎根于美国且反客为主，并很快成为美国真正的统治者。

在此，值得研究的并不是白宫或华尔街谁可以统治美国，而是谁可以代表美利坚民族的利益。我们看到，这些扎根于美国的国际财团对于美国并没有因在美国“半生食汉禄”[②] 而有回报国家的认识。如果我们看过电视剧《北京人在纽约》[③] 并了解其中三个人物即中国人王启明、美国人大卫和华尔街国际销

---

① 斯大林对此看得明白，他私下对当时还是南斯拉夫共产党领导人的米洛凡·杰拉斯说：“这次战争和以往战争不同，谁解放领土，谁就把自己的社会制度推行到他们军队所到之处。绝不可能不是这样。”[南]米洛凡·杰拉斯：《同斯大林的谈话》，赵洵、林英译，吉林人民出版社 1983 年版，第 89 页。

② “独相王继忠，瞽者骇之曰：‘此人可讶，半生食汉禄，半生食胡禄。’真宗笑而遣去。”[清]宋继郊编撰，王晟等点校：《东京志略》，河南大学出版社 1999 年版，第 693 页。

③ 《北京人在纽约》反映北京人在纽约奋斗与挣扎的生存故事。

售商安东尼之间的关系，以及安东尼在王启明和大卫的激烈竞争中牟利的生存方式，就不难认识华尔街反对各国民族主义却不在意民族冲突和国家间战争的原因；也不难认识到今天的华尔街国际资本如此超负荷地奴役美利坚民族，在美国已精疲力竭时还逼着美国挑起战争的原因。

为了团结起来共同抵抗国际资本的剥削和压迫，马克思、恩格斯在《共产党宣言》中说“工人没有祖国”①，号召“全世界无产者，联合起来”②。马克思说，“资本不是一种个人力量，而是一种社会力量”③；列宁更是告诉世界工人阶级，资本是一种国际力量，号召“全世界无产者和被压迫民族联合起来”④。为此，马克思、恩格斯创办了“第一国际”（1864～1876 年）和“第二国际”（1889～1914 年），列宁成立了“共产国际”。

19 世纪初，为了消除政教二元冲突，黑格尔将国家提到“神”的高度，他说：“神自身在地上的行进，这就是国家。”⑤ 在 200 多年过去的今天，“神”还在地上行进，但它——至少在美国——已不是国家而是国际资本及华尔街金融组织。华尔街国际资本是靠寄生在国家肌体上吸吮“血液”即金融而生存的，它并不在意国家“躯体”的民族特性，更不在意其所依附的组织是否叫“共济会”或其他名称，因而将来它也不会珍惜反而会在美利坚民族被榨干后抛弃美国继而抛弃美元并转身寄生到其他国家或组织的肌体之中。

目前国内对共济会的研究日益深入，何新先生是这方面研究的重要开拓者，他研究的结论穿透了许多历史乱象，揭露出“一个全球性的资本主义核心领导组织——共济会的秘密”，认为现代共济会不是一个一般的社会组织，而

---

① 马克思、恩格斯：《共产党宣言》，《马克思恩格斯选集》第 1 卷，人民出版社 1972 年版，第 270 页。

② 马克思、恩格斯：《共产党宣言》，《马克思恩格斯选集》第 1 卷，人民出版社 1972 年版，第 286 页。

③ 马克思、恩格斯：《共产党宣言》，《马克思恩格斯选集》第 1 卷，人民出版社 1972 年版，第 266 页。

④ 列宁说：“全世界已经分成被压迫民族和统治民族。被压迫民族至少占全世界人口的 70%。凡尔赛和约又使被压迫民族增加了 1 亿或 15000 万人口。”列宁：《在俄共（布）莫斯科组织积极分子大会上关于租让的报告》，《列宁全集》第 40 卷，人民出版社 1986 年版，第 73 页。

⑤ ［德］黑格尔：《法哲学原理》，范扬、张企泰译，商务印书馆 2009 年版，第 259 页。

是“全球资本主义的核心中枢”[①]。这是一个准确的认识。但同时也应看到，这个“核心中枢”，只不过是全球资本依附的载体，“这里涉及到的人”，用马克思的话说就是“只是经济范畴的人格化，是一定的阶级关系和利益的承担者”[②]。由此推论，共济会不过是全球资本“人格化”的重要形式但不是唯一形式。“共产国际”解散后，国际无产阶级运动仍然存在并以其他形式向前发展，同样的道理，如果仅仅消除了共济会，那国际资本还会找到其他组织形式继续存在和滋生。马克思说“资本不是一种物，而是一种以物为媒介的人和人之间的社会关系”[③]，这个“社会关系”就是资本主义的生产关系。正是从这个意义上，马克思在为第一国际成立准备的纲领性文件《共产党宣言》中，直截了当地宣布：“共产党人可以用一句话把自己的理论概括起来：消灭私有制。”[④] 明白了这一点，也就明白，目前损害人类利益的是私有制及建立其上的资本主义生产关系，但目前损害美利坚民族利益的则是国际资本而非民族资本，共济会只不过是国际资本需要借助且可以更换的一种牟利的寄生形式而已。我们研究的目光既要高度凝聚于目前国际资本正在借助的共济会等组织形式，又不能忽视其后的本质。不然的话，我们就会因小失大，为了搞清某种组织形式的细节反而忘记了斗争大方向，这样不仅扩大了我们的打击面，而且还会空耗我们许多精力。

就在美国步入霸权大国后，美利坚民族的利益和华尔街的利益开始分道扬镳，美国自身开始生长出自我否定的因素。华尔街转而将支持的目光投向大西洋。狡兔三窟，长期游荡在国家之间的资本开始为美国之后的下一个寄生体做准备。目前欧洲的分裂——比如英国脱欧——让华尔街看到了机会。

---

① 何新:《统治世界:神秘共济会揭秘》,中国书籍出版社 2011 年版,第 9 页。

② “我决不用玫瑰色描绘资本家和地主的面貌,不过这里涉及到的人,只是经济范畴的人格化,是一定的阶级关系和利益的承担者。我的观点是:社会经济形态的发展是一种自然历史过程。不管个人在主观上怎样超脱各种关系,他在社会意义上总是这些关系的产物。”马克思:《资本论》第 1 卷,人民出版社 1975 年版,第 12 页。

③ 马克思:《资本论》第 1 卷,人民出版社 1975 年版,第 834 页。

④ 马克思:《共产党宣言》,《马克思恩格斯选集》第 1 卷,人民出版社 1972 年版,第 265 页。

三、从东亚到中东：美国国力因反复透支出现严重“肾虚”

早在美国崛起之初，欧洲就有了“将美利坚重新纳入大英帝国”的考虑并得到共济会的支持。1891 年，全球最大钻石巨头戴比尔斯集团创始人赛西尔·罗兹[①]在罗斯柴尔德家族的支持下，在英国创立“罗兹会社”，会社确立的“崇高”目标是：

> 将大英帝国的统治扩展至全世界；完善大英帝国向外扩张的体系，由英国国民对所有可资生存的地方进行殖民……将美利坚重新纳入大英帝国；统一整个帝国；在帝国议会实行殖民地代表制度，将分散的帝国成员统一起来，从而奠定永无战争，符合人类福祉的世界。[②]

第二次世界大战后，欧洲人更是深刻地反思了内部长期分裂导致其失去世界霸权的原因。对此感受最深的是丘吉尔。此前，他不理解张伯伦推行绥靖政策的深意[③]，欧洲在“兄弟阋于墙”的两次世界大战中倒掉后，72 岁高龄的丘吉尔下定决心为英国皇室“待从头，收拾旧山河”[④]。1946 年 3 月，丘吉尔发表“铁幕演说”，9 月，又在苏黎世重提雨果 1849 年提到的“欧洲合众国”[⑤]的概念，决心将破碎的欧洲整合为像美国那样统一的国家联合体。此后，欧洲各国开始进行内部整合并在英国的带动下为恢复以欧洲为主导的世界体系而默

---

① 赛西尔·罗兹(Cecil Rhodes)，1853 年出生，世界钻石巨头戴比尔斯集团的创始人，罗得西亚(Rhodesia，今津巴布韦)即以他的名字命名。

② 转引自宋鸿兵：《货币战争　2》，中华工商联合出版社 2009 年版，第 226 页。

③ 参见张文木：《张伯伦全球战略的深层设计及其失败》，《全球视野中的中国国家安全战略》中卷上，山东人民出版社 2010 年版，第 253～271 页。

④ [南宋]岳飞：《满江红·写怀》，周啸天注评：《宋词一百首》，商务印书馆 2021 年版，第 101 页。

⑤ 维克多·雨果(1802～1885)，法国文学家。1849 年 8 月 21 日在巴黎召开的第二届国际和平大会上，雨果发表演说表示“总有一天人们会看到，两个巨型组织，美利坚合众国和欧洲合众国，会越过大西洋握起手来”。转引自惠一鸣：《欧洲联盟发展史》上，中国社会科学出版社 2008 年版，第 225 页。

默准备。苏联学者对丘吉尔的目的洞若观火，B. T. 特鲁汉诺夫斯基写道："丘吉尔的计划是打算恢复英国在世界的领导作用，企图把美国排挤到第二位。丘吉尔认为，为达到此目的，必须使美苏发生冲突。因此丘吉尔加紧鼓动美国，在对苏关系方面采取更强硬的立场。"①

欧洲历史学家汤因比更是号召欧洲人痛定思痛，用"五十到一百年"的历史，推动欧洲"内部的一次大革命"，最终使欧洲得以"恢复原状"②。但丘吉尔知道恢复欧洲世界霸权不能用与美国对抗的方式而只能附和美国。他因此在铁幕演说中说，"希望最终在英美两国之间实现一种共同的公民身份"③，意即我们就是美国的公民，我们是你美国的坚定支持者，你打大旗的，在前面冲，我们欧洲在后面跟着你美国干。欧洲人远比美国人明白"笔杆子"的厉害，在枪杆子不灵的情况下，他们很快为美国捧出一个很不靠谱的"战略家"，他就是被捧为"遏制战略之父"的乔治·凯南。1946 年 2 月 22 日，时任美国驻苏联使馆代办的乔治·凯南通过明码电报（这显然是在有意刺激苏联），向国务院发回长达 5542 个英语单词的电报。在电报中，凯南对苏联的内外政策进行了深入的分析，提出了对付苏联的长期战略。1947 年 7 月 7 日，凯南化名"X"在当月出版的《外交》上发表《苏联行为的根源》一文，明确提出"遏制战略"，此建议被美国政府所采纳。这封电报被认为是美苏冷战的先声。为了逼着美国上套，英国人又为美国推出一个更不靠谱的麦卡锡④。凯南的顶层设计在前，麦卡锡咄咄逼人在后，1950 年把美国送到朝鲜，1964 年又将美国赶到越南，由此美国元气大挫。

---

① ［苏］B. T. 特鲁汉诺夫斯基：《丘吉尔的一生》，张德广等译，北京出版社 1982 年版，第 403 页。

② 参见［英］汤因比主编：《第二次世界大战史大全》第 5 卷，郑玉质、关仪译，上海译文出版社 1995 年版，第 1164 页。

③ ［英］汤因比主编：《第二次世界大战史大全》第 5 卷，郑玉质、关仪译，上海译文出版社 1995 年版，第 1004 页。

④ 约瑟夫·麦卡锡是美国共和党人，狂热极端的反共产主义者。1946 年，他依靠激进的反共观点当选为参议员，其间，他推动在全美清理共产党运动，指挥调查委员会调查美国民主党成员以及他的政敌、对他有意见的新闻人物，不少人被撤职、逮捕甚至被处死。后来他在军队中搞忠诚调查，引起艾森豪威尔的不满。1954 年，参议院通过法案谴责麦卡锡的政治迫害行为。1957 年，麦卡锡死于肝炎。

麦卡锡就不说了，为什么说乔治·凯南的“遏制战略”是“忽悠”美国呢？这是因为他为美国设计的战略任务超过了美国的国力。当时李普曼等人对凯南的战略提出尖锐批评，但华尔街不允许这些理性声音进入主流。华尔街军工复合体财团在战后需要的并不是面包而是战争，这一目标与丘吉尔的用离间美苏的方式报复美国的战略客观上部分地一致起来。结果，在凯南设计的目标下，美国“老虎吃天”，耗尽了相当的力气。与此前一些具有民族主义情结的美国领导人如威尔逊、艾森豪威尔等上台为华尔街国际资本卖命，下台却忏悔一样，20 世纪 80 年代，已入暮年的凯南对自己曾经提出的“遏制战略”后悔不已，他说：“这种军事化不仅对我们的外交政策、而且对我们的整个社会都有严重影响。它造成我国国民经济的畸形发展，这一点我和许多人都越看越清楚了。”①

1953 年，正在经历朝鲜战争的美国人发现了问题，他们推选出与罗斯福一样具有民族主义情结的艾森豪威尔（1953～1961 年在任）上台。艾森豪威尔认识到美国已有“大权旁落”于“军工复合体”的危险，他果断地终止朝鲜战争并缓和与苏联的冷战。他恢复了罗斯福路线：再次联手苏联，利用苏伊士运河危机将英、法赶出埃及。失去埃及，欧洲就失去了非洲，自此，欧洲霸权彻底从世界范围退出。

不幸的是，进入冷静阶段的美国外交恰巧遇到不懂历史且易冲动的赫鲁晓夫，而美利坚民族又同样是一个情绪化的民族。1962 年赫鲁晓夫挑起的“古巴导弹危机”惹怒了美国。美国人被华尔街煽起后便挥师来到越南战场，结果这场战争比朝鲜战争打得时间更长，美国败得更惨，国力透支得更为严重。

与艾森豪威尔一样，尼克松（1969～1974 年在任）也看出欧洲利用美苏冲突削弱美国的意图。为了恢复美利坚民族的元气——这与华尔街国际资本利益也没有太大的冲突，尼克松与中国握手并果断地从越南撤军。但就为了这一小小的要求，尼克松给华尔街以天大的补偿。尼克松之前，支撑华尔街金融的

① ［美］乔治·凯南：《美国外交》（增订本），葵阳、南木、李活译，世界知识出版社 1989 年版，第 136 页。

力量主要是军工集团。尼克松上任后放弃美元的金本位，让美元与石油挂钩。这样美元就增加了另一支柱，即世界石油。尼克松在书中对此解释说：

波斯湾的战略重要意义今天集中于两个因素：它的位置和它的石油。

军事力量和经济力量现在都有赖于石油。这个基本事实在二十世纪最后这几十年里使波斯湾成了全球风暴的风眼。如果苏联有力量关掉中东的石油龙头，它就会有力量使工业化西方的大部分国家向它屈膝。为了做到这一点，苏联人没有必要像他们接管阿富汗那样实际接管波斯湾国家。他们通过外部压力或内部动乱，使西方得不到这些国家的资源，也可达到他们的目的。

……

在二十一世纪的某个时候，核能、太阳能、地热和其他能源可能得到充分发展，以满足世界上的大部分能源需要。但现在我们生活在石油时代。在今后几十年里，这一点使波斯湾地区具有特别的战略重要意义。这意味着，世界上最多事、最不稳定和最受危害的地区之一，也是世界上最重要的地区之一。①

尼克松看到了石油中潜藏着巨大的交换价值。他说：

美国只是部分地依靠进口石油和战略矿物，而欧洲和日本则绝对地依靠海外来源。我们用的石油有一半是进口的，但是欧洲进口百分之八十五，日本进口百分之百。至于矿物，西欧进口百分之八十，日本进口百分之九十五。进口的小规模中断只会给美国造成不便和烦恼，但却可能在我们的工业化盟国中造成恐慌。因此，它们比我们甚至更有理由对于苏联向"西方所依靠的两个大宝库"推进感到关注。②

---

① ［美］尼克松：《真正的战争》，常铮译，新华出版社 1980 年版，第 88～89 页。

② ［美］尼克松：《真正的战争》，常铮译，新华出版社 1980 年版，第 28～29 页。

一般来说，主权国家的不动产是国家货币价值的承担者，在此之上的劳动产品价值是其货币升值的前提。美国曾主要以军工生产提升美元的价值。与世界石油相比，美国军工这时毕竟还是国民劳动的产品。现在尼克松将美元直接与世界石油挂钩，美元在军工之外又多了世界石油这个新支柱。这样美国金融集团便有了双轮滚动出的利润：军事胜利既拉动了军工又保证了世界石油以美元结算，美元结算保障美元坚挺；美元坚挺又有助于军事持续胜利并反作用于美元的坚挺地位。但保证这一切的前提就是美国为控制世界富油区而必须进行持续不断且必须胜利的战争。石油美元使华尔街不再依靠美国的国民生产；而实体经济不振的美国国民和没有独立财源的白宫却离不开华尔街。可怜的美利坚民族与当年的古罗马人一样，用凯南的话形容，就是已“变成随军谋生的一大帮子流浪者，就像前几个世纪在欧洲尾随军队蹒跚的那些无业游民那样，指望在衣食相对富足的部队后面捡点儿洋落儿”①。现在回头来看，尼克松在挽救美国的同时却又更深地伤害了美国：他使人民离劳动更远，离战场更近；为华尔街国际资本利益而不是为美利坚民族利益到世界各地打仗成了美国国家的“生产方式”和美国国民的“生存方式”。理解了尼克松让美元脱离金本位转为石油美元的背景，也就理解了尼克松之后美国外交及美苏争夺的重心日益向中东集中的原因。

尼克松为华尔街国际资本完成了美元本位从黄金至石油的置换任务后便因“水门事件”而提前下台。接着，便是尼克松以巨大代价为美利坚民族换来的不到十年的休整期——他为此也得罪了华尔街财团②。后来的杰拉尔德·福特（1974～1977年在任）和吉米·卡特（1977～1981年在任）两位总统，对苏联基本采取缓和政策。卡特与苏联缓和的同时也与中国建交。但与有意结束越战的肯尼迪不幸遇上一个爱冲动和爱放狠话的赫鲁晓夫并由此造成两国关系迅速交恶的形势相似，这时的美国虽有缓和的愿望，却阴差阳错地遇上更不冷静且话硬手狠的勃列日涅夫。勃列日涅夫对美国那“力拔山兮气盖世”的莽撞使卡

① ［美］乔治·凯南：《美国外交》（增订本），葵阳、南木、李活译，世界知识出版社1989年版，第137页。

② 毛泽东说尼克松下台是因为“他得罪了东部大财团”。参见中共中央文献研究室编：《毛泽东年谱（1949～1976）》第6卷，中央文献出版社2013年版，第594页。

特对苏的缓和政策受到激烈的批评。美国史学家孔华润写道，“勃列日涅夫认为，美国由于越南战争和水门事件丑闻而遭到削弱，而且由一位优柔寡断和懵懂无知的总统领导着，此时此刻正是苏联加紧谋取优势的大好机会”；卡特执政期间，“苏联强权无论在何处都能够所向披靡。苏联政治局成员们踌躇满志，认为不需要再出台什么新方针了”[①]。当时苏联攻势不知节制，差点儿将美国赶出印度洋。孔华润说：“这件事想起来都让人后怕。”[②] 结果，卡特只干了一届，就为强势的罗纳德·里根（1981～1989 年在任）所代替，里根政府的强势外交政策扭转了美国的颓势。

现在回想起来，勃列日涅夫时期的对美政策确实打在美国的“七寸”即石油控制权上，也正因此造成了美国对苏联有史以来最直接也是最强烈的反弹，以致美国为击垮苏联而放弃与苏联建立的战后雅尔塔体系的欧洲部分。美国转而扶持和联手欧洲对付苏联。事情的切入口就是“波兰事件”。与 1956 年的波匈事件中美国不介入的政策不同，1980 年的波兰事件中美国真正插手，利用天主教的力量，整体性地拉动了东欧国家的反苏情绪，最终促成了苏联的逐渐“改革”和最终解体[③]。勃列日涅夫反美不知轻重，硬将美国打出由美苏共同支撑的雅尔塔体系，致使苏联因独木难支而坍塌和衰落。鉴于这样的经验，2011 年 6 月 2 日，美国国防部部长盖茨在赴新加坡参加香格里拉安全对话的专机上，称“美国不想遏制中国发展”，并提醒中国“不要学习苏联”[④]。前半句话的有效性盖茨本人无法保证，但后半句意在提醒中国外交不要重犯赫鲁晓夫和勃列日涅夫那样不给对手退缩留余地的失误。

苏联解体后，欧洲和美国的日子特别好过。它们不仅控制着中东石油，

---

① [美]孔华润主编：《剑桥美国对外关系史》下，王琛等译，新华出版社 2004 年版，第 433 页。

② [美]孔华润主编：《剑桥美国对外关系史》下，王琛等译，新华出版社 2004 年版，第 430 页。

③ 2009 年 12 月 10 日，奥巴马在诺贝尔奖颁奖典礼上的讲演中说：“教皇约翰·保罗与波兰的接触不仅为天主教教会，也为列赫·瓦文萨等工会领袖拓宽了空间。罗纳德·里根为武器控制所作的努力以及对苏联改革的欢迎不仅与苏联改善了关系，也给整个东欧的持不同政见者增添了力量。这里并没有一个简单的公式，但我们必须尽可能在孤立与接触、施压与鼓励之间找到平衡，以使人权和尊严能够与时俱进。”《奥巴马获诺贝尔和平奖的讲演》，张琪编译：《震撼人心的文字和力量：英汉对照》，企业管理出版社 2010 年版，第 65 页。

④ 《盖茨声称美不会遏制中国发展 警告中国“别学苏联”》，来自环球网。

同时苏联解体也向美国和欧洲输出了相当多的战略资源和大量浮财。东欧再次成为欧洲的“奶牛”，为欧洲的复兴提供“原始积累”，苏联让出的战略资源和财富也养肥了美国。老布什开启海湾战争与苏联解体前后相随，这两件事为美国军工、能源及建立其上的金融集团带来了前所未有的利益，由此造成了从老布什（1989～1993 年在任）至克林顿（1993～2001 年在任）的十多年的黄金期，此间美国似乎成了世界政治经济发展的参照系。到了 21 世纪初，苏联解体给西方带来的红利因普京上台和欧元出现而大幅缩水，美国危机随之加速扩大。小布什开启的阿富汗战争与欧元的正式流通也前后相随，这时的美国已感到了美元的危机。因为中东出现了以欧元结算石油交易的苗头，2000 年伊拉克宣布在“石油换食品”计划中改用欧元结算[①]，这在勃列日涅夫之后再次触动了美国的“七寸”，由此引发小布什利用“9・11”事件，挥师阿富汗继而发动伊拉克战争。

将国家的生存和发展的基础不放在国内产品而是放在海外石油上，这等于将美国的安全基点从本土移至中东，这样，华尔街国际财团就将超负荷的国防任务强加于美利坚民族并使之自越南战争后再次透支了它的国力。2007～2009年间，美国国防支出占美国联邦财政总支出的 20%左右，而同期军费支出却占国防支出的 96%左右[②]，国防支出基本没有“浪费”，都用于军费了。其间的关系是，国家财政依赖华尔街金融，华尔街金融依赖军工和能源工业的扩张；军工和能源工业扩张又必须靠对外战争拉动，战争胜利再“反哺”财政。战争成了国家财政增长的推动力，而成本越来越高的战争又进一步透支了国家财政。如此恶性循环，致使美国发生了看不见尽头的危

① 美国为了保持“石油美元”的地位，甚至不惜发动战争。2000 年 11 月，伊拉克宣布在“石油换食品”计划中改用欧元进行结算，这是“石油欧元”打击“石油美元”垄断地位的一次尝试。美国通过在 2003 年发动的伊拉克战争，推翻了萨达姆政权，维护了伊拉克继续用美元为出口石油计价的体制。杨振发：《国际能源法发展趋势研究：兼论对中国能源安全的影响》，知识产权出版社 2014 年版，第 200 页。

② 2007 年、2008 年、2009 年，美国联邦财政支出总计分别为 27287 亿美元、29826 亿美元、35177 亿美元，其中国防支出分别为 5513 亿美元、6161 亿美元、6610 亿美元，国防部军费支出分别为 5285 亿美元、5946 亿美元、6367 亿美元。世界经济年鉴编辑委员会编：《世界经济年鉴 2010/2011》总第 26 卷，第 191、194 页。

机，而危机又恰恰以战争的失败或难以为继为先导。美利坚民族有自己的货币即美元，却没有独立支撑美元的民族产业，也没有独立的国家银行。其造成的恶果是：美利坚民族因反复透支导致“肾虚”，它只能按华尔街的旨意超负荷干重活以从华尔街国际资本那里乞讨点财政补贴——这样的民族着实让人可怜。

现在治愈美国“肾虚”重病的有效“药方”是对内加强民族产业，对外减少侵略扩张。美利坚民族若有自己的民族产业，就会有自己国家控制的银行和国家独立的财政来源，如此就可以摆脱华尔街国际资本的控制，但这是华尔街不允许的。正因如此，华尔街国际资本势力不仅反对其他国家的民族主义，也反对美国的民族主义。华尔街战略理论家布热津斯基说：“在民族主义主导的舆论氛围中，美中两国不可能合作。”① 这话正确的解读是：在民族主义主导的舆论氛围中，美中两国人民不可能与华尔街合作。美国华尔街国际资本若遇上以美利坚民族的利益为先的总统，轻则会立即将他推向“财政悬崖”；若他再不悬崖勒马，其下场不会比林肯、麦金莱、肯尼迪等更好②。

现在经常有人批评美国，其实美国人民与中国人民一样也是勤劳勇敢有智慧的民族，他们已认识到目下的美国已不是美利坚民族的国家而是华尔街国际资本的牟利工具。白宫已不能代表而最多只能兼顾美利坚民族的利益：它在主权形式上是独立的，但其核心部门比如金融、财政、外交等却被代表国际资本的华尔街势力所操纵。从外部说，美利坚民族已经变为一个压迫其他民族，同时又被（华尔街国际资本）压迫的民族；从内部说，与美国初期不同，这时美利坚民族已与华尔街国际资本的利益尖锐对立且不可调和了，目前美国人民的抗议声浪日益向华尔街国际资本集中。

有人会问，难道美国华尔街会牺牲美国？对此，即使资产阶级也看得明白，美国著名的东方学专家，太平洋战争期间奉罗斯福总统之命任蒋介石政治

---

① 转引自谷棣、谢戎彬主编：《我们误判了中国：西方政要智囊重构对华认知》，华文出版社2015年版，第74页。

② 林肯（1861～1865年在任）、麦金莱（1897～1901年在任）、肯尼迪（1961～1963年在任），三位总统分别于1865年、1901年和1963年遇刺身亡。

顾问的拉铁摩尔①说："资本是不知道爱国的。"② 2002 年 8 月 11 日，《美国年鉴》发表记者威廉·香农写的题为《毁灭美国计划大揭秘》的文章，文章直称：

> 彼尔德伯格正在追求一个后自然主义时代，那时将没有国家存在，而只有不同的地区，全世界共同拥有一种价值观。也就是说，我们将拥有全球经济、单一世界政府（这一政府是选择而不是选举出来的）和共同的信仰。为了确保实现这几个目标，彼尔德伯格俱乐部致力于更先进的技术方法，而很少考虑大众的想法。③

国家主权对目前的国际资本而言，只是它通向统治全球目标道路上必须利用又必须不断离弃的台阶。明乎此，也就不难理解华尔街不会在意美国，在将美利坚民族榨干之前，它会准备好新的国家附体。第二次世界大战后，国际金融财团借其在反法西斯战争中的杰出贡献携带巨资大批重返欧洲——也可能还有一部分来中国"探路"。

---

① 欧文·拉铁摩尔(1900～1989)，东方学家。生于华盛顿特区，幼年随父前往中国。1915 年就学于英国坎伯兰的圣比斯学校，4 年后回中国。1920 年在上海的报馆工作。1922 年起在北平和天津阿诺德公司任职，会汉语、蒙古语、俄语。1924 年从事对中国的调查和著述工作。1926～1927年在中国东北、内蒙古和新疆等地广泛旅行和考察，著有《中国的亚洲内陆边疆》。1937 年到过苏区，同年返美。1938 年执教于约翰·霍普金斯大学佩奇国际关系学院，次年任院长。1941 年奉富兰克林·罗斯福总统之命出任蒋介石的政治顾问。次年返美后在战时情报局供职，负责太平洋战区工作。1945 年被杜鲁门总统任命为驻日经济代表团团长的特别经济顾问。同年出版《亚洲问题的解决》，主张帮助亚洲国家确立其在世界中应有的地位。1963～1975 年，任英国利兹大学中国问题教授，1972 年任该大学中国研究院院长。麦卡锡主义时期曾受到调查，并被诋毁为"苏联间谍"。另著有《通往土耳其斯坦的荒漠道路》《满洲——冲突的摇篮》《现代中国的形成》《中国的历史和革命》等。

② [美]拉铁摩尔:《中国的亚洲内陆边疆》，唐晓峰译，江苏人民出版社 2010 年版，第 131 页。

③ [美]H. 保罗·杰弗斯:《操纵世界的黑手:彼尔德伯格俱乐部阴谋》，刘宁译，中信出版社 2010 年版，第 82 页。

殖民地现象从第三世界[①]向特别是美国这样的帝国主义国家内部倒逼，是21世纪初帝国主义腐朽性的最突出的特点。1942年1月22日，毛泽东在审改关于太平洋战争后沦陷区情况的通报材料时，加写这样一段话："总之，极端毒狠的殖民地政策，现已推行于租界，不分阶级，有财即掠，表示了日本法西斯最后挣扎时期的紧张性。"[②] 如果将这段话中的"日本"换作美国华尔街垄断资本集团，也会让人觉得很贴切。

2011年美国人发动的是"占领华尔街"而不是"占领白宫"运动；以往的人民运动都直接以政府为对象，今天发展中国家人民和美国人民却直接以华尔街国际资本为对象。与早期的工人砸机器行为不一样，而与中国1919年的五四运动有些相似，这一事件的发起者和参与者多是受过高等教育的知识分子。知识分子是较早觉悟的人群。这说明，发展中国家人民和美利坚民族正在觉醒：不管这种觉醒是不是自发的，他们都意识到了世界问题的要害不是白宫而是华尔街，不是美利坚民族和美国人民而是国际资本垄断集团。值得注意的是，自"占领"运动后，美国出现了更具破坏性且愈演愈烈的"枪击案件"[③]和正在一些州涌动着的从联邦中分离出去的情绪[④]：前者如果枪口一转就意味着社会革命，革命的对象不会是白宫而一定是华尔街；后者则意味着美国的分裂，美国人民需要的不是依附于华尔街而是代表其民族利益的独立自主的国家。造成美国危机的原因是国际资本垄断集团对美利坚民族的超负荷压迫，若无非常手段化解，美国的前景是非常不妙的。

---

① 1974年2月22日，毛泽东会见赞比亚总统卡翁达，在谈到世界形势时说："我看美国、苏联是第一世界。中间派，日本、欧洲、澳大利亚、加拿大是第二世界。咱们是第三世界。美国、苏联原子弹多，也比较富。第二世界，欧洲、日本、澳大利亚、加拿大，原子弹没有那么多，也没有那么富，但是比较第三世界要富。第三世界人口很多。亚洲除了日本，都是第三世界。整个非洲都是第三世界，拉丁美洲也是第三世界。"中共中央文献研究室编：《毛泽东年谱（1949～1976）》第6卷，中央文献出版社2013年版，第520～521页。

② 中共中央文献研究室编：《毛泽东年谱（1983～1949）》中卷，中央文献出版社2013年版，第355页。

③ "2018年是自1970年有记录以来美国校园枪击事件发生数量最多的年份，也是造成伤亡最严重的一年。"中华人民共和国国务院新闻办公室：《2018年美国的人权纪录》，《人民日报》2019年3月15日第17版。

④ 参见《三成加州人赞成独立》，《西安晚报》2017年1月25日第11版。

毛泽东比较早地看出了这一点，1965 年美国记者爱德加·斯诺与毛泽东谈话结束时说："请主席向美国人民说几句话，美国人民对中国是有好感的。"毛泽东一针见血地回答说：

> 祝他们进步。如果我祝他们获得解放，他们有些人可能不大赞成。我就祝那些认识到自己还没有解放的、生活上有困难的人获得解放……美国人需要再解放，这是他们自己的事。不是从英国的统治下解放，而是从垄断资本的统治下解放出来。[①]

1960 年 5 月 8 日，毛泽东提醒拉丁美洲的朋友说："西方国家和美国的逻辑同我们的是两套。朋友们，哪个对，将来看吧！总有一天，美国人民不喜欢帝国主义制度。"[②] 1970 年 6 月 11 日，毛泽东接见罗马尼亚共产党代表团，在谈到中美关系时说："两国人民总是要友好的。垄断资本不好，不能说人民不好。"[③] 在半个多世纪过去了的今天，美国人民已通过"占领华尔街"行动表达他们对美国"帝国主义制度"的不满，"再解放"的任务对美国人民来说显得比以往更加迫切。

由此而论，今天我们需要与之斗争的"美国"，并不是美国人民的美国，也不是美利坚民族的美国，而是华尔街的"美国"，今天的美国白宫维护的更多的是华尔街国际金融资本家的利益而非美利坚民族遑论美国人民的利益，目前"需要再解放"的美国人民与美利坚民族已成为华尔街利益的对立存在，他们需要"从垄断资本的统治下解放出来"，因而他们是中国人民的合作力量，二者斗争的对象都是以华尔街为首的国际金融帝国主义及其政策。

---

① 毛泽东:《同斯诺的谈话》(1965 年 1 月 9 日)，中共中央文献研究室编:《毛泽东文集》第 8 卷，人民出版社 1999 年版，第 411～412 页。

② 中共中央文献研究室编:《毛泽东年谱(1949～1976)》第 4 卷，中央文献出版社 2013 年版，第 390 页。

③ 中共中央文献研究室编:《毛泽东年谱(1949～1976)》第 6 卷，中央文献出版社 2013 年版，第 302 页。

四、“战略东移”还是“重返中东”：美国政治结构中的外交选择

2010年1月12日，希拉里·克林顿国务卿在夏威夷檀香山市杰斐逊纪念厅发表题为《亚洲的地区性架构：原则与重点》的演讲，向世界正式宣布了美国外交“重返亚洲”的转向①。2010年3月26日发生的“天安舰事件”为美国“战略东移”的启动提供了契机。

但是，希拉里的“战略东移”政策并不表明美国外交转向符合美利坚民族利益的战略收缩，恰恰相反，它是一项单纯为华尔街国际资本牟利的外交选择。这时的美国已不同于尼克松时期，它已更深地陷在“半殖民地”泥泞中不能自拔，因而我们研究这一时期的美国外交只要戴上“华尔街”视镜，那些不符合美利坚民族利益却还要大力推行的外交政策——比如希拉里作出的“战略东移”选择——就都能得到合理的解释。

19世纪中叶，英国打败中国和印度致使中印巨额财富流向欧洲，挽救了陷入危机的欧洲并由此形成欧洲所谓的“维多利亚时代”（1837～1901年），20世纪末，苏联解体向美国和欧洲再次释放浮财造成了西方世界的狂欢盛宴。21世纪初西方世界再次陷入危机，美国的目标再次瞄向已很有“小康”气象的中国。

2008年起，美国出现次贷危机的本质是其在中东由军事失败而导致的政治失控及随之出现的伊朗、俄罗斯减少美元结算石油的结果。美国经济问题不是生产问题而是金融即美元问题。货币总要有物质支撑，对美元来说，因为美国自己已没了实体生产及相应的民族工业能力，如果失去中东从而失去石油支撑，它就得另寻一笔类似苏联解体而释放出的巨量浮财以垫底。以美国白宫官僚买办们以往的经验，这笔浮财只可能来自中国——19世纪中叶中国和印度被欧洲列强击败后释放出的浮财曾解决了欧洲的政治危机并在欧洲造就了一个

① 参见陈晓晨、徐以升:《美国大转向:美国如何迈向下一个十年》,中国经济出版社2014年版,第13页。

“维多利亚时代”，由此便有了希拉里“战略东移”的政策。但希拉里也面临着巨大风险，由于中东失控，历史留给美元的时间非常有限，华尔街留给她兑现承诺的时间也不会太长，如果在短期内不能——当然最好以“茉莉花”手段——搞垮中国，那“战略东移”就只能是希拉里的一场短暂的美梦。

“天安舰事件”前后，希拉里青睐的所谓“茉莉花革命”[①] 在北非势如破竹，可在东亚却碰上中国这块“硬骨头”。美国在东海举行了一连串军演，希拉里也焦急且一厢情愿地翘盼中国“一枝‘茉莉’出墙来”。几年下来，结果却让希拉里一无所获。中国挺过来了，可美元却撑不住了，随之而来的是希拉里下台。希拉里下台意味着她极力推行的“战略东移”没有在规定的时间里完成规定的任务。不达标，自然就要走人，这样的结局在美国历届政府中还不是最坏的。

《诗经》曰：“永言配命，自求多福。”[②] 那么，美国的求福天命何在呢？在节制。与身体保养同理，国力来自节制而非透支。目前摆在美国“战略再平衡”前面的有两条道路，一条是民族主义的道路，另一条是为华尔街国际资本利益服务的买办的道路。按前一条路，美国战略应当继续东移，退回到关岛以东，再用发展民族工业的方式“强身健体”，这样美国国力就可以休养生息、得到恢复并会再次以新的姿态步入世界。目前看这对美国而言是最不可能的选择。剩下的就只能是为华尔街国际资本利益服务的买办道路，这条路的指向十分明确，那就是重返中东。没有石油，美元大厦就会坍塌，这对于目前的华尔街，甚至美国相当一部分买办阶级乃至部分美国人的感情，都是不能接受的。

---

① 2010 年 12 月 18 日，26 岁的突尼斯年轻人穆罕默德·布瓦吉吉因为失业被迫当起了无照小贩。其间警察对其滥用权力，暴力执法，于是他自焚以示抗议，结果不治身亡。这个事件激发了突尼斯普通大众的同情心，致使当地居民与突尼斯国民卫队发生冲突，随后冲突蔓延到全国多处，形成全国范围内的大规模社会骚乱，并造成多人伤亡。事件导致突尼斯总统本·阿里下台。由于茉莉是突尼斯的国花，因此发生在突尼斯的这次政权更迭被西方称为“茉莉花革命”。艾齐主编：《了解点世界历史》，黑龙江科学技术出版社 2016 年版，第 327 页。

② 《诗经·大雅·文王》，《诗经全译》，袁愈荣译，唐莫尧注，贵州人民出版社 1992 年版，第 352 页。

五、中国应对的战略与策略

由此是否说明中国的压力减轻或中国应对美国的“战略东移”已取得决定性胜利呢？绝不能这样认为。这只能说明国际资本（而非美利坚民族）对中国的攻击有了难度而并不意味着它放弃了中国目标。它还在等待中国国内出现苏联末期那种乱象。

那么，中国能否取得这场斗争的胜利呢？那要看条件。比较苏联解体和中国这些年成功的经验分析，中国挫败国际反华势力图谋的最关键的因素是始终坚持中国共产党对人民军队的绝对领导和人民军队对中国共产党的绝对忠诚。有了中国共产党对人民军队的绝对领导权，党的意志才能贯彻，“四项基本原则”才能得到确保。这是以毛泽东为核心的党的第一代中央领导集体从残酷的中国革命历程中总结出来的血写的治国经验和思想遗产。坚持这条经验，我们就能在当前的国际斗争中，任凭风浪起，稳坐钓鱼台；就能在激烈的大国博弈中取得胜利并成功地将中国特色社会主义贯穿21世纪。

有了党的坚强领导，我们就有了取得斗争胜利的前提；有了正确的政策和策略，我们就一定能够赢得新世纪国际斗争的主动权。

政策和策略是党的生命。正确的政策制定取决于科学的方法，阶级分析法仍是当前分析国际力量对比的科学方法。如果我们明白了美国国家的政治结构，也就对目前美国有了阶级分析的基础，由此也就明白了在帝国主义尤其是美国帝国主义的本质进入最腐朽阶段的当下，中国和平发展的阻力并不是“占领华尔街”的美国人民，也不主要是美利坚民族，而是华尔街国际金融垄断财团。中国人民和美国人民面临的是共同的敌人，因而他们的战略目标在当下是一致的，美利坚民族的利益需求与中华民族的利益需要在当下也有相当程度的吻合。这样看来，中国外交的对手并不是整个美国，而是占美国人数很少一部分的华尔街国际财团中的反华势力以及背叛美利坚民族和人民利益的美国少数官僚买办势力。什么是策略？策略就是将朋友搞得多多的，将敌人搞得少少的。对手少了，我们的朋友就多了：我们的朋友就是世界上被国际资本压迫的人民和民族。如果我们不是用阶级分析的方法而是用形而上学的方法把华尔街国际资本与美利坚民族特别是与美国人民混为一谈，那我们就弄不清谁是我们的朋友、谁是我们的敌人；如果不清楚敌人在哪里，我们的战略力量就不能进行合理的配置，我们的外交就容易出现“左”或右的失误。如果我们能够将美国人民，继而将美利坚民族与代表当代世界最腐朽势力的一小撮华尔街金融财团区分开来，将中国人民的目标与美国人民的目标结合起来，我们就会团结全世界被压迫的人民和民族，一道将世界的前途推向社会主义。

第三章

新时代的中美变局与世界前途[①]

“这是个最好的时代，也是最坏的时代。”[②] 英国文学家狄更斯这样描述工业革命发生后的时代。今天的世界似乎又回到了从黑暗向光明、从旧时代向新时代转变的临界点。

一、新时代的中美矛盾：本质和趋势

中国共产党第十八次全国代表大会之后，中国的政治经济发展进入了新时代，中国提出新时代的依据是国内工作的主要矛盾和主要任务发生了转变。但是同时不要忘记，美国也进入了“新时代”。不同的只是前者是向着光明和进步的新时代，后者是向着黑暗——本质是反动——的“新时代”。事实上，这两年，美国、英国及欧洲大陆国家内外政策出现了很大的变化，说明世界政治也进入了新时代。如果说昨天的世界政治的特征是和平与发展，那么，21 世纪的世界政治的特征可能就是战争与和平。对于中国来说，这是一个非常有希望的时代，同时也是一个挑战最为艰巨的时代。

在这个时代，中国的主要对手是美国，因为今天的美国比较集中地体现了列宁的帝国主义理论所揭示出的腐朽性、垂死性，以及当前所表现出的任性、

---

① 本文刊发于《太平洋学报》2019 年第 4 期，有修订。

② ［英］查尔斯·狄更斯：《双城记》，电影英语研究室译，中国致公出版社 2004 年版，第 1 页。

凶恶和残酷的特征。需要说明的是：这里说的“美国”有特定含义，它是指作为帝国的“美国”，而不是作为民族国家的“美国”。其实，毛泽东在谈到美国的反动性时总是用“美帝国”的概念，他始终是将“美国人民”与“美帝国”区分开来的，这是列宁主义的语境。笔者在后面的论述中也是在这个语境中使用“美国”这个概念的。

第二次世界大战后，美国进入了成熟的帝国主义阶段。苏联解体后，美国变成一个不受制衡的帝国主义兼霸权主义国家。“9·11”事件既是美国全面统治世界的开始，也是美国没落的开始。小布什假“反恐”之名向世界统治权力发起冲锋，想不到美国在小布什“一鼓作气”之后便进入奥巴马时期的“再而衰”阶段。为了扭转美国的颓势，特朗普一改尼克松为美国建立的依赖石油美元、以石油美元拉动美国金融并以强大的金融掠夺世界财富的政策，将美元增值的依赖路径从石油移至军工：割羊毛不成便要杀羊，喝血不成便直接杀人。这时的美国已前所未有地表现出它的最凶恶，同时也最虚弱的纸老虎本质。

华为事件以及一系列对在美华裔科学家迫害持续升级事件说明，中美关系已进入类似20世纪20年代导致国共合作中断的四一二反革命政变前期，在美国是20世纪50年代麦卡锡主义登场前夕。

如果有人不理解今天中美关系变化的这一阶段性特征，请回顾一下1921～1926年国共合作的“蜜月”后期及随后1927年四一二反革命政变的后果。中国共产党成立之初制定并得到共产国际认可的政策是跟国民党长期合作，跟随国民党发展而获得自身发展[①]，等到社会主义条件成熟后再取代国民党建立社会主义国家。在国民党方面，国共合作之初他们也认为凭其大党地位完全可以将加入进来的共产党溶化掉；蒋介石还认为当时的主要矛盾是解决军阀、实现中国在国民党统治下的国家统一，在这个问题解决之前国民党还需要共产党的帮助，因此有必要与共产党合作——这些与昨天的中美合作产生的历

① 中国共产党第三次全国大会宣言明确指出：“中国国民党应该是国民革命之中心势力，更应该立在国民革命之领袖地位”；“我们希望社会上革命分子，大家都集中到中国国民党，使国民革命运动得以加速实现”。中央档案馆编：《中共中央文件选集》第1册，中共中央党校出版社1989年版，第165、166页。

史条件很像。

当时，只有毛泽东等少数党员清楚这场悲剧的实质。1927年3月，也就是在四一二反革命政变发生前夕，毛泽东发表《湖南农民运动考察报告》，他疾呼："革命不是请客吃饭，不是做文章，不是绘画绣花，不能那样雅致，那样从容不迫，文质彬彬，那样温良恭俭让。革命是暴动，是一个阶级推翻一个阶级的暴烈的行动。"① 当时党内好多同志并没有理解毛泽东的预警，他们还是沿着旧的合作思路，对国民党的"清党"行为百思不解，觉得我们共产党没有要争权夺利，还帮助国民党完成北伐，国共两党共同治理中国，这样的"双赢"有什么不好？当时我们党内很多人都是沿着这个思路理解国共关系的。今天我们许多人也是这样认识中美关系的，认为这样的"双赢"，曾经的国民党、当今的美国都没有理由不同意。在理论上，与今天的一些同志僵化地理解邓小平倡导的改革开放的意义一样，当时"陈独秀们"也是从对列宁在共产国际第二次代表大会上作出的"共产国际应当同殖民地和落后国家的资产阶级民主派结成临时联盟"② 的指示的僵化理解中认识中国国共合作的合理性的。

就在北伐主要任务基本完成的时候，共产党也在北伐中发展壮大，这时蒋介石考虑的是谁坐江山的问题。最先提出这个问题的是戴季陶，他于1925年抛出《孙文主义之哲学基础》《国民革命与中国国民党》等小册子，认为国共两党水火不容，其结果不是你死就是我活。但是我们党内很多同志没醒悟，认为国共两党合作已在北伐上见了成效，根本就不相信蒋介石会在这个时候变脸。他们不明白的理由是：中国共产党没有亏欠国民党，国民党没有翻脸的道理。其实，1925年戴季陶发表《孙文主义之哲学基础》的时候，国民党已悄然改变了与共产党合作的路线，当年12月，毛泽东发表《中国社会各阶级的分析》，提出戴季陶主义的危险性并提醒全党认识"谁是我们的敌人？谁是我

① 毛泽东：《湖南农民运动考察报告》（1927年3月），《毛泽东选集》第1卷，人民出版社1991年版，第17页。

② 列宁：《民族和殖民地问题提纲初稿》，《列宁选集》第4卷，人民出版社1972年版，第275页。

们的朋友?”[①] 的问题。1926 年 3 月 20 日，“中山舰事件”已有国民党“清党”的征兆，当时大多数同志并没有意识到问题的严重性，只有毛泽东等极少数同志意识到戴季陶文章所展示的“举起你的左手打倒帝国主义，举起你的右手打倒共产党”[②] 的危险。这使人联想到 2018 年 10 月 4 日，美国副总统彭斯在华盛顿智库哈德逊研究所就中美关系发表演讲，全面阐述特朗普政府对华政策[③]，很多同志也没意识到它的严重性。事实上，彭斯这个讲话相当于戴季陶讲话，更是 1950 年 2 月 9 日麦卡锡“炮打国务院”的讲话[④]的翻版。后来大家才看出戴季陶讲话就是四一二反革命政变的前奏，而麦卡锡讲话是四个月后发生的以美国为首的联合国军入侵朝鲜并由此引发中国抗美援朝的前奏。1927 年 3 月毛泽东在《湖南农民运动考察报告》中提出警告，谁知到 4 月国民党率先摊牌，当时很多同志不知所措，也不知道这个摊牌会有什么样的结果，更不知国共合作破裂的形势要持续多久。谁也没想到：国共斗争直到 1949 年才有结果。1950 年 2 月麦卡锡讲话后仅半年，美国便向中苏摊牌，发动了朝鲜战争，从此中美关系恶化直到 1972 年。

“如无预见，即无领导，为着领导，必须预见，预见前途和可能发生的偏向。”[⑤] 1945 年 5 月 31 日，毛泽东在讨论党的七大报告结论时，面对抗战即将

---

① 毛泽东:《中国社会各阶级的分析》(1925 年 12 月 1 日),《毛泽东选集》第 1 卷,人民出版社 1991 年版,第 3 页。

② 转引自毛泽东:《中国社会各阶级的分析》(1925 年 12 月 1 日),《毛泽东选集》第 1 卷,人民出版社 1991 年版,第4 页。

③ 2018 年 10 月 4 日,美国副总统彭斯在华盛顿智库哈德逊研究所就中美关系发表演讲,全面阐述特朗普政府对华政策,内容涵盖中国的贸易、军事、人权以及“干预美国政治”等多个领域。彭斯表示,美国前任政府忽略中国的这些行动,“那样的日子结束了”。美国在特朗普的带领下,将建立最强军队,保持军力绝对优势,也将对互联网安全采取行动,并继续以关税为杠杆,会增加更多关税,直到美中之间有公平的贸易协议。《彭斯智库演讲严厉抨击中国 中方就此表明立场》,来自四月网。

④ 1950 年 2 月 9 日,麦卡锡在共和党全国委员会的安排下,在俄亥俄县的共和党妇女俱乐部发表了题为“国务院里的共产党”的演讲,声称在他手中有“一份 205 人的名单”,“这些人全都是共产党和间谍网的成员”。“国务卿知道名单上这些人都是共产党员,但这些人至今仍在草拟和制定国务院的政策。”麦卡锡的演说有如晴天霹雳,令美国上下一片哗然。此后美国各界风声鹤唳,出现了一波又一波所谓“揭露和清查美国政府中的共产党活动的浪潮”。高连奎:《为何美国是老大:美利坚 200 年改革实录》,上海文化出版社 2013 年版,第 164～165 页。

⑤ 中共中央文献研究室编:《毛泽东年谱(1893～1949)》中卷,中央文献出版社 2013 年版,第 602 页。

结束时的乐观情绪，毛泽东告诫全党要“准备吃亏”[①]，他说既要看到光明的一面，又要看到困难的一面，并举了今后可能出现的十七种困难，例如外国大骂、国内大骂、内战爆发、党内意见分歧、党员散掉三分之一、天灾、赤地千里等。毛泽东提醒全党高级干部要有充分对付非常不利的情况的准备[②]。今天的中美关系大概进入类似历史节点并将很快面临美国的“摊牌”形势，中国也要对可能出现一段非常不利甚至非常残酷的时期有充分的估计，必须做好十年甚至几十年持久战的准备。

为什么出现这样的情况？这只能归结于阶级斗争。阶级斗争是不以人的意志为转移的，它本质上是不可调和的。毛泽东对国民党反共形势的较早预见就是运用阶级分析方法的认识成果，1925 年年底，毛泽东发表《中国社会各阶级的分析》对此讲得明明白白。今天我们也只有运用阶级分析的方法才能认清中美关系的这场变局及其结果。

二、外因是由内因引起的，世界历史已进入质变的临界点

造成美国目前外交政策的上述转变，还有其国内阶级矛盾激化的因素。与 20 世纪略有不同的是，21 世纪的帝国主义的压迫对象已从南方世界扩大到北方世界。殖民地现象从南方世界向包括美国在内的北方国家内部倒逼——这是 21 世纪初帝国主义腐朽性最突出的特点。由华尔街国际资本对美利坚民族的压迫导致美国劳动者阶级以及包括民族资本家在内的最广泛阶层与华尔街及其买办集团的阶级斗争，已上升为美国国内的基本矛盾。列宁说：

> 帝国主义不仅在新发现的国家，而且在老牌国家也在实行兼并，加紧

① 陈晋:《读毛泽东札记》,生活·读书·新知三联书店 2009 年版,第 70 页。

② 参见中共中央文献研究室编:《毛泽东年谱(1893～1949)》中卷,中央文献出版社 2013 年版,第 602 页。

民族压迫，因而也使反抗加剧起来。[①]

“从世界社会主义500年的大视野来看，我们依然处在马克思主义所指明的历史时代。”[②]

今天的美国人民似乎比以往任何时候都更深刻地意识到垄断资本的阶级压迫。2019年2月9日，美国民主党参议员沃伦在其家乡劳伦斯——这里是美国昔日的制造业中心、劳工运动的象征地——美国最著名的一次罢工现场的红砖旧厂房下发表演讲，宣布她正在争取党内提名竞选总统，在2020年向特朗普发起挑战。她誓言要改变这个“被富人操纵”的国家，向富人发起“阶级斗争”。她说：“今天，有无数的美国家庭在被富人和关系硬的人操纵的体系中挣扎求生……我们受够了”，“当我谈论这个问题的时候，一些富人会大喊，这是‘阶级斗争’!”“几十年来，这些富人一直在向勤劳的民众发动阶级斗争，我想说，是时候反击了!”沃伦还表示，仅仅撤销本届政府的可怕行为是不够的，“我们不能只在边缘修修补补——这里实行税收抵免，那里实行监管。我们的战斗是为了实现重大的结构性改革”[③]。美国《基督教科学箴言报》网站2019年2月14日发表文章称：“‘社会主义’标签在美国政治中长期以来的形象正在改变，社会主义已重返美国政治。”[④] 美国《华盛顿邮报》网站2019年2月10日发表该报专栏作家E.J.迪翁的题为《特朗普的反社会主义战争将会失败》的文章，称特朗普“反社会主义”的表态完全是谋求连任的政治语言，但在今天的美国，攻击社会主义不再像过去那样容易。[⑤]

19世纪前半叶欧洲发生普遍革命（比如1848年爆发的遍及整个欧洲的大革命），它造成了欧洲帝国主义向亚洲东部扩张（比如侵华和侵印战争）并由此使欧洲垄断资本暂时摆脱了危机；20世纪前半叶西方发生危机，各国再次

① 列宁：《帝国主义是资本主义的最高阶段》，《列宁选集》第2卷，人民出版社1972年版，第839页。

② 习近平：《深刻认识马克思主义时代意义和现实意义 继续推进马克思主义中国化时代化大众化》，《人民日报》2017年9月30日。

③ 《美参议员沃伦正式参选总统：是时候向富人发起“阶级斗争”了》，来自观察者网。

④ 《美媒文章：社会主义重返美国政治》，来自参考消息网。

⑤ 《美报文章：特朗普“反社会主义之战”将会失败》，来自参考消息网。

向东方俄国转嫁危机，结果“偷鸡不成”，反引发了两次世界大战及战后强大的社会主义苏联和社会主义阵营的出现。进入21世纪不久的今天，在北美洲日益增长的革命情绪又造成美国的“战略东移”，其矛盾的焦点还是资本主义与社会主义谁战胜准的问题。毛泽东同志说：

> 无产阶级和资产阶级之间的阶级斗争，各派政治力量之间的阶级斗争，无产阶级和资产阶级之间在意识形态方面的阶级斗争，还是长时期的，曲折的，有时甚至是很激烈的。无产阶级要按照自己的世界观改造世界，资产阶级也要按照自己的世界观改造世界。在这一方面，社会主义和资本主义之间谁胜谁负的问题还没有真正解决。[①]

风起于青蘋之末，东风将要压倒西风，世界历史已进入质变临界点。

三、“特朗普主义”可能的选择与世界前途

（一）尼克松主义、里根主义、特朗普主义

2017年1月20日，特朗普正式成为美国第45任总统。这标志着带有“尼克松主义”色彩的“特朗普主义”已经启航。[②]“尼克松主义”的本质并不在于它对中国曾有过的友好倾向，而在于它要使美国避免两线作战。尼克松、基辛格带领美国做到了这一点并由此挽救了美国；表现为一手紧拉中国、一手死打苏联的“里根主义”，其本质是“尼克松主义”的强化和继续。所谓“特朗普主义”是特朗普时期内政外交政策的本质反映，搞得好，它是“尼克松主义”与“里根主义”合二而一的回归；搞得不好，它则是赫鲁晓夫和戈尔巴乔

① 毛泽东：《关于正确处理人民内部矛盾的问题》（1957年2月27日），中共中央文献研究室编：《毛泽东文集》第7卷，人民出版社1999年版，第230页。

② “在安全领域，特朗普遵循了基辛格的建议，企图实质性缓和美俄关系，倒转冷战时期的‘美中俄’战略大三角，形成‘联俄抗中’的战略态势。”吴玉才、杨荣主编：《当代世界经济与政治》，安徽大学出版社2020年版，第136页。

夫机会主义合二而一在美国的翻版。

特朗普身上有点儿当年的赫鲁晓夫和戈尔巴乔夫的影子：赫鲁晓夫修柏林墙，特朗普修墨西哥墙；赫鲁晓夫想跟美国改善关系，却将手伸向古巴，弄出一个“古巴导弹危机”，这让他灰头土脸，除了徒增美国人民的反感，其余一无所获；特朗普想跟中国改善关系，却将手伸向朝鲜半岛，弄出个“萨德”导弹基地，其结果除了引起中国人民的反感外，也是一无所获。还有，戈尔巴乔夫放弃华约（“华沙条约组织”），特朗普想放弃北约（“北大西洋公约组织”），并且已经放弃“跨太平洋伙伴关系协定”（Trans-Pacific Partnership Agreement，简称TPP）。美国开始跟过去的盟国“亲兄弟明算账”了——我支持你可以，但是你得给钱，你得买我的军火。当一个国家开始把政治当买卖来做的时候，就是在收缩了，就不再是强国了。尼克松在《真正的和平》一书中有段文字适用于描述特朗普的执政风格：

> 当初，列宁非常清楚，西方人的天真对共产主义事业是多么有用。他以鄙夷的口吻称他们为“有用的白痴”。这些有用的白痴总是一本正经，对那些最为复杂的问题作出非常简单的、令人可笑的回答。他们这样做并非出于故意，而是出于无知。[①]

尼克松实现其战略目标是有历史前提的：当时中国、苏联、美国三家处在等边三角对峙关系之中，美国手头也有可与中国交换的筹码，比如它的对台政策。但特朗普面临的则是完全不同的形势：目前中俄关系几乎是无缝对接，根本不存在尼克松时期“等边三角”的拉锯形势，美国目前又无足以动摇中俄全面战略协作伙伴关系的交换筹码，而中俄两国目前的政治家也相当成熟——不存在中国历史上三国时期因贪荆州小利而弃盟的孙权式或苏联后期为讨好西方而主动废国的戈尔巴乔夫式的政治家。因此，特朗普若要仿效尼克松通过离间中俄关系来获利的外交策略，其成功的概率几乎为零。

黑格尔说，一切伟大的世界历史事变和人物都出现两次；马克思补充说：

---

① ［美］尼克松：《真正的和平》，世界知识出版社1999年版，第6～7页。

“第一次是作为悲剧出现，第二次是作为笑剧出现。”① 美国战后历史上出现的两次“尼克松主义”，其所扮演的历史角色是不同的：前者已确定为悲剧（正剧），后者在历史中可能就是笑剧（滑稽剧）。

（二）世界的灾难，就是特朗普的机会

在内政方面，尼克松上台是牺牲美国军工集团、拉拢并得到金融垄断集团支持的结果，但条件是他上台后的政策要使金融资本集团满意。为此，他牺牲美利坚民族的利益，将美元与石油挂钩。特朗普上台是牺牲他竞选演说中竭力攻击的金融集团——他因此得到“占领华尔街”之后美国选民的拥护和军工资本集团的支持——的结果。与蒋介石上台前后的选择相似，特朗普一上台，立即抛弃美国劳动者的利益转而依靠军工资本集团。但拿钱就得干活，这样，特朗普上任后，通过加大政府的军工采购，迅速将石油美元转换成军工美元。但军工美元需要的就不是石油而是美国已无力参与的战争——而且还不是一般的小型战争，不然特朗普就得不到来自军工集团的持续借贷，就要面对更多的“财政悬崖”。借钱不还而又无东西可卖，特朗普的政治命运就可想而知。

存在决定意识。特朗普上台后的现实环境决定其思路只能是：“走自己的路，让别人无路可走。”具体说，就是学习里根，在国内通过拉动军工发展美国实体经济，在国际上开启“潘多拉盒子”，让世界陷入美国并不直接参战且越来越多的战争——最好是世界大战。

当年富兰克林·罗斯福就是这么干的。1939 年 1 月 31 日，美国总统罗斯福在美国参议院军事委员会（实际就是美国军工资本家集团）协商会议上全面倾吐了他对世界形势及美国战略的攻势性的考虑。他告诉其同僚：

> 慕尼黑会议后，9 月 28 日（原文如此，慕尼黑会议举行于 9 月 29 日——译者注）那天，英国人大为烦恼。他们受了惊吓，惊慌失措，派人

① 马克思：《路易·波拿巴的雾月十八日》，《马克思恩格斯选集》第 1 卷，人民出版社 1972 年版，第 603 页。

来这里，确实定购了飞机。我不知道他们在此购买了多少飞机，然而我想是300～400架。

法国人的政府制度是每天早晨早餐前更换内阁。法国人开始讨论，这时的想法是，只有上帝才知道他们将要购买多少飞机。这是一个极好的想法。我们说："越多越好！来，快来！使我们的工厂能进行批量生产，好！"

因此，最后在第三或第四次尝试从法国国库中拨出500万美元购买我国的飞机时，他们的态度变得足够认真了。我们说："好极了！叫好有两个非常简单的理由。第一，目前我们的工厂闲置着。如果你们现在来定货，这些货物将在明年春天我们自己的定单开始到来之前大体完成。"这是一个理由，是国内的原因。……①

在外交上，罗斯福在欧洲和苏联两面下注。在希特勒兵败斯大林格勒后，罗斯福迅速主动上门找到斯大林并与苏联结下反欧暗盟，战后欧洲便被美苏一分为二。至20世纪60年代，英帝国及欧洲的海外资产已为美国一揽囊中。先与希特勒、后又与罗斯福联手搞垮欧洲的斯大林事后看得明白，1952年他在《苏联社会主义经济问题》一书中说：

资本主义国家之间争夺市场的斗争以及它们想把自己的竞争者淹死的愿望，在实践上是比资本主义阵营和社会主义阵营之间的矛盾更为剧烈。②

但斯大林说这话的前提是社会主义国家自己不能倒，不然戈尔巴乔夫治下的苏联及其结局就是前车之鉴。苏联解体后，美元指数迎来战后第二次高峰——第一次高峰是中国大陆及亚洲"四小龙"加入世界市场体系给美元市场

① 《美国总统罗斯福同美国参议院军事委员会协商的会议记录(节录)》(1939年1月31日)，李巨廉、王斯德主编：《第二次世界大战起源历史文件资料集(1937.7～1939.8)》，华东师范大学出版社1985年版，第452页。

② 斯大林：《苏联社会主义经济问题》，《斯大林选集》下卷，人民出版社1979年版，第565页。

带来的庞大红利（1979～1985年），同时也给中国带来了巨大的发展机遇。如图[1]所示：

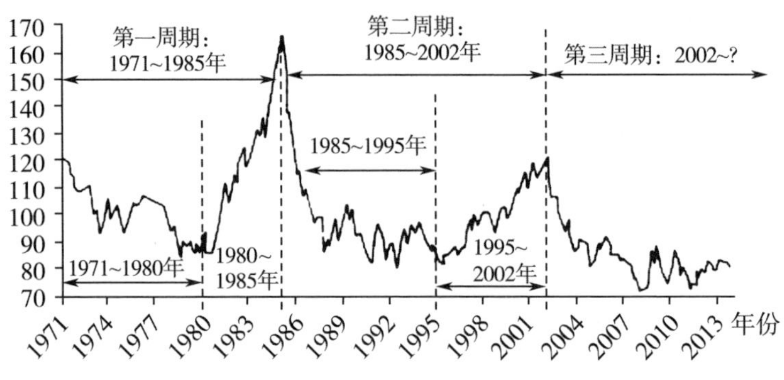

1971年以来美元指数历史走势周期

里根曾以开动战争机器拉动军工，做到了既解决国内就业问题又让美国避免打仗，他最终以“空城计”[2] 的方式吓倒了戈尔巴乔夫并逼诱其自动废国。苏联自我解体又释放出巨大的浮财，挽救了深陷危机中的美国[3]并使世界避免了大规模的战争。

美国在中东的军事失控使华尔街金融资本集团严重受挫。特朗普当选美国总统后，向华尔街金融资本开火，又把军工资本请了回来。但军工的市场主要是战场，这样美国的历史又回到20世纪50年代的逻辑，即不打仗就消化不了庞大的军工借款和投资。美国没有自己的国家银行和企业，借来的钱如不见利润，资本家不干，这样，特朗普就要下台。只有世界性大战才能提供特朗普需

① 陈晓晨、徐以升：《美国大转向：美国如何迈向下一个十年》，中国经济出版社2014年版，第295页。

② 空城计，这里指里根搞的“星球大战”计划，美国在1980年代提出反弹道导弹军事战略计划，该计划源自美国总统罗纳德·里根在1983年3月23日的一次著名演说。2019年1月，美国总统特朗普东施效颦，在五角大楼发布新版《导弹防御评估报告》，提出将大力扩展导弹防御系统。这份报告被称作“星球大战”2.0版。苏联航天研究所所长罗阿尔德·萨捷耶夫称：“美国人夸大了‘星球大战’，我们也过分相信了。”苏联情报机构得出结论，“星球大战”的花拳绣腿大于实质威胁。[以色列]戴维·阿尔贝尔、[以色列]兰·埃德利：《西方情报机构与苏联解体——未能撼动世界的十年（1980～1990）》，孙成昊、张蓓译，社会科学文献出版社2015年版，第204～205页。

③ 基辛格说：“美国的国际地位似乎沦落到无以复加的最低点之时，共产主义却开始解体。”[美]亨利·基辛格：《大外交》，顾淑馨、林添贵译，海南出版社1998年版，第706页。

要返还的利润，阿富汗、伊拉克战后治理失败后，美国已没有再次发动大规模战争的能力，其他国家也不愿卷入战争。这样，世界和平就成了特朗普任内最大的敌人。这让特朗普很纠结。

“欧洲的灾难”，就是“美国的机会”，这是杰出的外交史学家塞缪尔·弗拉格·比米斯 1926 年写的《平克尼条约——对欧洲灾难和美国机会的研究》一书的主题[①]，当然这也是理解美国崛起进程中“战略机遇期”一拨拨出现的重要线索。如果将这句谶语式的判断进一步扩展，我们完全可以得出这样的结论：世界的灾难就是今天特朗普的机会。策源于欧洲的两次世界大战曾给美国军工集团带来“盛宴狂欢”，今后如果中国和俄罗斯不能被吓倒或打倒，为了还钱，那特朗普转移国内危机的可能方向就是欧洲，而欧洲再次分裂又为特朗普准备好了对其进一步施害的条件。

第二次世界大战后，毛泽东基于当时美国经济对美国军工资本深度依赖的事实，一直坚持“第三次世界大战的可能性依然存在”的战略判断。1950 年 6 月 6 日，毛泽东在《为争取国家财政经济状况的基本好转而斗争》的讲话中指出：“第三次世界大战的可能性依然存在。”[②] 20 年后，毛泽东依然坚持这一看法。1970 年 5 月 20 日，毛泽东在《全世界人民团结起来，打败美国侵略者及其一切走狗》的讲话中说：“新的世界大战的危险依然存在，各国人民必须有所准备。”[③] 毛泽东这个判断在当时的历史条件下，是唯物主义的正确判断。

四、和平还是战争？

这里不能回避的问题是，改革开放 40 多年来，第三次世界大战的确没有

---

① 参见[美]孔华润主编:《剑桥美国对外关系史》上,王琛等译,新华出版社 2004 年版,第 94 页。

② 毛泽东:《为争取国家财政经济状况的基本好转而斗争》(1950 年 6 月 6 日),中共中央文献研究室编:《毛泽东文集》第 6 卷,人民出版社 1999 年版,第 67 页。

③ 《建国以来毛泽东文稿》第 13 册,中央文献出版社 1998 年版,第 96 页。

爆发，这个和平期甚至比邓小平“至少十年打不起来”① 的判断要长得多。这是为什么呢？

这是因为美国经济的依赖路径在尼克松之后发生了重大变化。通过两次世界大战，美国造就了一个强大的“军工复合体”资本集团，当战争结束后，这个集团就反客为主成了左右美国政治的重要力量。在尼克松之前美国外交的重要政策都要优先满足这个资本集团的利益，而新任总统的第一要务是为这个政府财政的最大“借贷方”寻找市场——军工的市场就是战场。因此不断地制造战争便成了这一时期政府的主要任务。

约翰逊时期美国大幅提升对越南的轰炸，甚至将这种轰炸扩大到过去不允许的越南北方，其目的并不主要是打垮越南北方的红色政权——约翰逊知道这是不可能的，而是美国政府急于将武器库中的“存货”通过南越当局的大规模购买转为利润。但是，武器向越南倾销的过程也是美国国力消耗的过程，大规模倾销武器对华尔街是滚滚利润，对美国国力却是加速耗竭。就在美国国力实在支撑不住持续战争的时候，美国武器库也基本“清仓”，这为尼克松上台后的新政提供了可能性。与特朗普的“新政”正好相反，尼克松将美国经济的依赖路线从军工美元转为石油美元，适逢亚洲各国经济迅速崛起并由此拉动对美元的超大规模的需要。这内外因素使美国金融资本集团取代了军工资本集团，成为美元政治的主导力量；美国军工此时的任务就是配合金融资本，保证中东石油销售以美元结算。

此后，美国从世界——主要是从南方国家——获得利润的方式也发生了变化。形象地说，以前军工集团实现利润的方式是“杀羊喝血”，即用制造大规模战争的方式获得超额利润，而金融资本集团实现利润的方式则是一茬茬地“割羊毛”，至于羊长大与否，它并不关心。美国出现的这种剥削世界的方式的变化，为中国提供了难得的“战略机遇期”。

与 20 世纪二三十年代列宁、斯大林抓住当时历史出现的世界和平与多极化发展的机遇使苏联迅速崛起一样，自 70 年代后期，世界再次出现和平与多

---

① 邓小平:《视察江苏等地回北京后的谈话》(1983 年 3 月 2 日),《邓小平文选》第 3 卷,人民出版社 1993 年版,第 25 页。

极化发展的苗头，邓小平以敏锐的政治眼光看到这一点，反复告诉全党："抓住时机，发展自己。""现在就是好机会。我就担心丧失机会。不抓呀，看到的机会就丢掉了，时间一晃就过去了。"[①] 结果，中国抓住这个战略机遇，发展自己，实现中国改革开放的基本目标。

现在，问题又来了，受美国在中东的军事失败及欧元出现，俄罗斯、中国的发展壮大等因素影响，2008 年后石油美元衰落，特朗普依靠军工资本家的支持，又将美国从依赖石油美元增值的路径转回到军工美元，庞大的军工生产机器已经开动[②]，特朗普接下来的任务如果不是军工产品的销售那又是什么呢？如果没有天上掉馅饼即苏联自行解体那样的事，那特朗普不追求战争，难道还会追求和平吗？

2019 年 1 月 1 日，特朗普任命帕特里克·沙纳汉为美国国防部代理部长，看看这位新部长从哪儿来，就知道特朗普外交将向哪儿去：

> 帕特里克·沙纳汉：1986 年起，在波音供职，在波音供职多年，曾主管波音的导弹防御系统项目。目前负责波音的全球供应链策略以及高端制造技术应用。2008 年至 2016 年，沙纳汉担任飞机项目高级副总裁。

曾有美国商业媒体把沙纳汉称为波音公司的"救火侠"，因为在波音 787 梦想客机早期出现生产问题后，是沙纳汉将项目扶回正轨。今天，战争，尤其是世界性的战争成了美国垄断资本的救命稻草，目前美国军工资本集团急需一位"救火侠"，因此，显然不能担负这一角色的詹姆斯·诺曼·马蒂斯上任才一年就为沙纳汉取代，便成了顺理成章的事。

---

① 邓小平:《在武昌、深圳、珠海、上海等地的谈话要点》(1992 年 1 月 18 日～2 月 21 日),《邓小平文选》第 3 卷,人民出版社 1993 年版,第 375 页。

② 2016～2019 年,美国国防支出和投资增长从－0.6%飙升至 5.6%。除与军工联系密切的"耐用消费品""固定资产投资""知识产权产品"等项增长率保持高位运行外其他都处于疲软不振状态。2016～2019 美国国防支出和投资对经济增长的拉动从－0.02% 升至 0.2%,国内失业率从 2010 年的 9.6%降至 3.7%。国家统计局国际统计信息中心编:《世界经济运行报告》,中国统计出版社 2019 年版,第 194、196、199 页;2020 年版,第 218、220、223 页;2021 年版,第 238、240、243 页;2022 年版,第 230、232、235 页。

2019年4月29日，斯德哥尔摩国际和平研究所发布最新报告披露，美国军费7年来首次增加，已达6490亿美元，是紧随其后的8国军费的总和。该研究所武器和军事开支项目主任奥德·弗勒朗说："美国军费增加是特朗普政府从2017年开始实施新武器采购计划所推动的。""增加支出的美国是这一费用总体上涨的（主要）责任者。其增长相对来说不算多（增加4.6%），但鉴于美国军事支出很高，影响依然很大。"凭借6490亿美元的军费，美国远远排在他国前面。[①]

和平还是战争？这对特朗普政府而言并不是一个很难选择的问题，下面这句话，对于理解美国特朗普外交的最虚弱和最凶恶的特征及其反和平的本质，是有益的：

> 资本逃避动乱和纷争，它的本性是胆怯的。这是真的，但还不是全部真理。资本害怕没有利润或利润太少，就像自然界害怕真空一样。一旦有适当的利润，资本就胆大起来。如果有10%的利润，它就保证到处被使用；有20%的利润，它就活跃起来；有50%的利润，它就铤而走险；为了100%的利润，它就敢践踏一切人间法律；有300%的利润，它就敢犯任何罪行，甚至冒绞首的危险。如果动乱和纷争能带来利润，它就会鼓励动乱和纷争。走私和贩卖奴隶就是证明。[②]

战争一旦成为美国的生意，那和平就成了美国的敌人。反和平，是今后相当长的一段时间内美国外交的本质。

---

① 参见《权威机构为全球军费支出排名：美国军费超8国总和》，《参考消息》2019年4月30日，第6版。

② 这是马克思在《资本论》第二十四章《所谓原始积累》第七节的注释中引用的英国评论家登宁在《工联和罢工》一文中的一段话。参见马克思：《资本论》第1卷，人民出版社1975年版，第829页注释250。

五、积极准备“进行具有许多新的历史特点的伟大斗争”

(一) 提高探索解决新时期基本问题的本领

伟大斗争需要正确的判断，而形成正确判断要有正确的认识方法，这个方法只能是历史唯物主义和辩证唯物主义的方法。历史唯物主义和辩证唯物主义是中国共产党人的世界观和方法论。

与全面抗战前的形势相似，目前中国学界对中美关系大势及中国在其中的定位存在着“好得很”和“糟得很”的两极误判，由此产生出浪漫主义的“速胜论”和悲观主义的“失败论”。在研究方法上，双方都沉湎于西方社会学中的统计方法并将其绝对化，寻找了大量统计数据，得出了“厉害了我的国”或相反的结论。有什么样的认识论就有什么样的研究方法，造成这种两极对立的认识的原因就是他们的认识论脱离了马克思列宁主义的唯物辩证法。

树立辩证唯物主义的认识论并形成“进行具有许多新的历史特点的伟大斗争”的能力，是中国共产党目前迫切需要完成的学习任务。为此，当前我们还要重读马克思的《资本论》、列宁的《帝国主义是资本主义的最高阶段》和毛泽东的《论持久战》。这三本书的逻辑关系是：马克思《资本论》研究的是资本主义生成、发展和灭亡的一般规律，列宁《帝国主义是资本主义的最高阶段》研究的是资本主义发展到帝国主义阶段的特殊规律，毛泽东《论持久战》研究的是帝国主义规律在第三世界特别是中国这样的第三世界国家的表现及当地人民如何运用的规律。一百多年的历史反复证明，这三本书中所作的判断是科学和准确的。

可以设想，即使在资讯十分发达的今天，如果没有历史唯物主义的研究方法，不从历史大趋势出发进行研究，而只是采用机械的数据比较的方式，也就是说，在形势研究中，只研究“形”即表面数据而不研究“势”，我们不仅得不出资本主义必然灭亡，帝国主义是资本主义的垂死阶段，中国抗战经过战略防御、战略相持和战略反攻三个阶段后必然胜利的科学结论，而且可能得出错误的结论。

辩证唯物主义研究方法其着重点不在于由偶然性（比如某一历史突发事件）生发出的枝节，而在于由必然性（比如生产力和生产关系及其相互作用）生发出的总规律。比如研究天凉落叶现象，辩证唯物主义并不从落叶数目的统计入手，而是从四季大势入手，由此得出的结论及应对策略就是：春天的落叶反映的是新生事物的生长，应对春天落叶的方法是支持新生事物的生长；秋天的落叶反映的是旧事物的衰亡，应对秋天落叶的方法是脱离正在衰亡的事物，以积极的姿态去迎接新的春天。

黑格尔说过，同一句话老人说出来就比一个孩童说出来，富有更多的含义①；同样，老人与孩童同样患感冒，这对他们的身体也具有不同的影响。在这样的视域中，今天的美国不管它还有多少强项，它的总趋势是走向没落，目前笔者为它所作的“病诊”结论是：“肾虚火大”。肾脾的状况是一个人的生命存在状况，中医诊病总是从肾脾切入的。对国家生命的“问诊”，与此同理。

（二）积极准备“进行具有许多新的历史特点的伟大斗争”②

政治浪漫主义和悲观主义都是唯心论和形而上学认识论的产物。浪漫主义和悲观主义迎来的结果一般都是事与愿违的。20 世纪初，放弃了在斗争中求合作的路线的结果，令当时那些天真的共产党员感到出乎意料，也令党内的一些天真的理论家们大跌眼镜：1927 年，国民党对共产党大开杀戒，发动了骇人听闻的四一二大屠杀；1950 年 6 月，美国抛弃中美在反法西斯战争中形成的友谊，出兵朝鲜，结果是美国对中国长达 20 多年的封锁和包围。

“民族斗争，说到底，是一个阶级斗争问题。”③ 今天的中美关系也是这

① “绝对理念可以比作老人，老人讲的那些宗教真理，虽然小孩子也会讲，可是对于老人来说，这些宗教包含着他全部生活的意义。即使这小孩也懂宗教的内容，可是对他来说，在这个宗教真理之外，还存在着全部生活和整个世界。”［德］黑格尔：《小逻辑》，贺麟译，商务印书馆 1980 年版，第 423 页。

② 习近平：《决胜全面建成小康社会　夺取新时代中国特色社会主义伟大胜利》，《习近平谈治国理政》第 3 卷，外文出版社 2020 年版，第 12 页。

③ 毛泽东：《支持美国黑人反对种族歧视斗争的声明》（1963 年 8 月 8 日），《建国以来毛泽东文稿》第 10 册，中央文献出版社 1996 年版，第 337 页。

样。有人说彭斯讲话在美国只代表少数人的观点，在美国不占主流。[①] 这个说法没用阶级分析方法。什么叫不占主流？资本家只是资本化的人格，彭斯讲话也不是他个人的行为，他的讲话在美国代表了大资本家的利益。特朗普也是资本化的人格，不管他个人有如何的品质，他一旦进入白宫，他就是阶级的代表。现在整个庞大的军工集团都已经开工，特朗普从他们那里获得了天文数字的投资，这使美国大批工人有了工作。但他们上班生产的可不是鞋子和袜子，也不是棉布和面包，为了还军工资本家的钱，他们只能造武器。接下来的问题就是，武器的“市场”只能是战争。资本是讲利润的，而军工的利润不能在一般的市场而只能在战场中实现。特朗普开工的钱是从华尔街军工集团借的，借钱还债，因此，到处挑起战火，这便是特朗普主要考虑的事。当年里根也是这样，搞星球大战，弄那么大的架势，真是因为苏联要打仗吗？不是，是美国军工集团要用所谓“苏联威胁”制造开动军工生产从而发动战争的借口，不然美国政府就不能向人民解释为什么要生产这么多武器，就不能动员人民支持政府发动战争。还是列宁说到本质，他说帝国主义“由于它的根本的经济属性，其特征则是最不爱和平，最不爱自由，最大限度地到处发展军阀制度”[②]。明白了这些，也就明白了列宁说的“帝国主义就是战争”[③] 的思想所表达的时代内容，也就明白了毛泽东曾预言的新的世界大战的危险依然存在的科学依据。由此也就看明白了特朗普凡是和平的都要“退群”，凡是战争的都要支持和参加的外交特点产生的政治经济动因。

历史辩证法表明，国内基尼系数最大化的极限是激烈的阶级斗争国内化，国际基尼系数最大化的极限则是革命形势的全球化。当前日益扩大的南北差距便是基尼系数国际化的外观形式，“占领华尔街”运动表明，日益扩大的基尼系数正在向金融资本的大本营美国延伸，这说明国际金融资本从全球化中获得的剩余价值越来越少，资本全球化已走向尽头，世界形势正在出现逆转。反者道之动，世界历史质变的临界点正在到来。

---

① 沈丁立：《彭斯言论只是美部分人的极端认知》，《环球时报》2018 年 10 月 11 日。

② 列宁：《无产阶级革命和叛徒考茨基》，《列宁选集》第 3 卷，人民出版社 1972 年版，第 626 页。

③ 彭克宏主编：《社会科学大词典・列宁军事思想》，中国国际广播出版社 1989 年版，第 820 页。

战争还是和平，光明还是黑暗；是在共同体中共存互助，还是在四分五裂中相互杀戮，两种前途再一次推到世界人民面前。两次世界大战已有前车之鉴，我们要放弃幻想，为了世界和平，为了人类命运共同体，积极准备“进行具有许多新的历史特点的伟大斗争”。

前途是光明的，道路是曲折的。

第四章

新时代中美关系的特点及其本质

——兼析苏联后期的外交失误及目前"新冷战"概念的错误[①]

党的十八大后中国进入新时代，与20世纪末和21世纪初相比，此时的中美之间的力量对比已发生了完全不同且有利于中国的变化。研究这个阶段的中美关系的特点及其本质，"把握本质和全局，抓住主要矛盾和矛盾的主要方面"[②]，为新时代制定出正确的外交政策，是十分必要的。

一、新时代，美国已堕落为与世界和平为敌的国家

国家外交取决于这个国家的政治结构和国际社会对其外交政策接受的程度。

美国特朗普政府是一个手握大量军工订单的需要战争的政府，但是能使军工美元赢利的——与其他产品不同——不是市场而是战场。1974年3月25日，在中南海与坦桑尼亚总统尼雷尔谈到"裁军""持久和平"口号的欺骗性

① 本文刊发于《世界社会主义研究》2018年第7期，有修订。

② 《习近平在中央外事工作会议上强调：坚持以新时代中国特色社会主义外交思想为指导努力开创中国特色大国外交新局面》，《人民日报》2018年6月24日第1版。

时，毛泽东说：“这样一讲，他的（美国——笔者注）武器就没有销路了。”① 今天的美国政府已异化为战争政府，这不是因为它有了明确的“敌人”，而是因为返还订单利润的需要。

与尼克松以后的政府不同，特朗普政府将自己的政治基础从以往的石油美元移至军工美元，这意味着在新时代，世界和平成了美国的敌人，美国外交的目标再次回到战争的轨道。自列宁之后，世界再次提出战争与和平的话题。

在今后相当长的一个时期内，美国外交政策的主调是战争，它的敌人就是和平。而与和平为敌就是与人类为敌，这从反面将中国推至国际道义的制高点。和平，这已是全世界人心所向的旗帜，在这样的大背景中，中国应当高高举起世界和平的大旗。对于口袋装满军火订单的特朗普而言，妨碍美国战争外交的主要障碍不是一般的中国而是坚持社会主义制度并具有改革开放活力的中国，因此，新时代中美之间的矛盾的本质是制度矛盾。在这种矛盾中，中国主张和平因而是正义的一方，美国坚持战争因而是非正义的一方。

目前值得注意的现象是，在这种新的矛盾结构中，美国华尔街国际垄断资本所获得的剩余价值率及相应的利润盈利面严重收缩。

英国伦敦经济政策计划署前署长、经济学家罗思义提供的翔实的分析数据表明：今天的七国集团（G7）在1929年到1940年间的国内生产总值（GDP）增长率为20.2％，而2007～2018年间增长率仅13.8％，显著低于1929年后的增速，其中增长最慢的是美国。由此，罗思义认为：

> 由于美国经济整体增长缓慢，以及随之产生的内政动荡，美国政府单方面有可能会继续采取危险举动。
>
> 美国经济缓慢增长正逐渐导致美国丧失全球经济霸主地位，但同时美国的兵力仍然强大无比，由此带来的风险是美国新保守派支持在国际事务上优先选择军事解决方案，甚至进行先发制人的军事行动。②

---

① 中共中央文献研究室编：《毛泽东年谱（1949～1976）》第6卷，中央文献出版社2013年版，第524页。

② ［英］罗思义：《不要只关注上合“朋友圈”内的事，也要看清这些外部挑战》，来自观察者网。

无独有偶，同样的形势发生在 100 多年前。1916 年，在对资本主义五强（美、英、俄、德、法）的国际利润分配差距作了研究后，列宁在相隔不过两页的文字中两次问道：

> 既然实力对比发生了变化，那么在资本主义制度下，除了用实力来解决矛盾，还有什么别的办法呢？
>
> ……
>
> 在资本主义基础上，要消除生产力发展和资本积累同金融资本对殖民地和“势力范围”的分割这两者之间不相适应的状况，除了用战争以外，还能有什么其他办法呢？[①]

两次世界大战造成美国军工行业成为美国制造业的核心。“强化美国军工可以对美国制造业起到立竿见影的效果。美国 2015 年的军费开支为近 6000 亿美元（包含其他‘杂费’的国防开支为近 8000 亿美元），再加上美国武器出口带来的 2000 多亿美元，美国军工企业一年的总收入为 8000 亿美元，占到当年全美制造业总收入的近 1/3。仅航天军工一项对美国 GDP 的贡献度就达 2％～3％。”[②] 2018 年美国国防部的预算占世界总体的 40％，美国军费增长直接带动了全球军费增长的趋势。2018 年 11 月，美国国会批准总额达 7000 亿美元的军费预算，包括 6340 亿美元基础军费与 660 亿美元应急海外行动经费。IHS Markit 分析员伊士曼表示：“特朗普总统及其政府在他的第一份预算中，寻求大幅增加军费。”[③]

2019 年美国失业率降至 3.7％[④]，为 2000 年 12 月以来最低。显然，美国当年就业率上升是因军工生产的大规模开工。《纽约时报》文章称，在过去 60

---

① 列宁：《帝国主义是资本主义的最高阶段》，《列宁选集》第 2 卷，人民出版社 1972 年版，第 815、817 页。

② 《特朗普“振兴”美国制造业，军工行业才是重中之重》，来自网易财经网。

③ 《简氏：2018 年全球军费将达 1.67 万亿美元　美国独占 40％》，来自观察者网。

④ 国家统计局国际统计信息中心编：《世界经济运行报告　2019/20》，中国统计出版社 2020 年版，第 223 页。

年时间里，美国只有一段时间的失业率是维持在4%以下的，就是20世纪60年代末，而20世纪60年代末恰恰就是美国在越南战场打得如火如荼的时候。“冷战后全球军费的最高纪录是2010年的16300亿美元。”[①] 毛泽东看到了美国垄断资本制度是世界动荡的根源。1973年6月5日，毛泽东告诉越南劳动党第一书记黎笋说，越南战争“花了一千二百亿美元，打了十一年。一个不能讲越南话的美国兵，离开美国多少公里，跑到越南送死，那个能持久啊？其所以能打十一年，就是军火商人拼命要消耗那些B-52之类”[②]。

“政治是经济的最集中的表现。”[③] 在目前国际资本收益面严重萎缩的今天，美国对中国的无理索求已严重逼近中国的底线，双方妥协的余地越来越小。这就是说，我们原来所说的“和平与发展”——尽管值得争取——的空间将迅速收缩。

“山雨欲来风满楼。”[④] 对此，我们应争取最好的结果，做好最坏的准备。

二、新时代中国外交的首要问题

分析美国的问题是为了解决中国的问题。中国“未来5年第一个百年奋斗目标要实现，第二个百年奋斗目标要开篇”[⑤]，为此，我们“不仅要冷静分析各种国际现象，而且要把自己摆进去，在我国同世界的关系中看问题，弄清楚在世界格局演变中我国的地位和作用”[⑥]。不这样，我们就不能制定出正确的外交政策。

新时代中国外交的首要问题仍是毛泽东指出的“谁是我们的敌人？谁是我

① 《简氏：2018年全球军费将达1.67万亿美元　美国独占40%》，来自观察者网。

② 中共中央文献研究室编：《毛泽东年谱（1949～1976）》第6卷，中央文献出版社2013年版，第481页。

③ 列宁：《论工会、目前局势及托洛茨基的错误》，《列宁选集》第4卷，人民出版社1972年版，第416页。

④ ［唐］许浑：《咸阳城东楼》，《唐诗鉴赏辞典》，上海辞书出版社2004年版，第1068页。

⑤ 《习近平在中央外事工作会议上强调：坚持以新时代中国特色社会主义外交思想为指导　努力开创中国特色大国外交新局面》，《人民日报》2018年6月24日，第1版。

⑥ 《习近平在中央外事工作会议上强调：坚持以新时代中国特色社会主义外交思想为指导　努力开创中国特色大国外交新局面》，《人民日报》2018年6月24日，第1版。

们的朋友?”[①] 的问题。毛泽东说:“中国过去一切革命斗争成效甚少,其基本原因就是因为不能团结真正的朋友,以攻击真正的敌人。”[②] 毛泽东的这一论断对于观察新时代中国面临的国际矛盾仍有指导意义。

“问题就是矛盾。”[③] 观察今天的世界矛盾,还得回到阶级分析方法。20 世纪 50 年代,世界出现两个阵营及与其相应的“冷战”,这是当时以军工美元为主体的国际金融垄断集团根据其军工利润需要制造出的一种政治幻影,而“冷战”的概念恰恰就是这种幻影的恰当描述:它用意识形态中的“两个主义”的斗争掩盖了国际垄断集团对军工利润的现实需要并由此诱使美利坚民族及欧洲国家走向战场。历史的经验值得注意:当年苏联接受了有失辩证法的“冷战”的概念,造成了苏美间的巨大冲突并使自己在这种冲突中受到巨大的损害。1962 年赫鲁晓夫挑起“古巴导弹危机”,刺激了国际舆论按照国际资本集团的需要将本不愿跟随美国的西方国家推向美国,将正在反对华尔街军工资本集团的美国人民推向越南战场。与此相应,苏联也在与美国全球争霸中不自觉地将自己从一个社会主义国家异化为“社会帝国主义国家”[④]。1974 年 2 月 25 日,毛泽东在中南海会见第三世界领导人时说:“这个世界上是有帝国主义存在,俄国(指苏联——笔者注)也叫社会帝国主义,这种制度也就酝酿着战争。”[⑤]

值得研究的是,与苏联形而上学的二元对立认识不同,毛泽东总是运用辩证唯物主义的矛盾分析的方法看待世界局势。通读毛泽东外交文献,毛泽东在谈外交问题时罕见用“冷战”而较多用“三个世界”的概念来描述当时的国际形势。在此基础上,毛泽东提出“三个世界”划分的基本判断。1963～1964 年,美苏联手反华期间,毛泽东提出“两个中间地带”的观点,他说:“我看

---

① “谁是我们的敌人?谁是我们的朋友?这个问题是革命的首要问题。”毛泽东:《中国社会各阶级的分析》(1925 年 12 月 1 日),《毛泽东选集》第 1 卷,人民出版社 1991 年版,第 3 页。

② 毛泽东:《中国社会各阶级的分析》(1925 年 12 月 1 日),《毛泽东选集》第 1 卷,人民出版社 1991 年版,第 3 页。

③ 中共中央文献研究室编:《毛泽东年谱(1949～1976)》第 3 卷,中央文献出版社 2013 年版,第 582 页。

④ “‘社会帝国主义者’即口头上的社会主义者,实际上的帝国主义者。”列宁:《帝国主义是资本主义的最高阶段》,《列宁选集》第 2 卷,人民出版社 1972 年版,第 827 页。

⑤ 中共中央文献研究室编:《毛泽东年谱(1949～1976)》第 6 卷,中央文献出版社 2013 年版,第 521 页。

中间地带有两个，一个是亚、非、拉，一个是欧洲。日本、加拿大对美国是不满意的。”[①] 10年后，毛泽东将这个分析概括为“三个世界”的论断，1974年2月22日，毛泽东会见赞比亚总统卡翁达，在谈到世界形势时说：

> 我看美国、苏联是第一世界。中间派，日本、欧洲、澳大利亚、加拿大是第二世界。咱们是第三世界。美国、苏联原子弹多，也比较富。第二世界，欧洲、日本、澳大利亚、加拿大，原子弹没有那么多，也没有那么富，但是比较第三世界要富。第三世界人口很多。亚洲除了日本，都是第三世界。整个非洲都是第三世界，拉丁美洲也是第三世界。[②]

第二次世界大战后的历史表明，苏联接受了“冷战”概念使苏联在苏美冲突中受到重创，并使“冷战”的挑起者华尔街垄断资本集团利用所谓“美苏矛盾”成功地避开了世界的关注和指责。与此相反，中国运用辩证唯物主义的方法，提出“三个世界”划分的科学论断，使新中国外交从一个胜利走向新的胜利。这反正两方面的教训和经验，对于国际共产主义运动来说确实是需要深入总结的。

“货币没有主人”[③]，货币——金融资本——也没有朋友。今天的华尔街集团资本收益与支出之间的缺口越来越大，使得这一时期的国际垄断资本比以往任何时期都更显出它的腐朽性和反动性：它不仅与社会主义国家的人民，还与美国人民及美利坚民族、欧洲人民及欧洲民族资本家产生了日益难以调和的矛盾。当前美国华尔街垄断资本集团，尤其是其中的军工资本集团是非常反动和凶恶的。新时代的国际资本主义的腐朽和反动的特点使世界历史的“摆钟”再次向社会主义一边靠拢，用列宁的话说就是，这一时期的资本主义是“从资本

---

① 毛泽东：《两个中间地带》（1963年9月，1964年1月、7月），中共中央文献研究室、中国人民解放军军事科学院编：《建国以来毛泽东军事文稿》下卷，军事科学出版社、中央文献出版社2010年版，第196页。

② 中共中央文献研究室编：《毛泽东年谱（1949～1976）》第6卷，中央文献出版社2013年版，第520～521页。

③ “货币没有主人”。转引自马克思：《资本论》第1卷，人民出版社1975年版，第168页。

主义结构向更高级的社会经济结构的过渡”① 的和“垂死的”资本主义。

历史是螺旋式前进的，历史又将我们送到“我们的朋友遍天下”② 的新时代。2018 年 6 月 23 日，习近平总书记在中央外事工作会议上强调：“广大发展中国家是我国在国际事务中的天然同盟军。”③ 今天的美国垄断资本的“敌人”已是世界和平，这使得中国的国际统一战线前所未有地壮大。世界政治正在向光明面演变，习近平总书记说：“我们要深入分析世界转型过渡期国际形势的演变规律，准确把握历史交汇期我国外部环境的基本特征，统筹谋划和推进对外工作。”④

三、新时代没有“新冷战”

“社会是在矛盾运动中前进的，有矛盾就会有斗争。”⑤ 我们不仅要敢于斗争，更要善于斗争。今天的中国“比历史上任何时期都更接近、更有信心和能力实现中华民族伟大复兴的目标”⑥。为此，习近平总书记在党的十九大报告中告诫全党：“行百里者半九十。中华民族伟大复兴，绝不是轻轻松松、敲锣打鼓就能实现的。全党必须准备付出更为艰巨、更为艰苦的努力。”⑦

值得注意的是，近来国际国内舆论中开始出现“新冷战”的概念，与此相

---

① 列宁：《帝国主义是资本主义的最高阶段》，《列宁选集》第 2 卷，人民出版社 1972 年版，第 840 页。

② “马克思列宁主义真理在我们一边。国际无产阶级在我们一边。被压迫民族和被压迫人民在我们一边。全世界百分之九十以上的人民大众在我们一边。我们的朋友遍天下。我们不怕孤立，也绝不会孤立。我们是不可战胜的。”《我们的朋友遍天下》，《人民日报》1967 年 8 月 14 日，第 5 版。

③ 《习近平在中央外事工作会议上强调：坚持以新时代中国特色社会主义外交思想为指导　努力开创中国特色大国外交新局面》，《人民日报》2018 年 6 月 24 日，第 1 版。

④ 《习近平在中央外事工作会议上强调：坚持以新时代中国特色社会主义外交思想为指导　努力开创中国特色大国外交新局面》，《人民日报》2018 年 6 月 24 日，第 1 版。

⑤ 习近平：《决胜全面建成小康社会　夺取新时代中国特色社会主义伟大胜利》，《习近平谈治国理政》第 3 卷，外文出版社 2020 年版，第 12 页。

⑥ 习近平：《决胜全面建成小康社会　夺取新时代中国特色社会主义伟大胜利》，《习近平谈治国理政》第 3 卷，外文出版社 2020 年版，第 12 页。

⑦ 习近平：《决胜全面建成小康社会　夺取新时代中国特色社会主义伟大胜利》，《习近平谈治国理政》第 3 卷，外文出版社 2020 年版，第 12 页。

应，还有人提出“美国是我们的主要敌人”的口号。可以说，这两个概念都不利于我们当前的伟大斗争，因为这两个概念缺乏矛盾分析，它们从意识上掩盖了西方世界以及美国国内正在发生严重分化的事实和趋势，模糊了我们新时代伟大斗争的真正对象即华尔街国际资本。如果我们重复苏联的失误，接纳或默认这个概念和口号，就意味着不自觉地将中国置于莫须有的“西方阵营”以及整个美利坚民族的对立面，这样在客观上我们就犯了毛泽东同志批评的“‘为渊驱鱼，为丛驱雀’，将‘千千万万’和‘浩浩荡荡’都赶到敌人那一边去，只博得敌人的喝采”① 的错误，并由此忘却，继而断送目前有利于我的“我们的朋友遍天下”的外交优势。

残局当以高手结束，败局可用傻二翻转。苏联就在“似乎在席卷挡在面前的一切”的时候，却倒在演员出身的里根的“胡搅蛮缠”即所谓“不按套路出牌”的“冷战”戏路之中。基辛格不无庆幸地说：“美国的国际地位似乎沦落到无以复加的最低点之时，共产主义却开始解体。”面对苏联的解体，基辛格接着感叹说：“从来没有一个世界强权未经交战失利，就如此迅速、彻底四分五裂。”②

缺失唯物辩证法是苏联外交日益陷入困境的认识根源。

毛泽东说：“斯大林有许多形而上学，并且教会许多人搞形而上学。他在《苏联共产党（布）历史简明教程》中讲，马克思主义辩证法有四个基本特征。他第一条讲事物的联系，好像无缘无故什么东西都是联系的。究竟是什么东西联系呢？就是对立的两个侧面的联系。各种事物都有对立的两个侧面。他第四条讲事物的内在矛盾，又只讲对立面的斗争，不讲对立面的统一。按照对立统一这个辩证法的根本规律，对立面是斗争的，又是统一的，是互相排斥的，又是互相联系的，在一定条件下互相转化的。”③ “对立面的这种斗争和统一，斯大林就联系不起来。苏联一些人的思想就是形而上学，就是那么硬化，要么这

---

① 毛泽东:《论反对日本帝国主义的策略》(1935 年 12 月 27 日),《毛泽东选集》第 1 卷,人民出版社 1991 年版,第 155 页。

② [美]亨利・基辛格:《大外交》,顾淑馨、林添贵译,海南出版社 1998 年版,第 706 页。

③ 毛泽东:《在省市自治区党委书记会议上的讲话》(1957 年 1 月 27 日),中共中央文献研究室编:《毛泽东文集》第 7 卷,中共中央文献出版社 1999 年版,第 194 页。

样，要么那样，不承认对立统一。因此，在政治上就犯错误。”①

斯大林的形而上学认识误区让苏联外交总是在非此即彼的选择中越陷越深。苏联天然接受“两个阵营”“东西方冷战”的概念，结果竟硬是与整个西方“大风车”作战，不仅如此，还强迫与其友好的国家选边，结果将中国逼到美国一边。中美建交后，苏联很快就解体了。与此相反，毛泽东选择对立统一的哲学，提出“三个世界”的外交认识，这又使中国能够团结世界多数，形成广泛的统一战线，结果是从胜利走向胜利。

与昨天苏联同样的错误又在今天美国领导人身上发生，他们强迫中国在俄美之间选边，又将中国逼到俄罗斯一边。这样外交的后果，苏联已是前车之鉴。

现在许多人不知道毛泽东为什么要提出“三个世界”的理论，只提“中美冲突”“文明冲突”“新冷战”等，不考虑冲突中包不包括美国人民，结果是文字激扬却说不到点上。目前网上许多“慷慨激昂”的视频课基本都在这个层面。国际政治的研究中，没有列宁或有意淡化列宁是要吃大亏的。

苏联被“冷战”拖垮后，美国也在“冷战”逻辑中被拖得精疲力竭。被捧为“冷战之父”的凯南，在晚年对自己的理论后悔不已，1985 年，这时已距他提出“冷战”理论近 40 年了，40 年的经验使他的认识趋于成熟，他在自己的书中从美苏两方的实践检讨了由自己理论导致的美国外交出现的“影响深远的大错误”，他说：

> 我相信我们还是犯过错误的，而且还有影响深远的大错误。既然这些错误在我看来直到今天还使我们的政策陷于困惑和错乱状态，对我们本国和其他国家都有巨大危险，那么我就只好把它们讲出来。
>
> 这些错误中有一类就是我在第一讲里曾指出的，即把苏联领导人并没有的目标和意图硬加给他们，冒然作出结论说他们就像希特勒及其同伙那样在军事征服的贪欲指使下行事，也有同样的对外军事侵略的时间表，因

① 毛泽东：《在省市自治区党委书记会议上的讲话》(1957 年 1 月 27 日)，中共中央文献研究室编：《毛泽东文集》第 7 卷，中共中央文献出版社 1999 年版，第 195 页。

而只能使用对付希特勒的那种办法来对付他们才能奏效。①

作为铺垫，凯南为自己的错误先作了一番辩护：

由于在大战结束后苏联军队复员的规模远远没有接近我们复员的水平，这个看法就显得更有道理了。而且他们在东欧和中欧留驻的部队比面对的西欧多得太多。为了恫吓所有的人，他们对被占领的中欧和东欧各国人民极端残忍，极端野蛮。他们和我们打交道时狡黠多端，行为诡密。事情很清楚，他们希望利用自己的政治影响和权威，以种种手段把他们的控制范围（如果说还不是直接统治的话）尽可能远地向西欧扩张。这当然要牺牲西欧人民自己的自由。我谈的这些情况出现的时间仍然是斯大林时期。②

随后，凯南的话锋转到自己的误判：

所有这些当然都证明，克里姆林宫那些人对我们毫无好感可言，同时也证明，在我们和西欧人的身边出现了一个在欧洲大陆和世界其他地区与我们争夺势力甚至是争夺统治权的对手，一个巨大而认真的对手。但是，这些情况并不能证明俄国人想再打一仗，不能证明苏联领导人企图调动军事力量对西欧或日本发动全面进攻借以扩张自己的势力。然而这却是我们冒然下的结论。这样的结论产生的后果是影响深远的。③

在这样的情况下，我觉得犯错误是不足为奇的。当然，错误不只是我们这一方犯的，苏联也犯。对俄国人来说，这个挑战同样非同寻常，同样

① ［美］乔治·凯南：《美国外交》（增订本），葵阳、南木、李活译，世界知识出版社 1989 年版，第 135 页。

② ［美］乔治·凯南：《美国外交》（增订本），葵阳、南木、李活译，世界知识出版社 1989 年版，第 135～136 页。

③ ［美］乔治·凯南：《美国外交》（增订本），葵阳、南木、李活译，世界知识出版社 1989 年版，第 136 页。

使他们晕头转向。[①]

今天西方舆论出现所谓“新冷战”的提法，苏美的“前车之鉴”，可为当代中国的“后事之师”。

必须指出，新时代的世界政治既是列宁所指出的“帝国主义”时代的延续，也有其独有的特征。“占领华尔街”运动表明，今天的世界的南北矛盾已激化，与列宁时代相比，今天的“压迫民族”内部，也已严重分化，民族压迫已不局限于南方国家，它正在加速向北方国家蔓延；准确地说，新时代中国外交的主要对手已不是一般的民族资本主义，而是带有垄断资本特点的“金融帝国主义”[②]。在新的历史条件下，我们要用毛泽东同志“三个世界”的理论认识新时代面临的国际形势，用列宁“帝国主义”的理论将作为垄断资本的大本营的“美帝国”与作为民族国家的美国区分开来，以认清新时代中国外交面对的真正的敌人[③]。新时代，我们的外交还应当遵守“利用矛盾，争取多数，反对少数，各个击破”和“有理，有利，有节”[④] 的策略。只有如此，我们才能避免“在林林总总、纷纭多变的国际乱象中迷失方向、舍本逐末”[⑤]，以致出现“行百里者半九十”的失误；只有如此，我们才能制定出一条马克思列宁主义的，因而是科学的外交路线。

---

① ［美］乔治·凯南：《美国外交》（增订本），葵阳、南木、李活译，世界知识出版社 1989 年版，第 135 页。

② “金融帝国主义时代则是垄断的、腐朽的资本主义时代。”李慎明：《习近平新时代中国特色社会主义思想的世界意义》，李慎明主编：《世界社会主义跟踪研究报告（2017～2018）——且听低谷新潮声》，社会科学文献出版社 2018 年版，第 22 页。

③ “我们反对美国帝国主义，只是限于反对帝国主义分子，一定要把美国帝国主义分子同美国人民划分清楚。现在美国人民起来反对他们政府的侵略政策，我们表示高兴，表示欢迎。”中共中央文献研究室编：《毛泽东年谱（1949～1976）》第 5 卷，中央文献出版社 2013 年版，第 543 页。

④ 毛泽东：《论政策》（1940 年 12 月 25 日），《毛泽东选集》第 2 卷，人民出版社 1991 年版，第 763 页。

⑤ 《习近平在中央外事工作会议上强调：坚持以新时代中国特色社会主义外交思想为指导 努力开创中国特色大国外交新局面》，《人民日报》2018 年 6 月 24 日，第 1 版。

四、必须进行具有新的历史特点的伟大斗争：战略和策略

“从党的十九大到党的二十大，是实现‘两个一百年’奋斗目标的历史交汇期，在中华民族伟大复兴历史进程中具有特殊重大意义。”①

新时代的中国是有主义的，这就是社会主义；新时代的中国是有方向和强烈的历史担当的，这就是推进人类历史实现从资本主义向社会主义的过渡；新时代的中国的成长是符合历史规律的，这就是科学社会主义所揭示的共产主义必然代替资本主义的历史规律。在这个漫长的历史过程中必然充满社会主义与资本主义的斗争，而当前的中美矛盾则是这个斗争的历史反映。这样的历史特点要求我们“必须进行具有许多新的历史特点的伟大斗争”②。

但同时我们也要看到今天中国的历史，是近现代世界共产主义运动的一部分，因而它不能不带有这个大时代的一般特点。列宁说：

> 在资本主义和共产主义中间隔着一个过渡时期，这在理论上是毫无疑义的。这个过渡时期不能不兼有这两种社会经济结构的特点或特征。这个过渡时期不能不是衰亡着的资本主义与生长着的共产主义彼此斗争的时期，换句话说，就是已被打败但还未被消灭的资本主义和已经诞生但还非常脆弱的共产主义彼此斗争的时期。③

在今天的中美博弈中，美国已从“9·11”事件时的“一鼓作气”，经过了阿富汗、伊拉克战争“再而衰”的阶段，特朗普接手的美国已进入“三而竭”④ 的历史阶段。因此，时间在中国一方。进退失据的特朗普身上已有了当

---

① 《习近平在中央外事工作会议上强调：坚持以新时代中国特色社会主义外交思想为指导 努力开创中国特色大国外交新局面》，《人民日报》2018 年 6 月 24 日，第 1 版。

② 习近平：《决胜全面建成小康社会　夺取新时代中国特色社会主义伟大胜利》，《习近平谈治国理政》第 3 卷，外文出版社 2020 年版，第 12 页。

③ 列宁：《无产阶级专政时代的经济和政治》，《列宁选集》第 4 卷，人民出版社 1972 年版，第 84 页。

④ 《左传·庄公十年》：“夫战，勇气也。一鼓作气，再而衰，三而竭。”李梦生：《左传译注》下，上海古籍出版社 1998 年版，第 120 页。

年赫鲁晓夫和戈尔巴乔夫的影子：赫鲁晓夫修柏林墙、搞古巴导弹危机，特朗普修墨西哥墙、搞萨德导弹危机。戈尔巴乔夫不要华约，特朗普也几乎不要北约了。美国开始跟过去的盟国“亲兄弟明算账”了。当一个国家开始把政治当生意来做的时候，力量就开始收缩了。

1959 年 12 月 4 日，毛泽东同志在中共中央政治局扩大会议上对赫鲁晓夫有入木三分的评价，认为“他不是老练的政治家，不大懂马列主义，不讲原则，翻云覆雨。他一怕美国，二怕中国。他的宇宙观是实用主义，这是一种极端的主观唯心主义。他缺乏章法，只要有利，随遇而变。迷恋于暂时的利益，丢掉了长远的利益”①。1960 年 5 月 22 日，毛泽东同志在杭州与刘少奇、周恩来等同志讨论时局问题谈到赫鲁晓夫时说：“这个人一直没有个章程，像游离层一样，他是十二变，跟他相处，怎么个处法呀？这个人，艾森豪威尔形容过，说他是一个钟头之内瞬息万变的。”② 1959 年 12 月，毛泽东同志在一份关于国际形势的讲话提纲上写道：

> 赫鲁晓夫们很幼稚。他不懂马列主义、易受帝国主义的骗。
>
> 他不懂中国达于极点，又不研究，相信一大堆不正确的情报，信口开河。他如果不改正，几年后他将完全破产（八年之后）。③

特朗普的执政风格已很有些赫鲁晓夫的“率性”特点。戈尔巴乔夫是将赫鲁晓夫政策贯彻到底的人。基辛格看出了这两位政治人物的联系，他说：

> 他（赫鲁晓夫）在启动改革过程这方面，可谓是戈尔巴乔夫的祖师；改革的影响他并不了解，改革的方向却叫他追悔莫及。从这个角度来看，

---

① 中共中央文献研究室编：《毛泽东年谱（1949～1976）》第 4 卷，中央文献出版社 2013 年版，第 247 页。

② 中共中央文献研究室编：《毛泽东年谱（1949～1976）》第 4 卷，中央文献出版社 2013 年版，第 399 页。

③ 转引自逄先知、金冲及主编：《毛泽东传（1949～1976）》下，中央文献出版社 2003 年版，第 1034 页。

我们甚至可以说共产主义覆亡始于赫鲁晓夫。[①]

如用基辛格的这个评价预言美国的未来是合适的，那就是今天的美国与当年的苏联一样，已是日薄西山。

尽管如此，我们也不宜采取勃列日涅夫时期的全面进攻的外交策略。历史的经验值得注意。1971 年，苏共二十四大上，苏联外交部部长葛罗米柯说："今天，没有哪一个比较重要的问题没有苏联的参加或者违背它的意愿而能够得到解决的。如果今天有谁企图证明，没有苏联也可以解决这些问题，这个人就会被认为是一个怪人。"[②] 1976 年，苏共二十五大上勃列日涅夫更是将这一霸权意识写入党的政治报告，称："目前在制定我们的对外政策的时候，也许地球上没有哪一个角落的情况是不以某种方式加以考虑的。"[③] 1975 年 6 月 4 日，苏共中央书记波诺马廖夫发表讲话称："我们的时代是社会主义发动稳固的不可逆转的历史性进攻的时代。"[④] 苏联全面进攻的外交政策的结果，是将整个西方国家推向苏联的对立面并由此耗倒了苏联。

"当前，我国处于近代以来最好的发展时期，世界处于百年未有之大变局，两者同步交织、相互激荡"[⑤]，做好当前和今后一个时期对外工作，"深入分析世界转型过渡期国际形势的演变规律"[⑥]，这对于顺利实现党的"两个一百年"奋斗目标的战略任务，是非常重要的。

新时代，我们外交政策仍要采用"熬时间"的路线准备持久斗争。1941 年 7 月 15 日、18 日，毛泽东分别复电周恩来、刘少奇，提出"与日寇熬时间的长期斗争的方针，而不采孤注一掷的方针"，指出"七七宣言上已提积极进攻口号，将来可用带战略性的反攻口号"，"但八路、新四大规模动作仍不适

---

① ［美］亨利·基辛格：《大外交》，顾淑馨、林添贵译，海南出版社 1998 年版，第 471 页。

② 转引自邢广程：《苏联高层决策 70 年·第 4 分册》，世界知识出版社 1998 年版，第 199 页。

③ 转引自邢广程：《苏联高层决策 70 年·第 4 分册》，世界知识出版社 1998 年版，第 201 页。

④ 转引自邢广程：《苏联高层决策 70 年·第 4 分册》，世界知识出版社 1998 年版，第 201 页。

⑤ 《习近平在中央外事工作会议上强调：坚持以新时代中国特色社会主义外交思想为指导努力开创中国特色大国外交新局面》，《人民日报》2018 年 6 月 24 日，第 1 版。

⑥ 《习近平在中央外事工作会议上强调：坚持以新时代中国特色社会主义外交思想为指导努力开创中国特色大国外交新局面》，《人民日报》2018 年 6 月 24 日，第 1 版。

宜，还是熬时间的长期斗争的方针，原因是我军各种条件均弱，大动必伤元气，于我于苏均不利”[①]。尽管今天的历史条件及中日力量对比已发生了重大变化，从国际上敌强我弱的大势虽有松动但仍无根本转变，毛泽东“熬时间，不伤元气”的方针对于我们争取西太平洋斗争的胜利仍有指导意义。20 世纪 60 年代，中国遇到“雪压冬云白絮飞，万花纷谢一时稀”的艰难形势，1962 年苏联赫鲁晓夫参加美国和印度的反华合唱，11 月下旬，中国取得对印自卫反击战的胜利，12 月 22 日，毛泽东手书清人严遂成《三垂冈》这首诗[②]；1964 年 10 月中国原子弹试爆成功，当月赫鲁晓夫下台，12 月 29 日，毛泽东再次手书《三垂冈》，其意高深，当为今人认真领会：

> 英雄立马起沙陀，奈此朱梁跋扈何。只手难扶唐社稷，连城犹拥晋山河。风云帐下奇儿在，鼓角灯前老泪多。萧瑟三垂冈下路，至今人唱百年歌。[③]

20 世纪 60 年代，中国已经发展起来并基本战胜以美国为首的西方世界对新中国的经济封锁。尽管如此，中国一面对苏，一面反美，仍无力单枪匹马地改变世界。面对一个进退失据且急于拼命的对手，我们仍要坚持“连城犹拥晋山河”即“先为不可胜，以待敌之可胜”[④] 的策略，最终我们就会迎来那种“批亢捣虚，形格势禁，则自为解耳”[⑤] 的主动形势。

---

① 中共中央文献研究室编:《毛泽东年谱(1893～1949)》中卷,中央文献出版社 2013 年版,第 312、313 页。

② 参见中共中央文献研究室编:《毛泽东年谱(1949～1976)》第 5 卷,中央文献出版社 2013 年版,第 177、459 页。

③ 诗的原文为:“英雄立马起沙陀,奈此朱梁跋扈何。只手难扶唐社稷,连城且拥晋山河。风云帐下奇儿在,鼓角灯前老泪多。萧瑟三垂冈畔路,至今人唱百年歌。”参见中共中央文献研究室编:《毛泽东年谱(1949～1976)》第 5 卷,中央文献出版社 2013 年版,第 177 页。

④ “昔之善战者,先为不可胜,以待敌之可胜。不可胜在己,可胜在敌。故善战者,能为不可胜,不能使敌之必可胜。”陈曦译注:《孙子兵法 · 军形篇第四》,中华书局 2011 年版,第 58 页。

⑤ [西汉]司马迁:《史记》卷六十五《孙子吴起列传》:“夫解杂乱纷纠者不控卷,救斗者不搏撠,批亢捣虚,形格势禁,则自为解耳。”许嘉璐主编:《二十四史全译 · 史记》第 2 册上,汉语大词典出版社 2004 年版,第 900～901 页。

第五章

战后世界政治格局的三次变动与历史质变“临界点”的出现

——基于世界地缘政治结构的分析[①]

2017年适逢十月革命[②]100周年。100年来，当代帝国主义已从列宁时期的金融资本和工业资本相融合的托拉斯帝国主义蜕化为完全的金融帝国主义，其间的革命和斗争也表现出新的特点。在十月革命100周年即将到来的时候，总结十月革命100年来的历史，尤其是总结第二次世界大战后的政治形势变化及其特点、世界无产阶级及社会主义国家反帝反霸的斗争经验，对于推进世界社会主义事业，实现中华民族的伟大复兴，是必要的。在展开我们的论述之前，需要说明的是下面我们所说的美国是后一种性质的美国即国际垄断资本治下的美国。

一、历史辩证法和时代问题

“发展”的概念是黑格尔历史学说的基本概念，它的核心内容是有质变的历史，而不“只是重复着那终古相同的庄严的毁灭”“随意动荡而没有什么发

---

① 本文主要内容首发并连载于《世界社会主义研究》2017年第1、2、3期，有修订。

② 俄国十月革命发生于1917年11月7日，俄历10月25日，按俄历称为“十月革命”。

展”①，后一种历史被黑格尔称为“非历史”② 的历史。列宁推进黑格尔的概念并使之革命化，他说：“发展是按所谓螺旋式而不是按直线式进行的；发展是飞跃式的、剧变的、革命的；‘渐进过程的中断’；量到质的转化。”③ 历史的“质变”在马克思列宁的学说中与“革命”常常是同义反复。斯大林说：“使生活发生质的变化即建立新制度的时候，运动就是革命的。”④ 1917 年爆发的十月革命，就是一个具有历史质变意义的伟大事件，斯大林说：“十月革命结束了旧的资产阶级的民族解放运动，开辟了被压迫民族工人和农民的新的社会主义运动的纪元。”⑤

马克思主义是资本主义上升期间的无产阶级革命理论。在这一时期，资本主义已完成了“现代历史的杰作”，即“在一极使社会的生产资料和生活资料转化为资本，在另一极使人民群众转化为雇佣工人，转化为自由的‘劳动贫民’”⑥。

斯大林说：“列宁主义是帝国主义和无产阶级革命时代的马克思主义。”⑦ 这前半部分讲的是时代特征，后半部分讲的是时代任务。与马克思时代不同的是，这时的资本主义已进入“垄断资本主义”阶段。列宁说：“帝国主义就其经济实质来说，是垄断资本主义。这就决定了帝国主义的历史地位，因为在自由竞争的基础上、而且正是从自由竞争中成长起来的垄断，是从资本主义结构向更高级的社会经济结构的过渡。”⑧

2017 年是十月革命 100 周年，在这 100 年间，历史发生了翻天覆地的变

① [德]黑格尔：《历史哲学》，王造时译，上海世纪出版集团、上海书店出版社 2001 年版，第 109、108 页。

② [德]黑格尔：《历史哲学》，王造时译，上海世纪出版集团、上海书店出版社 2001 年版，第 109 页。

③ 列宁：《卡尔·马克思》，《列宁选集》第 2 卷，人民出版社 1972 年版，第 584 页。

④ 斯大林：《无政府主义还是社会主义》，《斯大林全集》第 1 卷，人民出版社 1953 年版，第 277 页。

⑤ 斯大林：《十月革命和民族问题》，《斯大林选集》上卷，人民出版社 1979 年版，第 123 页。

⑥ 马克思：《资本论》第 1 卷，人民出版社 1975 年版，第 828 页。

⑦ 斯大林：《论列宁主义基础》，《斯大林选集》上卷，人民出版社 1979 年版，第 185 页。

⑧ 列宁：《帝国主义是资本主义的最高阶段》，《列宁选集》第 2 卷，人民出版社 1972 年版，第 840 页。

化，但帝国主义时代的基本特征没有变。在列宁的研究中，即使是资本主义时代的帝国主义也是分阶段的，他写道："资本主义过去各阶段的资本主义殖民政策，同金融资本的殖民政策也是有重大差别的。"① 与20世纪初"银行资本和工业资本已经溶合起来"② 的特点不同的是，21世纪的帝国主义是"金融资本对其他一切形式的资本"从占有优势发展到完全统治的帝国主义。列宁认为这种形态的帝国主义"是资本主义的最高阶段"，列宁说：

> 银行原先的主要业务是在支付中起中介作用。这样，银行就把不活动的货币资本，变为活动的即生利的资本，把所有一切货币收入集合起来交给资本家阶级支配。
>
> 随着银行业的发展及其集中于少数几个机构，银行就由普通的中介人变成万能的垄断者，他们支配着所有资本家和小业主的几乎全部的货币资本，以及本国和许多国家的大部分生产资料和原料来源。许许多多普通的中介人变为极少数垄断者，这就是资本主义发展成为资本帝国主义的基本过程之一。③
>
> 资本主义的一般特性，就是资本的占有同资本在生产中的运用相分离，货币资本同工业资本或生产资本相分离，全靠货币资本的收入为生的食利者同企业家和其他一切直接参与运用资本的人相分离。帝国主义或金融资本的统治，是资本主义的最高阶段，这时候，这种分离达到了极大的程度。金融资本对其他一切形式的资本的优势，表明食利者和金融寡头占有统治地位，表明少数拥有金融"实力"的国家比其余一切国家都突出。④

---

① 列宁:《帝国主义是资本主义的最高阶段》,《列宁选集》第2卷,人民出版社1972年版,第802页。

② 列宁:《帝国主义是资本主义的最高阶段》,《列宁选集》第2卷,人民出版社1972年版,第808页。

③ 列宁:《帝国主义是资本主义的最高阶段》,《列宁选集》第2卷,人民出版社1972年版,第753页。

④ 列宁:《帝国主义是资本主义的最高阶段》,《列宁选集》第2卷,人民出版社1972年版,第780页。

用这些标准来衡量，21 世纪的美国帝国主义将“资本的占有同资本在生产中的运用相分离，货币资本同工业资本或生产资本相分离”推至“极大的程度”，此时的工业资本完全屈服于货币资本即华尔街金融财团，形成了“金融资本对其他一切形式的资本的优势”，已具备“资本主义的最高阶段”的典型特征。列宁说：“可以相当精确地确定新资本主义最终代替旧资本主义的时间，那是在二十世纪初。”[①] 列宁所说的“旧资本主义”是自由竞争时代资本主义和帝国主义时代的资本主义。如果套用一下列宁的话，那么我们也可以相当精确地确定，新帝国主义即完全的金融帝国主义，最终代替旧资本主义即工业资本与金融资本高度融合的托拉斯资本主义的时间，是在 21 世纪初。1972 年，石油美元的出现增强了华尔街金融资本的实力；1991 年年底，苏联解体消除了华尔街金融资本的外部威胁，由此金融资本反客为主实现了其对实体经济资本的绝对统治地位。自“9・11”事件后，美国华尔街开始将金融资本的统治推向全世界，这就是以新自由主义为基础的所谓“全球化”的实质。与列宁时代相比，这种优势已不仅停留在金融资本对“本国和许许多多国家的大部分生产资料和原料来源”的控制，在今天它已发展为金融资本直接对资本输出国——比如美国——的国家政权的控制。20 世纪初的表现在第三世界国家的殖民地和半殖民地现象在 21 世纪已倒逼进入第一世界美国这样的发达国家，1920 年 7 月列宁在为《帝国主义是资本主义的最高阶段》一书的法文版和德文版写的序言中说：

帝国主义是无产阶级社会革命的前夜。从 1917 年起，这已经在全世界范围内得到了证实。[②]

第二次世界大战后，随着一大批社会主义国家的出现，世界无产阶级在这一时期的任务除了革命，又增加了发展的内容。发展，用邓小平的话说，是这

---

① 列宁：《帝国主义是资本主义的最高阶段》，《列宁选集》第 2 卷，人民出版社 1972 年版，第 743 页。

② 列宁：《帝国主义是资本主义的最高阶段》，《列宁选集》第 2 卷，人民出版社 1972 年版，第 737 页。

一时期关乎社会主义国家安全和事业成败的“硬道理”[①]。

毛泽东在中国革命早期曾说：“革命不是请客吃饭，不是做文章，不是绘画绣花，不能那样雅致，那样从容不迫，文质彬彬，那样温良恭俭让。革命是暴动，是一个阶级推翻另一个阶级的暴烈的行动。”[②] 事实上，发展也不是请客吃饭，发展中也充满着社会主义和资本主义两条道路的生死斗争。1989 年 6 月 16 日，邓小平旗帜鲜明地指出：

> 是否坚持社会主义道路和党的领导是个要害。整个帝国主义西方世界企图使社会主义各国都放弃社会主义道路，最终纳入国际垄断资本的统治，纳入资本主义的轨道。现在我们要顶住这股逆流，旗帜要鲜明。因为如果我们不坚持社会主义，最终发展起来也不过成为一个附庸国，而且就连想要发展起来也不容易。现在国际市场已经被占得满满的，打进去都很不容易。只有社会主义才能救中国，只有社会主义才能发展中国。[③]

无独有偶，1991 年撒切尔在美国休斯敦的讲话[④]中也有同样的意思，她认为苏联使西方“陷入困境”的原因是社会主义制度及其生产方式，西方国家要“制造其内部问题”以从内部破坏这种制度，她说：

> 苏联是一个对西方世界构成严重威胁的国家。我讲的不是军事威胁。从本质上讲，军事上的威胁并不存在。我们这些国家装备精良，包括核武器。我指的是经济上的威胁。借助计划政策，加上与独特的精神和物质刺

① 邓小平：“稳定和协调也是相对的，不是绝对的。发展才是硬道理。”邓小平：《在武昌、深圳、珠海、上海等地的谈话要点》(1992 年 1 月 18 日～2 月 21 日)，《邓小平文选》第 3 卷，人民出版社 1993 年版，第 377 页。

② 毛泽东：《湖南农民运动考察报告》(1927 年 3 月)，《毛泽东选集》第 1 卷，人民出版社 1991 年版，第17 页。

③ 邓小平：《第三代领导集体的当务之急》(1989 年 6 月 16 日)，《邓小平文选》第 3 卷，人民出版社 1993 年版，第 311 页。

④ 关于这次讲话的真实性的考证，可参阅张树华、王文娥：《对撒切尔 1991 年在美国休斯敦讲演的查证》，《红旗文稿》2010 年第 11 期；转载于李慎明主编的《世界社会主义跟踪研究报告(2010～2011)》，社会科学文献出版社 2011 年版，第 427～435 页。

激手段相结合，苏联的经济发展指标很高。其国民生产总值增长率过去比我们高出一倍。如果我们再考虑到苏联丰厚的自然资源，如果加以合理地运营，那么苏联完全有可能将我们挤出世界市场。因此，我们一直采取行动，旨在削弱苏联经济，制造其内部问题。①

撒切尔接着说，她在苏联内部找到了实现这一目的的代理人：

我们由此陷入了困境。不过，很快得到情报说苏联领袖逝世后，经我们帮助的人可能继任，借助他能够实现我们的想法。这是我的专家智囊的评估意见（我周围始终有一支很专业的苏联问题智囊队伍，我也根据需要促进和吸引苏联境内对我们有用的人才出国移民）。这个人就是米·戈尔巴乔夫。我的智囊们对此人评价是：不够谨慎，容易被诱导，极其爱好虚荣。他与苏联政界大多数精英（即主张新自由主义的所谓“改革派”。——引者注）关系良好，因此，通过我们的帮助，他能够掌握大权。②

在讲话结束时，撒切尔一语道破天机：

事实上现在苏联已经解体了，不过在法律上苏联还存在。我负责任地告诉诸位，不出一个月的时间你们就会听到法律上苏联解体的消息。③

不出所料，戈尔巴乔夫上台后，苏联迅速在他推行的“公开性”和“壮士

① 转引自李慎明主编：《世界社会主义跟踪研究报告（2010～2011）》，社会科学文献出版社2011年版，第424页。

② 转引自李慎明主编：《世界社会主义跟踪研究报告（2010～2011）》，社会科学文献出版社2011年版，第425页。

③ 转引自李慎明主编：《世界社会主义跟踪研究报告（2010～2011）》，社会科学文献出版社2011年版，第426页。

断腕”式的市场化“改革”中分崩离析。1991 年 12 月 25 日，克里姆林宫上的苏联国旗正式落下。似乎是历史的安排，这天正是圣诞节。有意选择这天宣布苏联解体显然是戈尔巴乔夫献给西方的“圣诞大礼”。就这样，列宁、斯大林建立的世界上第一个社会主义国家轰然倒下了。

“‘事实是顽强的东西’，不管你愿意不愿意，你都得重视事实。”① 苏联垮台的教训说明，即使在所谓“和平与发展”的时代，即使在已建成的社会主义国家内部，“无产阶级和资产阶级之间的阶级斗争，各派政治力量之间的阶级斗争，无产阶级和资产阶级之间在意识形态方面的阶级斗争，还是长时期的，曲折的，有时甚至是很激烈的。无产阶级要按照自己的世界观改造世界，资产阶级也要按照自己的世界观改造世界。在这一方面，社会主义和资本主义之间谁胜谁负的问题还没有真正解决”②。

二、世界地缘政治结构：古典的和“新型的”

世界地缘政治是一种结构性的存在，大体说来可分为新型和古典两大类。前者指工业革命之后的世界地缘政治的存在状态，后者指工业革命之前世界地缘政治的存在状态。

（一）世界地缘政治的古典结构

“新型地缘政治结构”③，是美国地缘政治学者尼古拉斯·斯皮克曼④提出的术语，它是对工业革命以来，特别是苏联和美国崛起以来世界地缘政治存在状态的一种学理描述。在此之前至罗马帝国解体后的中世纪，中华文明曾是主

---

① 列宁:《帝国主义是资本主义的最高阶段》,《列宁选集》第 2 卷,人民出版社 1972 年版,第 743 页。

② 毛泽东:《关于正确处理人民内部矛盾问题》(1957 年 2 月 27 日),中共中央文献研究室编:《毛泽东文集》第 7 卷,人民出版社 1999 年版,第 230 页。

③ [美]斯皮克曼:《和平地理学》,刘愈之译,商务印书馆 1965 年版,第 65 页。

④ 尼古拉斯·斯皮克曼(1893～1943),荷兰裔美国人,地缘战略学家,国际关系学者,美国外交政策的古典现实主义的发起者之一,将东欧政治思想带入美国。曾在耶鲁大学国际研究所任职,他将教学重点放在地缘政治学。49 岁死于癌症。

导欧亚大陆政治的基本形态。与斯皮克曼的“新型地缘政治结构”的概念相对应，我们可将中世纪的世界地缘政治结构称为古典型结构。

在古典的地缘政治结构中，欧洲已经破碎为多种力量平行和对等的多国政治，只有中国在欧亚大陆具有整体合力，中国因而成为世界的中心。用哈·麦金德①的话说，当时的欧洲和欧洲的历史只是“隶属于亚洲和亚洲的历史”②。这时，特别是到了中世纪后期和近代初期，中国传统的政治体制简直就是欧洲启蒙运动和近代改革的参照物。托克维尔在《旧制度与大革命》中披露，18世纪法国的“经济学派”对中国“君主专制”制度曾“倍加赞扬”。托克维尔以批评的语气说：

> 他们在四周找不到任何与这种理想相符的东西，便到亚洲的深处去寻找。我毫不夸张地说，没有一个人在他们著作的某一部分中，不对中国倍加赞扬。只要读他们的书，就一定会看到对中国的赞美；……他们心目中的中国政府好比是后来全体法国人心目中的英国和美国。在中国，专制君主不持偏见，一年一度举行亲耕礼，以奖掖有用之术；一切官职均经科举获得；只把哲学作为宗教，把文人奉为贵族。看到这样的国家，他们叹为观止，心驰神往。③

黑格尔说：“历史必须从中华帝国说起，因为根据史书的记载，中国实在是最古老的国家；它的原则又具有那一种实体性，所以它既是最古的，同时又是最新的帝国。”④ 在黑格尔的思想中，“东方”“亚洲”，在相当多的时候是

---

① 哈·麦金德(1861～1947)，英国地理学家与地缘政治家。历任牛津大学地理学高级讲师和第一任地理系主任、伦敦经济和政治科学院院长、英国下院议员。认为地理学是探讨人类与自然环境相互作用的科学。提出陆心说，首次以全球战略观念分析世界政治力量。对英国大学地理教育的发展起了重要作用。著有《历史的地理枢纽》《不列颠与不列颠的海洋》和《民主的理想和现实》等。

② [英]哈·麦金德：《历史的地理枢纽》，林尔蔚、陈江译，商务印书馆1985年版，第52页。

③ [法]托克维尔：《旧制度与大革命》，商务印书馆1992年版，第198页。

④ [德]黑格尔：《历史哲学》，王造时译，上海世纪出版集团、上海书店出版社2001年版，第117页。

“中国”一词的同义反复，黑格尔说东方是太阳升起的地方，亚洲是历史的起点[①]。西语中“东方”（古法语、拉丁语中为 Oriens；英语 Orient[②]）一词，均与“珠宝”“定向”“目标”等意思相联系；而在西方人的东方观中，西方人长期无法征服的中国——与印度相比——则被赋予更多的敬意，以至黑格尔说：“假如我们从上述各国（即四大文明古国——笔者注）的国运来比较它们，那么，只有黄河、长江流过的那个中华帝国是世界上惟一持久的国家。”[③] 西方地缘政治学先驱麦金德在其《历史的地理枢纽》一书中也告诉那些持“欧洲中心论”观点的同行说：“正是在外来野蛮人的压力下，欧洲才实现它的文明。因此，我请求你们暂时地把欧洲和欧洲的历史看作隶属于亚洲和亚洲的历史。因为在非常真实的意义上说，欧洲文明是反对亚洲人入侵的长期斗争的成果。”[④] 即使到了 18 世纪末，英国马戛尔尼使团于清乾隆五十八年（1793 年）来到中国时还在为见皇帝时下跪与否纠结，只是到了 19 世纪，东方中心才逐渐为西方中心所取代。尽管尼赫鲁在政治上是一个蹩脚的实践者，但绝对是一个优秀的思想家，从某种意义上说也是一个优秀的预言家。就在世界反法西斯战争即将结束的 1944 年，身陷英国大牢中的尼赫鲁已预见到欧洲的文明将不可避免地衰落，世界文明的中心将从西方向东方回归，他说：

> 当欧洲还在落后而常陷于黑暗时代的时候，亚洲代表着人类的进步精神已经有一千年以上了。一个时代接着一个时代的辉煌文化在那里繁盛起来，文明和权势的伟大中心也成长了。约在五百年前，欧洲才得复兴，于是缓慢地向东西两方发展，一直经过了几个世纪才在权势上、财富上和文化上成为世界握有霸权的大陆。是不是这种演变有一种循环周律，而现在

---

① “太阳——光明——从东方升起来。”“世界历史从‘东方’到‘西方’，因为欧洲绝对地是历史的终点，亚洲是起点。”[德]黑格尔：《历史哲学》，王造时译，上海世纪出版集团、上海书店出版社 2001 年版，第 106 页。

② *Websters*, Second College Eddition p. 1002.

③ [德]黑格尔：《历史哲学》，王造时译，上海世纪出版集团、上海书店出版社 2001 年版，第 117 页。

④ [英]哈·麦金德：《历史的地理枢纽》，林尔蔚、陈江译，商务印书馆 1985 年版，第 52 页。

正是在逆转的过程中呢?[①]

尼赫鲁接着认为，取代欧洲的将是新的大国群落即美国、苏联、中国主导世界政治的格局，他说：

> 现在世界上各民族之中我觉得拥有这种活泼的潜在力的民族主要是三个——美国人、俄国人及中国人，这三个民族相提并论是古怪的！美国人虽然根本是旧大陆的人，但已成为一个新的民族，无拘无束，没有古老的种族的负担和复杂性，因此不难了解它们丰富的生活力。如加拿大人、澳大利亚人、新西兰人也是如此，它们都是毅然决然离开旧世界而到新环境中去求新生活的。
>
> 俄国人也不是新的民族，但它们对旧时代完全中断，像死了一样，它们史无前例地复活起来了。它们变为年青而有惊人的强毅力及生命力。它们也在重新搜寻它们的老根，但是实际上它们是新民族、新种族和新文化。
>
> 俄国人的榜样启示我们一个民族如何能够返老还童，只要它肯付出相当的代价去在民众里开发被压抑的泉源。这一次的世界大战，虽然使人遭受恐怖和灾难，可是也许能使战后余生的其他民族也获得复兴。
>
> 中国和它们情形不同，中国人不是一个新种族，也没有经过像俄国那样从上至下惊天动地的转变。然而七年的残酷战争[②]无疑地也把它们改变了，这是势所必至的。中国所受战争的或其他更深的影响究竟至何程度，我不知道，或者二者兼而有之，但中国人的生活力使我感到惊奇。我不能想像这样一个赋有基本力量的民族还会没落下去的。[③]

---

① [印]贾瓦拉哈尔·尼赫鲁:《印度的发现》,齐文译,世界知识出版社 1956 年版,第727 页。
② 尼赫鲁写这些文字时是 1944 年,此时中国全民族抗战已进行了七年。
③ [印]贾瓦拉哈尔·尼赫鲁:《印度的发现》,齐文译,世界知识出版社 1956 年版,第 56 页。

（二）世界地缘政治的“新型”结构

斯皮克曼认为近现代海洋霸权出现后，世界地缘政治出现新的结构性的变化。他说：

> 造成这个时代的世界政治局面的根本原因是海运的发展和通往印度和美洲的航路的发现。海上活动是新型地缘政治结构——海外帝国——的基础。从前，历史给我们提供了陆上强国的实例，它们以统治毗邻的地块为基础，如罗马帝国、中华帝国和俄罗斯帝国。而今海洋已成为交通大道，产生了实力雄厚和面积广大的新组织。不列颠、法兰西和日本等帝国以及海上强国的美国都促进了现代世界的成长，而这个世界是政治势力发生相互作用的单一场所。正是海上势力使我们有可能把欧亚大陆当作一个统一的单元，也正是海上势力支配着新旧世界之间的关系。[①]

如果我们将世界分为南半球和北半球，就会发现具有黑格尔所说的“政治”[②] 意义的地区，多存在于北半球。这是由于具有自主经济能力的国家主要集中在北半球，南半球多是北半球的外围或附属，其经济是以北方国家发展为中心的片面经济。

如果我们再将北半球细分，就会发现围绕着世界最大的大陆——欧亚大陆，其政治分为大陆政治和海洋政治，在此基础上又分为大陆中心地带和海洋边缘地带及其对立统一体。斯皮克曼说：“正是海上势力使我们有可能把欧亚大陆当作一个统一的单元，也正是海上势力支配着新旧世界之间的关系。”

如果以美国为起点，以英国为终点——在近代正好是以英国为起点，以美国为终点——就会发现由东至西沿欧亚大陆边缘的海洋地带存在着包抄欧亚大陆的海洋国家群落。与此对应，在欧亚大陆一边存在着一个以俄罗斯为中心、

---

① ［美］斯皮克曼：《和平地理学》，刘愈之译，商务印书馆 1965 年版，第 64～65 页。

② 黑格尔术语中的“政治”，与“历史”“自由”等都是“理性”的另类表述，他说：“大体上说来，印度文化的分布只是一种无声无臭的扩张，那就是说，没有政治的行动。”［德］黑格尔：《历史哲学》，王造时译，上海世纪出版集团、上海书店出版社 2001 年版，第 141 页。

以欧洲和中国为两翼的大陆国家群落。两类国家不同的地缘政治特点造就了北半球地缘政治的另一种“中心”和“外围”的特征。前者是指欧亚大陆上的陆权国家，后者是指围绕欧亚大陆外围的海权国家。

20世纪发生的两次世界大战加速了人们对世界政治的整体认识并提高了人们从整体上认识和把握世界政治的能力。认识并提出大陆中心理论和边缘地带理论的分别是英国学者哈·麦金德和美国学者尼古拉斯·斯皮克曼。

1887年麦金德在英国皇家地理学会上宣读《地理学的范围和方法》，1904年再宣读《历史的地理枢纽》，这两篇论文被认为是英国地理学的经典文献[①]。麦金德的《历史的地理枢纽》一文从世界政治和世界体系的整体视角观察地理现象，从联系为一体的世界地理视角解释世界政治现象，提出著名的世界“地理枢纽”理论，并由此将地理学发展为融于世界体系的地缘政治学，他写道：

> 当我们考虑对这个广阔的历史潮流所作的迅速回顾时，不是觉得明显地存在着某种地理关系的持续性吗？欧亚大陆上那一片广大的、船舶不能到达、但在古代却任凭骑马牧民纵横驰骋，而今天又即将布满铁路的地区，不是世界政治的一个枢纽区域吗？那里从古到今，一直拥有适合一种具有深远影响而又局限性质的军事和经济力量的机动性的各种条件。现在俄国取代了蒙古帝国。它对芬兰、斯堪的纳维亚、波兰、土耳其、波斯、印度和中国的压力取代了草原人的向外出击。在全世界，它占领了原由德国掌握的在欧洲的中心战略地位。除掉北方以外，它能向各方面出击，也能受到来自各方的攻击。它的现代铁路机动性的充分发展，只是一个时间问题而已。……
>
> 枢纽以外地区，在一个巨大的内新月形地区中，有德国、奥地利、土耳其、印度和中国；在外新月形地区中，有英国、南非、澳大利亚、美国、加拿大和日本。在当前的力量对比的状况下，枢纽国家俄国与周围的

---

① 参见[英]哈·麦金德:《历史的地理枢纽·译者前言》,林尔蔚、陈江译,商务印书馆1985年版。

> 国家不对等，有一个让法国来充当平衡物的位置。……
>
> 枢纽国家向欧亚大陆边缘地区的扩张，使力量对比转过来对它有利，这将使它能够利用巨大的大陆资源来建立舰队，那时这个世界帝国也就在望了。如果德国与俄国结盟，这种情况就可能发生。因此，这样一种事态的威胁，必将推动法国与海上强国联盟，于是法国、意大利、埃及、印度和朝鲜就会成为这么多的桥头堡，外部的海军可以从这些桥头堡支持陆上部队来迫使枢纽联盟也部署陆上部队，从而阻止他们集中全力去建立舰队。同这一情况相比，以前威灵顿在伊比利亚半岛战争中，利用托雷斯维德拉斯的海军基地所取得的成就，就是小规模的了。[①]

1919 年，麦金德把他最初提出的“枢纽地区”概念提炼为更富有冲击力的“心脏地带”的概念，并以更简洁的短句作出如下概括：

> 谁统治东欧，谁就能主宰心脏地带；谁统治心脏地带，谁就能主宰世界岛；谁统治世界岛，谁就能主宰全世界。[②]

第二次世界大战后，原来处于世界政治天平的北南两端的沙俄和英国及其均势为苏联和美国所取代。基于这种力量结构的变化，1944 年美国学者斯皮克曼出版《和平地理学》，提出“边缘地带”理论。斯皮克曼认为麦金德过分夸大了欧亚大陆心脏地带的作用，实际上包围着基本由苏联占据心脏地带的外缘区域如中国、印度、巴尔干国家、法国，这里拥有大量的人口、丰富的矿产资源和农业资源，而欧亚大陆的心脏地带（俄罗斯）自然环境严酷，人口稀少，所以他认为主宰世界的关键地区不在心脏地带，而在麦金德所说的“内新月形地带”，即由德国、法国、巴尔干国家、土耳其、伊朗高原国家、印度和

---

① ［英］哈·麦金德：《历史的地理枢纽》，林尔蔚、陈江译，商务印书馆 1985 年版，第 67～69 页。

② 转引自［英］哈·麦金德：《历史的地理枢纽·引言》，林尔蔚、陈江译，商务印书馆 1985 年版，第 14 页。

中国占据着的“欧亚大陆边缘地带”[①]。同时，他还认为海洋边缘国家无法垄断欧亚大陆腹地，而如果与大陆边缘国家联合起来，则可影响大陆心脏地带国家的政治；而不管是苏联还是美国，谁能赢得这个中间地带，谁就能赢得世界。斯皮克曼说：

> 与大不列颠和美国最有直接关系的区域，是欧亚沿海地区同周围一系列边缘海间的接触带。不列颠帝国以不列颠群岛为根据地，通过对欧亚大陆周围一系列的内陆海和边缘海的控制，发展了它的世界势力。就这样，它有能力对海陆两性的边缘地区施展封锁的压力。差不多一直到 1900 年为止，大不列颠一直单独掌握着用海军封锁欧亚大陆的权力。[②]
>
> 这个帝国（指俄国——笔者注）在寻求通往海上的途径时，在 19 世纪发现它的出路被扩张到欧亚沿海地区的不列颠海上势力所拦住。不列颠帝国的地位建立在从海上包围欧亚大陆的基础上，这种包围是由它的海军控制着周围海道来维持的。这种地位可以由于大陆沿海地区出现一个竞争的海上势力或由俄国的陆地实力侵入到沿海地区而受到威胁。[③]

鉴于此，斯皮克曼将麦金德提出的那句战略名言改为：

> 谁支配着边缘区，谁就控制欧亚大陆；谁支配着欧亚大陆，谁就掌握世界的命运。[④]

战后世界政治格局有“东方”“西方”的划分，前者更多指社会主义阵营国家，后者更多指资本主义阵营国家，但这只是一种直观的色彩辨认。如果改换一下视角，将麦金德的“大陆枢纽地带”理论和斯皮克曼的“海洋边缘地带”理论合二为一，我们对第二次世界大战后的世界地缘政治及战略力量就会

① [美]斯皮克曼：《和平地理学》，刘愈之译，商务印书馆 1965 年版，第 105 页。
② [美]斯皮克曼：《和平地理学》，刘愈之译，商务印书馆 1965 年版，第 100 页。
③ [美]斯皮克曼：《和平地理学》，刘愈之译，商务印书馆 1965 年版，第 77 页。
④ [美]斯皮克曼：《和平地理学》，刘愈之译，商务印书馆 1965 年版，第 78 页。

有一个结构性的认识，这有助于理解后面将要展开的对战后世界战略力量对比变化规律的分析。

三、战后世界政治格局三次变动与历史“临界点”出现

(一) 战后世界政治格局三次变动

战国时期，秦魏两国争夺河内[1]一带，吴起帮助魏国夺得河内，30年之后，白起又帮助秦国夺回河内。事后民谣四起：

> 三十河东，三十河西；吴白两起，天作玄机。[2]

用这则民谣描述第二次世界大战后的世界政治格局的三次变动也是合适的。

第一次变动：两个阵营 第二次世界大战后的20世纪五六十年代，世界进入两个阵营的“冷战”时期，一方是以苏联为核心的除西欧之外的大陆国家集合而成的社会主义阵营，另一方是以美国为核心的海洋国家集合而成的资本主义阵营。这一时期世界政治的特点是海洋边缘地带的国家和欧亚大陆国家同时崛起且势均力敌。当时，大陆国家也被一分为二，欧亚大陆西端的联邦德国、法国、意大利、希腊等国加入海洋边缘国家阵营，从民主德国到保加利亚等东欧国家以及处于东端的朝鲜、越南民主共和国与中国一起加入了以大陆中心国家苏联为首的社会主义阵营；韩国、日本、南越政权等则与美国为首的海洋边缘地带国家捆绑在一起。中国在亚洲东部顶住了以美国为首的西方经济封锁的同时，也帮助朝鲜和越南打败了美国的军事侵略。

这样的力量平行对峙持续了大约10年，也可以说，这是社会主义和资

① 河内郡，秦昭王三十四年(前273年)置。治怀县(今武陟西南)。辖境相当今河南黄河以北，京汉铁路以西地区。

② 转引自孙皓晖:《大秦帝国》第3部《金戈铁马》，上海人民出版社2012年版，第286页。

本主义两个阵营保持均势的时期，它与20世纪20年代苏俄面对的国际形势相似。列宁说：“目前国际上已经形成了一种均势，虽然这是一种暂时的、不稳定的均势。这种均势表现在：各帝国主义强国虽然切齿痛恨苏维埃俄国并且企图进攻苏维埃俄国，但它们还是放弃了这个念头，因为资本主义世界愈来愈分崩离析，愈来愈不一致，而拥有十亿以上人口、受尽压迫的殖民地各国人民的压力却一年比一年、一月比一月、甚至一星期比一星期更加强大。”[①] 列宁的这句话有助于我们理解20世纪五六十年代两个阵营对垒的性质。

第二次变动：西方“不战而胜”　20世纪50年代末至60年代末，欧亚大陆中心的政治板块开始松动，其特点是排列于苏联西、东两端的东欧国家和中国在苏联霸权主义的高压下与苏联关系日益疏远并向边缘海洋国家倾斜。1968年，苏联出兵进入盟国捷克斯洛伐克，压制了那里脱离苏联的运动，加剧了苏联周边大陆国家尤其是中国向海洋边缘国家倾斜。1972年，中国和美国发表联合公报；1979年1月1日，中美正式建立外交关系。中国倾向海洋边缘地带，打破了大陆中心地带的平衡。1980～1981年，波兰发生工人大规模的抗议罢工运动。1985年，苏共中央总书记戈尔巴乔夫开始“改革”，主动放弃了第二次世界大战以来斯大林时期为苏联获得的地缘政治利益，其结果是苏联在外诱内推中于1991年年底解体。

早在1988年，尼克松就预见到苏联的这种结局，他当年出版的一本论文集就以《1999：不战而胜》命名，尼克松写道：

> 苏联人企图不战而胜。我们的回答不能仅仅是不战而和。我们也必须争取不战而胜。……
>
> 苏联人相信历史站在他们一边。我们必须保证在编写21世纪的历史时，历史站在我们这一边。[②]

---

① 列宁：《俄共(布)第十次全国代表会议闭幕词》，《列宁选集》第4卷，人民出版社1972年版，第541页。

② [美]理查德·尼克松：《1999：不战而胜》，朱佳穗等译，长征出版社1988年版，第12页。

结果，苏联比尼克松的预料早 8 年垮台。

第三次变动：美国盛极而衰 苏联解体后，美国政治家们再次有了第二次世界大战胜利初期的骄狂，他们忘记了前任的经验[①]，1991 年、1999 年及 2001 年，以美国为首的北约连续通过海湾战争、科索沃战争和阿富汗战争以及 2003 年的伊拉克战争在海湾地区、巴尔干地区及中亚地区插入其军事力量，全面回收苏联地缘政治遗产并于 2002 年退出《反导条约》，打破原有的战略武器平衡。就在美国军事力量在中亚大规模推进的同时，其国力也在严重透支，2008 年美国国力大幅缩水。

中东不仅是世界资源集中的地区，也是世界霸权国家力量伸展的极限所在。历史表明，在战略力量极限处发动攻势，尤其是发动连续攻势，是国家崩溃的开始。尼克松的战略目标是在亚洲尽量减少对手，集中力量实现美国的核心利益。而苏联解体后，美国的战略家们是在不断增加对手的情况下推进美国的利益。战争是政治的继续，可小布什总统在任期内，却将战争打成战争的继续，他曾破天荒地将许多国家列为“邪恶轴心”，似乎打遍天下无敌手。结果是对手越打越多，反恐越反越恐，美国由此开始转衰。

1991 年苏联解体，美国不战而胜，但令美国人意想不到的是，进入 21 世纪的美国，却以比苏联更快的速度走向没落。

（二）2016：历史质变“临界点”出现

对世界政治而言，2016 年是一个划时代的年份，因为在这一年中发生了具有划时代意义的事件：一是当年 6 月 23 日英国公投脱离欧盟；二是 6 月 25 日，中国国家主席习近平在人民大会堂同俄罗斯总统普京共同签署于当天生效和实施的《中俄联合声明》。历史将证明：这次英国脱欧之于欧洲统一的意义不亚于苏联解体，而《中俄联合声明》的意义不亚于 1972 年的中美联合公报。如果将这两个具有风向标意义的事件叠加在一起，我们就可以看出世界政治板

① 2002 年年初小布什访问中国，登长城时问导游，尼克松当年登长城走到哪儿。当上到北侧 760 米高处时，导游告诉他，尼克松当年就来到了这儿。小布什又往前走了几步，超过尼克松当年的高度。《美总统布什攀登长城超越尼克松总统纪录》，来自新浪网。

块正在发生着结构性的变化：世界政治进入质变的“临界点”。

我们看到，目前斯皮克曼描述的从英国沿欧亚大陆直抵美国的“边缘地带”正在发生破碎、坍塌和整体性衰落。衰落从21世纪初的美国开始，西至今天的英国，欧洲统一进程由此严重受阻，欧洲出现向破碎化时代回归的趋势。与此相对，欧亚大陆边缘地带的国家都在向大陆中心靠拢，美国和英国迅速与欧亚大陆分离。

2016年中俄签署联合声明以来，从2015年到2016年，“大陆中心国家”和“海洋边缘国家”已出现分裂。海洋边缘地带的国家（如英国和美国）与大陆中心外围国家（比如中国、法国、德国、土耳其和伊朗）快速分离，后者全方位地向中心地带的俄罗斯靠拢——这与“9·11”事件之前世界政治全方位地向美国靠拢的形势正好相反。与以往不同的是，此间的变化已不是量变意义而是非常接近质变意义，是结构性变化。根据斯皮克曼的理论，“欧亚沿海地区”，具体说就是法国、德国、土耳其、伊朗，特别是中国等国的外交走向将决定世界政治的方向。考察近些年世界大国外交走向，就会发现海洋边缘国家与欧亚大陆国家间的力量对比正在发生有利于后者的倾斜，以美国为主导的海洋边缘地带破碎化及由此引发的没落趋势已难以避免。

2016年也是列宁创作《帝国主义是资本主义的最高阶段》100周年。100年来，帝国主义的本质没有变，但帝国主义的内容已发生巨大的变化。100年来，美国从一个帝国主义集团中的“小兄弟”摇身变为“大哥大”。这些年来，美国被英国忽悠得不知节制地扛起“老大”的重担，与“9·11”事件之前的形势相比，目前美国已被拖垮并进入没落期。需要特别说明的是，我们这里所说的“美国没落”，不是作为民族国家的美国没落，而是作为帝国的美国没落。在未来的世界里，美国还在，但“美帝国”将会成为一段传说。

（三）世界大变局的意义与中国经验

历史大势，三十年河东，三十年河西，而大凡能在其中独立自主者，方可胜出。独立自主，是中国总能在每次世界大变局中化险为夷并占据主动的重要经验。

世界政治最大的变化莫过于格局的转换。如前所述，第二次世界大战之后，世界格局出现过三次具有全局性的变化。先是大陆中心和海洋边缘地带力量双双上升并由此形成两个阵营的“冷战”时期。此间中国加入苏联社会主义阵营，不仅在于中国的社会主义国家性质，还因为美国选择了蒋介石政权并对新成立的中华人民共和国施压。从20世纪60年代开始，苏联从社会主义国家日益蜕变为社会帝国主义国家。赫鲁晓夫试图联合美国并开始对中国施压。勃列日涅夫时期，苏联在与美国展开全球争霸的同时，持续在中国北方边境施行军事高压。这迫使中国与日益力不从心的美国相互有了战略合作的意向。1972年，毛泽东和尼克松握手，此后中国迅速向海洋边缘国家倾斜。20世纪七八十年代中国改革开放，加入世界市场经济使中国经济迅速发展的同时也拉动了边缘地带力量的整体性上升。与此对应的另一结果就是苏联的解体。基辛格说：“美国的国际地位似乎沦落到无以复加的最低点之时，共产主义却开始解体。”①

现在回想起来，在苏联走向崩溃的过程中，中国没有与苏联死绑于一体——当时《中苏友好同盟互助条约》尚未中止，但苏联放弃承诺并布兵于中国北界——而是适时地选择了正在进行战略收缩的美国一方，外交上向海洋边缘地带倾斜。与此相反，那些与苏联捆绑在一起的东欧诸国则与苏联同期陷落。可以设想，如果当时中国像东欧国家一样放弃独立自主的外交政策，誓死与苏联捆绑，这样也许会暂时得点好处，但结果会是像东欧国家那样随着苏联的扩张政策一起陷亡。

苏联解体后，美国忘记了两位罗斯福总统注重与大国合作和共享合作成果的经验，忽视了中国的战略价值，意欲单枪匹马独吞世界。2001年12月13日，美国正式宣布退出美苏两国1972年签署的《限制反弹道导弹系统条约》，抛弃了与俄罗斯的战略合作关系，从西面逼压俄罗斯的战略空间。与此同时，美国挥师阿富汗和伊拉克，开展所谓的“反恐战争”，在伊拉克失利后，美国宣布从伊拉克撤军，随后提出目标明显针对中国的“战略东移”计划。与20世纪70年代苏联陈兵于中国北方边界的后果一样，美国的逼迫使中国与迫切需要和中国合作的俄罗斯联手。

---

① ［美］亨利·基辛格：《大外交》，顾淑馨、林添贵译，海南出版社1998年版，第706页。

由此对美国具有较大影响的事件出现了：2016 年 6 月 23 日英国公投脱离欧盟，6 月 25 日，中国和俄罗斯签署了于当天生效和实施的《中俄联合声明》。其间，美国事实上已抛弃其在三个联合公报中的承诺并将兵力集结于西太平洋，与此对应，中国独立自主地再次选择迫切需要与中国合作的俄罗斯。在今后二三十年内，用毛泽东“敌人一天天烂下去，我们一天天好起来”① 来作判断是合适的，只要中国与俄罗斯深度战略合作的结构持续，只要中国不因美式新自由主义的宣传而自乱阵脚，美国及其主导的海洋边缘地带的衰落大势是不会逆转的。

美国和俄罗斯的衰落与中国地位的上升，是 20 世纪 90 年代以来世界变化的基本特点。目前，俄罗斯已基本度过危机期，国力开始上升，但在相当的时期内很难达到苏联时期的国力水平，而美国则在今后相当长的时期内还要持续衰落，由此造成了世界战略力量的失衡及世界政治天平中的中国“砝码”持续加重。

可以预料，自英国脱欧后，欧洲统一进程可能出现逆转，或返回破碎状态。这样便出现了与 20 世纪 90 年代相反的政治形势：20 世纪 90 年代，以苏联为首的大陆板块的战略力量在整体性地瓦解，与此同时，以美国为首的海洋边缘地带的战略力量则因与中国和解而整体性抬升；而 21 世纪以来，美国的全球扩张造成大陆板块力量整体性地向中心地带即俄罗斯和中国汇聚，其合力持续抬升，与此同时，以美国为首的海洋边缘地带的战略力量却在整体地持续衰落。根据历史经验，这种形势可能要延续二三十年。这就给中国——条件是中国必须坚持社会主义制度——在相当长的时期内留下了广阔的和平发展的空间。也就是说，在此期间，中国实现中华民族的伟大复兴有着相当从容和有利的国际环境。

四、追根溯源：造成战后世界格局变动的内因

历史真是“三十年河东，三十年河西”，第二次世界大战之后的苏联和美

① 毛泽东同志在党的八届六中全会上，把国际形势的特点概括为两句话：“敌人一天天烂下去，我们一天天好起来。”武汉支部生活社编写：《学习党的八届六中全会文件党课教材》，湖北人民出版社 1959 年版，第 1 页。

国是何等气势！而今苏联已成历史，美国也“辉煌”不再。原因何在？要认识其中的历史必然性，就得认识苏联和美国霸权崛起的前提及其规律性。

（一）背叛十月革命原则，苏联走上“社会帝国主义”歧途

1. 苏联从社会主义国家“转型”为“社会帝国主义”国家

1917 年，列宁领导十月革命取得胜利，建立了历史上第一个无产阶级政权。1936 年，斯大林又带领人民把苏联建成第一个社会主义国家。1939 年第二次世界大战爆发，斯大林在带领苏联战胜了德、日、意法西斯而获得胜利的同时，滋长了沙文主义情绪，放弃了无产阶级的国际主义[①]，将社会主义兄弟国家视为苏联的卫星国，导致社会主义国家（比如南斯拉夫、中国等）与奉行沙文主义的苏联产生分歧。

但是，沙文主义只是帝国意识的一种表现，其本身还不是帝国主义。斯大林去世后，苏联与美国的斗争从两种制度的斗争转化为争夺世界霸权的斗争，其沙文主义使自身迅速向“社会帝国主义”转变。1962 年爆发的古巴导弹危机及其结果，“刺激了苏联军方大规模发展军事力量的决心和信念”并“促使赫鲁晓夫政权垮台”[②]。1964 年 10 月，勃列日涅夫上台，在全球范围对美国展开攻势的同时，武装干涉东欧社会主义国家内部事务，并陈兵于中国北方边界向中国施压。这时的苏联已背叛十月革命和列宁主义，全面放弃了共产主义运动中的国际

---

① 在第二次世界大战中，为了与资本主义同盟国建立统一战线以赢得反法西斯战争的胜利，1943 年 5 月 15 日，共产国际执行委员会主席团作出《关于提议解散共产国际的决定》，并于 5 月 25 日公开宣布《解散共产国际的决议》。1943 年 12 月 1 日，在美、英、苏三国首脑第四次会议上，斯大林提出芬兰应当用实物补偿其与德国结盟在战争中给苏联造成的损失的要求。在回答丘吉尔如何理解苏维埃早期政权提出的“不割地、不赔款的和平”的口号这一问题时，斯大林半开玩笑地回敬丘吉尔：“我对您说过，现在我成了一名保守分子了。”[《美英苏三国首脑德黑兰第四次会议记录》（1943 年 12 月 1 日），沈志华主编：《苏联历史档案选编》第 17 卷，社会科学文献出版社 2002 年版，第 476 页。]1944 年 10 月 14 日，丘吉尔来到莫斯科，在谈判中向斯大林提出自己的担忧，说他还记得 1919～1920 年间全世界都在世界革命面前吓得发抖。斯大林知道丘吉尔在试探他对接近夺取全国胜利的希腊共产党的态度，便明确告诉他：“现在世界不会吓得发抖了。苏联不准备在欧洲发动布尔什维克革命。”[奥・阿・勒热舍夫斯基编：《斯大林和丘吉尔（1941～1945）》，王仲宣、齐仲、高春兴译，东方出版社 2006 年版，第 522～523 页。]

② 邢广程：《苏联高层决策 70 年・第 3 分册》，世界知识出版社 1998 年版，第 403 页。

主义原则，从一个社会主义国家“转型”为“社会帝国主义”[①] 国家。列宁说：“‘社会帝国主义者’，即口头上的社会主义者，实际上的帝国主义者。”[②] 1974年2月25日，毛泽东在会见阿尔及利亚革命委员会主席布迈丁时说：

> 这个世界上是有帝国主义存在，俄国也叫社会帝国主义，这种制度也就酝酿着战争。[③]

毛泽东曾批评赫鲁晓夫说：“我看有两把‘刀子’：一把是列宁，一把是斯大林。现在，斯大林这把刀子，俄国人丢了。列宁这把刀子我看也丢掉相当多了。十月革命还灵不灵？还可不可以作为各国的模范？苏共二十次代表大会赫鲁晓夫的报告说，可以经过议会道路去取得政权。这个门一开，列宁主义就基本上丢掉了。”[④] 外交是内政的延伸，放弃十月革命的原则和列宁主义这个立国之本，苏联离亡国也就不远了。

基辛格说：“可以说共产主义覆亡始于赫鲁晓夫。”[⑤]

2. 卡特执政期间，“苏联强权无论在何处都能所向披靡”

与赫鲁晓夫不同的是，勃列日涅夫上台后，苏联与美国的争霸从地区转向

---

① 第一次世界大战时，第二国际的机会主义领袖考茨基等人，背叛无产阶级立场，支持帝国主义战争，以民族沙文主义来欺骗和毒害工人阶级，成为社会帝国主义者和社会帝国主义派。列宁在1915年写的《第二国际的破产》中将“社会帝国主义”与“社会沙文主义”并列使用，认为“社会沙文主义是机会主义在1914～1915年的战争环境中的产物”，“在这个时期，享有特权的工人阶层的比较安定和文明的生活，使这些工人‘资产阶级化了’，他们从本国民族资本的利润中分得一点油水，他们同破产的贫困的大众所遭受的灾难和痛苦、所具有的革命情绪，毫不相干了。帝国主义战争就是这种情况的直接继续和结局，因为这是强国争夺特权、重新瓜分殖民地和争夺对其他民族的统治权的战争。保持和巩固自己小市民‘上层’或工人阶级贵族（和官僚）的特权地位，这就是小资产阶级机会主义的希望和与此相适应的策略在战争时期的必然的继续，这是现代社会帝国主义的经济基础”。列宁：《第二国际的破产》，《列宁选集》第2卷，人民出版社1972年版，第648、649页。

② 列宁：《帝国主义是资本主义的最高阶段》，《列宁选集》第2卷，人民出版社1972年版，第827页。

③ 中共中央文献研究室编：《毛泽东年谱（1949～1976）》第6卷，中央文献出版社2013年版，第521页。

④ 中共中央文献研究室编：《毛泽东年谱（1949～1976）》第3卷，中央文献出版社2013年版，第33～34页。

⑤ ［美］亨利·基辛格：《大外交》，顾淑馨、林添贵译，海南出版社1998年版，第471页。

全球，其目标直奔海洋边缘国家的“心脏”——印度洋。

1971 年 7 月 9 日，基辛格访问中国并于 15 日发表公告，宣布尼克松将于 1972 年访华。与其对应，1971 年 8 月 8～12 日，苏联外长葛罗米柯访问印度，双方签订了为期 20 年的具有军事同盟性质的《和平友好合作条约》；1977 年 3 月，印度国会大选，人民党候选人德赛获胜组阁。印度外交开始恢复不结盟特点。1980 年 1 月，英·甘地再度执政。同年 7 月 7 日，印度宣布承认越南在柬埔寨扶持的韩桑林政权，这立即得到苏联的赞扬。

与民主也门和埃塞俄比亚发展战略合作关系是 20 世纪 70 年代苏联实现印度洋战略的另一重要环节。如果说控制越南和印度意味着从东西两面控制马六甲海峡，那么，控制当时的民主也门和埃塞俄比亚则意味着钳住了西方经曼德海峡和亚丁湾北上波斯湾的咽喉要道。

1978 年 5 月 18～22 日，苏联国防部副部长兼海军司令戈尔什科夫访问民主也门，双方签订了一项军事协定，规定在亚丁港等地建立海空军基地、无线电联络中心和气象中心；一旦民主也门遭到外来侵略，苏联将给予援助。10 月 23～25 日，民主也门国家元首伊斯梅尔访苏，双方签订了为期 20 年的带有军事同盟性质的友好合作条约。埃塞俄比亚是第一个和苏联建立外交关系的非洲国家。1974 年 2 月，埃塞俄比亚武装部队发动政变。1977 年 2 月 11 日，门格斯图任该国临时军事行动委员会主席，1978 年，门格斯图第四次访苏，双方签订了为期 20 年的带有军事同盟色彩的埃苏友好合作条约。

获得在越南、印度、民主也门、埃塞俄比亚等地区的战略优势后，苏联便开始向自彼得大帝时代起俄国人一直追求的“进军印度洋”战略迈出最关键的一步，即出兵阿富汗。

1973 年 7 月 17 日，达乌德发动军事政变推翻查希尔王朝，宣布成立阿富汗共和国，苏联第一个予以承认。1978 年 4 月 27 日，阿富汗人民民主党（即共产党）主席塔拉基政变上台，苏联立即予以承认。1979 年 9 月 14 日，阿明先发制人，发动政变，击毙塔拉基，自任阿富汗总统兼总理。苏阿关系迅速恶化。1979 年 12 月 27 日晚，苏联军队开入阿富汗，实行武装占领。喀布尔电台当晚宣布阿明已被击毙，卡尔迈勒被任命为阿富汗人民民主党中央书记。

1980 年 3 月 6 日，阿富汗内阁通过决议，要求苏联军队无限期留驻阿富汗。3 月 15 日，阿富汗外长多斯访苏，双方就苏联军队“驻在阿富汗领土条件的实际问题”达成协议。4 月 4 日，苏联最高苏维埃主席团批准所谓苏阿政府关于苏军“暂时留驻”阿富汗的条约。在先头部队控制喀布尔之后，苏军 4 个师约 5 万人随即跨过边界，从东、西两路沿阿富汗境内的战略公路长驱直入，在一周之内占领和控制了其他大城市和主要交通干线。

1979 年对美国来说可谓祸不单行。[①] 除了苏联出兵阿富汗和越南大举入侵柬埔寨，伊朗也于年初爆发了声势浩大的反美浪潮，亲美的巴列维王朝倒台。霍梅尼于 2 月回国组阁，成立伊朗伊斯兰共和国，美伊关系迅速恶化。至此，苏联在北印度洋地区精心编织的有利于苏联的从埃塞俄比亚至民主也门到印度（继而到越南）的战略链环已连接完成。美国从太平洋到印度洋的海权链条的北翼，即斯皮克曼所说的欧亚大陆的“边缘区”中的关键环节被苏联打通。这时苏联的军事力量离霍尔木兹海峡仅有 400 多千米的直线距离，再加上 1978 年年底因伊朗停止石油出口而引发的至今仍令西方人恐惧的（第二次）石油危机，这对曾从事核潜艇技术研究并对世界政治具有牧师般情怀的美国总统吉米·卡特说来，简直是当头棒喝。美国史学家孔华润写道，“勃列日涅夫认为，美国由于越南战争和水门事件丑闻而遭到削弱，而且由一位优柔寡断和懵懂无知的总统领导着，此时此刻正是苏联加紧谋取优势的大好机会”；卡特执政期间，“苏联强权无论在何处都能够所向披靡。苏联政治局成员们踌躇满志，认为不需要再出台什么新方针了”[②]。当时，苏联攻势不知节制，差点将美国赶出印度洋。孔华润说：“这件事想起来都让人后怕。”[③]

1981 年，里根就任美国第 49 届总统。里根一改前任总统卡特的忍让路线，决定“重振国威”，推行“以实力求和平”的政策，此后，不管戈尔巴乔夫上台

① “70 年代末期我们在地缘政治上处于冬眠状态。”[美]理查德·尼克松：《1999：不战而胜》，王观声等译，世界知识出版社 1997 年版，第 304 页。

② [美]孔华润主编：《剑桥美国对外关系史》下，王琛等译，新华出版社 2004 年版，第 432～433 页。

③ 参见[美]孔华润主编：《剑桥美国对外关系史》下，王琛等译，新华出版社 2004 年版，第 430 页。

后如何——甚至用自我解体方式——显示“善意”，美国都不再手下留情。以色列情报官员戴维·阿尔贝尔在其与兰·埃德利合著的《西方情报机构与苏联解体——未能撼动世界的十年（1980～1990）》一书中写道：

从1985年开始，苏联开始表现出与西方国家合作反恐的意愿。但是西方并不相信苏联。中情局和其他政府机构对苏联的主动示好冷面相待，继续把苏联与国际恐怖活动挂钩。然而，1989年6月底，美苏第一次把国际反恐的合作提上了议程。只有在1990～1991年期间，也就是苏联崩溃的前一年，苏联才被视作反恐战争的搭档。在苏联共产主义政府存在的最后几个月里，它终于通过了“入学考试”。也只有在苏联灭亡的迹象愈加清晰时，美国才准备接受苏联为反恐伙伴。①

苏联解体后，美国留给俄罗斯人的竟是北约东扩、北约轰炸南斯拉夫，竟是美日新防卫合作指针的签订、美国部署“战区导弹防御系统”（TMD）计划和“国家导弹防御系统”（NMD）计划，以及21世纪初美国出兵阿富汗和伊拉克。失去中国等支持后的苏联，就像一个千夫所指的大汉，终落了个“土崩瓦解的下场”。基辛格总结说：

这傲慢的帝国主义有一致命的缺陷，苏联的领袖一路推进下来竟然失去均衡感，过分高估苏联制度巩固军事与经济成果的能力，忘记自己是站在非常薄弱的基础上，向所有其他大国挑战……苏联不自量力、率性而为，终于把僵滞局面变成土崩瓦解的下场。②

即将跨过21世纪门槛的苏联人，却在阿富汗输掉了20世纪，就像刚踏入20世纪的俄国人曾在阿富汗失去了19世纪一样。

---

① ［以色列］戴维·阿尔贝尔、兰·埃德利：《西方情报机构与苏联解体——未能撼动世界的十年（1980～1990）》，孙成昊、张蓓译，社会科学文献出版社2015年版，第94页。

② ［美］亨利·基辛格：《大外交》，顾淑馨、林添贵译，海南出版社1998年版，第707页。

3. 社会帝国主义外交使苏联众叛亲离

（1）中苏关系破裂

1959年年初，苏共二十一大召开，赫鲁晓夫宣称把世界战争排除在社会生活之外的现实可能性业已产生。6月，苏联政府单方面撕毁了中苏于1957年签订的《国防新技术协定》。9月，艾森豪威尔与赫鲁晓夫举行会谈，以牺牲中国利益为代价，形成所谓“戴维营精神”，推销美苏合作共同主宰世界的方针。9月30日至10月2日，赫鲁晓夫访华，指责中国共产党，干涉中国内部事务。赫鲁晓夫希望中国配合他设想的“美苏共治”的大局，中国不从，两党两国关系由此恶化。从1960年7月开始，苏联不断在中苏边界寻衅。1961年，正值中国经济严重困难的时期，苏联要求中国本息一起偿还抗美援朝时苏联援华军事物资的贷款。1962年四五月间，苏联当局通过驻中国新疆的机构和人员，在伊犁、塔城地区引诱和胁迫数万名中国公民流入苏联境内。10月，印度军队又从西南方面对中国领土发动大规模进攻，中国被迫进行自卫反击。此后中印关系恶化。1963年起，苏联大量增兵中苏边境，对中国北疆形成新的军事压力。1963年8月5日，苏、美、英三国在莫斯科签订了《禁止在大气层、外层空间和水下进行核武器试验条约》，这是“美苏共治”的第一个重大结果。明眼人一看就知道，这是针对当时已经拥有核技术的中国和刚成功进行了核试爆的法国的。苏美两国对中国施压的层层加码终于有了明确的结果：1964年10月16日，中国第一颗原子弹试爆成功，当月赫鲁晓夫下台。此后，勃列日涅夫在中苏边境和中蒙边境驻军激增近百万人，对中国北方安全形成巨大压力，中国针对苏联全面备战。1969年8月27日，中共中央、中央军委批转军委办事组《关于加强全国人民防空工作的报告》，要求各地迅速成立防空领导小组，8月28日，中共中央发出紧急动员令，提出要“准备打仗”。1967年到1969年年初中苏双方在边界上不断发生巡逻队冲突，1969年3月中方在珍宝岛组织进行自卫反击战。1969年9月23日、29日，中国成功进行首次地下核试验并成功试爆首颗由轰炸机投放的氢弹。

（2）苏联与东欧国家关系恶化

在欧亚大陆的西端，东欧国家与苏联产生的离心倾向加强。1948年苏联与南斯拉夫发生争执与冲突。1956年在波兰和匈牙利发生了群众街头抗议事件，抗议活动演变成当局无法控制的动乱，最终导致苏联出兵逼迫波兰政府立即制止动乱；而在匈牙利，苏军则以 17 个师的兵力对布达佩斯发动了军事行动，迅速地控制了匈牙利全境，防止了事态的恶化。但是，东欧的危机并未在波兰和匈牙利就此打住，它经过短暂停顿后，进一步从东欧的边缘向中心推进。1968 年 1 月，捷克斯洛伐克发生了脱离苏联的运动。在共产党领导人亚历山大·杜布切克的领导下，捷克斯洛伐克自 20 世纪 60 年代下半叶越来越显示出强烈的民族主义和民主主义的独立倾向，在国内政治改革的过程中，提出了“带有人性面孔的社会主义”。尽管杜布切克的“改革”并不像 1956 年匈牙利改革那样激烈，但苏联依然将这视为对其领导地位的挑战。1968 年 8 月 20 日深夜，几十万华约成员方军队进入捷克斯洛伐克，为时半年的动荡才被平息。东欧国家脱离苏联的倾向最终演变为 1980～1981 年的波兰工人大规模抗议罢工运动。但总的说来，这些离心倾向对苏联的影响并不像中苏矛盾那样深刻有力，在苏联解体前，东欧国家总体上没有摆脱作为苏联“卫星国”的地位。

（3）中美和解与“苏联帝国”解体

20 世纪六七十年代出现的这种“东边日出西边雨”的形势，说明处于欧亚大陆边缘地带的东方阵营和处于海洋边缘地带的西方阵营与其中心国家苏联和美国的关系均出现松动。随着苏联外交中的“社会帝国主义”色彩愈演愈烈，苏联对中国的高压持续增强。20 世纪 60 年代初期中苏两党、两国交恶之后，苏联在中苏、中蒙边境陈兵百万，不时制造挑衅事件，1969 年年初屡次侵犯中国东北，中国对此予以坚决的反击。

结果，苏联最终在亚洲压出了一个对它具有灾难性的变局，即将正在寻求合作力量的中国和美国推向一起。“尼克松因国内为越战而分裂，大为震骇，遂认为事先表现出有极大诚意求取和平，是为阻止苏联进一步扩张不得不采取对抗作法时之先决条件。”[①] 1972 年 2 月 21 日，尼克松对中国进行了为期一周的访问，中美关系从对立转向和解。2 月 28 日，中美双方在上海发表公报。1973 年 2 月，美国国务卿基辛格再次访华，5 月，中美双方分别在对方首都设立联络处。1979 年 1 月 1 日中美建立正式外交关系。

---

① ［美］亨利·基辛格：《大外交》，顾淑馨、林添贵译，海南出版社 1998 年版，第 709 页。

必须说明的是，1972 年中美握手并不是指两国在发展道路上合并，更不是两国立国原则的融合，对中国而言，它只不过是社会主义向资本主义所做的另一次“布列斯特”[①] 式的策略性妥协，在苏联转向社会帝国主义并向中国施压时，作出这种暂时妥协是列宁主义允许的。要知道，1973 年和 1974 年，苏联甚至曾两次向尼克松建议“美国和苏联成立对付中共的准结盟关系”[②]。列宁曾说：“如果英法军队向俄国大举进攻，我将一秒钟也不迟疑地去和德帝国主义强盗缔结这样的‘协议’。”[③]

中国与海洋边缘国家和解后，苏联的没落和解体的结局就难以避免了——与此同理，今天美国霸权主义政策将中国逼向俄罗斯，作为帝国的美国的没落结局也是难以避免的。1991 年 12 月 25 日，戈尔巴乔夫宣布辞职，将国家权力移交给俄罗斯总统叶利钦。12 月 25 日晚，苏联国旗从克里姆林宫上空缓缓降落。这天正是圣诞节。次日，苏联最高苏维埃通过决议宣布苏联停止存在，苏维埃社会主义共和国联盟宣告解体。苏联从现实和法律上不再存在。基辛格说：

> 美国的国际地位似乎沦落到无以复加的最低点之时，共产主义却开始解体。在一九八〇年代初，有一度共产主义似乎要席卷挡在面前的一切；可是，不旋踵即风水轮流转，共产主义开始自我毁灭。不到十年，东欧附庸卫星国家解体，苏维埃帝国土崩瓦解，几乎把彼得大帝以来俄罗斯侵吞之所有权益，全都吐出来。从来没有一个世界强权未经交战失利，就如此迅速、彻底四分五裂。
>
> 苏联帝国的覆亡，部分是因为其本身历史诱使她坚定不移地走上过度扩张之途。[④]

---

① 1918 年，以列宁为首的布尔什维克党为保存新生的苏维埃政权而与以德国为首的同盟国签订了《布列斯特-立托夫斯克和约》。这一被迫采取的暂时妥协行动，使苏俄尽早退出第一次世界大战，为巩固苏维埃政权、恢复和发展经济、建立红军赢得了喘息时间，为后来消灭反对苏维埃政权的国内武装和击退 14 个帝国主义国家的武装干涉进一步奠定了基础。

② [美]亨利・基辛格：《大外交》，顾淑馨、林添贵译，海南出版社 1998 年版，第 675 页。

③ 列宁：《给美国工人的信》，《列宁选集》第 3 卷，人民出版社 1972 年版，第 591 页。

④ [美]亨利・基辛格：《大外交》，顾淑馨、林添贵译，海南出版社 1998 年版，第 706 页。

基辛格说得还有点儿绕，本质上说，苏联的垮台，主要原因是背叛了十月革命原则，背叛了列宁主义。用帝国主义扩张的方式与帝国主义“竞争”的结果必然还是帝国主义，不同的只是苏联成为“口头上的社会主义者，实际上的帝国主义者”①，这就是列宁痛斥的“社会帝国主义”。列宁主义与帝国主义是格格不入的，是在反对帝国主义的基础上发展起来的，是“帝国主义和无产阶级革命时代的马克思主义”②。

（二）涛声依旧，美国又在重复着“苏联帝国”的故事

不幸的是，后来的美国政界对苏联解体原因的认识并未达到基辛格的深度。苏联解体后，美国政治家们陷入“不战而胜”的狂喜之中，并且手持着苏联时期的“旧船票”，沿着昨天苏联的路线，以更为傲慢的态度登上那艘曾将苏联送上末路的“客船”。要理解这一点，得从石油美元说起。

1. 石油美元是美国没落的元凶

“尼克松是西奥多·罗斯福以来，第一位以国家利益为号召执行外交政策的美国总统。”③ 尼克松为美利坚民族做出的最卓越的贡献，是成功说服华尔街同意美国摆脱越战并与中国修好；但他为此付出的“交易成本”即代价也是巨大的，对美利坚民族而言也许是致命的：他宣布放弃美元的金本位而使美元直接与国际石油挂钩，以此使依附于美元之上的华尔街的资产增值。于是，原来可以支持美元坚挺的美国工业产品——哪怕是军工产品——径直变成了脱离国民劳动且远离本土的资源产品即国际石油。这样，美元的坚挺就要靠国际大宗消费品石油的采购以美元结算及由此造成的世界对美元的短缺性需求来保证。从劳动形态上说，今后支持美元的就不是国民劳动而是旨在保证石油采购的以美元结算的国家发动对外战争。由于美国的发展重心从国民劳动移至美元的世界需求上，美国政府就从美利坚民族政府异化为给华尔街“打工”并任由“财政悬崖”摆布的买办集团。

美国对世界石油控制的关键是确保石油标价和结算只能使用美元。美元从

---

① 列宁:《帝国主义是资本主义的最高阶段》,《列宁选集》第 2 卷,人民出版社 1972 年版,第 827 页。

② 斯大林:《论列宁主义基础》,《斯大林选集》上卷,人民出版社 1979 年版,第 185 页。

③ [美]亨利·基辛格:《大外交》,顾淑馨、林添贵译,海南出版社 1998 年版,第 675 页。

黄金本位被推到石油本位，支撑美元的基础从本国产品转移到中东石油上。由此可以解释尼克松之后的美国外交日益向中东聚焦以及石油价格在几十年间严重偏离其价值的原因。

尼克松之后，美国外交的重点是要保证国际石油采购以美元结算，而对于那些不愿以美元进行石油结算的国家，美国不惜用军事手段予以惩罚。如此这般，石油美元使美国从一个依靠实体生产的国家异化为一个寄生在石油美元上的国家。由此产生的必然逻辑就是：石油美元的动摇，如没有其他浮财及时补偿的话，就是美国的动摇。如图所示：

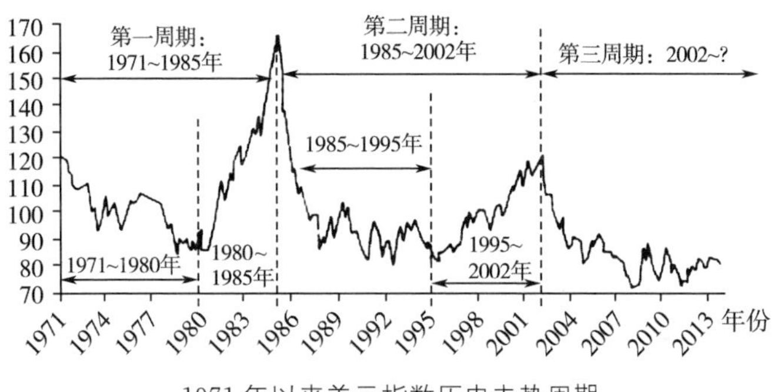

1971 年以来美元指数历史走势周期

陈晓晨、徐以升：《美国大转向：美国如何迈向下一个十年》，中国经济出版社 2014 年版，第 295 页。

美元指数是综合反映美元在国际外汇市场的汇率情况的指标，用来衡量美元对一揽子货币的汇率变化程度。它通过计算美元和对选定的一揽子货币的综合变化率，来衡量美元的强弱程度，从而间接反映美国的出口竞争能力和进口成本的变动情况。由图《1971 年以来美元指数历史走势周期》可以看到，从 1971 年石油美元问世至 2013 年，美元指数经历了 1978 年、1992 年和 2008 年三个低谷以及 1985 年和 2002 年两个高峰。第一个美元指数高峰的出现有赖于英国首相撒切尔、美国总统里根推行的以长期大量赤字刺激经济的新自由主义改革，特别是亚洲出现包括中国在内的以市场为取向的改革，及由此出现的几乎以天文数字增长的美元需求的强势推动，这一高峰至 1987 年后回落，经几次小幅反弹，至 1992 年跌到低谷。而挽救这次美元低谷危机的是苏联解体。苏联积累了半个多世纪的国民财富以及 1997 年亚洲新兴市场经济国家的财富在亚洲金融风暴中的巨大流失，瞬间成为挽救美元的

“浮财”。

浮财挽救了作为世界货币的美元，但没有挽救作为民族国家的美国。这时“美国生产”依靠的不再是国民劳动而是对外战争，“美国制造”的不再是民生产品而是美元和各式有价证券；昔日以工业托拉斯为主导的“华盛顿的美国”蜕化为以金融资本为主导的“华尔街的美国”；美国以往以实体经济为主体的社会结构不自觉地滑入一个脱实向虚的寄生性的社会结构，美国人民日益丧失生产能力，而深陷于古罗马式的堕落之中。从 1990 年到 2017 年，美国实体经济空心化程度大幅提升。如下表所示：

美国三次产业对国内生产总值的贡献率（1990～2017 年）

第一产业（%）			第二产业（%）			第三产业（%）		
1990 年	2000 年	2017 年	1990 年	2000 年	2017 年	1990 年	2000 年	2017 年
0.25	3.8	9.3*	－0.11	25.9	1.7*	1.05	70.4	89.0*

参见《国际统计年鉴》1999 年、2018 年。注＊为 2016 年数据。

我们看到，从 1990 年到 2017 年，美国第一产业即农业对国内生产总值（GDP）的贡献率从 0.25%上升到 9.3%。从 1990 年到 2000 年，第二产业即工业对国内生产总值的贡献率从－0.11%上升至 25.9%，到 2017 年又跌至 1.7%，这显然是阿富汗战争和伊拉克战争拉动军工产业的结果。从 1990 年到 2017 年，第三产业对国内生产总值的贡献率从 1.05%飙升至 89.0%。我们再来看这 20 多年间，美国三次产业的产值构成变化。如下表所示：

美国国内生产总值产业构成（1990～2017 年）

农业增加值占国内生产总值比重（%）			工业增加值占国内生产总值比重（%）			服务业增加值占国内生产总值比重（%）		
1990 年	2000 年	2017 年	1990 年	2000 年	2017 年	1990 年	2000 年	2017 年
2.0	1.2	1.0*	28.1	22.4	18.9*	69.9	73.1	77.0*

参见《国际统计年鉴》1999 年、2018 年。注＊为 2016 年数据。

我们看到从 1990 年到 2017 年，美国第一产业增加值在 GDP 中的比重从 2.0%下降至 1.0%，第二产业增加值的比重从 28.1%下降至 18.9%；而第三产业增加值从 69.9%上升至 77.0%。这些均说明，支撑美国经济的因素已不是实体经济而是高度泡沫化的金融经济。因此，用“枪杆子”即军火工业支撑的石油美元便是美国国民的“劳动”产品。只要美元坚挺，美国人不用劳动而只印美元就可以得到来自全世界的产品。美元就是美国制造并销售到全世界的“商品”。

福无双至，祸不单行。这种浮财至 2000 年普京上台而终止流出，更为危险的是，1999 年诞生的欧元动摇了石油美元的绝对地位，“2000 年 3 月以来纳斯达克指数大幅地下挫，以及美国经济由持续高涨转入低迷状态”①。为了挽救美元危机，美国以“9·11”事件后反恐为借口，挥师中东，企图从中东助推石油美元，结果陷入中东泥潭不能自拔。2008 年，美元指数跌至自 1971 年以来的最低谷，之后，美国政府宣布从伊拉克撤军。失去中东，石油美元就失去了基础。

一般来说，主权国家的不动产是国家货币价值的承担者，在此之上的劳动产品的价值是其货币增值的前提。美国曾主要以军事工业生产提升美元的价值，但与世界石油比，美国军工这时毕竟还是国民劳动的产品。尼克松将美元直接与世界石油挂钩，美元在军工之外又多了世界石油这个新支柱。这样，美国金融集团便有了双轮滚动出的利润：军事胜利既拉动了军工产业又保证了国际石油以美元结算，美元结算促使美元坚挺；美元坚挺又有助于军事持续胜利并反作用于美元的坚挺地位。尼克松之后，石油在世界经济中就成了保障美元坚挺的杠杆。如图所示：

油价与美元走势（1980～2016 年）

陶川：《全球宏观经济分析与大类资产研究》，中国金融出版社 2018 年版，第 220 页。

① 高德步、王珏：《世界经济史》，中国人民大学出版社 2001 年版，第 332 页。

从上图原油价格和美元指数变动的曲线中，我们看到几乎所有美元指数下落都是从原油价格的上升中得到补偿的。而石油价格的峰值恰恰就出现在美元指数变动曲线的最低谷。这说明，原油价格上扬并不是国际需求的结果，而是美元的政治需要：通过石油提价造成美元的国际短缺，并由此推动美元的国际需求。2008 年，石油价格被推到不合常理的近 140 美元/桶的价位，稍后迅速跌至约 40 美元/桶的价位。而石油价位与美元指数在 2008 年前后形成鲜明对比：2008 年前，石油价格低位运行，美元强势有力；此后一段时间内，石油价格高位运行，美元疲软乏力。这说明，石油已不能成为拯救美元的工具。这是因为，要保证石油为美元托底的作用，其前提就是美国为控制世界富油区而进行的战争必须持续不断地胜利。2010 年美国从伊拉克撤军，同时也意味着石油——本质上是军事力量——为美元托底的作用失效。

石油美元的衰落直接影响到华尔街的资本财团的收益及竞争力。据报道[①]：亚洲一度被西方投资银行视为可以为其手续费收入带来巨大提振的宝藏，但 2016 年的排行榜已经被中资投行所主导。研究机构 Dealogic 的数据显示，2016 年中资投资银行已经将亚洲并购和融资交易咨询费用的 60%收入囊中，这一比例也创下了纪录。没有一家美国或欧洲投资银行在亚洲（不包括日本和澳大利亚的交易活动）排名榜上挤入前六。

“高盛排名的下滑也成为可以说明西方投行在亚洲市场的发展前景如何黯淡下来的知名案例。”2014 年，所有在中国及其他亚洲新兴经济体开展业务的投资银行中，高盛集团排名第一，但在 2016 年，这家投行连前十名也进不了；与前几年相比，其在 2016 年前半年的亚洲收益和份额均大幅缩水。如图[②]所示：

---

① 《美媒：华尔街失算，美国投资银行折戟亚洲》，来自观察者网。

② 转引自《美媒：华尔街失算，美国投资银行折戟亚洲》，来自观察者网。

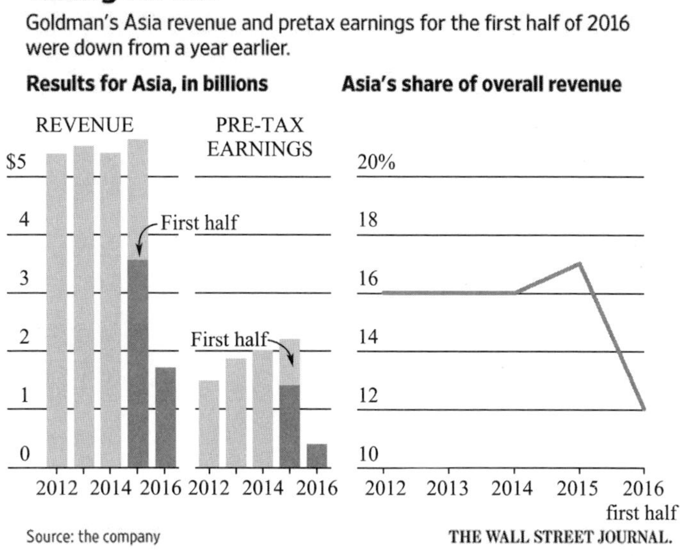

高盛在亚洲的营收和市场份额变化情况

摩根大通投行主管 Daniel Pinto 在纽约举行的年度投资者会议上表示，2016 年一季度债券和权益资本市场承销业务带来的收益下滑，可能拖累收入下滑 25%。高盛分析师 Richard Ramsden 表示，预期华尔街第一季度资本市场整体收入同比下滑 15%，为近年来最差开年。摩根大通和高盛 2015 年分列全球收入排名第一、第二位。标普 500 指数 2016 年年初以来累计下跌 13%，道琼斯指数 2016 年年初以来累计下跌 6%。令人担忧的是，摩根大通对石油和天然气行业的风险敞口已经高达 440 亿美元，该行屡次提高贷款损失准备金。据 2016 年年初美国财经网消息，该行贷款损失准备金已经从 1 月的 8900 万美元增加至 13 亿美元。①

与此相应，目前中资投行从西方投行手中竞争业务的势头愈发强劲，主要是因为中资投行能够为交易提供巨额贷款。

亚洲市场竞争激烈，亚洲地区每年的投行排名变化要比美国市场大得多。在美国，高盛等一些大投行一直占据主导地位。奥纬咨询（Oliver Wyman）

① 《华尔街糟糕开年　摩根大通投行业绩已重挫 20%》，来自中国信合网。

驻新加坡的合伙人 Claudio Lago de Lanzos 称，2016 年全球银行业最关心的是来自中国客户的交易活动量，而中国客户往往会选择中资投行来进行合作。据 Dealogic 提供的数据，截至 2016 年，中资发行方在亚洲股票资本市场中占比高达 83%，高于一年前的 72%。①

显然，目前及今后相当长时期内，美国华尔街会越来越感受到其利益在亚洲遭遇到强有力的竞争——竞争力主要来自社会主义中国。如果联想 1991 年撒切尔在休斯敦的那番讲话——那时欧洲经济面临的主要是社会主义苏联的强有力的竞争——今后美国的对华政策走向就可知一二，改用撒切尔的话说就是：必须采取行动，削弱中国经济，用非常手段为中国“制造其内部问题”②。

2. 战争成了美国国家财政增长的“推土机”

2015 年 4 月 17 日，国际货币基金组织和世界银行春季年会在华盛顿召开。二十国集团的财政部部长和中央银行行长也举行了会晤。《纽约时报》发文感叹“美国的盟友都被亚投行诱惑”，称“在全球经济盛会上，美国领导地位日显衰落”，文章认为，由于美国两党长时间的内耗、奥巴马的有心无力、政府的机能失效、国家缺乏充足的资源在全球部署经济力量，“美国正在从国际舞台的中心撤退”③。

现在回头来看，尼克松在挽救美国的同时却又深深地伤害了美国：他使人民离劳动更远，离战场更近；为华尔街国际资本而不是为美利坚民族的利益到世界各地打仗，成了美国国家的“生产方式”和美国国民的“生存方式”。国家生存和发展的基础不放在国内产品而放在海外石油上，这等于将美国的安全基点从本土移至中东。这样，华尔街国际财团就将超负荷的国防任务强加于美利坚民族并且自越南战争以来再次透支了国力。2007～2009 年，美国国防支出占美国联邦财政总支出的 20%左右，而同期军费支出却占国防支出的 96%

① 《美媒：华尔街失算，美国投资银行折戟亚洲》，来自观察者网。

② 转引自李慎明主编：《世界社会主义跟踪研究报告（2010～2011）》，社会科学文献出版社 2011 年版，第 424 页。

③ 《纽约时报：华盛顿金融盛会中　美国全球领导地位日显衰落》，来自观察者网。

左右[①]，国防支出基本没有“浪费”，都用于军费了。其间的关系是，国家财政依赖华尔街金融，华尔街金融依赖军工和能源的扩张；军工和能源扩张又必须以对外战争拉动，战争胜利再反哺财政。战争成了国家财政增长的助推器，而成本越来越高的战争又进一步透支了国家财政并使其对华尔街金融产生日益严重的依赖。如此恶性循环，致使美国发生了迄今尚不见尽头的危机，而危机又恰恰以战争的失败或难以为继为先导。

帝国主义就是战争。19 世纪中叶，欧洲出现经济政治危机，欧洲人来到东亚，用大炮打开中国和印度市场，中国的半殖民化和印度的殖民化为西欧释放的巨量浮财使欧洲渡过难关并进入了所谓的“维多利亚时代”。20 世纪末，苏联解体又为处于低迷期的美元注入浮财，这使美国经济转入“持续高增长”[②] 的阶段。同样的道理，如果今天的美国不能找到像苏联解体释放的那样的巨额“浮财”，美国乃至美元的没落是不可避免的，有可能还是很快的。恩格斯在分析古罗马没落的原因时说：

> 奴隶制已不再有利，因而灭亡了。但是垂死的奴隶制却留下了它那有毒的刺，即鄙视自由人的生产劳动。于是罗马世界便陷入了绝境：奴隶制在经济上已经不可能了，而自由人的劳动却在道德上受鄙视。前者是已经不能成为社会生产的基本形式，后者还不能成为这种形式。只有一次彻底革命才能摆脱这种绝境。[③]

---

① 2007 年、2008 年、2009 年，美国联邦财政支出总计分别为 27287 亿美元、29826 亿美元、35177 亿美元，其中国防支出分别为 5513 亿美元、6160 亿美元、6610 亿美元，国防部军费支出分别为 5285 亿美元、5946 亿美元、6367 亿美元。世界经济年鉴编辑委员会编：《世界经济年鉴 2010/2011》，总第 26 卷，第 194 页。

② “在整个 20 世纪 90 年代，美国经济持续高增长。1992～2000 年美国国内生产总值年均增长率达到 3.8%，其中 1998 年为 4.3%，1999 年为 4.2%，2000 年达到 5.2%。而 1975～1990 年美国 GDP 的增长率平均为 2.4%。第二次世界大战后美国共出现过 9 次扩张期，前 8 次中最长的出现在 20 世纪 60 年代，达 106 个月，90 年代初以来的扩张（到 2001 年 3 月）已达 120 个月，是美国历史上最长的扩张期。”高德步、王珏：《世界经济史》，中国人民大学出版社 2001 年版，第 332 页。

③ 恩格斯：《家庭、私有制和国家的起源》，《马克思恩格斯选集》第 4 卷，人民出版社 1972 年版，第 146～147 页。

列宁说：

> 帝国主义就是货币资本大量积聚于少数国家；我们看到，这种资本是数目达到一千亿至一千五百亿法郎的有价证券。于是，以“剪息票”为生、根本不做任何事情、终日游手好闲的食利者阶级，确切些说，食利者阶层，就大大地增长起来。帝国主义最重要的经济基础之一——资本输出，更加使食利者阶层完完全全脱离了生产，给那种靠剥削几个海外国家和殖民地的劳动为生的国家打上了寄生的烙印。①

今天的美国同样陷入罗马帝国式的自己编织的悖论之中，即不管劳动还是不劳动，这在美国都“不能成为社会生产的基本形式”，那么，如果没有其他像苏联垮台释放的那样的国际“浮财”挽救，美国除了革命，还会有其他出路吗？没有。稍有区别的只是，目前白宫政府急需“浮财”，而美国人民则急需革命。现在美国白宫正在与人民“赛跑”。

3. 中美竞争的本质是制度之争

(1)“亚太再平衡”是痴人说梦

“纵观世界历史，依靠武力对外侵略扩张最终都是要失败的。这是历史规律。”② 肾虚火大，是今日美国病的“临床表现”。自“9·11”事件之后，战争再次成为美国白宫的选项。从1999年的科索沃战争到21世纪初的在阿富汗、伊拉克的所谓“反恐行动”，美国已与俄罗斯结下血仇。从2011年开始，美国又开始“战略东移”，要实现“亚太再平衡”，目标直指中国。2016年9月29日，美国国防部长卡特发表讲话，称美国的“亚太再平衡”战略已进入第三阶段，将继续提升和稳固美军在亚太地区的军力优势。卡特在讲话中称，美国将会把更多最先进的武器装备派往亚太地区，包括F-35第五代战斗机、P-8型反潜侦察机和升级版的弗吉尼亚级核潜艇，并大力发展新一代战略轰炸

① 列宁：《帝国主义是资本主义的最高阶段》，《列宁选集》第2卷，人民出版社1972年版，第818页。

② 习近平：《更好统筹国内国际两个大局，夯实走和平发展道路的基础》，《习近平谈治国理政》第1卷，外文出版社2018年版，第248页。

机、无人驾驶潜水装置以及太空和网络新技术。他还说，美军掌握了一些人们料想不到的新武器，并会投放亚太地区使用①。

“再平衡”？那要看在哪里平衡。实施战略平衡政策要有欧洲那样的有对等实力平行存在的地缘政治环境。亚太地区与欧洲不同，在俄罗斯到来之前，中国与周边国家的不对称存在已有上千年的历史。今天若没有俄罗斯参与，千里迢迢来到亚洲东部声称要搞“再平衡”，这无异于堂吉诃德先生挑战大风车，若不是痴人说梦，那也是天方夜谭。况且，在与俄罗斯旧恨未消的情况下，美国又与中国产生新怨。1－2＝－1，这样的结果，众所周知。

（2）中美竞争的本质是制度之争

生产关系严重阻碍生产力的发展已是目前美国全部问题的症结，中美竞争的本质是制度之争。

中国在亚洲的市场份额不断提升的主要原因在于中国远高于美国的实体经济规模和为这种经济提供支持的社会主义制度。如下表所示美国和中国三次产业对国内生产总值的贡献率（1990～2017年）、美国和中国国内生产总值产业构成（1990～2017年）：

美国三次产业对国内生产总值的贡献率（1990～2017年）

第一产业（%）			第二产业（%）			第三产业（%）		
1990年	2000年	2017年	1990年	2000年	2017年	1990年	2000年	2017年
0.25	3.8	9.3*	－0.11	25.9	1.7*	1.05	70.4	89.0*

中国三次产业对国内生产总值的贡献率（1990～2017年）

第一产业（%）			第二产业（%）			第三产业（%）		
1990年	2000年	2017年	1990年	2000年	2017年	1990年	2000年	2017年
1.91	5.1	4.4	1.32	47.4	42.0	0.57	47.5	53.6

① 《美防长：亚太再平衡进入第三阶段 将派更多先进武器》，来自中国日报网。

美国国内生产总值产业构成（1990～2017年）

农业增加值占国内生产总值比重（%）			工业增加值占国内生产总值比重（%）			服务业增加值占国内生产总值比重（%）		
1990年	2000年	2017年	1990年	2000年	2017年	1990年	2000年	2017年
2.0	1.2	1.0*	28.1	22.4	18.9*	69.9	73.1	77.0*

中国国内生产总值产业构成（1990～2017年）

农业增加值占国内生产总值比重（%）			工业增加值占国内生产总值比重（%）			服务业增加值占国内生产总值比重（%）		
1990年	2000年	2017年	1990年	2000年	2017年	1990年	2000年	2017年
27.1	14.7	7.9	41.6	45.5	40.5	31.3	39.8	51.6

以上数据来源于《国际统计年鉴》1999年、2018年。注*为2016年数据。

我们看到，从1990年到2017年，美国第一、第二产业对国内生产总值的贡献率几乎都远低于中国，唯独第三产业在这十年间均高于中国。在国内生产总值的产业构成方面，从1990年至2017年，美国三产产值所占比重只在第三产业方面基本居优先地位，与美国比较，中国具有更强的和更可持续的国际竞争力。而中国超强竞争力产生的基础就是中国的社会主义制度。

在中国，产业资金和资本隶属并服务于劳动者国家，银行在国家手中；而在美国，有祖国的工业资本隶属并服务于没有祖国的国际金融财团。20世纪初的德国经济学家鲁道夫·希法亭①在《金融资本——资本主义最新发展的研究》中说：

> 产业对银行的依赖，是财产关系的结果。产业资本的一个不断增长的部分不属于使用它的产业资本家了。他们只有通过代表同他们相对立的所有者的银行，才能获得对资本的支配。②

① 鲁道夫·希法亭(1877～1941)，奥地利马克思主义的代表人物之一，后入德国籍。早年进入维也纳大学学习医学，但并未跻身医学界，反而转入社会科学领域，尤其对金融资本有深入研究。

② [德]鲁道夫·希法亭：《金融资本——资本主义最新发展的研究》，福民等译，商务印书馆2009年版，第252页。

而21世纪初的情况则是，已不是产业资本，而是代表产业资本的国家，“只有通过代表同他们相对立的所有者的银行”才能获得对国家权力的支配。在当今美国，国家权力已从产业资本家手中移至金融资本家手中了。有祖国的白宫成了没有祖国的华尔街家族手中的变换金融戏法的工具。其随时可能被抛弃的结果可想而知。

因此，在中美这场较量中，中美之间的竞争，归根结底是制度之争，美国当前竞争力的衰落，本质上还是制度竞争力的衰落。用毛泽东同志的话说就是：

> 无产阶级要按照自己的世界观改造世界，资产阶级也要按照自己的世界观改造世界。在这一方面，社会主义和资本主义之间谁胜谁负的问题还没有真正解决。[①]

（3）中国坚持社会主义制度之于世界进步的时代意义

中国坚持社会主义制度是对21世纪世界正义与和平的最大贡献。这是因为，毛泽东同志所说的“要按照自己的世界观改造世界”的资产阶级，在21世纪已不是一般的产业资本家阶级，而是金融资本家阶级。这个阶级的前身就是在人类社会早期就已存在并对人类社会具有瓦解作用的高利贷阶层（由于它不依赖实体经济，故称之为“阶层”）。如果当代中国也像苏联那样倒在金融资本的脚下，其结果必然是帝国主义更加腐朽和反动，世界更加黑暗。早在一百多年前，约·阿·霍布森在《帝国主义》（伦敦，1902年版）一书中就中国的成败对于帝国主义时代的世界的影响有深刻的分析，他认为：

> 一旦中国屈服于这种金融家、“投资者”及其政治方面和工商业方面的职员的经济控制，使他们能从这个世界上所仅有的最大的富源汲取利润，并且用之于欧洲，这种制度（即金融帝国主义制度——笔者注）将会

---

① 毛泽东：《正确处理人民内部矛盾的问题》（1957年2月27日），中共中央文献研究室编：《毛泽东文集》第7卷，人民出版社1999年版，第230页。

扩展到怎样巨大的程度。

到那时，西欧大部分地区的面貌和性质，都会像现在有些国家的部分地区，如英国南部、里符耶腊以及意大利和瑞士那些游人最盛、富人最多的地方一样，产生出极少数从远东取得股息和年金的富豪贵族，连同一批人数稍多的职员和商人，为数更多的家仆以及在运输业和成品精制工业中工作的工人。主要的工业部门就会消失，而大批的食品和半成品会像贡品那样由亚非两洲源源而来。

西方国家更广泛的同盟，即欧洲大国联邦所能开辟的前途就是，这个联邦不仅不会推进全世界的文明事业，反而有造成西方寄生性的巨大危险。①

在这里，我们只要将引文中的“欧洲”改成“美国”，今天中国坚持社会主义制度之于世界进步的时代意义便一目了然。

（4）矛盾升级后的美国对华战略的可能走势

同样，在强调社会主义与资本主义制度之间的矛盾时也必须说明，当资本主义国家无法战胜社会主义国家时，资本主义国家之间的矛盾就会激化。列宁说：“资本家瓜分世界，并不是因为他们的心肠特别毒辣，而是因为集中已经达到这样的阶段，使他们不得不走上这条获取利润的道路；而且他们瓜分世界，是‘按资本’、‘按实力’来瓜分的，在商品生产和资本主义制度下也不可能有其他的瓜分方法。”② 斯大林曾随列宁在俄国取得十月革命的胜利，是建立世界上第一个社会主义国家后，又在第二次世界大战中充分利用资本主义国家间的矛盾最终赢得战争胜利的大战略家，他对资本主义战争的性质有深刻的认识。1952 年，斯大林在《苏联社会主义经济问题》一书中说：

资本主义国家之间争夺市场的斗争以及它们想把自己的竞争者淹死的

① 转引自列宁：《帝国主义是资本主义的最高阶段》，《列宁选集》第 2 卷，人民出版社 1972 年版，第 822、821 页。

② 列宁：《帝国主义是资本主义的最高阶段》，《列宁选集》第 2 卷，人民出版社 1972 年版，第 795 页。

愿望，在实践上是比资本主义阵营和社会主义阵营之间的矛盾更为剧烈。①

斯大林解释说：“资本主义和社会主义之间的矛盾比资本主义国家之间的矛盾更为剧烈。从理论上讲来，这当然是对的。这不仅在现时、在目前是对的，在第二次世界大战以前也是对的。这是资本主义国家的领导者们也多少懂得的。然而，第二次世界大战终究不是从对苏联作战开始，而是从资本主义国家之间的战争开始的。”斯大林进一步解释说：“因为资本主义国家之间的战争所提出的问题，只是某些资本主义国家对其他资本主义国家取得优势的问题，而对苏联作战所一定要提出的问题，却是资本主义本身存亡的问题。”②

斯大林的判断在尼克松时期的美国外交中得到再次验证。对于今天的美国对华战略而言，在它不能通过“制造内部问题”击倒中国时，在西方内部“取得优势”应是今后美国外交的优先选择。欧洲统一进程在英国脱欧后出现严重受阻，则为美国第二次世界大战时的“罗斯福式”以及20世纪70年代的“尼克松式”的外交选择提供了条件。

但出现这一前景是有前提的，这就是中国不倒——中国社会主义制度不变。

历史的经验值得注意：19世纪40年代，欧洲出现危机，马克思预测欧洲革命将推翻资本主义，为此写了《共产党宣言》，宣称：“无产者在这个革命中失去的只是锁链。他们获得的将是整个世界。”③ 但结果是欧洲在东方打败了清政府和印度，随之而来的是这两个东方富国的财富流向欧洲并挽救了欧洲。欧洲随后便出现了所谓的“维多利亚时代”。1929年，资本主义世界出现严重经济危机，英国、法国和美国想将西方内部由此引起的政治危机引向东方苏联。为此，第二次世界大战爆发后，它们迟迟不开辟第二战场，想坐收渔利，结果在苏联取得斯大林格勒战役和库尔斯克战役胜利而希特勒败局已定之后，罗斯福迅速选择苏联为盟友，掉头瓜分了大英帝国的殖民地“家产”——这是

① 斯大林：《苏联社会主义经济问题》，《斯大林选集》下卷，人民出版社1979年版，第565页。

② 斯大林：《苏联社会主义经济问题》，《斯大林选集》下卷，人民出版社1979年版，第564页。

③ 马克思、恩格斯：《共产党宣言》，《马克思恩格斯选集》第1卷，人民出版社1972年版，第285～286页。

雅尔塔体系的实质。

20世纪60年代中期，美国扩大了侵越战争，国际收支进一步恶化，1968年3月爆发美元危机。在半个多月中，美国的黄金储备就流失了14亿多美元，在3月14日这天，伦敦黄金市场的成交量达350～400吨这一破纪录水平。由此迫使黄金美元转为石油美元。苏联利用这次危机与美国展开全球性争霸，美国国力不支，迫使尼克松放弃与中国敌对的政策。1973年，石油输出国组织因不满西方国家支持以色列而对西方采取石油禁运；1979年伊朗革命爆发，深刻地动摇了刚建立不久的石油美元的基础。此时苏联已在全球范围对美国形成相对优势，这又促使美国与中国建交，恢复全面外交关系。此后，中国大陆及亚洲“四小龙”加入世界市场，美元前所未有地大幅升值。80年代后期，美元指数走衰，至1988年迅速下落，美国便于次年意图推动中国内乱，失败后便转向苏联并促成苏联解体。与19世纪西方炮舰打开中国和印度的国门扭转了欧洲危机一样，20世纪末西方搞倒东欧和苏联造成大量“浮财”西流，美元迎来了二战后第二个巅峰。2000年，普京当选俄罗斯总统，来自俄罗斯的浮财中断，美元指数持续下跌。美国再次挥师中东，结果导致美元几乎被战争拖垮。2008年后，美国又掉头“战略东移”，要从中国劫掠些“浮财”，其结果将会如何呢？结果只能与斯大林格勒战役的形势相似：如果中国顶住，包括英国在内的欧洲就会抛弃美国而向中国靠拢，就会以罗斯福之道还美国之身，对美国“请君入瓮”①，在东亚联手中国，在欧洲联手俄罗斯，以图重新恢复欧洲人“百年复兴”② 的梦想；反之，中国将再次面对新“八国联军”③ 来“分羹”之局面，世界又重新回到金融资本统治下的也许是人类历史上最黑暗的时期。

---

① “俊臣与兴方推事对食，谓兴曰：‘囚多不承，当为何法？’兴曰：‘此甚易尔！取大瓮，以炭四周炙之，令囚入中，何事不承！’俊臣乃索大瓮，火围如兴法，因起谓兴曰：‘有内状推史，请兄入此瓮。’兴惶恐，叩头伏罪。”[宋]司马光：《资治通鉴·唐纪·则天后天授二年》第14册，中华书局1956年版，第6472页。

② “第一次和第二次世界大战使欧洲的传统组织一再受到打击，欧洲是否能恢复原状，这仍然是一个大问题，要由今后五十年到一百年的历史来解答。”[英]汤因比主编：《第二次世界大战史大全》第5卷，郑玉质、关仪译，上海译文出版社1995年版，第1164页。

③ 1990年4月，邓小平同志说：“我是一个中国人，懂得外国侵略中国的历史。当我听到西方七国首脑会议决定要制裁中国，马上就联想到1900年八国联军侵略中国的历史。”邓小平：《振兴中华民族》（1990年4月7日），《邓小平文选》第3卷，人民出版社1993年版，第357～358页。

五、世界地缘政治结构中的中国角色及其经验

那么，能不能说中国在当代世界政治中具有稳定战略平衡的作用呢?

不，还不能这样说，这是因为中国缺乏像陆权大国和海权大国那样可以从容回旋的地缘政治条件。如果将世界地缘政治结构视为大陆中心与海洋边缘对立统一的结构，那么，目前在其中能对世界战略平衡起到托底作用的还只能是俄罗斯和美国。

(一) 辩证地认识俄罗斯地缘政治的优势

苏联时期，其国土由多个加盟共和国组成，总面积是中国的两倍还多，即使苏联解体后，俄罗斯陆地面积仍是中国的近两倍，有巨大的战略迂回空间，北部基本没有其他地缘政治压力。美国东、西两面有大西洋和太平洋两洋环绕，强大的海军使美国将其西面的有效边界推至位于太平洋的东经 180°，这使美国与俄罗斯一样在世界政治中拥有巨大的战略施展和回旋的绝对空间，同样也使俄罗斯和美国（此前是英国）陆海相向，一陆一海，在近现代史中竟成了稳定世界天平的托底的砝码，以至近代以来的国际体系若没有俄罗斯参与便不能持久：拿破仑战争后的维也纳体系是英、俄、奥、普共建的结果，维系时间近一百年；第一次世界大战后建立了以英国为主导的凡尔赛体系，这时沙俄帝国瓦解，这个体系维系的时间最短，只有二十几年；第二次世界大战后的雅尔塔体系，主要是苏联与美国共建的结果，其间，苏联解体后俄罗斯迅速肩负起大国的责任，这个体系从 1945 年延续至今。

俄罗斯巨大的版图和高纬度寒冷气候，使世界上没有一个甚至数个国家能够对其实行有效的军事占领。而巨大的资源储量使俄罗斯几乎等于获得了“上帝”的支持，有了“上帝”的支持，也就有了希腊神话中“安泰”（Antaeus）[①]式的防御力量。法国和德国的地缘政治条件类似中国——由于它们之间的相互

① 安泰，希腊神话中的大力神。海神波塞冬和地神该亚的儿子。凡经过利比亚的过路人，都必须和他格斗。在格斗时，他只要身不离地，就能不断从大地母亲身上吸取力量，因此所向无敌。

牵制——但不如中国。19世纪初拿破仑对俄罗斯的地缘政治地位没有清醒的认识，1812年“拿破仑觉得来到俄国无异于置身位于亚洲和北极圈内的西班牙，只是幅员辽阔，人口众多，更难对付而已”①。俄国皇帝亚历山大一世让法国使者转告拿破仑：“我国幅员辽阔，我们将保持一支组织良好的军队……我不会首先举剑挑衅，但我将最后一个插剑入鞘……如果战事的发展对我不利……则我宁可退至堪察加，也不在首都签署割让我国省份的条约，况且这种条约也只能换取暂时的休战。法国人是英勇的，但是长期军旅生活之苦和恶劣的气候也会使他们厌倦和气馁。我国的气候，我国的严冬将代替我们作战。”他举手指向地图说：“如果拿破仑发动战争，而且命运也对他微笑，而不顾俄国人的事业是正义的，那他也必须来到白令海峡才能签署和约。”② 麦金德评论拿破仑说：“在亚眠条约之后他本可能享受持久的和平，但是他偏要继续备战。到最后他不得不遭到莫斯科大败，就像一个赚大钱的人要做过头，结果破产。”③

俾斯麦对俄国的地缘政治优势认识得更清楚，他告诫德国：“这个摧毁不了的帝国……即使在吃了败仗之后，也仍然会是我们天然的和充满着仇恨的敌人，正如今天西方的法国一样。”④

有了拿破仑的经验，希特勒就对苏联有了些敬畏感。1941年，就在希特勒下令进攻苏联前数小时，他对属下说：“我觉得自己好像正推开一扇门，里面一片漆黑，以前从未见过，一点都不知道门后会出现什么。”⑤ 但他毕竟不是俾斯麦，最终经不住诱惑还是入侵苏联，重蹈了拿破仑失败的旧辙。

正是由于俄罗斯拥有无与伦比的广大陆地版图的地缘政治特点，俄罗斯人在每次重大的地区性乃至世界战争中——如果能像安泰那样身不离（俄罗斯）

---

① 转引自[法]亨利·特罗亚:《神秘沙皇——亚历山大一世》,迎晖等译,世界知识出版社1984年版,第177页。

② 转引自[法]亨利·特罗亚:《神秘沙皇——亚历山大一世》,迎晖等译,世界知识出版社1984年版,第155～156页。

③ [英]哈·麦金德:《民主的理想与现实》,武原译,商务印书馆1965年版,第25页。

④ [美]巴巴拉·杰拉维奇:《俄国外交政策的一世纪》,福建师范大学外语系编译室译,商务印书馆1978年版,第186页。

⑤ 转引自[美]亨利·基辛格:《大外交》,顾淑馨、林添贵译,海南出版社1998年版,第324页。

大地——最终都会反败为胜并在世界大战中成为决定世界政治的天平。苏联人民委员会主席莫洛托夫为此庆幸，他说：“没有西伯利亚，事情就很难办，这片土地在许多情况下都帮助了我们。”[①] 拿破仑失败并被流放到圣赫勒拿岛后，也承认 1812 年入侵俄国是一个最致命的错误。他说：

> 这场与俄国进行的致命的战争，我是由于误会才投入这场战争的，这可怕的、严酷的自然环境，吞噬了整个军队……随后，全世界都起来反对我！[②]

大概也是吸取德国和法国历史上的这些教训，2015 年 2 月，德国总理默克尔和法国总统奥朗德抛开英国和美国，径直到莫斯科与普京商谈乌克兰问题，而不是像拿破仑和希特勒那样用军事手段与俄罗斯争夺欧洲利益。

但是，大版图在给俄罗斯带来超强的生存能力的同时，也大大削弱了俄罗斯的扩张乃至帝国控制的能力。俄国在克里米亚战争的失败（1853～1856 年）、俄国与日本争夺在中国东北和朝鲜半岛霸权战争的失败（1904～1905 年）、斯大林在朝鲜战争中的失算、赫鲁晓夫在古巴导弹危机中的退让、勃列日涅夫在阿富汗的失败以及这些失败给苏联人带来的国家解体等后果，均证明这样一个与西方“马太效应”[③] 不符，而与东方老子“天之道，损有余而补不足”哲理相合的规律，即俄罗斯的扩张能力基本为其巨大的版图所销蚀，其国家扩张能力的极限大体与其国家版图相吻合。在这个规律下，俄罗斯国家版图与其扩张能力正好呈负相关的关系，即俄罗斯的扩张能力因其巨大的国家版图而不堪一击，而大版图又使俄罗斯人的自卫即守土能力坚如磐石。

通过阅读历史，我们不能不注意俄罗斯人的所有扩张攻势几乎都是尝试性

---

① ［苏］费·丘耶夫：《同莫洛托夫的 140 次谈话》，王南枝等译，新华出版社 1992 年版，第 474 页。

② ［苏］叶·维·塔尔列：《拿破仑传》，任田升等译，商务印书馆 1976 年版，第 382 页。

③ 出自《圣经》“马太福音”中的一则寓言，意即“天国上帝”对待人类的规则是：“凡有的，还要加倍给他，叫他有余。没有的，连他所有的，也要夺过来。”这与东方老子的“天之道，损有余而补不足”意思正好相反。

的，一旦决心实战，其结果要么是俄罗斯人自己退缩，要么是俄罗斯的国家遭遇灾难：沙皇帝国崩溃的引线点燃于 1905 年的对马海峡，引爆于 1914 年参加第一次世界大战；苏联崩溃的引线点燃于 1953 年的朝鲜半岛，引爆于 1979 年的阿富汗战场。勃列日涅夫时期对阿富汗的入侵是苏联国家扩张历史中力度最大的一次，也是结果最惨的一次。如果说，1856 年俄国在克里米亚的惨败可以从对东亚的征服中得到补偿，并使俄国得以延续半个多世纪；那么当中国开始发展壮大，苏联因此在东亚没有任何扩张余地的时候，勃列日涅夫时期的苏联入侵阿富汗，则使它在此后只延续了十多年便轰然解体。

（二）辩证地认识美国地缘政治的优势

我们再来看美国。美国地缘政治的最大优势是广大国土面积和“两洋”即太平洋和大西洋对其本土的护卫。“两洋”的存在增大了美国称霸世界的成本——远距离的世界控制需要更多的军事资源，同理也增大了外敌入侵其本土的成本。战争是需要资源的，而资源是需要运输的。因此，距离就是国家运输的天敌。国家战争资源的输送能力与其需要跨越的地理距离成反比。从这个原理出发，我们会发现，美国是世界帝国中远程控制能力最弱的国家，同理也是世界帝国中抵御外来侵略能力最接近俄罗斯的国家。俄罗斯用地面距离增大了敌国的入侵成本，美国则以海面距离增大了敌国的入侵成本。几乎是无限大的地理距离使入侵者在发起军事进攻之前就耗去了大部分战争资源。在这两个方面，中国均不具备条件。在近现代史中，俄罗斯和美国均没有中国十四年抗战这样的经历：入侵者进入中国如此之深——在同期的美国，这种入侵只达到夏威夷，时间如此之久——在同期美国，这种战争只延续 90 分钟，这在俄罗斯、美国这样的国家中都是不可想象的。

从这些角度看，美国和俄罗斯作为民族国家，如果不自乱，它们均有超强的自卫能力，都是不可征服的国家，是“真老虎”；但作为帝国，它们又是脆弱和不堪一击的，是“纸老虎”。

（三）辩证地把握中国地缘政治的定位——与欧洲比较

那么，在俄罗斯和美国之间的战略平衡中，中国扮演着什么角色呢？

我们说大陆板块的中心国家俄罗斯与海洋边缘中心国家美国之间相互制衡，可以通过战略平衡保证世界政治的稳定格局，并不意味着这两个国家就能决定世界的命运，决定世界命运的还有其他战略力量加入的因素。

中国的地缘政治条件与法国相似，与美国和俄罗斯不同，它受到三面邻陆一面临海的牵制，战略施展和绝对回旋的空间均不如美国和俄罗斯，因而也比俄罗斯和美国更容易受到外来侵略，更不具备俄罗斯和美国甚至法国（法国面对的是适合陆军集团作战的欧洲大平原，而中国面临的则是不利于陆军集团作战的山地）那样的大规模扩张称霸的客观条件。正因此，与蒙古人远征欧洲的结果不同，汉唐周边远征，罕有大功。毛泽东同志对中国这样的地缘政治条件有敏锐的洞察，他给我们未来定下的国策是：“深挖洞，广积粮，不称霸。”[①] 毛泽东意在警示中国不要重犯苏联和美国扩张目标与国家资源不匹配导致国家衰落的错误。大国崛起于地区性守成，消失于世界性扩张。中国力量在于守成。

那么，欧洲能不能替代中国在世界地缘政治中扮演“决定主角间输赢的关键角色”呢？

不能。因为欧洲迄今仍保持着破碎状态，其中的大国法国和德国之间的互相牵制内耗了欧洲的整体力量。因此，当大陆中心国家与海洋边缘国家的力量在世界政治的天平上处于均势状态时，其间的中国“砝码”的倾斜方向则决定了大陆中心国家和海洋边缘国家间抗衡的最终输赢。太平洋战争中，中国加入反法西斯的阵营，这决定了日本法西斯失败的命运。美苏冷战期间，中国加入苏联社会主义阵营，这促使美国在朝鲜战争和越南战争后急速没落及由此产生寻求与中国和解的意愿。1972 年尼克松访华，1979 年中美建交。此后，苏联在阿富汗受到美国和中国的联合抵制，其结果，1－2＝－1，1991 年苏联解体。苏联解体后，美国又开始忘乎所以，横行天下，怠慢甚至抛弃了与中国的战略合作关系，又直奔阿富汗，逼迫中国和俄罗斯日益接近并形成针对美国霸权的战略伙伴关系。基于同样的原理，2010 年美国从伊拉克撤军，其国力迅速衰落。

---

① 《毛泽东军事文集》第 6 卷，军事科学出版社、中央文献出版社 1993 年版，第 408 页。

“中国是亚洲的重心”①，可我们很难说欧洲的重心是哪个国家。相对欧洲而言，中国政治具有很强的整体性，在大陆中心国家和海洋边缘国家之间，中国砝码的倾斜度——相对于法国、德国而言——对于两边平衡具有更为关键的作用；从某种意义上也可以说，中国在世界变局中扮演着“The last straw that breaks a camel’s back”② 即可以压垮骆驼的最后一根稻草的角色。

（四）准确地把握中国在世界均势中的作用——基本经验

通过上述对俄罗斯、美国和中国的比较分析，我们可以总结出这样几条基本经验：

经验一：美国和俄罗斯作为民族国家，因其拥有巨大的战略回旋空间而拥有超强的生存能力和超强的反侵略能力，它们是保证世界战略平衡的主角，是“真老虎”；但作为帝国，它们也为其巨大的本国版图所拖累，故而又是“纸老虎”，其扩张和帝国控制能力是脆弱和不堪一击的。

经验二：与俄罗斯和美国不同，中国不是保证世界战略平衡的主角，却是决定主角间输赢的关键角色。比如，第一次世界大战俄国战败和十月革命胜利，决定了世界格局，而中国在抗日战争中的胜利和中华人民共和国的建立，只是增强了雅尔塔体系和世界社会主义阵营的力量。

经验三：在欧洲完成统一之前，欧洲在世界地缘政治中只能在大陆中心与海洋边缘两大战略力量之间扮演从属者的角色，英国脱欧后，欧洲在世界政治中的独立性及其权重将大幅下降。

六、温故知新：预判未来二三十年的世界

1962 年，毛泽东告诫全党：“从现在起，五十年内外到一百年内外，是世

① 毛泽东：“美国侵略政策的对象有好几个部分。欧洲部分，亚洲部分，美洲部分，这三个是主要的部分。中国是亚洲的重心，是一个具有四亿七千五百万人口的大国，夺取了中国，整个亚洲都是它的了。”毛泽东：《别了，司徒雷登》，《毛泽东选集》第 4 卷，人民出版社 1991 年版，第 1491 页。

② 阿拉伯的寓言，说的是有一匹老骆驼一天到晚任劳任怨地干活，有一次主人想看看这个老骆驼到底还能承载多少货物，于是不断地在它背上加载货重，当主人最后将一根稻草放在骆驼背上的时候，出乎意料的是，这一根稻草却使老骆驼轰然倒地。

界上社会制度彻底变化的伟大时代，是一个翻天覆地的时代，是过去任何一个历史时代都不能比拟的。处在这样一个时代，我们必须准备进行同过去时代的斗争形式有着许多不同特点的伟大的斗争。”①

从毛泽东讲话到今天，我们已走完了半个多世纪的历程，我们也真的来到历史飞跃（质变）的临界点。过了临界点，在未来的二三十年内，历史将会为我们展现出一幅由如下内容组成的全新的图像。

（一）资本主义进入“最不合乎自然”的腐朽阶段

生产关系与生产力的矛盾仍是认识时代问题的基本钥匙，生产关系严重阻碍生产力的发展是当代国际关系乃至美国问题的症结所在。与以往的资本主义相比，当代资本主义已进入亚里士多德所说的“最不合乎自然”，也就是最反动、最凶恶，同样也是最腐朽和最虚弱的阶段。在这个阶段世界社会主义运动新高潮的桅杆及促成历史质变的“临界点”已露端倪。

1. 世界进入以金融霸权为主导的金融帝国主义时代

列宁说，帝国主义是资本主义的最高阶段。与列宁所处的时代不同的是，当代帝国主义已从“工业蓬勃发展，生产集中于愈来愈大的企业的过程”② 进入金融资本超前发展，工业资本已完全屈服于金融资本的过程，以前由工业资本为主导的世界经济现在已为金融资本所主导。

与此相应，资本增殖的 G（资本）—W（商品 Ware）—G′（利润）的循环公式，已演变为 G（资本）—W（战争 War）—G′（利润）的公式，有的更是直接简化为“G—G′”公式，马克思说后者是一种将货币“交换成更多货币”的“高利贷”增殖公式③，其间动乱甚至战争而不是商品生产成了资本循环增殖的手段。

金融资本走到今天也经历了一个“否定之否定”的过程。

---

① 毛泽东：《在扩大的中央工作会议上的讲话》(1962 年 1 月 30 日)，中共中央文献研究室编：《毛泽东文集》第 8 卷，人民出版社 1999 年版，第 302 页。

② 列宁：《帝国主义是资本主义的最高阶段》，人民出版社 1964 年版，第 12 页。

③ “在高利贷资本中，G—W—G′形式简化成没有媒介的两极 G—G′，即交换成更多货币的货币。”马克思：《资本论》第 1 卷，人民出版社 1975 年版，第 187 页。

金融资本是商业资本与近代工业资本融合而成长壮大的。它的先期形式是商业资本。商业资本不独是西方的现象。中国战国时期商业资本泛滥并造成“社稷无不泯绝，生民之类糜灭几尽”[①] 的局面。当时导演这场悲剧的不是各国诸侯，而是隐藏在各邦诸侯后面的吕不韦之类的“华尔街势力”。管子看明白了问题所在，他说：“万乘之国，必有万金之贾。千乘之国，必有千金之贾。百乘之国，必有百金之贾。非君之所赖也，君之所与。故为人君而不审其号令，则中一国而二君二王也。”[②] 为了消除这种“一国而二君”的政治困局，秦王嬴政向吕不韦痛下杀手且随后果断采取统一国家货币政策的措施，其目的就是杜绝吕不韦金融势力复辟的任何可能。由于较早地经历了商业资本一家坐大所造成的灾难，中国古代形成了一套行之有效的节制商业资本的政策——“重农抑商”就是产生于这样的背景并贯彻于中国封建社会始终的重要措施，这一政策使秦以后的中国有幸避免了欧洲式的破碎。

不幸的是，中国人经历过的“战国时代”被金融资本推到欧洲，这给西方政治带来巨大且迄今难以消除的灾难。持大量资金的商人们曾资助欧洲新兴的资产阶级打倒了欧洲教会的权威，解决了欧洲政教冲突问题，随后又使欧洲陷入“中一国而二君二王”即资产阶级国家政权与金融资本二元对立的困局。欧洲资产阶级在取得国家政权后便对曾经资助他们的金融财团势力痛下杀手，至第二次世界大战时欧洲的金融财团几乎全被分批地逐至美洲。取得对金融资本的胜利后，新兴的工业资产阶级在欧洲获得稳固的地位并创造出了世界工业的高峰，开辟了工业革命的时代。此时残留在欧洲的金融资本已被改造成工业资本的附属，在资本主义工业革命中起着积极作用。

流亡至美洲的金融资本家们又故技重演，通过扶持这里新生的资产阶级建立国家并据此与欧洲工业资本抗争，利用欧洲的分裂形势在两次世界大战中借助美国的工业资本击倒了欧洲的工业资本及其世界霸权，随后又调头逐步控制了作为世界工业资本中心的美国、击败了作为世界无产阶级

① 《资治通鉴》卷一《周纪一》。

② 《管子·轻重甲篇》，黎翔凤：《管子校注》下，中华书局2004年版，第1425页。

组织中心的苏联。从1972年起，金融资本逐渐在美国反客为主，建立起自己的统治并在此基础上形成金融资本的世界霸权。世界从此“腾笼换鸟”，“转换升级”（实为堕落），进入以所谓“新自由主义”为理论依托、以金融资本霸权为基础的金融帝国主义时代。这时美国的基础已从工业资本悄然转为金融继而高利贷资本。美国首次成为世界金融-高利贷资本及其代理人的摇篮。

2. 当代资本主义进入“最不合乎自然”的腐朽阶段

今天的金融资本不同于工业资本，工业资本价值增长的基础是不动产和可以提供剩余价值的劳动力，而国家主权就是不动产和劳动力的保护神，因此，工业资本是需要祖国和劳动大众的，它需要的是生产资料与劳动者的紧密结合——这是获取剩余价值的绝对基础。而金融资本生息的基础则是社会对货币的绝对需求和不同种类的货币之间的差价——这是高利贷生息的绝对基础。保持这个基础存在的前提就是社会劳动条件即生产资料与劳动力的分离及由此产生的混乱，最好是战争。因此，今天聚集在华尔街的一小撮金融资本家们建立的以美国为依托的金融帝国的统治，正在剥削包括全球工业资本家在内的世界绝大多数人，其间金融资本迅速向“洪水期前的资本形式”① 返祖，其破坏性已大大超过它的创造性，负能量大于正能量，这是资本主义最腐朽的，用亚里士多德的话说“确实是最不合乎自然的”② 阶段。如果说，昨天的工业帝国主义还只是与全世界工人阶级为敌的话，那今天的金融帝国主义正在与人类为敌，作为它的辩证结果，就是它同时也以史无前例的规模和速度为它的对立面——社会主义运动创造了巨大的后备力量。

---

① “生息资本或高利贷资本（我们可以把古老形式的生息资本叫作高利贷资本），和它的孪生兄弟商人资本一样，是洪水期前的资本形式，它在资本主义生产方式以前很早已经产生，并且出现在极不相同的社会经济形态中。”马克思：《资本论》第3卷，人民出版社1975年版，第671页。

② 亚里士多德说：“至于‘钱贷’则更加可憎，人们都厌恶放债是有理由的，这种行业不再从交易过程中牟利，而是从作为交易的中介的钱币身上取得私利。……所谓‘利息’正是‘钱币所生的钱币’。我们可以由此认识到，在致富的各种方法中，钱贷确实是最不合乎自然的。”［古希腊］亚里士多德：《政治学》，吴寿彭译，商务印书馆1965年版，第31～32页。

（二）狡兔三窟：国际金融资本将重新布局

对美国打击最深的不是欧洲人对美国的抛弃，而是曾与美利坚民族并肩战斗反对欧洲压迫的华尔街财团日益增大的对美国继而对美元予以抛弃的可能性。美国对中东的军事失控意味着世界石油天然气交易将脱离美元体系，在国内没有实体经济的有力支撑，军事上又无力挽回中亚败局的情况下，石油交易脱离美元体系是难以避免的，美元面临大幅缩水的危局。“山雨欲来风满楼”[①]，华尔街为了自身利益必须要考虑资产转移的问题。

今天的美元与人民币不同，人民币的载体及依附其上的价值都是中国人民劳动创造的，在这里，货币的价值与其承载物是统一的；美元的载体是美利坚民族的，而依附其上的价值却是华尔街私人资本。随着美国的没落，货币的价值与其承载物必将出现分裂。目前我们看到的趋势是，随着美国的没落，华尔街正在将依附在美元上的资产价值向其他币种转移：狡兔三窟，有可能是由几种货币——经过亚洲基础设施投资银行（亚投行）“暗度陈仓”——最终过渡到一种货币。从政治上考虑，目前欧元自身难保，不敢说华尔街会把它所有的资产全部转移到英镑上来，但英镑却是它的最重要的选择。

为什么是英镑？因为英国的政治条件有利于商业资本的生长。首先，目前英国是全球重要的经济体之一，英镑仍是全球重要的储备货币；在组织体系上，英国还有世界上最庞大、最完备的共济会组织网络。

“现代共济会始于1717年英格兰现代总会所的成立，自那时起就已形成了以会所和总会所为组织单位的基本架构。”共济会目前在“欧洲大约有18000家以上的蓝色会所，英格兰有8600家、苏格兰有1800家左右，两者合计已经超过欧洲的一半还多，可见欧洲共济会的重心在英国无疑”[②]。国际金融财团正是通过共济会组织使“巨量的金融资本集中在少数人手里，造成非常广泛而稠密的关系和联系网，这个密网不仅控制了大批中小资本家和业主，而且控制

① ［唐］许浑：《咸阳城东楼》，《唐诗鉴赏辞典》，上海辞书出版社2004年版，第1068页。

② 高鹏程：《共济会核心组织：暗黑矩阵》，东方出版社2014年版，第14、117页。

了最小的资本家和业主”①。

有了有力的组织保障，资本财富落地就有了安全保证。而经济条件也比较好的法国、德国则不具备这一条件，且不说第二次世界大战期间在德国发生的一些事让今天的华尔街大佬们心有余悸，仅德国——中国也是一样——注重实体经济尤其注意装备制造业的经济政策，也不是华尔街大佬所满意的。

美国崛起之前，英国一直是国际金融中心，拥有丰富的金融管理经验。1891 年，全球最大的钻石巨头戴尔比斯集团创始人塞西尔·罗兹（Cecil Rhodes）② 在罗斯柴尔德家族支持下，在英国创立“罗兹会社”，其最高目标是将大英帝国的统治扩展至全世界，剩下的就是完善大英帝国向外扩张的体系，由英国国民对所有可生存的地方进行殖民，将美利坚重新纳入大英帝国，统一整个帝国。需要特别指出的是，这里共济会的目标并不是为大英帝国而是利用大英帝国的扩张将自己的“统治扩展至全世界”，正如今天华尔街的目的不是维护美国利益而是利用美国一样。

其次，英国在历史上是自意大利威尼斯之后最具国际商业金融经验的国家，通过共济会等组织控制金融并控制世界是聚集于华尔街的国际金融集团的传统手法。在这方面，何新先生有开拓性的贡献，而卢麒元先生在《何新发现了什么》一文中对共济会的总结也非常到位，他写道：

> 共济会的确是一种超越了常规国家治理模式的非政府国际组织。该组织以间接而隐蔽的方式，试图实现对地球资源的重新分配。他们的目的是牢牢掌握地球资源的分配权，从而确保特定利益集团的利益最大化。他们

① 列宁：《帝国主义是资本主义的最高阶段》，《列宁选集》第 2 卷，人民出版社 1972 年版，第 827 页。

② 塞西尔·约翰·罗兹，是英国政治家、商人，罗得西亚（Rhodesia 津巴布韦的旧称）的殖民者。罗得西亚即以他的名字命名。1876 年获得英国牛津大学学士学位。通过占有非洲南部的自然资源，罗兹获得了大量财富。……罗兹在 24 岁时写下第一份遗嘱，遗嘱中他阐述了自己的雄心壮志：“将大英帝国的统治扩展至全世界，并完善大英帝国向外扩张的体系，由英国国民对所有可资生存的地方进行殖民……将美利坚重新纳入大英帝国范畴，统一整个帝国，在帝国议会实行殖民地代表制度，将分散的帝国成员统一起来，从而建立一个永无战争、符合人类福祉的世界。”［英］尼尔·弗格森：《世界战争与西方的衰落》下，喻春兰译，广东人民出版社 2015 年版，第 369 页。

的方法就是通过对金融资本的垄断，掌握全球商品的定价权，从而对有限的地球资源进行全面控制。共济会的“统治”方法，基本上是虚拟的，不涉及土地和人口，甚至不直接涉及产权，“统治”的要点在于资本垄断。

……

资本无祖国，但是，资本家是有祖国的①。当有祖国的资本家，操纵无祖国的资本的时候，他们需要具备跨越国界的能力。这种跨越国界的能力，需要强大的国际组织方能建立。共济会正好就是这种能够跨越国界的非政府国际组织。需要特别强调的是，共济会非政府的特色，为他们提供了最佳的保护色，具有极大的欺骗性。共济会了不起的地方在于，他们找到了跨越国界的最佳方式，那就是借助于资本的中性特征，实现资本持有者对时间和空间的跨越。

资本家比无产阶级更现实。在全世界无产者联合起来的时候，资本家们也联合起来了。共济会就是资本家的“共产国际”。历史地看，共济会比共产国际更有效率。经过两个世纪的不懈努力，他们已经完成对全球金融机构和国际金融资本的整合，并且形成了对美元及其衍生资本的绝对控制。通过控制国际金融资本，他们逐渐延展其影响力，以至于可以对多数国家的文化、政治、经济、军事、外交等发挥重要的影响力。

事实上，进入20世纪以后，以美元为主体的国际金融资本的金融殖民正在加速。他们已经建立起了美元金融资本的日不落帝国。

……

共济会的“统治”模式，或许是后帝国主义时期的新型的帝国主义模式。②

---

① 确切地说，工业资本是有祖国的，因为工业资本需要的工业矿产和劳动力是以国家和民族为依存的，只有金融资本没有祖国。美国发生的“占领华尔街”运动、底特律倒闭说明，工业资本制造了南北世界，现在金融资本则通吃南北世界；工业资本造成无产阶级贫困向南方国家转移，而金融资本则使工业资本主义与无产阶级同步衰落；工业资本依靠金融资本与无产阶级对立，现在金融资本则成了全人类的对立物。

② 卢麒元：《何新发现了什么》，来自昆仑策网。

必须明确，今天的共济会只是为国际资本家所利用的组织形式之一[①]，而不是国际资本本身。造成第二次世界大战后南北差距扩大及包括政治生态在内的各种生态灾难的原因并不是共济会的存在，而是国际资本的存在。由此而论，当前世界政治矛盾的焦点仍是社会主义和资本主义的矛盾，我们今天斗争的主要对象仍是国际资本。如果我们看不到这一点，而只是与这些资本依附的各种比如共济会等组织形式[②]作斗争，如果不是有意误导的话，那就是缘木求鱼，因为我们打倒了共济会之后，还会有其他更多的组织形式蜂拥而上以至无穷。

那么，依附于美元的华尔街资产有没有可能向人民币转移呢？暂时性的共融是可能的，这是因为它需要保值——加入亚投行以及国际货币基金组织（IMF），接纳人民币进入特别提款权（SDR）[③] 货币篮子都是实现这种“保值”需求的具体步骤，但长期“结盟”是不可能的，因为政治上不许可。资本没有祖国，遑论社会主义国家。为资产保值，华尔街资产需要它所依附的国家强有力，但又不能太有力量，因为它还要吸吮这个国家的“血液”。因而华尔街不

---

① “某种意义上英格兰共济会就是英国贵族统治的社会工具。”高鹏程:《共济会核心组织:暗黑矩阵》,东方出版社 2014 年版,第 198 页。

② 蓝色会所在共济会的外部也具有受损后可自我复制的“干细胞”功能。在英美社会中,存在着很多具备共济会功能的准共济会组织。这些组织基本是依照共济会的形式建立起来的,其中很多组织与共济会组织有较高的会员重合率。它们是与共济会互不隶属、各自独立的组织系统,它们除了在名称上与共济会不同,其他方向与共济会是基本一样的,可称为“影子共济会”或“平行共济会”。如,在英美社会中还存在被称为“异客独立会”的影子共济会组织,它在美国各州也有自己的总会所和相应的基层会所,还有“莫逆骑士团”等,这些基层会所的组织形式与共济会蓝色会所高度相似。目前,这些兄弟会组织在社会作用方面,很大程度上代替了共济会的作用。参见高鹏程:《共济会核心组织:暗黑矩阵》,东方出版社 2014 年版,第 84～85 页。

③ 特别提款权(Special Drawing Right,SDR),亦称“纸黄金”(Paper Gold),最早发行于 1969 年,是国际货币基金组织(IMF)根据会员国认缴的份额分配的,可用于偿还国际货币基金组织债务、弥补会员国政府之间国际收支逆差的一种账面资产。其价值目前由美元、欧元、人民币、日元和英镑组成的一篮子储备货币决定。会员国在发生国际收支逆差时,可用它向基金组织指定的其他会员国换取外汇,以偿付国际收支逆差或偿还基金组织的贷款,还可与黄金、自由兑换货币一样充当国际储备。因为它是国际货币基金组织原有的普通提款权以外的一种补充,所以称为特别提款权。2016 年 9 月 30 日,国际货币基金组织宣布纳入人民币的特别提款权(SDR)新货币篮子于 10 月 1 日正式生效。拉加德总裁发表声明称,这反映了人民币在国际货币体系中不断上升的地位,有利于建立一个更强劲的国际货币金融体系。此后,特别提款权的价值由美元、欧元、人民币、日元、英镑这五种货币所构成的一篮子储备货币决定。

允许美国有强大的中央政府、强大的实体经济及人民支持。

近些年，坚持不加入欧元区的英镑却加大了与人民币融洽的力度。2013年6月22日英国中央银行宣布，已经与中国方面达成了一项英镑与人民币之间的货币互换额度协议，协议有效期为三年，额度上限为人民币2000亿元。这样，一旦离岸人民币流动性发生全面性的短缺状况，英国央行将能够向英国国内有资质的金融机构及时补充其所必需的流动性。而在此前，英国央行已经与美联储、欧洲央行和日本央行达成了类似的货币互换额度协议①。2015年3月12日，英国向中方提交了作为意向创始成员加入亚投行的确认函，正式申请加入亚投行。中方表示欢迎英方的决定。

英国伦敦曾是世界金融中心，落地英国的金融界拥有丰富的金融管理经验，因此，一向以冷酷著称的英国政客在西方世界中率先申请加入亚投行及随后决绝的“脱欧”举动绝不会是一时心血来潮，它很可能是配合目前还依附于美元之上的华尔街资产转移所作的“暗度陈仓”式的准备。

有人说华尔街还有大量资产以不动产如矿山、土地等的方式贮存和保值，因而它不一定要以货币为其贮存手段。

不错，不动产可以保值甚至增值，但是，利用不动产增值需要主权国家及其政治力量的保护——比如保证依附于美元之上的华尔街资产所依赖的中东石油以美元交易的前提，是美国军事力量在海湾有极高的存在程度，保持军事力量长期有效的前提是国家的强大；而失去主权国家保护的不动资产，其安全就没了绝对保障，遑论增值。比较而言，只有高利贷货币，才是金融资本家可以相对独立掌握的，因而相对来说是最安全的选择。正如马克思所说：“有了货币，就必然出现货币贮藏。但是，职业的货币贮藏家只有当他转化为高利贷者时，才起重要的作用。”②

今天的美国真的没落了，而促成这种结局的原因正是美国的帝国主义政策。列宁说：

---

① 《英国央行与中国央行达成英镑与人民币互换额度协议》，来自财界网。

② 马克思：《资本论》第3卷，人民出版社1975年版，第671页。

> 帝国主义是作为一般资本主义基本特性的发展和直接继续而成长起来的。但是，资本主义只有发展到一定的、很高的阶段，才变成了资本帝国主义，这时候，资本主义的某些基本特性开始变成自己的对立物，从资本主义到更高级的社会经济结构的那个过渡时期的特点，已经全面形成和暴露出来了。①

自从21世纪初美国在伊拉克战争中失败后，华尔街金融资本日益脱离了马克思说的“G—W—G′”② 即资本（G）经过商品实物（W）使其资本增殖（G′）的公式，日益转入“洪水期前的资本形式”，即赤裸裸地通过高利贷实现资本增殖的公式。马克思说：“资本在历史上起初到处是以货币形式，作为货币财产，作为商人资本和高利贷资本，与地产相对立。”③ 现在，华尔街资本又回到最初的“货币财产”的形式——这是对工业资本的反动或曰“返祖”形式。

进入21世纪，两大新兴力量已经站起：一个是以中国为重心的亚洲，另一个是初步整合起来的欧盟——现在看来企图取代并重新支配欧洲的将是与欧盟正在“闹离婚”的英国。这两大力量对世界金融资本有着巨大的吸引力。

目前，国际资本的重心正由美国向以英国为中心的欧洲体系转移，与此相应，如果白宫不能——不管用什么方法——阻止美国的持续没落，而中国社会主义制度又不能被打倒，那美元体系从大西洋西岸向东岸的英镑体系转移，就是华尔街最有可能的选择；而人民币可能是完成这种转移的过渡币种。看来，英国政府是铁了心要脱欧，要与欧洲“离婚”，就是为准备请迎华尔街“新人”而采取的最具法律意义的步骤。列宁说：“发行有价证券，是金融资本的主要业务之一。这种业务的利润率特别高，对于金融寡头的发展和巩固起着极重大

---

① 列宁:《帝国主义是资本主义的最高阶段》,《列宁选集》第2卷,人民出版社1972年版,第807页。

② 马克思:《资本论》第1卷,人民出版社1975年版,第172页。

③ 马克思:《资本论》第1卷,人民出版社1975年版,第167页。

的作用。"[①] 土地有地主，而货币却没有主人[②]，在"300%的利润"[③] 前，英国焉有不接之理。在2016年6月23日的公投中，英国南部的富人投票区是支持脱欧的主要力量[④]。

(三) 欧洲统一进程严重受阻，伊斯兰政治板块将向欧洲推进

1. 英国脱欧，欧洲统一"行百里者半九十"[⑤]

我们知道，英国对欧洲的传统政策是大陆均势。其要义是确保大陆国家力量平衡并在这种平衡中使之相互制衡，从而形成谁也不能单独挑战英国霸权地位的地缘政治格局。美国崛起后，美国政治家全面继承并在全球范围内推行源于英国的大陆均势政策：在欧洲使西欧与俄罗斯相互制衡，在西欧则是英、德、法等国相互制衡；在亚洲是中、俄、印、日等国相互制衡。

第二次世界大战终结了欧洲的世界霸权地位，欧洲版图在雅尔塔会议上被一分为二，分为隶属于海洋边缘国家美国的西欧集团和隶属于大陆中心国家苏联的东欧集团。美国和西欧（英国、法国、意大利、荷兰、联邦德国等）成立北约联盟，作为防备苏联进攻的保障。随后，苏联和东欧（保加利亚、捷克斯洛伐克、民主德国、匈牙利、波兰与罗马尼亚等国）成立了华约组织。英国与欧洲大陆双双倒在美国和苏联的脚下。此时英国从利用均势支配欧洲的主角，

---

① 列宁：《帝国主义是资本主义的最高阶段》，《列宁选集》第2卷，人民出版社1972年版，第776页。

② 源于两句法国谚语即"没有一块土地没有地主"，"货币没有主人"。转引自马克思：《资本论》第1卷，人民出版社1975年版，第168页。

③ 马克思《资本论》第二十四章"所谓原始积累"第七节的注释中引用英国评论家登宁在《工联和罢工》一文中的话说："资本逃避动乱和纷争，它的本性是胆怯的。这是真的，但还不是全部真理。资本害怕没有利润或利润太少，就像自然界害怕真空一样。一旦有适当的利润，资本就胆大起来。如果有10%的利润，它就保证到处被使用；有20%的利润，它就活跃起来；有50%的利润，它就铤而走险；为了100%的利润，它就敢践踏一切人间法律；有300%的利润，它就敢犯任何罪行，甚至冒绞首的危险。如果动乱和纷争能带来利润，它就会鼓励动乱和纷争。走私和贩卖奴隶就是证明。"马克思：《资本论》第1卷，人民出版社1975年版，第829页注释250。

④ 在2016年6月23日的公投中，同意脱欧51.9%，共1570万人，支持票源主要来自南部较富裕的英格兰地区。同意留欧48.1%，共1458万人，反对脱欧的票源主要来自北爱尔兰和苏格兰地区。

⑤ [西汉]刘向：《战国策·秦策五》："诗云：'行百里者半于九十。'此言末路之难也。"何建章：《战国策注释》，中华书局1990年版，第261页。

转变为被美国利用来支配欧洲的配角。经历了两次世界大战并由此失去世界霸权的包括英国人在内的欧洲人意识到欧洲统一对于增强欧洲的国际地位的重要性。欧洲统一进程由此开启。

1948年5月，欧洲统一运动首届大会在海牙召开。1949年5月5日，英国、法国、荷兰等10国政府成立了欧洲委员会。不久希腊、土耳其、联邦德国、冰岛、奥地利、塞浦路斯、瑞士、马耳他等国先后加入。1951年4月18日，法国、联邦德国、意大利、荷兰、比利时和卢森堡在巴黎签订了建立欧洲煤钢共同体的条约，1952年7月25日，欧洲煤钢共同体正式成立。1957年3月25日，这6个国家在罗马签订了建立欧洲经济共同体和欧洲原子能共同体的条约，1958年1月1日，欧洲经济共同体和欧洲原子能共同体正式组建。1965年4月8日，6国签订的《布鲁塞尔条约》，决定将3个共同体合并，统称欧洲共同体。1967年7月1日条约生效，欧洲共同体正式成立。

欧洲统一进程加快使美国意识到世界地缘政治变化对美国造成的危机。1972年，尼克松纠正了前任“世界主义”的天真，通过与雅尔塔体系中的另一关键性支柱国家——中国——和解大幅缓解了美国的外交压力，降低了美国国力的消耗力度。

与尼克松同亚洲大陆和解对应，英国外交迅速转向欧洲大陆。1973年英国人“痛定思痛”，以壮士断腕的决心和勇气放弃了曾使英国大获其利的“均势”外交传统，于当年毅然加入欧洲共同体。英国外交的这种“自我牺牲”为欧洲统一清除了最坚硬的障碍。与英国同时，丹麦、爱尔兰也加入欧洲共同体，随后希腊、西班牙和葡萄牙先后加入欧洲共同体，欧洲共同体成员国扩大到12个。欧洲共同体12国随即建立起了关税同盟，统一了外贸政策和农业政策，创立了欧洲货币体系，并建立了统一预算和政治合作制度，逐步发展为欧洲国家经济、政治利益的代言人。1991年12月9～10日，即在苏联解体（1991年12月25日）前十几天，欧洲共同体马斯特里赫特首脑会议通过了《欧洲联盟条约》。

1993年11月1日，《欧洲联盟条约》正式生效，欧洲共同体更名为欧盟。这标志着欧洲共同体从经济实体向经济政治实体过渡。1995年，奥地利、瑞典和芬兰加入，使欧盟成员国扩大到15个。在西欧统一完成后，欧盟又乘胜东进，科索沃战争后，迅速收复了“从波罗的海的什切青直到亚得里亚海的特里斯特”[①] 即丘吉尔所说的“铁幕”以东地区。2002年11月18日，欧盟15国外长会议决定邀请塞浦路斯、匈牙利、捷克、爱沙尼亚、拉脱维亚、立陶宛、马耳他、波兰、斯洛伐克和斯洛文尼亚10个中东欧国家入盟。2003年4月16日，在希腊首都雅典举行的欧盟首脑会议上，上述10国正式签署入盟协议。2004年5月1日，这10个国家正式成为欧盟的成员国。2007年1月，罗马尼亚和保加利亚两国加入欧盟，至此，欧盟经历了6次扩大，成为一个涵盖27个国家、总人口超过4.8亿的当今世界上经济实力最强、一体化程度最高的国家联合体。欧洲人仅用了半个世纪的时间就接近完成了欧洲大陆的内部整合。

2008年2月17日，科索沃议会通过独立宣言，此后欧盟成员国法国、英国、德国和意大利四国外长先后宣布承认科索沃独立。美国18日也发表书面声明，宣布正式承认科索沃独立。如果科索沃最终获得了“独立”或事实独立，那么，丘吉尔1946年所描述的“从波罗的海的什切青到亚得里亚海的特里斯特”的“铁幕”，在欧洲不仅没有消失，与1946年比反倒翻了过来：从东欧的西界实实在在地推至俄罗斯家门口。欧洲力量及其依托的地理基础又接近恢复到第二次世界大战前的状态。第二次世界大战后，美国为操纵欧洲而设计出的东欧、西欧分裂格局已近消失。

至此，欧洲人接近实现雨果在1849年提出，丘吉尔在1946年3月发表的“铁幕演说”中提到、9月又在苏黎世重提的“欧洲合众国”[②] 的概念。接下来欧洲人乘胜前进，向北非进军。

我们知道，地中海是欧洲命运的旋转门，而北非的突出部位突尼斯和利比亚（即古代迦太基领土部分）便是历史上欧洲开启北非这扇旋转门的枢纽。罗

---

① [英]丘吉尔:《从波罗的海的什切青直到亚得里亚海的特里斯特(1946)》,[美]J. 艾捷尔编:《美国赖以立国的文本》,赵一凡、郭国良主译,海南出版社2000年版,第635页。

② 维克多·雨果(1802～1885),法国文学家。1849年8月21日在巴黎召开的第二届国际和平大会上,雨果发表演说表示“总有一天人们会看到,两个巨型组织,美利坚合众国和欧洲合众国,会越过大西洋握起手来”。转引自惠一鸣:《欧洲联盟发展史》上,中国社会科学出版社2008年版,第225页。

马人早就看到这一点，当年伽图[①]在元老院每次议事完毕时，都要重复说一句：“迦太基非灭掉不可。”[②]

罗马帝国在地中海的扩张给古代欧洲带来了文明，而成就罗马文明的关键步骤是罗马人跨海突破迦太基（今突尼斯、利比亚、阿尔及利亚一带）并于公元前146年对其实行完全占领[③]；同样，来自中欧平原的汪德尔人（Vandals）占领迦太基并以此为基础，建立了横贯北非的汪德尔王国，于455年趁西罗马帝国内乱从迦太基发兵北上攻陷罗马城，由此结束了欧洲的古代文明即罗马文明。第二次世界大战起于意大利入侵埃塞俄比亚，由此对英国在地中海的霸权形成挑战；“沙漠之狐”德国隆美尔军团在北非与英国蒙哥马利部队决战的失败也是轴心国命运逆转的重要原因。

同样的道理，在完成欧洲大陆统一后，欧盟必然要借助北约向北非挺进。2008年7月13日，欧盟27个成员国和16个地中海南岸国家领导人在巴黎举行峰会，决定正式启动1995年萨科齐提出的“巴塞罗那进程：地中海联盟”计划。峰会发表的声明表示，要把地中海沿岸变为一个和平、民主、合作和繁荣的地区，宣告地中海联盟正式成立。此时的欧洲人大有一种“千门万户曈曈日，总把新桃换旧符”[④] 的感觉。在他们眼中，历史似乎正在从雅尔塔体系向欧洲人久违了的凡尔赛—华盛顿体系回归。

欧洲人说干就干。2011年3月17日，联合国安理会再度通过1973号决议，决定在利比亚设置禁飞区。3月19日，法国和英国等发起对利比亚军事打击的“奥德赛黎明”行动，8月，反对派在西部发起进攻，夺取首都的黎波里，“全国过渡委员会”逐渐得到国际社会承认。同年10月，卡扎菲被俘身

---

① 伽图(一译加图,前234～前149)。古罗马政治家和历史学家。贵族保守派的代表。历任执政官、监察官等职。在元老院演说鼓吹毁灭迦太基。主要著作《起源》《论农业》。

② 转引自[德]黑格尔:《历史哲学》,王造时译,上海书店出版社2001年版,第305页。

③ 似乎是历史的重演,为了推动“巴塞罗那进程”,萨科齐也是从突尼斯开始推动其主张的“地中海联盟”计划。2008年4月28日,萨科齐在8月的巴黎峰会前访问突尼斯并获突尼斯总统本·阿里对萨科齐提出的关于建立地中海联盟的计划的支持。这是他担任法国总统不到一年时间内第二次访问突尼斯。《突尼斯总统和萨科齐会谈　讨论地中海联盟计划》,来自新华网。

④ [北宋]王安石《元日》:“爆竹声中一岁除,春风送暖入屠苏。千门万户曈曈日,总把新桃换旧符。”

亡，欧洲军事力量进入北非。在欧洲统一的道路上，利比亚不幸扮演了当年迦太基的角色："芝兰当路，不得不锄。"[①] 控制了利比亚，也就控制了北非，控制了北非，南欧这个欧洲大陆最"柔软的腹部"才能得到有效保护——这是欧洲统一所需要的最基本的地缘政治条件。

然而，"行百里者半九十"，2016年6月，就在欧洲统一进程接近完成的时候，却遭英国反水，英国脱欧将再次拉动欧洲破碎化的进程。此事让史家不由扼腕。

2. 中东伊斯兰政治板块将再次向欧洲推进

对欧洲乃至整个西方世界而言，这还不是最可怕的，最可怕的是欧洲破碎将要引起的中亚战略力量西进。

我们知道，欧亚大陆分区并存有欧洲、中亚和中国三种战略力量。但历史表明，在欧亚大陆的主要区位即北纬30°至60°之间可容纳的战略力量只有2.5个；也就是说，在三种战略力量之间，必然有一个生存空间要受到其他两个的严重挤压并因此出现破碎地带。比如上古时代[②]在欧亚大陆分区并存的是欧洲罗马帝国、中亚诸帝国[③]和中华秦汉王朝。此间欧洲罗马帝国和中华秦汉王朝强大，中亚地区力量受到挤压并分出安息、贵霜诸帝国。此时欧洲、中亚和中国之间的力量比就转为1∶0.5∶1。[④]

罗马帝国解体后欧洲中世纪陷入碎片化时代，这为中亚阿拉伯帝国继而蒙古汗国、奥斯曼帝国乃至俄罗斯帝国的崛起和大面积扩张腾出空间。此时中国保存完好并转入持续统一朝代。此时欧洲、中亚和中国之间的力量比就转为0.5∶1∶1。

进入工业革命后，欧洲又开始复兴和强大，中亚伊斯兰力量在欧洲、中国尤其是俄罗斯的挤压下日渐式微，此时的欧洲、中亚和中国之间的力量比又恢复到1∶0.5∶1。

---

① "二三子以言乱政，实朝廷纪纲所系，所谓芝兰当路，不得不锄者，知我罪我，其在是乎！"[明]张居正撰：《张太岳集》卷二十五《答汪司马南溟》，上海古籍出版社1984年版，第297页。

② 上古史在欧洲一般是指最早国家出现到476年西罗马帝国灭亡这段历史。

③ 中亚帝国，比如古代的波斯帝国、亚历山大帝国（笔者认为，它本质上是欧洲人建立的中亚帝国，是希腊人对波斯帝国西扩的逆推和重演，这与后来的沙俄帝国是对蒙古人西扩的逆推和重演一样）、安息帝国、贵霜帝国、阿拉伯帝国和蒙古汗国等。

④ 参见张文木：《中国地缘政治论》，海洋出版社2015年版，第190页。

俄罗斯在北方崛起并向南强力插入中亚地区，部分地取代了原来夹在欧洲和中国之间的中亚伊斯兰力量及其比例。此后原来的欧洲、中亚伊斯兰诸国和中国这三种战略力量并存的格局就为欧洲、俄罗斯-中亚伊斯兰诸国和中国（1∶0.5/2∶1）并存的格局所取代。

近代历史经验表明，在欧洲、俄罗斯-中亚伊斯兰诸国、中国三者中很少有一支力量单独扩充到1.5的水平，即使有，比如唐王朝、蒙古政权都勉强接近这个水平，英国、沙俄、苏联都曾入侵阿富汗试图填充中亚，其结果也都是短暂和失败的；但不管是欧洲还是中国，其中若有任何一方衰落——比如19世纪末清王朝的衰落和20世纪上半叶欧洲在两次世界大战中的衰落及20世纪末苏联的解体——并由此造成战略力量的收缩，都会引发中亚战略力量（主要是伊斯兰力量）在欧亚接合部即中亚地区的崛起及向其他战略力量坍塌方向的扩张。

值得注意的是，第二次世界大战后，欧洲力量再次衰落，但中亚板块并没有大幅上升，原因在于苏联和美国的崛起对中亚板块形成的持续挤压。苏联解体后，中亚伊斯兰力量崛起，但很快又遭到“9·11”事件后美国的挤压。自“9·11”事件后美国挥师中东，中亚板块受到越来越强的挤压；美国受挫后，欧洲统一进程的加快并迅速越过地中海向北岸推进又使这种压力得以延续。巴沙尔政府军在叙利亚内战中的胜利，以及“伊拉克和大叙利亚伊斯兰国”(ISIS)[①]的迅速崛起，都是中东地区力量对这些外来挤压的强烈的反弹。根据上述欧亚板块互动规律，在俄罗斯、欧盟、中国三大力量都保持强劲上升之势的时候，中亚板块很难恢复到中世纪的水平。

但是，2016年6月英国全民公投决定脱欧打破了欧洲统一的进程，鉴于英国在欧洲统一进程中具有举足轻重的地位，又鉴于欧洲大陆的政治统一尚未最后完成，而欧洲统一又不符合脱欧后的英国、美国、在相当程度上甚至俄罗斯的利益，因此，如果亚洲没有发生如19世纪末那样大面积的坍塌，今后欧洲统一的进程在相当长时间内不仅难以想象而且还有可能出现逆转。罗马帝国

---

① “伊拉克和大叙利亚伊斯兰国”(Islamic State of Iraq and al Shams，ISIS)是一个基地组织下属的极端组织，其前身是2006年在伊拉克成立的“伊拉克伊斯兰国”。

的衰落曾为匈奴力量西向让出空间，罗马帝国坍塌和欧洲破碎又为阿拉伯帝国继而蒙古的崛起和向西进军让出空间，如果今后欧洲统一进程出现大幅逆转，欧洲将在不同程度上重复罗马帝国衰落后中世纪的历史：中东伊斯兰政治板块将再次向西扩展，而当前进入欧洲且不可阻挡的来自中东北非的难民洪流，只是这个大变局即将拉开的序幕。变局的深度将依欧洲统一进程逆转的程度而定。

3. 21世纪世界社会主义运动特点及战略与策略

（1）世界社会主义运动新高潮的桅杆已现

20世纪90年代初冷战结束，西方朝野陶醉在“不战而胜”[①]的喜悦中。日裔美籍学者福山提出“历史终结论”，认为人类社会发展的意识形态之争，以西方的自由民主“成为普世性的人类政府的最终形式”而告终。面对今天的历史，福山的理论显然已失去了解释力。

阶级分析的方法仍是我们观察当前中美矛盾不能放弃的正确方法，由华尔街国际资本对美利坚民族的民族压迫导致的美国劳动者阶级以及民族资产阶级与华尔街买办阶级的斗争已成为美国国内的基本矛盾。列宁说：

> 帝国主义不仅在新发现的国家，而且在老牌国家也在实行兼并，加紧民族压迫，因而也使反抗加剧起来。[②]

毛泽东也看到帝国主义国家内部存在的这一深刻矛盾。1965年美国记者埃德加·斯诺与毛泽东谈话结束时说：“请主席向美国人民说几句话，美国人民对中国是有好感的。”毛泽东一针见血地指出这一点：

> 祝他们进步。如果我祝他们获得解放，他们有些人可能不大赞成。我就祝那些认识到自己还没有解放的、生活上有困难的人获得解放。……美

---

① ［美］理查德·尼克松：《1999：不战而胜》，王观声等译，世界知识出版社1997年版。

② 列宁：《帝国主义是资本主义的最高阶段》，《列宁选集》第2卷，人民出版社1972年版，第839页。

国人需要再解放，这是他们自己的事。不是从英国的统治下解放，而是从垄断资本的统治下解放出来。[①]

美国人民的自我解放运动随着新世纪的到来已经开始。2011 年美国人发动的是“占领华尔街”而不是“占领白宫”的运动。以往的人民运动都直接以政府为对象，今天第三世界和美国人民却直接以华尔街国际资本为对象。与早期的工人砸机器行为不一样，而与中国 1919 年的五四运动有些相似，这两大事件的发起者和参与者多是受过高等教育的知识分子。知识分子是较早觉悟的人群。这说明，第三世界人民和美利坚民族正在觉醒：不管这种觉醒是不是自发的，他们都意识到世界问题的要害不是白宫而是华尔街，不是美利坚民族和美国人民而是国际资本垄断集团。值得注意的是，自“占领华尔街”运动后，美国出现了更具破坏性且愈演愈烈的枪击案件[②]和正在一些州涌动着的从联邦中分离出去的情绪[③]：前者如果枪口一转就意味着社会革命，革命的对象不会是白宫而一定是华尔街；后者则意味着美国的分裂，美国人民需要的不是依附于华尔街的而是代表民族利益的独立自主的国家。造成美国危机的原因是国际垄断资本集团对美利坚民族的超负荷压迫，若无非常手段化解，美国的前景是非常不妙的。

殖民地现象从第三世界向特别是美国这样的帝国主义内部倒逼，是 21 世纪初的帝国主义腐朽性的最突出的特点。1942 年 1 月 22 日，毛泽东在审改关于太平洋战争后沦陷区情况的通报材料时，加写这样一段话：

总之，极端毒狠的殖民地政策，现已推行于租界，不分阶级，有财即掠，表示了日本法西斯最后挣扎时期的紧张性。[④]

---

① 毛泽东：《同斯诺的谈话》(1965 年 1 月 9 日)，中共中央文献研究室编：《毛泽东文集》第 8 卷，人民出版社 1999 年版，第 411～412 页。

② 《可视化数据告诉你美国枪击案到底多严重》，来自观察者网。

③ 《美国巨变：66 万美国人“闹独立”》，来自环球新军事网。

④ 中共中央文献研究室编：《毛泽东年谱(1893～1949)》中卷，中央文献出版社 2013 年版，第 355 页。

如果将这段话中的“日本”换作今天的美国华尔街垄断资本集团，也会让人觉得很贴切。

有媒体形容，2015年加入美国总统大选行列的74岁的伯尼·桑德斯的竞选主张是“把华尔街的高管送入监牢”。桑德斯认为，美国如今面临的最严重的问题是，金钱在政治体系中的角色和影响力是如此突出，以至于它能确定议程、决定辩论、书写立法、恐吓政治家，甚至阻止这个政治体系采取行动反对它。桑德斯发出质问：我们要寡头还是民主？这是一个令人震惊的问题，但对于今日来说切中肯綮。[①]

2011年“占领华尔街”运动发生后，世界的目光开始更多地注意到马克思和列宁。人们从“占领”运动中体悟到马克思说的“资本主义私有制的丧钟就要响了”[②] 和列宁关于“帝国主义是资本主义的最高阶段”[③] 的判断。据报道，2011年马克思的《资本论》在德国的销量比2005年增加两倍，是1990年的100倍。马克思的塑像又重新回到了德国莱比锡大学的校园[④]。英国“影子内阁”财相麦克唐纳尔是工党激进左翼议员，一向抨击银行业和媒体业，主张国有化，被路透社称为“资本主义之敌”。麦克唐纳尔在个人博客上也表示其志向是“酝酿推翻资本主义”[⑤]。

东风渐起，东风将要压倒西风，世界历史已进行到质变的临界点。

1917年11月7日（俄历10月25日），列宁领导的布尔什维克武装力量向资产阶级临时政府所在地圣彼得堡冬宫发起总攻，推翻了临时政府，建立了苏维埃政权。由此，世界上第一个社会主义国家宣告诞生。十月革命的胜利开创了人类历史的新纪元，为世界各国无产阶级革命、殖民地和半殖民地的民族解放运动开辟了胜利前进的道路。当历史从工业帝国主义时代进入金融-高利贷帝国主义时代，世界资本主义又回到最野蛮和最黑暗的“洪水期前的资本形

---

① 《美国总统竞选带火“社会主义”争论》，来自环球视野网。

② 马克思：《资本论》第1卷，人民出版社1975年版，第831～832页。

③ 列宁：《帝国主义是资本主义的最高阶段》，《列宁选集》第2卷，人民出版社1972年版，第730页。

④ 《欧洲争论资本主义出路马克思〈资本论〉再畅销》，来自搜狐网。

⑤ 李岩：《酝酿推翻资本主义的英国影子财相英国》，来自《金融时报》中文网。

式”并在20世纪末期泛滥于全世界，与此同时，世界社会主义运动也进入低谷。此间作为世界社会主义中流砥柱的中国不得不向国际资本主义作出“布列斯特”式的“让步”并由此赢得了为时三十多年的战略间歇期。在与国际资本艰难周旋和国内既反右又防“左”的实事求是的路线中，中国终于冲出了资本主义包围，迎来了已露端倪的世界社会主义运动新高潮的桅杆及与此相伴的历史质变的“临界点”。

(2) 21世纪社会主义运动的特点

必须明确，21世纪的社会主义运动既相同又不同于20世纪。二者的相同之处是，它们都是分阶段的，最终目的都是实现共产主义。但这次新兴起的社会主义运动，在世界范围内而言，它的第一阶段还不是一般地反对资产阶级，而是联合工业资本家阶级集中地反对金融资本家阶级；不是一般地反对资本主义，而是联合所有实体经济劳动者阶层和管理者阶层集中地反对金融帝国主义及其买办阶级；不是要消灭金融资本——金融资本在相当长的历史时期无法消灭，而是要使金融资本服务并服从于工业（实体）资本，成为工业资本的有益补充，为此要将斗争的矛头对准其中的高利贷资本。在此阶段，非社会主义国家的社会主义运动的目标并不是建立完全的社会主义社会而是建立有利于实体经济生长，因而是具有资本主义因素的社会主义社会。第二阶段的目标才是建立完全的社会主义制度。在第一阶段的目标下，亚非拉第三世界、以欧洲大陆工业国家为主体的第二世界和以美国为主的第一世界中的绝大多数人，都是当代金融-高利贷资本集团的被压迫者和剩余价值的提供者，因而他们是社会主义运动的主力军、同盟者和同情者。

进入21世纪的世界社会主义运动的显著特点是，由经济全球化带动高科技的发展不仅没有扑灭被压迫者的反抗烈火，相反，它使金融-高利贷资本主义的对立面即反抗帝国主义革命的手段也同步强大。以色列籍学者戴维·阿尔贝尔、兰·埃德利在《西方情报机构与苏联解体——未能撼动世界的十年(1980～1990)》一书中惊叹：

同样令人怀疑的是，美国情报机构是否完全明白全球化影响的另一面。人员、资金、理念的自由流动促进了欧美霸权，但是也让革命理念和

> 积极分子能够自由、快速流动，而且能够在对抗西方的过程中利用美国的高科技和西式自由主义。[①]

革命是生产关系与生产力发生对抗性矛盾的结果，经济形式及造成这种形式的技术进步只是解决生产和消费矛盾的手段。前者是历史运动的基础性规律，而后者只是在此基础上的次一级矛盾运动。在私有制条件下，经济形式及技术的进步不仅不能缓解而且只能同比增强生产关系与生产力的对抗性。工业资本还要保留劳动力再生产的基本前提，而金融资本则以基尼系数绝对化为前提。不同的只是具有资本优势的西方国家利用资本全球化实现了日益扩大的国内基尼系数的国际化转移。它们在长期的殖民掠夺中确立了优势资本的地位，并利用其优势地位在资本全球化中从南方国家获得源源不断返还到本国的超额利润，以此降低国内的基尼系数，并由此保障了国内中产阶层的增加和资本增殖的并行发展。其结果是资本主义市场经济的恶果片面地被转移到南方国家：在北方国家国内市场一天天好起来的同时，南方国家的国内市场则一天天地坏下去。历史辩证法表明，国内基尼系数最大化的极限是激烈的阶级革命国内化，国际基尼系数最大化的极限则是革命形势的全球化。当前日益扩大的南北差距便是基尼系数国际化的外观形式。“占领华尔街”运动表明，日益扩大的基尼系数正在向金融资本的大本营——美国延伸，这说明国际金融资本从全球化中获得的剩余价值越来越少并由此迅速向高利贷资本转化，资本全球化已走向尽头，世界形势正在出现逆转，世界历史质变的临界点正在到来。

（3）战略与策略

值得注意的是，“帝国主义已经从萌芽状态成长为统治的体系”[②]，但社会主义却还处于萌芽状态，与帝国主义体系的力量对比远未达到对等状态，在世界范围内还远没有形成统一的反抗逞论统治体系。因此，迎接和推动 21 世纪即将到来的社会主义运动，要有适合时代特征的战略与策略。

---

① ［以色列］戴维·阿尔贝尔、兰·埃德利：《西方情报机构与苏联解体——未能撼动世界的十年（1980～1990）》，孙成昊、张蓓译，社会科学文献出版社 2015 年版，第 347 页。

② 列宁：《帝国主义是资本主义的最高阶段》，《列宁选集》第 2 卷，人民出版社 1972 年版，第 826 页。

必须明确，反对国际金融资本并不等于反对美国。目前的美国只是被当代金融资本集团利用来剥削世界劳动的重要工具，正如目前的共济会只是金融资本所依赖的且随时可以转换的重要组织一样。早期工人砸机器反抗资本是没有意义的，今天的社会主义者砸美国这个随时可以替换的金融“工具”也是没有意义的。因而，美国不是社会主义革命的对象，相反，美国人民及包括工业资本家在内的美利坚民族已从压迫民族转为被压迫民族，美国已从打败英国殖民主义并获得独立的民族国家转化为国际金融集团的“殖民地”。因而美国人民及整个美利坚民族是21世纪社会主义运动的有生力量和积极参与者，而不是革命的对象。21世纪革命——至少在第一阶段——的对象，是严重高利贷化的国际金融财团及其买办集团。马克思、恩格斯在《共产党宣言》中说“工人没有祖国”[①]，更多的是针对金融资本没有祖国这个特点发论的。因此，马克思号召：“全世界无产者，联合起来！”[②] 因此，21世纪社会主义运动是伴随金融资本“全球化”的另类无国界“全球化”运动，与金融资本的特点相对应的是：运动的无国界和运动对象的无国家。列宁说：

在资本主义基础上，要消除生产力发展和资本积累同金融资本对殖民地和“势力范围”的分割这两者之间不相适应的状况，除了用战争以外，还能有什么其他办法呢？[③]

革命可以引起帝国主义战争，帝国主义冲突和战争自然也会引起社会主义革命和社会主义国家更顺利的发展。因此，“世界历史发展的一般规律，不仅丝毫不排斥个别发展阶段在发展的形式或顺序上表现出特殊性，反而是以此为前提的”[④]。如果条件成熟，也可以选择“首先用革命手段取得达到这个一定

① 马克思、恩格斯：《共产党宣言》，《马克思恩格斯选集》第1卷，人民出版社1972年版，第270页。

② 马克思、恩格斯：《共产党宣言》，《马克思恩格斯选集》第1卷，人民出版社1972年版，第286页。

③ 列宁：《帝国主义是资本主义的最高阶段》，《列宁选集》第2卷，人民出版社1972年版，第817页。

④ 列宁：《论我国革命》，《列宁选集》第4卷，人民出版社1972年版，第690页。

水平的前提，然后在工农政权和苏维埃制度的基础上追上别国的人民”的道路，列宁说：

> 既然建设社会主义需要有一定的文化水平（虽然谁也说不出这个一定的“文化水平”究竟怎样，因为这在各个西欧国家都是不同的），我们为什么不能首先用革命手段取得达到这个一定水平的前提，然后在工农政权和苏维埃制度的基础上追上别国的人民呢？①
>
> 我们没有从理论（一切书呆子的）所规定的那一端开始，我们的政治变革和社会变革，先于我们目前正面临的文化变革、文化革命。②

列宁说的道路，就是十月革命的道路，中国社会主义制度就是沿着十月革命道路建立的。

近代以来的帝国思维本质上是资本主义，尤其是金融资本的产物，不管自称“社会主义”与否，只要称霸，它本质上就与社会主义分道扬镳。美国崛起之后迅速走向扩张之路，因扩张而衰落的英国深知扩张对国力造成的损害，政治上成熟的罗斯福去世后，英国便怂恿美国与苏联双双向世界扩张和争霸，结果导致苏联解体和随之而来的美国没落。英国的政治家和学者们并没有忘记二战中为罗斯福所出卖的耻辱，他们一直在用捧杀的方式削弱美国并借美国之手为欧洲收复在雅尔塔体系中失去的战略利益。英国前首相托尼·布莱尔在回忆录《旅程：布莱尔回忆录》的序言中将这个目的说得更加明白：

> 我想改革英国，使它保留20世纪初身披世界最强大帝国斗篷的骄傲，同时，面对21世纪的到来，不会由于那件斗篷不再合身而自觉失落和衰退。③

---

① 列宁：《论我国革命》，《列宁选集》第4卷，人民出版社1972年版，第691页。

② 列宁：《论合作制》，《列宁选集》第4卷，人民出版社1972年版，第687页。

③ ［英］托尼·布莱尔：《旅程：布莱尔回忆录·序言》，李永学、董宇虹、江凌译，译林出版社2011年版，第4页。

结语：“资产阶级的灭亡和无产阶级的胜利是同样不可避免的”

毋庸讳言，今天的美国已不是一般的衰落，而是整体性地进入了没落阶段。美国的没落使人们再次将社会主义的公平原则提上世界历史的议程，在未来的历史中，这样的景观将再现于西方世界。当资本帮助世俗国家打倒天主教和封建王权后，它也就开始转入与世俗国家的斗争。当资本超越国家而形成一种国际联合后，民族国家就成了它们的阻力和要消灭的对象。但资本主义大工业“首先生产的是它自身的掘墓人”①，国际资本造成的资本主义国家混战的结果所释放出的，恰恰是与国际资本尖锐对立的越来越多和日益团结的主张公平的社会主义国际力量。正是从这个意义上，马克思和恩格斯在《共产党宣言》中宣布：

> 资产阶级的灭亡和无产阶级的胜利是同样不可避免的。②

“世界潮流，浩浩荡荡，顺之则昌，逆之则亡。”③ 今天的帝国主义已从列宁时期的工业托拉斯帝国主义蜕变为更加反动的金融-高利贷帝国主义，在这样的历史条件下，社会主义者需要有组织地全面推进无产阶级的斗争，建立可以涵盖工业资本的国际统一战线，为世界社会主义新高潮的来临提前做好准备。

山雨欲来风满楼。

---

① 马克思、恩格斯:《共产党宣言》,《马克思恩格斯选集》第1卷,人民出版社1972年版,第263页。

② 马克思、恩格斯:《共产党宣言》,《马克思恩格斯选集》第1卷,人民出版社1972年版,第263页。

③ 1916年9月15日,孙中山应邀偕夫人宋庆龄到盐官观潮,事后亲笔题词“猛进如潮”和“世界潮流,浩浩荡荡,顺之则昌,逆之则亡。”李俊洁:《人物·事件·记忆:浙江辛亥革命遗迹图考》,浙江古籍出版社2013年版,第260～261页。

第六章

美国帝国主义是资本主义的没落阶段[①]

目前的世界已从列宁说的资本主义的最高阶段进入没落阶段，其表现是金融资本迅速向高利贷资本返祖，军工资本和高利贷资本迅速结合并向法西斯方向逆行。列宁曾将20世纪初的帝国主义看作“资本主义的最高阶段”[②]，笔者认为21世纪初的美国代表着资本主义“最高阶段”之后的没落阶段。人类曾有过封建社会的没落阶段，现在我们正经历资本主义的没落阶段。

一、高利贷帝国主义是当今“美帝国”的鲜明特征

今天能够决定美国外交政策方向的不是白宫而是华尔街。美国建国之初，其外交就已经是半是主义，半是生意；可到今天，美国外交已没有主义，只有生意。白宫在制定美国外交政策方向的前提是偿还债权人即华尔街财团的借款，因而华尔街财团而非美国白宫的表态往往就是美国外交政策变动的风向标。[③]

---

① 本文连载于《世界社会主义研究》2021年第4、5、6期，有修订。

② “帝国主义作为资本主义的最高阶段，到1898～1914年间先在欧美然后在亚洲最终形成了。”列宁：《帝国主义和社会主义运动中的分裂》，《列宁选集》第2卷，人民出版社1972年版，第884页。

③ 参见张文木：《美国政治结构与外交政策》，《国际关系研究》2013年第3期。

马克思说："人权这一政治问题本身就包含着自由竞争这一社会问题。"[①]在建国之初，美国政府就在"不自由，毋宁死"的原则下主动削弱政府对社会的监管权力[②]，其中包括削弱国家对企业以及银行的控制和监管权力，因此美国国家一直没有建立起独立的国家财政[③]，这使得美国在制定外交政策时就需要资本财团的资金支持，而外交政策实施能力的大小要以可以从华尔街债权人那里借出钱的多少为前提。因此，在每次重大政策实施前，美国政府的第一件事就是借钱。这使得美国政府从独立之日起就失去了独立的财政能力，它的财政得靠资本财团支持，以至于后来美国日益异化为由一小撮债权财团控制的"半殖民地"国家。[④] 如图所示：

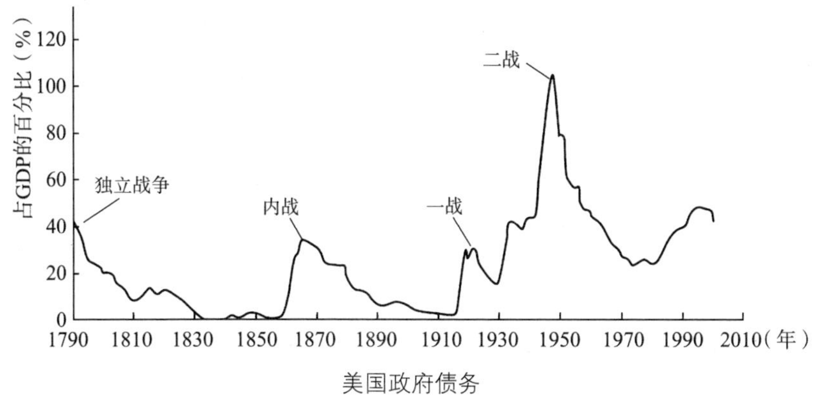

美国政府债务

［美］曼昆：《经济学基础》第 2 版，梁小民译，生活・读书・新知三联书店 2003 年版，第 422 页。

① 马克思、恩格斯:《论波兰问题》,《马克思恩格斯选集》第 1 卷,人民出版社 1972 年版,第 293 页。

② "'小政府'原则是杰斐逊政治思想的一个重要组成部分。'小政府'(又称'有限的政府')意味着取消常备军与大大缩小官僚机构……因为他认为一个拥有庞大的官僚系统和常备军的机构臃肿的政府,就是一个压迫人民的政府。因此,为了保障人民的自由民主权利,为了减轻人民的税务负担,就必须取消常备军和精简官僚机构,以便实现一个'小政府'。这是杰斐逊终身追求的一个政治目标。"刘祚昌:《杰斐逊全传》上,齐鲁书社 2005 年版,第 788 页。

③ 随着美国联邦储备系统(美联储)的影响力和权力越来越大,同时,美国国会也一直支持美联储货币政策的独立性,因此,1951 年,美联储与财政部签署一项协议,美联储的决策不受财政部的影响。至此,美联储成为世界上独立性最强的中央银行之一。参见王华庆:《央行・人民币:中国经济可持续发展中的基石作用》,中国金融出版社 2016 年版,第 10 页。

④ 参见王华庆:《央行・人民币:中国经济可持续发展中的基石作用》,中国金融出版社 2016 年版,第 7～10 页。

由上图我们可以看出美利坚民族通过独立战争摆脱了英国殖民地地位的同时，又在借贷中落入了华尔街金融财团的控制：政府借贷的规模越来越大，这使得美国政府在华尔街的债务陷阱中越陷越深且不能自拔。到第二次世界大战时，美国政府的借贷规模已大大超出了国内生产总值。美国在赢得了第二次世界大战并成了“世界的主人”后，却彻底成了华尔街的债奴。借来的钱是要还的，大规模的借贷迫使美国白宫外交政策是为还钱而不是为民族利益而制定。第二次世界大战中美国取得了胜利，但战争中政府从华尔街借来的债务却不能因胜利而一笔勾销，为此必须找个理由发动美国人民根本不需要的朝鲜战争和越南战争。艾森豪威尔意识到这一变化的危险，他在卸任时“感到似乎有必要就这些发展的危险性向全国再次发出警告”，他说：

> 庞大的军事编制和巨大的军火工业的这种结合，在美国是前所未有的。它的整个影响——经济的、政治的甚至精神的——在每座城市、每个州政府、每个联邦政府机构里都能感受到。我们承认这种发展是绝对必要的。然而我们不可不看到它是牵连广远的。我们的劳动、资源和生计全都同它有牵连；我们的社会结构本身也是如此。
>
> 在政府的各种会议上，我们必须防止军事—工业复合体有意无意地施加不正当的影响。促成这种大权旁落的有害现象的潜在势力，目前存在，今后也将继续存在。
>
> 我们绝不可让这种结合的压力危及我们的自由和民主进程。我们不可掉以轻心。只有一个保持警惕和深明事理的公民集体，才能迫使巨大的工业和军事防务机器去紧密配合我们的和平方法和目标，这样，安全和自由才可能共存共荣。①

艾森豪威尔说这是他“在白宫的岁月告终之际所能留给我国（美国）人民

---

① ［美］德怀特·D. 艾森豪威尔：《艾森豪威尔回忆录》四，樊迪、静海等译，东方出版社 2007 年版，第 479～480 页。

的一个最有挑战性的咨文”[①]，文中尖锐地指出了美国当时已出现的“大权旁落”（即指军火财团支配政府决策）的现象。集中于华尔街的军工财团——即使在和平时期——需要的并不是面包而是战争，艾森豪威尔回忆道：“许多集团发现防务经费的不断增加对他们自己甚有好处。向来关心百分之百的安全的各军种，也很少对拨给它们的款项感到满意，即便那是个慷慨的预算。昂贵的军火的制造商们肯定喜欢他们所获得的利润，而开支越大，利润就越高。在潜在利润的刺激下，有势力的国会院外集团跳出来力争愈来愈庞大的军火开支。于是这种特殊利益的蛛网越织越大。”[②]

但是，能拉动军火工业的只能是战争，最好是由美国直接发动的战争。为了巩固其在美国已形成的反客为主的政治地位，这个华尔街“军工复合体”从部门利益出发就操纵舆论不断制造敌人，以此促使美国外交不断强势升级。只要有战争，美国的军工集团就有军火赢利，由此它在美联储从而在美国就有巩固的地位。巨大的利润——庞大的国内枪支销售利润只是保底——增加了军工财团的收入，华尔街财团再拿出其中部分通过美联储反哺白宫财政。

> 1940 年至 1945 年二战结束，美国的债务总额从 500 亿美元快速上升至 2600 亿美元，债务总额占 GDP 的比重从 50％上升至历史上最高的 121％。实际上，从第二次世界大战伊始，美国逐年提高其债务上限额度，从最初的 490 亿美元，上升至 1945 年的 3000 亿美元。此后，在美国债务上限历史上，就再也没有低于 1000 亿美元的时期了。[③]

今天在美国，“虽然在观念上，政治权力凌驾于金钱势力之上，其实前者

---

① ［美］德怀特·D. 艾森豪威尔:《艾森豪威尔回忆录》四，樊迪、静海等译，东方出版社 2007 年版，第 480 页。

② ［美］德怀特·D. 艾森豪威尔:《艾森豪威尔回忆录》四，樊迪、静海等译，东方出版社 2007 年版，第 478 页。

③ 戴金平、张素芹、邓郁凡:《主权债务危机:国家信用神话的破产》，厦门大学出版社 2012 年版，第 186 页。

却是后者的奴隶”[①]。满世界耀武扬威的美国政府在国内已成了华尔街的债奴，其外交活动基本就是为了清偿债务。由图《美国政府债务》可知，美国政府在第二次世界大战中的大量借贷直到 20 世纪 70 年代才基本偿还。我们看到，正是为了还债，这期间美国外交不得不选择有悖于美国国家利益的朝鲜战争和越南战争，直到越南战争结束时美国政府才将第二次世界大战中借来的债务基本还清，这是美国尼克松新政得以推出的前提。

但尼克松要推动新外交还得靠借贷维持，昨天的债权人是华尔街军工资本集团，但美利坚民族在朝鲜战争和越南战争之后实在打不动了，这样，在 20 世纪 70 年代，尼克松及时将其债权人从华尔街军工集团转为华尔街金融资本集团。直至特朗普之前，美国政府从对军工资本集团的依赖转为对金融资本集团的依赖，美元的支撑点从军工转向石油。研究这一时期的美国外交的着眼点主要是华尔街金融集团的利润表现而不再是军工集团的利润表现。里根时期美国对金融集团的依赖大幅深化。美国财政赤字居高不下，里根政府策划并推动了苏联解体，使美国从中获得超额“浮财”，这在相当程度上缓解了美国政府的财政危机。1992 年后，美国财政赤字大幅下降。如图所示：

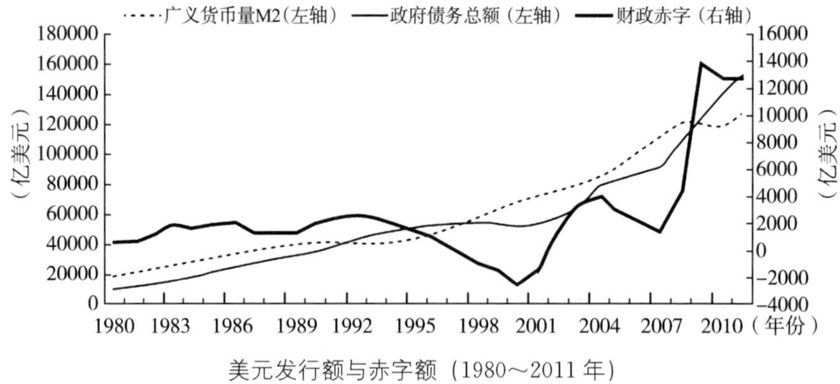

美元发行额与赤字额（1980～2011 年）

国会预算办公室，国际货币基金组织，世界银行。转引自史正富：《超常增长：1979～2049 年的中国经济》，上海人民出版社 2016 年版，第 70 页。

① 马克思：《论犹太人问题》，《马克思恩格斯全集》第 1 卷，人民出版社 1956 年版，第 448 页。

为了保证美元对世界原油价格的独控地位，2001 年美国发动了阿富汗战争，2003 年又发动了伊拉克战争。但美国在阿富汗和伊拉克人民的反抗中陷入困境，由此美国政府失去了对中东石油的专享权力。2009 年美国宣布从伊拉克部分撤军，与此同时，美国的国债也大幅飙升，财政赤字更是直线上升。此间，美国政府对华尔街从以前的相对依赖变为绝对依赖：财政赤字的不断积累，导致了美国政府债务不断攀升。截至 2012 年底，美国政府的净债务累计达到 13.11 万亿美元，政府净债务对 GDP 的比率达到 83.77%；与此同时，美国政府的总债务累计达到 16.78 万亿美元，政府总债务对 GDP 的比率达到 107.18%。[①] 如图所示：

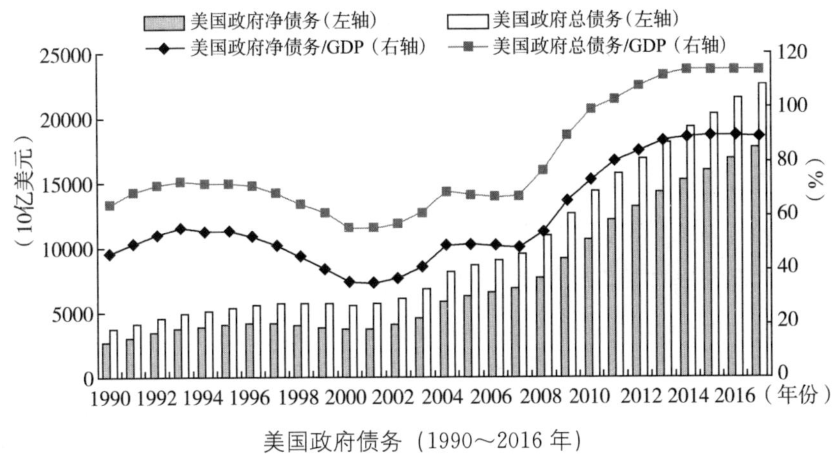

美国政府债务（1990～2016 年）

根据国际货币基金组织网站 WEO 数据库绘制。参见羌建新：《国际货币金融体系变革与中国》，中国发展出版社 2015 年版，第 118 页。

由上图可见，截至 2016 年，美国政府总债务占 GDP 的比重已接近美国历史的最高点即 1945 年第二次世界大战结束时的水平（参考图《美国政府债务》）。1945 年美国政府大举借贷是为了打赢正义的反法西斯战争，2016 年的高债务率却是为了非正义的入侵阿富汗和伊拉克的战争，同一形式下性质完全相反。

至此，美国在短短 300 多年里从欧洲的造反者、北美的创业者最终竟异化

① 羌建新:《国际货币金融体系变革与中国》,中国发展出版社 2015 年版,第 118 页。

为华尔街的债奴，美国政府从一个独立自主的为美国国家利益服务的机构异化为为华尔街债权人服务的买办集团，并于 20 世纪下半叶从军工帝国主义[①]转变为以金融产品赢利的帝国主义，列宁称这样的国家为“高利贷帝国主义”[②]，不同的只是，当时列宁说的是法国，现在轮到美国来扮演这个角色了，而美利坚民族这一时期也就整体性地——回归到当年犹太人“夏洛克”的老本行——转为高利贷民族。自 1981 年里根上任之后，历史的发展印证了马克思在《论犹太人问题》中的结论：犹太教与基督教的精神在美国合二为一了。[③]

二、美国的蜕变：从一个向上的正常国家向帝国转变

（一）凡是现实的东西都是合乎理性的

黑格尔说：“凡是合乎理性的东西都是现实的；凡是现实的东西都是合乎理性的。”[④] 黑格尔这里说的“理性”是反映事物本质的规律，是上升的因素。当事物发展进入它的否定阶段后，它就是反“理性”的和不“现实”的了。[⑤]今天的美国已与理性相悖，进入反理性阶段，其自身的否定因素已大于肯定因

---

① 笔者提出“美国军工帝国主义”的概念基于已有的相关专题的研究。毕业于西点军校，参加过越战的美国波士顿大学国际关系教授安德鲁·巴塞维奇在《美国新军国主义》一书中明确提出：“我们时代的美国人已经陷入军国主义的困境了。”另外，美国学者查默斯·约翰逊的《帝国的悲哀：军国主义、秘密状态和共和国的终结》、诺姆·乔姆斯基的《霸权还是生存：美国对全统治地位的探求》等，都是研究美国军国主义的力作。参见[美]安德鲁·巴塞维奇：《美国新军国主义·导论》，葛腾飞译，华东师范大学出版社 2008 年版，第 2 页。

② “法国帝国主义与英国殖民帝国主义不同，可以叫作高利贷帝国主义。”列宁：《帝国主义是资本主义的最高阶段》，《列宁选集》第 2 卷，人民出版社 1972 年版，第 785 页。

③ “基督教起源于犹太教，又还原为犹太教。基督徒起初是理论化的犹太人，因此，犹太人是实际的基督徒，而实际的基督徒又成了犹太人。”马克思：《论犹太人问题》，《马克思恩格斯全集》第 1 卷，人民出版社 1956 年版，第 450 页。

④ [德]黑格尔：《法哲学原理·序言》，范扬、张企泰译，商务印书馆 1961 年版，第 11 页。

⑤ “在日常生活中，任何幻想、错误、罪恶以及一切坏东西、一切腐败幻灭的存在，尽管人们都随便把它们叫作现实。但是，甚至在平常的感觉里，也会觉得一个偶然的存在不配享受现实的美名。因为所谓偶然的存在，只是一个没有什么价值的、可能的存在，亦即可有可无的东西。但是当我提到‘现实’时，我希望读者能够注意我用这个名词的意义……”[德]黑格尔：《小逻辑》，贺麟译，商务印书馆 1980 年版，第 44 页。

素，用黑格尔的话说，它已“不配享受现实的美名”[①]。即使如此，我们研究美国也不能有片面性，美国今天的腐朽性是从昨天的进步性来的，找不到美国否定因素中的进步因素就说不准今天美国腐朽和没落的本质。黑格尔还说：“世界上没有一个真正恶人，因为没有一个人是为恶而恶，即希求纯否定物本身，而总是希求某种肯定的东西，从这种观点说，就是某种善的东西。”[②] 黑格尔这句话的深刻性在于警示我们不能够戴着有色眼镜看待当前美国的事务，这也是马克思在研究资本主义时采取的态度。马克思说：“我决不用玫瑰色描绘资本家和地主的面貌。不过这里涉及到的人，只是经济范畴的人格化，是一定的阶级关系和利益的承担者。我的观点是：社会经济形态的发展是一种自然历史过程。”[③] 今天我们对美国的研究也不能用有色眼镜，只有如此，我们才能揭示出美国曾经历过的一个“既不能跳过也不能用法令取消自然的发展阶段”[④]。

事实上，早期美利坚民族全体是向善的，与其他民族——比如早期美国人决心摆脱的不列颠民族——不同的只是，美国人选择的这种“善”即不受约束的和放任的自由原则所产生的必然性使自己比较快地从自由走向被奴役，从进步走向反动。

（二）共命运：犹太教与清教联袂登上新大陆

在此，笔者还是要再提索罗斯，这是因为，索罗斯身上有两个附在今天美国身上的重要符号，这就是高利贷和犹太人。有人说“不了解清教徒的思想，就无法了解美国”[⑤]，沿着这个深刻的见解，同样也会发现：不了解犹太教，就既不能了解清教，也不能了解美国。

---

① ［德］黑格尔：《小逻辑》，贺麟译，商务印书馆1980年版，第44页。

② ［德］黑格尔：《法哲学原理》，范扬、张企泰译，商务印书馆1961年版，第151页。

③ 马克思：《资本论·第一版序言》第1卷，人民出版社1975年版，第12页。

④ “一个社会即使探索到了本身运动的自然规律，——本书的最终目的就是揭示现代社会的经济运动规律，——它还是既不能跳过也不能用法令取消自然的发展阶段。但是它能缩短和减轻分娩的痛苦。”马克思：《资本论·第一版序言》第1卷，人民出版社1975年版，第11页。

⑤ 转引自王帅等编著：《驴象之争200年》，经济日报出版社2001年版，第217页。

马克思说:“商人资本和生息资本是最古老的资本形式。”[①] 世界各民族早期都有过高利贷活动，但操持高利贷营生时期较长的，大概就是犹太民族，以致在中世纪欧洲，犹太人在许多文学作品中都被“奸商”化了。在莎士比亚笔下的高利贷商犹太人“夏洛克”就成了奸商和贪婪的同义词，以致马克思都说:“犹太人的空想的民族是商人的民族，财迷的民族。”[②]

其实，今天浪迹于欧洲和北美的犹太民族原本是一个反高利贷的民族。他们最初生活在中东的西奈半岛:“住在死海以西山区南部的称为犹太人部落，住在巴勒斯坦土壤丰美之地的称为以色列部落。”[③] 公元前 11 世纪，扫罗建立了统一的以色列—犹太国家。这个国家位于欧亚非的交通枢纽上，是一条重要的国际商道，在这条商道上产生了较早的以专营货币为生的商业民族。那时中东一带放高利贷的还不主要是犹太人，相反，犹太人还是高利贷活动的受害者。公元前 10 世纪，以色列—犹太王国分裂。“此后南方由大卫的后裔继续统治，称犹太；北方另立王朝，称以色列。”[④] 史称“以色列的经济比较发达，商业和高利贷活动随之增长，被剥夺土地和生产资料的人也迅速增多。即使在经济比较落后的犹太，到公元前 8 世纪，穷人也已遭受债务盘剥”[⑤]。生活在两河流域的古代巴比伦更是承认高利贷为正当业务。颁布于公元前 18 世纪的《汉谟拉比法典》认为，“高利贷是巴比伦人日常商业活动中的一种行为。法典第八十九条规定贷谷的利息高达本金的三分之一，贷银则达五分之一。法典第九十六条更规定债务人如无谷物和银子还债，应以其他动产作抵”[⑥]。

显然，古犹太人并不是天生的高利贷者，相反，他们在前基督教时期一直秉持反对高利贷的信念。在古代欧洲民族的教义中，犹太教和基督教认为高利贷是有罪的，在前基督教时代，犹太人是较早禁止高利贷的民族。高利贷

---

① 马克思:《资本论》第 3 卷，人民出版社 1975 年版，第 688 页。

② 马克思:《论犹太人问题》，《马克思恩格斯全集》第 1 卷，人民出版社 1956 年版，第 449 页。

③ 周一良、吴于廑主编:《世界通史・上古部分》，人民出版社 1973 年版，第 144 页。

④ 周一良、吴于廑主编:《世界通史・上古部分》，人民出版社 1973 年版，第 145 页。

⑤ 周一良、吴于廑主编:《世界通史・上古部分》，人民出版社 1973 年版，第 146 页。

⑥ 周一良、吴于廑主编:《世界通史・上古部分》，人民出版社 1973 年版，第 85 页。

（usury[①]）来自拉丁词汇“usura”，意为对贷款索取利息——任何利息。[②] 根据《旧约》的记载，上帝通过摩西将禁止借贷的律法给了以色列人，禁令最早出现在摩西的第二部书《出埃及记》中，“我民中有贫穷人与你同住，你若借钱给他，不可如放债的向他取利”[③]。值得注意的是，摩西律法颁布之际，犹太人仍是游牧民族，没有复杂的贸易体系；“同为上帝的子民，邻人之间（而非商人和顾客之间）的借贷不啻为抢劫”[④]。

犹太人经营高利贷业务是从古罗马消灭犹太国之后才开始的。公元前 64 年，庞培把犹太置为属国，受叙利亚总督节制。古罗马统治给犹太人带来苛重的捐税和各种掠夺，犹太人奉为神圣的耶路撒冷神庙[⑤]在罗马统治的十年内遭到两次洗劫，引起犹太人于公元前 53 年、公元 6 年和公元 66 年的起义，最后一次起义史称“犹太战争”，对古罗马打击最大，这也导致古罗马人对犹太人屠城式灭国，此后犹太人就没有了自己的国家。

失去祖国的犹太人此后就只能与钱相依为命，钱就成了犹太人的“祖国”。1844 年，马克思撰写《论犹太人问题》一文中说：“我们不是到犹太人的宗教里去寻找犹太人的秘密，而是到现实的犹太人里去寻找犹太教的秘密。”[⑥] 那么，什么是现实的“犹太人的秘密”呢？马克思说得很直接：“犹太人的世俗基础是什么呢？实际需要，自私自利。犹太人的世俗偶像是什么呢？做生意。他们的世俗上帝是什么呢？金钱。”[⑦] 但钱最怕的是什么？最怕没人借，这就使得以货币为生的犹太人的需要与以实体生产为生的人的需

① usury 的基本含义是“高于给予的索取”。

② 参见王乐兵：《担保法专论》，对外经济贸易大学出版社 2018 年版，第 24 页。

③ 《旧约 · 出埃及记》，转引自周一良、吴于廑：《世界通史资料选辑 · 上古部分》，商务印书馆 1962 年版，第 171 页。

④ 王乐兵：《担保法专论》，对外经济贸易大学出版社 2018 年版，第 24 页。

⑤ 上古时代的神庙也担负着银行的某些职能。比如古希腊的帕特农神庙以及卫城之上的雅典娜神庙，被雅典人视为“他们的国库”，位于古罗马城市广场的卡斯托尔和波吕克斯神庙，是“民众交易包税人公司股份、竞拍政府合同的场所”。[美]威廉 · 戈兹曼：《千年金融史：金融如何塑造文明，从 5000 年前到 21 世纪》，张亚光、熊金武译，中信出版社集团 2017 年版，第 67、74 页。

⑥ 马克思：《论犹太人问题》，《马克思恩格斯全集》第 1 卷，人民出版社 1956 年版，第 446 页。

⑦ 马克思：《论犹太人问题》，《马克思恩格斯全集》第 1 卷，人民出版社 1956 年版，第 446 页。

要产生了对立。也就是说，现实世界越是需要货币，犹太人在他们所在国家的地位就越高。与实体生产者的需要相反，犹太人最需要的是借贷的环境，这就是破产、疫病、灾荒等，最好就是战争，它们都能创造出对金钱的巨量需求。在欧洲的历史中，一旦出现革命或战争，君主们就急需金钱，这时他们就会给予犹太人以比较宽容的待遇。比如，在12世纪末，“借贷业已经成为法国犹太人最重要的职业”①。而且，由于犹太人的借贷业对整个国家经济的重要性，借贷业在各国获得了法律的认可，1190年法国的特许状承认了犹太人放贷业的合法性就是一个证明。哈布斯堡王朝的德意志国王和神圣罗马帝国皇帝弗里德里希三世登基之后遇到财政困境，便“宣布了他对犹太人的保护，给他们发了许多赦免书，从而减轻了因对犹太人采取的特别经济措施而给人民带来的负担”②。在欧洲其他的国家中，犹太人也是最重要的放贷者，犹太放贷者因此成为许多国家中的特殊阶层。拿破仑为了获得犹太人对其欧洲政策的财政支持，在1808年11月15日颁布的宪法第十条和第十五条规定：

> 1. 全体信仰犹太教的国民，享有其他国民所享有的一切权利和自由。
>
> 2. 非我国国民但居住在我国国内的犹太人，享有其他外国人所享有的一切权利和自由。
>
> 3. 废除一切仅加给犹太人的捐税。③

“这样，在法国、荷兰和德国的一些州，犹太人及其他人民之间的社会差别逐渐消失。”④ 但是在没有战争的时候许多犹太人就放高利贷，马克思说：“由此产生了民众对高利贷的憎恶，这种憎恶在古代世界达到了极点。”⑤ 对高

---

① 转引自张淑清：《试论中世纪欧洲借贷业中的犹太妇女》，潘光、汪舒明、罗爱玲主编：《犹太人在美国——一个成功族群的发展和影响》，时事出版社2010年版，第291～292页。

② ［黎巴嫩］萨比尔·塔伊迈：《犹太通史》，张文建、王复译，商务印书馆1992年版，第119页。

③ ［黎巴嫩］萨比尔·塔伊迈：《犹太通史》，张文建、王复译，商务印书馆1992年版，第121～122页。

④ ［黎巴嫩］萨比尔·塔伊迈：《犹太通史》，张文建、王复译，商务印书馆1992年版，第122页。

⑤ 马克思：《资本论》第3卷，人民出版社1975年版，第675页。

利贷的憎恶导致欧洲人对犹太人的偏见也由此产生。莎士比亚写的《威尼斯商人》[①] 则是这种偏见的文学反映。英国学者丹·哈德卡斯耳在 1843 年出版的《银行和银行家》一书中写道：

> 犹太人，伦巴第人，高利贷者，吸血者，是我国最早的银行家，是我国原始的金融业者。他们这种人简直可以说是不顾廉耻……后来，伦敦的金匠加入了他们的行列。整个说来……我国最早的银行家……是一伙很坏的人，他们是贪得无厌的高利贷者，是铁石心肠的吸血鬼。[②]

这种偏见导致欧洲从古代起直至 20 世纪 40 年代发生一波又一波的针对犹太人的有系统的大迫害。欧洲一些人试图用种族灭绝的方式来解决所谓犹太“奸商”问题[③]，事实上这反而强化了犹太人对后来历史特别是对美国历史的影响力。

与其他民族一样，犹太民族也是一个伟大的民族。不幸的是，古罗马对犹太的灭国政策让这个民族失去了祖国，他们不得已只有将金钱当作自己的“祖国”，并被迫选择一种与实物生产的民族不同的价值趋向：没有祖国就把钱搂

---

① 《威尼斯商人》是莎士比亚喜剧中十分出名的一部，1600 年出版。说的是威尼斯贵族巴萨尼奥为了追求富家嗣女鲍西娅，需要远赴贝尔蒙特，可是他因家道中落而囊中羞涩，不得不由好友安东尼奥立据作保向犹太富商夏洛克借了三千块钱的高利贷。安东尼奥曾经指责夏洛克发放高利贷，后者怀恨在心，借机提出了苛刻的条件：假如三个月内债款不能还清，担保人就得从自己的身上割出一磅肉来抵债。巴萨尼奥如愿到了贝尔蒙特，并且得了鲍西娅的芳心，但是不久便传来了坏消息：安东尼奥突然破产，无力如期偿还债务。夏洛克把他告上了法庭，坚持要求按照契约割肉还债。鲍西娅乔装成一位青年博士出任法官。她请求夏洛克发一下慈悲，但调停无望。鲍西娅便承认割肉条款的合法性，可是同时又指出条约上没有写明允许流血，夏洛克可以从安东尼奥身上割一磅肉，但是必须确保不流一滴血，否则将遭到严惩。夏洛克搬起石头砸了自己的脚：夏洛克负罪被没收其全部财产。

② 转引自马克思：《资本论》第 3 卷，人民出版社 1975 年版，第 691 页。

③ 值得说明的是，与资产阶级不同，马克思指出了犹太人从中解脱出来的道路就是消灭私有制。马克思说：“一种社会组织如果能够消除做生意的前提，从而能够消除做生意的可能性，那么这种社会组织也就能使犹太人不可能产生。他的宗教意识就会像烟雾一样，在社会的现实的、蓬勃的空气当中自行消失。另一方面，假如犹太人承认了自己这个实际本质毫无价值，因而尽力消除它，那他就会摆脱自己以前发展的范围，直接从事于人类解放，为反对人类自我异化的极端实际表现而奋斗。”马克思：《论犹太人问题》，《马克思恩格斯全集》第 1 卷，人民出版社 1956 年版，第 446 页。

得特别紧，就得把钱当生命。其他民族有土地、有国家，可以从事物质生产。犹太人没有土地，只能从事被亚里士多德认为“最不合乎自然”[①] 的钱生钱的事业。在外汇市场中，货币对国家是没有感情的[②]，就这样，在现实中，没有祖国的犹太民族便与可以随意游移于多国间的货币有了生死相托般的依赖，我们在后面的历史中可以看到，犹太民族的命运与货币捆绑在一起形成了与从事实体经济的民族相对立的民族特性。马克思说：“资本在历史上起初到处是以货币形式，作为货币财产，作为商人资本和高利贷资本，与地产相对立。”[③]“富裕地主因高利贷而遭到破产，小生产者被敲骨吸髓，这二者造成了大货币资本的形成和集中。”[④]

凡事都有两面性：高利贷既然出现在人类历史上，它就一定有它的积极性即黑格尔说的“合乎理性”的方面。高利贷的破坏作用在历史上从封建社会向资本主义社会转变及与此相伴的资产阶级登上历史舞台的历史进程中，都起到了积极的推动乃至革命的作用。恩格斯说：“自从阶级对立产生以来，正是人的恶劣的情欲——贪欲和权势欲成了历史发展的杠杆。”[⑤] 马克思看到这一点，他写道：

> 高利贷在资本主义以前的一切生产方式中所以有革命的作用，只是因为它会破坏和瓦解这些所有制形式，而政治制度正是建立在这些所有制形式的牢固基础和它们的同一形式的不断再生产上的。[⑥]
>
> 但是，这个过程会在多大的程度上像在现代欧洲那样使旧的生产方式废除，并且是否会以资本主义生产方式代替它，这完全要取决于历史的发

① “所谓‘利息’正是‘钱币所生的钱币’。我们可以由此认识到，在致富的各种方法中，钱贷确实是最不合乎自然的。”[古希腊]亚里士多德：《政治学》，吴寿彭译，商务印书馆 1965 年版，第32 页。

② 法国谚语：“没有一块土地没有地主”，“货币没有主人”。转引自马克思：《资本论》第 1 卷，人民出版社 1975 年版，第 168 页。

③ 马克思：《资本论》第 1 卷，人民出版社 1975 年版，第 167 页。

④ 马克思：《资本论》第 3 卷，人民出版社 1975 年版，第 672 页。

⑤ 恩格斯：《路德维希·费尔巴哈和德国古典哲学的终结》，《马克思恩格斯选集》第 4 卷，人民出版社 1972 年版，第 233 页。

⑥ 马克思：《资本论》第 3 卷，人民出版社 1975 年版，第 675 页。

展阶段以及由此产生的各种情况。①

13～19世纪，犹太人及其商业活动在推进欧洲资本主义过程中成了“举足轻重、令人生畏”的积极力量。黎巴嫩历史学者萨比尔·塔伊迈在《犹太通史》一书中写道：

> 自十三世纪到十九世纪初，所有商业城市里的犹太人都参与了资本主义商业活动的发展，随后又参与了企业管理、开银行和控制资本的各项活动。
>
> 由于犹太人散布在欧洲的商业城市里，因此，离商业发展的场地很近。在封建的基督社会里，尽管他们中间很多人都为封建王公们服过务，但却难于从事大规模的渗透和控制活动。在依赖封建基督教而维系的犹太实体的废墟上开始发展资本主义商业活动阶段到来时，继承了理财本领——从事经纪人、借贷和投机倒把——的犹太人，看到跃上这一时代的领导地位的时机已经到来。刚刚进入十九世纪，犹太人就具有了即便在控制工业资本发展运动时都不曾具有的意识。到十九世纪末，他们已成为一支举足轻重、令人生畏的力量……
>
> 十九世纪给犹太人创造了从事上述活动的许多机会。当欧洲爆发了工业革命，特别是英国的工业革命不断发展壮大时，在城市居民的各个阶层中，在旧有的封建时期的主宰者们中间，出现了掌握着领导和控制权的新的经济力量。犹太人不愿意放弃领导这一重要的历史潮流的机会。于是，他们在各个商业城市中心，显示出他们特殊的能力。到十九世纪初，开始出现新的聚集的犹太社团，几乎成了这个资本主义工商业发展的先锋和主宰。②

---

① 马克思：《资本论》第3卷，人民出版社1975年版，第672页。

② ［黎巴嫩］萨比尔·塔伊迈：《犹太通史》，张文建、王复译，商务印书馆1992年版，第123～124页。

但是，当欧洲“封建基督教”大本营罗马天主教皇的权力在新教（对应地也可称“资本主义基督教”）改革中被削弱、资本主义登上历史舞台后，资产阶级的商业本性已不再局限于犹太族群；换言之，犹太人的商业本性已扩展为早期资产阶级的普遍品性。他们之间的差别只是资本自由的尺度。新教中的清教徒坚持绝对自由——这在资本主义上升时期是“合乎理性”的，而新教的另一部分即欧洲皇室则要求相对自由，即资本必须受国家节制。① 最终一部分激进的资产阶级以宗教（清教）的名义与欧洲曾和封建皇室贵族妥协的资产阶级（比如英国女皇、拿破仑皇帝等，他们是贵族化的资产阶级）决裂并在信仰理念上向犹太教的经典《旧约》“皈依”。

对欧洲这场发生在新教内部的冲突不能简单地用“旧的封建势力”或“新生的资本主义力量”来评价。欧洲大陆国家驱赶清教的政策是汲取欧洲近千年的政教二元冲突无谓消耗人、物资源的教训，在打败天主教后他们再不能允许将来资本强大后出来再与国家冲突——这显然是合理的选择。从清教徒方面看，他们代表新兴资产阶级，他们刚刚登上历史舞台，在他们蕴藏的巨大的生产力能量②尚未释放之前，他们也是不能接受欧洲国家尤其是皇室国家的控制的——这也是合理的选择。

清教徒坚决反对世俗国家控制资本的信念与长期没有了祖国的犹太人一拍即合。双方的合作首先是理念的接近。清教徒在《新约》中找不到有利于自己的解释，便从犹太教经典《旧约》中寻找思想资源。比如清教徒主张的“上帝

---

① 16世纪宗教改革时期，英格兰新贵族和资产阶级希望加强王权、削弱教会，摆脱教宗的控制。1533年，国王亨利八世禁止英格兰教会向教廷缴纳岁贡。次年，促使国会通过《至尊法案》，规定英格兰教会以国王为英格兰教会的最高元首，并将英格兰教会立为国教。英国国教即称安立甘宗。当时有一位神职人员在诗中对英国国王的定义近乎中国的“天子”：“国王教由上帝来任命，那些敢于违抗，或是触犯耶和华的受膏者的人，则被打入地狱。”[美]沃尔特·拉塞尔·米德：《上帝与黄金：英国、美国与现代世界的形成》，涂怡超、罗怡清译，社会科学文献出版社2014年版，第265页。

② 18世纪“大部分的伦敦商业利益由清教徒主导，羊毛业更是如此……英国北部主要的煤矿开发商和纺织品生产商大多是宗教异见者；大多数正处上升阶段的中产阶级也是如此。18世纪伯明翰建造了22座教堂，只有5座归属英国国教”。[美]沃尔特·拉塞尔·米德：《上帝与黄金：英国、美国与现代世界的形成》，涂怡超、罗怡清译，社会科学文献出版社2014年版，第241页。

的选民”的思想就是从犹太教中衍生而来的[1]，而这个打破等级制的思想却为刚刚从封建社会脱胎而来的欧洲资产阶级皇室，尤其是英国皇室所不容。双方矛盾激化的结果就是英国皇室大规模驱赶清教徒以及被驱赶的清教徒与犹太教徒为抵抗欧洲皇室完成了历史性的大结盟，这种结盟是建立在理念融合基础之上的，因而可以说是天作之合。二者融合的结果就是美利坚精神和美利坚合众国在北美大陆的诞生。

关于此方面的研究，美国“当代保守主义运动的思想导师”拉塞尔·柯克有较大的贡献。作者“上下纵横三千多年，将美国秩序的根基牢牢锚定在《旧约》中的先知时代”[2]。柯克出版的《美国秩序的根基》一书中单列《旧约与新美国》一节，他写道：

> 正如希伯来人所了解的，有种超越时间的道德秩序。西奈山秩序通过其基督教和犹太教的形式依然在给美国注入活力。
>
> 在殖民地时代的美国，任何接受过基础教育的人都熟知一本书：《圣经》。旧约和新约同样重要，因为美国殖民地在建立时恰逢对希伯来文化的学术研究重新火热起来，而且早期美国基督教信仰的加尔文主义特征强调以色列的遗产。
>
> 马吉安派（Marcionism）[3] 是基督徒试图从犹太人教义中排除出去的异端，在早期的美国没有追随者。在美国革命前，只有少数犹太人在殖民地定居，而且直到19世纪最后几十年人数才增多。不过，以色列的遗产在美国的影响力大于在欧洲的影响力。

---

① 犹太人相信他们是“上帝的选民”。根据《圣经》的说法上帝与犹太人之间这种特殊关系的传说源自亚伯拉罕。上帝要求亚伯拉罕和他的家人离开美索不达米亚的家乡，来到迦南。为了回报亚伯拉罕的忠诚和顺从，上帝承诺他将成为一个伟大民族的祖先，而且他的子孙将继承迦南的土地。上帝与亚伯拉罕之间的约定就是著名的“圣约”。［英］西蒙·亚当斯、威尔·福勒等：《世界历史百科》，陈日华等译，黑龙江科学技术出版社2008年版，第156页。

② ［美］拉塞尔·柯克：《美国秩序的根基·译者序》，张大军译，江苏凤凰文艺出版社2018年版，第1页。

③ 约在2世纪中叶，从土耳其移居罗马的马吉安认为基督徒认可的只能是新约，旧约没有权威性，应剔除出正典。他反对福音中有犹太信仰，认为犹太人的雅威不是上帝，只是工匠神，犹太神只会使人类蒙受苦难，直到基督来临。

> 新英格兰的清教徒们不仅以十诫和《利未记》与《申命记》来建构他们共同体的秩序，而且一直将他们自己比作以色列和犹大的百姓。清教徒们认为自己在上帝的指引下正再次经历希伯来人的磨难和成就。
>
> 尼尔·里摩尔（Neal Riemer）评论道，“因为旧约的核心主题便是从奴役和压迫中得自由”，以色列和犹大的遗产滋养了美国的自由。
>
> 不过，虽然如此，如果不诉诸于律法和先知，美国的政治理论和体制以及美国的道德秩序便不可能获得很好的理解、维系或更新。“我们信仰上帝”这一美国信念重新确认了与诺亚、亚伯拉罕、摩西以及预言中最后日子里的以色列之子们所立的圣约。地上的耶路撒冷从来都不是座雄伟的城市：今天，生活在纽约市的犹太人远远多于在所罗门最光辉灿烂的日子里生活于巴勒斯坦所有地区的居民。不过，比起清教徒们创建的波士顿、荷兰人创建的纽约或因杰斐逊主义者和汉密尔顿主义者在政治上的妥协而诞生的华盛顿，永恒的耶路撒冷这座灵性之城对美国秩序的影响更大。当地上之城灰飞烟灭时，信心和盼望却会永存：这实际上是以色列在上帝主权之下的经历的主要教训。[①]

犹太人对金钱的归属感是由于没有祖国。马克思在《共产党宣言》中说“工人没有祖国”[②]，是由于资本尤其是高利贷资本没有祖国。[③]“资本不是一种个人力量，而是一种社会力量。”[④] 确切地说，与高利贷资本比较而言，工业资本对祖国还是有些归属感的，因为工业资本不能自己生产和消费自己，它需要通过社会消费它生产的商品才能增殖。而生产商品就需要工业矿产和劳动力，这些都是以国家和民族的存在为前提的。在工业资本（马克思

---

① [美]拉塞尔·柯克:《美国秩序的根基》,张大军译,江苏凤凰文艺出版社 2018 年版,第 46～47 页。

② 马克思、恩格斯:《共产党宣言》,《马克思恩格斯选集》第 1 卷,人民出版社 1972 年版,第 270 页。

③ “资本是不知道爱国的。”[美]拉铁摩尔:《中国的亚洲内陆边疆》,唐晓峰译,江苏人民出版社 2010 年版,第 131 页。

④ 马克思、恩格斯:《共产党宣言》,《马克思恩格斯选集》第 1 卷,人民出版社 1972 年版,第 266 页。

有时称“产业资本”）和高利贷资本之间，只有高利贷资本对祖国的依存感最低。美国独立战争时帕特里克·亨利那篇《不自由，毋宁死》[①] 的著名讲演之所以当时那么鼓舞人心，就是他道出了来到北美的“上帝的选民”视资本高于国家的心声——而这正是与他们原来的祖国英国的价值观相对立的地方，当时的英国已接受黎塞留[②]式的国家至上的理念，将宗教乃至资本都归属于国家利益。与中国经历了两百多年战国时代混战不休的折磨后人民选择了秦王嬴政的道理一样，欧洲选择黎塞留的国家至上的理念——与之相应的是黑格尔的国家哲学——是在欧洲经历数百年并最终解决了政教二元冲突后深刻的经验。

当年其信念与犹太教义非常接近的清教徒（这部分人心中的“上帝的选民”则是工业资本）与犹太教徒（这部分人心中的“上帝的选民”则是金融乃至高利贷资本）天然结盟后来到北美大陆，他们在倒掉英国国教这盆“洗澡水”时，因用力过猛把洗澡盆里的“孩子”（指国家观念）也倒了出去，以至于当美国在工业资本与金融资本联手在第二次世界大战中打败欧洲霸权后，便在 20 世纪 70 年代初尼克松执政时期出现分裂，石油美元取代军工美元，至 20 世纪 80 年代里根时期，金融资本大规模扩张且反客为主，民生工业资本（与军工资本相对）受到重创，进入 21 世纪后，美国整体性地转变为高利贷帝国主义。

（三）新美国：在资本面前，“一切神都要退位”

“历史上的伟大转折点有宗教变迁相伴随。”[③] 美国学者拉塞尔·柯克在《美国秩序的根基》一书中单列“旧约与新美国”一节，柯克这里说的“新美国”，是指清教教义与犹太教义融合后形成的与欧洲资产阶级新教不同的美国。

① ［美］J. 艾捷尔编：《美国赖以立国的文本》，赵一凡、郭国良主译，海南出版社 2000 年版，第 14～17 页。

② 黎塞留（1585～1642），法国首相。原为王室顾问，受路易十三重用，在法国政务决策中具有主导性的影响力，对内恢复和强化专制王权，对外谋求法国在欧洲的霸主地位，为路易十四时代的兴盛打下了基础。

③ 恩格斯：《路德维希·费尔巴哈和德国古典哲学的终结》，《马克思恩格斯选集》第 4 卷，人民出版社 1972 年版，第 231 页。

这个美国因清教教义与犹太教义融合而强大：在它面前，“一切神都要退位”[①]；同样当其他神退位后，在两教教义中埋得很深的矛盾即货币与商品从而高利贷资本与工业资本的矛盾[②]逐渐升级并最终又以工业资本屈服，高利贷资本的权杖肆虐美国并最终毁掉美国而告终。

马克思说：“货币对不动的、不可分割的财产起瓦解作用。”[③] 只要世界陷入货币依赖，货币的持有人就成为世界的主人，世界用的货币量越大，这些人的权力就越大，地位就越高。可以说，是罗马人用灭族灭国的暴行将一个本不愿靠与货币为伍的犹太民族在后来的历史中逼成了有名的“高利贷民族”[④]，又是货币将犹太人送到历史舞台的聚光灯下。因此，不研究货币，就读不懂犹太人，而读不懂犹太人，就读不懂美国。

确切地说，犹太人以民族的身份与高利贷活动发生联系是从12世纪末开始的，此后各国对四处流亡的犹太人的经济活动范围越来越多地加以限制。比如有许多国家就规定“犹太人作为外民，不能拥有土地……犹太人又被排斥在行会之外，各种手工业经营被有效地阻止。因此，犹太人从事农业和手工业的极少。而犹太人作为一个主要定居在城市的民族，从事商业的比较多；加上早期基督教禁止其教徒放贷取息……于是，犹太人充当放贷者的就相对较多”[⑤]。这样就在欧洲普遍产生了对犹太人的偏见。比如莎士比亚笔下的放贷人“夏洛克”的形象就是这种偏见的文学表现。在这里，“犹太人”几乎被丑化为“贪婪者”的同义词。尽管如此，我们还是不能否认犹太民族为人类的历史进步作出了杰出的贡献，至于其中少数人在后来的历史上参与帝国主义寡头垄断集团瓜分世界的活动，并成为世界历史的反动力量，从阶级分析的角度看，那只是犹太民族中的上层剥削阶级的行为，这笔账不能算在整个犹太民族的劳苦大众

① 马克思：《论犹太人问题》，《马克思恩格斯全集》第1卷，人民出版社1956年版，第448页。

② 马克思说：“货币对不动的、不可分割的财产起瓦解作用。”马克思：《经济学手稿（1857～1858年）》，《马克思恩格斯全集》第31卷，人民出版社1998年版，第332页。

③ 马克思：《经济学手稿（1857～1858年）》，《马克思恩格斯全集》第31卷，人民出版社1998年版，第332页。

④ 张力升：《重回耶路撒冷：犹太人的三千年》，金城出版社2009年版，第36页。

⑤ 石竞琳：《美国历史上反犹主义的宗教文化根源》，潘光、汪舒明、罗爱玲主编：《犹太人在美国——一个成功族群的发展和影响》，时事出版社2010年版，第74页。

身上。

与20世纪80年代中国改革开放之初面临的美元紧缺的经历相似，15～18世纪，欧洲自由贸易广泛开展，一时间金银货币紧缺，这刺激了欧洲“重商主义”经济理论的盛行，重商主义将金银货币存量的增长当作财富增长的标志①。重商主义的提出和金银货币短缺的现实提升了手持大量货币并具有娴熟货币经营能力的犹太人的社会地位。在这个过程中犹太人站在新兴的资产阶级一边，帮助欧洲新兴的资产阶级打败了天主教，消除了欧洲“则中一国而二君二王也”② 的政教二元冲突的历史难题。当然在这个历史性的资产阶级大借款的过程中，犹太货币商们也赚得盆满钵满。

罗马天主教会在与欧洲世俗政权的权力斗争中败北并随后隐退，是欧洲资产阶级对历史进步的一大贡献，也无疑地为欧洲资产阶级伴随着民族国家登上历史舞台扫清了道路。③ 但是，当欧洲民族国家走到前台之后，那里的资产阶级与这些曾经支持过他们的犹太货币商们的矛盾也就随之上升，后者要在新国家中有自己的统治权力。1804年，拿破仑建立法兰西第一帝国——这当然少不了这些货币商的帮助，不久他便邀请法国知名犹太人召开会议，拿破仑借用古代犹太法庭的称呼将这次会议命名为“伟大的公会”④，目的就是要确保这些曾在推翻旧政权的大革命中帮助过他的犹太商人对法国新政权的忠诚。⑤ 俄国在打败拿破仑后随即“卸磨杀驴”，加入排犹行列——排犹在欧洲一直延续

---

① 18世纪意大利经济学家彼得罗·维里(1728～1797)认为:“尽量增加每一种商品的卖者的人数,尽量减少买者的人数,这是政治经济学的一切措施的枢纽。”转引自马克思:《资本论》第1卷,人民出版社1975年版,第154页注释94。

② 《管子·轻重甲篇》,黎翔凤:《管子校注》下,中华书局2004年版,第1425页。

③ 欧洲因政教二元矛盾导致的地缘政治破碎化也使欧洲因祸得福,这就使欧洲城市商品经济(市场经济的前身)和市民阶级(资产阶级的前身)比东方中国以更快的速度登上历史舞台。

④ [美]林赛·波特:《光明会:阴谋论的前世今生》,韦民、王春燕译,海南出版社2010年版,第100～101页。

⑤ 1806年5月30日,拿破仑在陈述创办犹太法庭的动机时说:“有些犹太人不干别的,专放高利贷。他们通过不断累积高额的利息,让无数农场主深陷困境”,“我们决定召开一次上层犹太人士的会议。让他们去收集意愿,看看犹太人觉得哪些办法最为行之有效,能够呼吁同胞选择有益社会的职业和本领,好让他们放弃这种卑鄙的谋生手段,从事正经行当。他们中很多家庭几个世纪以来都是以放高利贷为生的”。[法]拿破仑·波拿巴著,[法]夏尔·拿破仑编:《拿破仑随想录》,吕长吟译,中国友谊出版公司2017年版,第125页。

到1945年第二次世界大战结束，其目的与拿破仑一样，就是遏止这些货币商的政治欲望。

这些在欧洲资产阶级革命中作出巨大贡献的犹太货币商们的“从政”欲最先在英国遭到了清算。英国王权要将宗教置于国家的监督之下，伊丽莎白一世期间，英国完成了脱离罗马教廷的新教改革，确立了教廷必须服务于英王即国家的宗教属性。但这遭到新教中失意的清教徒（实则是新兴的工商业资产阶级）的反对，后者只承认《圣经》是信仰的唯一权威，强调所有信徒在上帝面前一律平等。

事实上，对于同一“上帝”，清教徒与欧洲大陆的资产阶级的认识是有区别的，前者的“上帝”就是新兴的工商资本主义——正如犹太人的“上帝”就是手中的货币一样，后者则是欧洲王朝国家。清教徒们不甘心在资本的起步阶段就受制于国家，相反，他们要让世俗王权为资本让位，国家要根据“上帝的选民”[①] 的原则，以资本的多少来确定国家的统治者[②]。一句话，资本面前无国家。马克思说：

> 钱是以色列人的妒嫉之神，在他面前，一切神都要退位。钱蔑视人所崇拜的一切神并把一切神都变成商品。钱是一切事物的普遍价值，是一种

---

① 在17世纪初的英国，最早起源于加尔文的清教徒们发起宗教改革运动，试图在基督教内部进行“纯洁”工作。自称为“上帝的选民”的新教各教派自认为“出淤泥而不染”，竭力通过自己在尘世的行为来证明上帝对自己的“恩宠”，在虔诚的清教徒身上，这一点表现得尤为强烈。清教徒们本想在英国推进宗教改革，实现梦寐以求的神圣理想。但是由于他们的主张反映的是新兴阶级的要求和利益，很难为守旧的以王权为代表的统治阶级所容忍。

② “美洲企业家依然挑战了金融的极限，特别是在土地投资方面。当全球都在从股票融资业务撤出时，美国是少数几个例外的国家之一”，“土地投机将众多美国革命领袖串联在了一起。俄亥俄公司由一批包括乔治·华盛顿的父亲和他的两位兄弟在内的弗吉尼亚富人成立。它在1748年经过皇室的特许，分配到了俄亥俄山谷20万英亩的土地”，“乔治·华盛顿是早期美洲土地公司中最为活跃的参与者之一。据历史学家芭芭拉·拉斯马森称，他的财产包括在‘沃波尔基金’、密西西比公司、冒险家军事公司和迪斯默尔沼泽公司’的共计逾62000余亩土地”。“这就不难理解为什么华盛顿、亚当斯、杰斐逊和富兰克林家族都热衷于支持独立了。独立的美洲殖民地将使西部土地开发、抵押贷款发行和合意的货币政策成为可能。通过法人公司与抵押贷款及土地投机紧密联系在一起的金融，成为殖民地独立运动的重要推动力。”[美]威廉·戈兹曼：《千年金融史：金融如何塑造文明，从5000年前到21世纪》，张亚光、熊金武译，中信出版社2017年版，第300、301～302页。

独立的东西。因此它剥夺了整个世界——人类世界和自然界——本身的价值。钱是从人异化出来的人的劳动和存在的本质；这个外在的本质却统治了人，人却向它膜拜。[①]

马克思这段论述也道出了犹太教从而清教的本质，即在资本面前，包括国家在内的“一切神都要退位”[②]。

也正因如此，清教徒为英国王室所不容并于16世纪末17世纪初遭到英王室的驱逐，其中大多数人迁往北美。[③]“清教徒为了在新世界建立一个净化的联邦而离开英格兰，认为有必要比他们在腐败倒退的英格兰可以完成的目标更进一步。”[④]这些人来到北美的同时也就确立了今天的美国的立国精神即“五月花号”[⑤]原则，这个原则的核心是契约精神[⑥]。历史上对契约精神贡献最大的是没有国家的犹太人，契约是平权的人之间的一种私法约定，它是社会团体组建和管理的基础，其间排除了纵向的国家权力及其管理体系。由于没有国

① 马克思:《论犹太人问题》,《马克思恩格斯全集》第1卷,人民出版社1956年版,第448页。

② 黑格尔说:“神自身在地上的行进,这就是国家。”[德]黑格尔:《法哲学原理》,范扬、张企泰译,商务印书馆2009年版,第259页。

③ “在其发表《独立宣言》时,美国人中有80%是清教徒,天主教徒占总人口的0.8%,信仰基督教的人口占美国总人口的绝对多数,而犹太教徒仅占总人口的0.1%。”潘光、汪舒明、罗爱玲主编:《犹太人在美国——一个成功族群的发展和影响》,时事出版社2010年版,第76页。

④ [美]沃尔特·拉塞尔·米德:《上帝与黄金:英国、美国与现代世界的形成》,涂怡超、罗怡清译,社会科学文献出版社2014年版,第412页。

⑤ 1620年7月,102名英国清教徒满怀希望地登上“五月花号”邮船,离开南安普敦港,驶向梦想之地——新大陆。历经风浪、饥饿、疾病等磨难,5个月后,疲惫不堪的旅客们在普利茅斯登陆,踏上了充满希望,但又荒凉野蛮的新大陆。途中,他们在船长、清教改革家威廉·布雷福德的主持下,订立了被认为是美国民主基石的《五月花号公约》,宣誓以上帝的名义在新大陆进行清教改革试验,“弘扬上帝的荣耀,推进基督的信仰,同舟共济,以契约的形式组成政府……并且要随时制定、拟定和设计那种公认最为适合殖民地全体人民利益的公平法律条例法令法规以及设立治理机构……以求自我完善,把北美大陆建成新的耶路撒冷”。王帅等编著:《驴象之争200年》,经济日报出版社2001年版,第215页。

⑥ “这种有契约关系的理念很早就进入了美国历史。清教徒带着这种理念搭乘‘五月花号’抵达普利茅斯。它是加尔文神学里的重要的启发性的理念之一,在17世纪深刻地影响了英美人的思想。”“信奉宗教或世俗的美国人都普遍认为契约里面就包括了这些立国文献及其原则。”[美]沃尔特·拉塞尔·米德:《上帝与黄金:英国、美国与现代世界的形成》,涂怡超、罗怡清译,社会科学文献出版社2014年版,第411、414页。

家，社团就成了犹太人所依赖的命运共同体。犹太人靠社团在世界各国生存[①]，也靠社团向世界扩张[②]。可以说，社团及其必需的契约精神是犹太民族对世界文明的一大贡献，这也是犹太民族在世界民族之林中得以“合乎理性”地长期存在的前提。[③] 身为犹太人的马克思汲取的犹太社团及其契约文明并将其改造为未来国家消亡后人类的组织形式，马克思在共产党宣言中说：

> 代替那存在着阶级和阶级对立的资产阶级旧社会的，将是这样一个联合体，在那里，每个人的自由发展是一切人的自由发展的条件。[④]

但是，与马克思的自由人联合体本质不同的是，犹太人带给美国的契约社团是私有制度下没有祖国的人群在其他国家生存和发展的联合方式。在这里，人的横向契约打破了国家的垂直权力，取而代之的是资本的垂直权力。这样，人对物（资本）的管理就假以“自由”“民主”的名义，变成了物对人的管理，人的尺度异化为物的尺度。为了防止在未来的新国家中重演在欧洲刚刚经历过的“卸磨杀驴”[⑤] 的噩梦，刚登陆美国的清教先驱及后来美国的开国领袖们心目中的新国家必须是由遵守契约的商人绝对控制并为资本服务的工具[⑥]，这样

---

① 从12世纪开始，英国各主要城镇开始出现较为固定的犹太人聚居地，中世纪英国的犹太社团已初具规模。杨鹏飞、李家莉主编：《欧亚文明研究：历史与交流》，甘肃文化出版社2013年版，第108页。

② “以色列经济发展的源头可以追溯到上世纪末，在大规模犹太移民基础上形成的巴勒斯坦地区犹太人社团经济。”杨光主编：《中东的小龙：以色列经济发展研究》，社会科学文献出版社1997年版，第1页。

③ “契约的基石就是上帝的拣选，在旧有的观念中是指‘选择’。上帝作为强势的一方，是不可以被迫去和人类达成协议的；他选择和谁立约，并由他决定所有条件。犹太人是上帝的选民是因为上帝因特殊关系而选择这些被拣选者。”[美]沃尔特·拉塞尔·米德：《上帝与黄金：英国、美国与现代世界的形成》，涂怡超、罗怡清译，社会科学文献出版社2014年版，第412页。

④ 马克思、恩格斯：《共产党宣言》，《马克思恩格斯选集》第1卷，人民出版社1972年版，第232页。

⑤ 意指欧洲皇室利用新兴的资产阶级打败天主教后又要控制资本的后果。

⑥ 参见[美]沃尔特·拉塞尔·米德：《上帝与黄金：英国、美国与现代世界的形成》，涂怡超、罗怡清译，社会科学文献出版社2014年版，第414页。

的共识形成了《五月花号公约》的本质。[①]

《五月花号公约》精神使从犹太教分离出来的基督教在美国以清教的名义再次向犹太教"还原"[②]。这使得建国以后的美国人在清教精神中不自觉地成了犹太化了的美国人；这时的犹太人也脱离了他们在欧洲大陆的社团闭合的特性，转变为美国化了的犹太人。马克思概括得很深刻，他在《论犹太人问题》一文中写道：

> 基督教起源于犹太教，又还原为犹太教。基督徒起初是理论化的犹太人，因此，犹太人是实际的基督徒，而实际的基督徒又成了犹太人。[③]

来自欧洲大陆的清教徒到北美大陆后，皈依于资本和商人的契约精神使犹太裔与非犹太裔族群的价值分野——与欧洲相比——变得模糊多了。美国社会精英阶层对犹太人不像欧洲那样排斥，而是广泛接纳。他们在"民主""自由"（本质是资本不受节制和自由放任）的旗帜下统一了起来。在这种文化中"反犹主义在美国主流社会中逐渐变成一种在政治和道德上都是不正确的行为而难以获得支持"[④]。历史上犹太人第一次可以不受任何制度性排斥，靠自己的奋斗挤入国家权力中枢和社会上层。据统计，美国的犹太人约占全国人口的2%，但美国资产排名前400名的人中，23%是犹太人。美国资产排名前40名的人中，40%是犹太人。世界亿万富翁排名前400名的人中，15%为犹太

---

① "从在新英格兰落脚定居开始，美国人就是通过契约神学来解读历史的……美国人不仅用旧约历史的契约模式来解读自身，还把立国文献转化成公民宗教经文。"[美]沃尔特·拉塞尔·米德：《上帝与黄金：英国、美国与现代世界的形成》，涂怡超、罗怡清译，社会科学文献出版社2014年版，第413～414页。

② 1630年3月29日，英国国王下令将1500名离经叛道的清教徒以押解的方式强行迁居北美。他们在领袖约翰·温斯罗普的带领下，建立了马萨诸塞殖民地，严格按照清教戒律管理。他在布道时，自豪地宣称将建立照亮世界的"山巅之城"。王帅等编著：《驴象之争200年》，经济日报出版社2001年版，第215页。

③ 马克思：《论犹太人问题》，《马克思恩格斯全集》第1卷，人民出版社1956年版，第450页。

④ 潘光、汪舒明、罗爱玲主编：《犹太人在美国——一个成功族群的发展和影响》，时事出版社2010年版，第90页。

人。[1] 不仅如此，犹太人在美国的政治生活中发挥着举足轻重的作用。目前美联储更是犹太人云集。包括历任美联储主席在内的美联储理事会最高委员会的成员几乎都是犹太人（直到2018年杰罗姆·鲍威尔上任才打破了这个局面），比例接近100%。在12名联储银行行长中也多是犹太人。这些犹太人中，曾任联储银行行长的蒂莫西·盖特纳后来成为奥巴马政府第一任财政部部长，曾任旧金山联储银行行长的珍妮特·耶伦女士则于2014～2018年任美联储主席。[2] 经过几代人的努力，犹太人已经融入主流社会，成为对美国政治有着不能忽视的重要影响力的群体。“从受教育程度、职业、收入等方面来看，美国犹太人都已经爬到美国各社会群体的顶端。”[3]

2006年3月，哈佛大学肯尼迪学院网站上发表约翰·米尔斯海默和斯蒂芬·沃尔特的研究报告。报告认为在美国已经形成了一个以美国犹太人为核心的“以色列游说集团”，这个集团“在美国中东政策制定中拥有无与伦比的力量，操控着美国的政治体系，它们的影响如此之大，以至于任何关于美国对以政策的公开辩论都难以在国会发生；只要涉及以色列，任何潜在的批评者也会沉默寡言”[4]。

约翰·米尔斯海默等将犹太民族整体地划入“精英阶层”也是不对的。马克思说的“一切神都要退位”，当然也要包括犹太人中的那些不利于资本增殖或者说被资本淘汰的人群。犹太人来到美国后很快出现贫富两极分化，与犹太族群相对立的是阶级的划分。清教徒的绝对资本主义实践使犹太人很快分化为剥削阶级和被剥削阶级：少数犹太美国人进入美国统治者阶层，大多数犹太美国人却被抛入被压迫的无产阶级行列。完整的“被压迫民族”意义上的“犹太人”在美国已不存在，取而代之的是进入压迫阶级的犹太人——它们已归入美国垄断资本家阶层，而落入被压迫阶级行列的犹太人则与贫困美国人划为一体。

---

① 高宏德编著:《经济社会管理常用数据手册》,成都时代出版社2006年版,第244页。

② 温宏轩:《资本的进化与博弈》,九州出版社2016年版,第162～163页。

③ 潘光、汪舒明、罗爱玲主编:《犹太人在美国——一个成功族群的发展和影响》,时事出版社2010年版,第87页。

④ 潘光、汪舒明、罗爱玲主编:《犹太人在美国——一个成功族群的发展和影响》,时事出版社2010年版,第83页。

调查显示，在美国犹太人中，约有60万人生活在贫困之中或贫困线以下，有人认为这还是相当保守的统计；1969年，美国人口普查局的调查也表明，犹太人处于贫困线以下的人口比例，高于爱尔兰人、英格兰人、德国人、意大利人、俄国人和波兰人。[①] 对犹太贫富分化问题有专门研究的美国学者杰拉尔德·克雷夫茨在《犹太人和钱——神话与现实》一书中写道："衡量犹太人贫困的另一种方式是考察纽约市，这里有着世界上最多的犹太人口。纽约的犹太人构成全市人口的18%，占全国犹太人口的21%。在120万个纽约犹太人中，15%或18.42万个犹太人是穷人或濒临贫困的人，而另有5%的人其收入处于贫困和劳动统计局规定的低收入水平之间：在这个城市中，总数为24.56万的犹太人，或者说五分之一的犹太人是潜在的福利救济对象。"[②]

克雷夫茨根据对美国犹太人的经济状况研究发现："犹太人在美国社会中既是最富的群体，同时又差不多是最穷的群体。"[③] 克雷夫茨的研究也告诉我们，将"犹太人"归入民族学中的"负面清单"显然是不合适的；同样将犹太民族整体性归入精英阶层也是不合适的。

三、美国的蜕变：从军工帝国向高利贷帝国转变

在进入下面的讨论之前，需要说明的是，鉴于前述犹太人到美国后其血统种族的意义已大为模糊，在后面讨论中，笔者笔下的"犹太人"的概念已脱离了种族或血统语境，它更多是一种"美国犹太人"或"犹太美国人"语境下的表述。

（一）银行私有化改革，站起来的美国人又跪倒在资本的权杖之下

犹太人在美国政治地位的迅速上升不仅仅是凭其自身聪明才智个人奋斗的

① [美]杰拉尔德·克雷夫茨：《犹太人和钱——神话与现实》，顾骏译，生活·读书·新知三联书店1991年版，第271、273页。

② [美]杰拉尔德·克雷夫茨：《犹太人和钱——神话与现实》，顾骏译，生活·读书·新知三联书店1991年版，第274页。

③ [美]杰拉尔德·克雷夫茨：《犹太人和钱——神话与现实》，顾骏译，生活·读书·新知三联书店1991年版，第273页。

结果，它更是一种制度设计的结果——其直接目的是确保这些已经在美国奋斗起来的大货币商们不能重蹈在欧洲被“卸磨杀驴”的覆辙，而制度设计的突破口恰恰就是从控制新国家的经济命脉即银行入手：在国库空虚，社会需要货币支持时及时推进所谓“金融改革”以推动货币商们对国家银行的控制，并通过这种控制实现对国家的政治控制。

美国政府1791年在费城建立的合众国银行（Bank of United States，也译为美国银行）可以说是美国中央银行的原型，它集中体现了《五月花号公约》的社团契约原则。时任财政部部长的亚历山大·汉密尔顿（Alexander Hamilton）希望按照英格兰银行的模式[①]建立中央银行，代替政府管理财政并监督国家的货币发行，设立公司制中央银行——由国家特许、私人投资者所有，合众国银行在这种理念下诞生了。财政部账户设在该银行，对于未按规定保持一定数量黄金或白银的银行，合众国银行拒绝接受它们的票据，以此来维持货币存量和贵金属供应之间的关系。意想不到的是，汉密尔顿设计的金融制度带动了华尔街的发展。当时汉密尔顿的官邸就在华尔街上，而纽约银行就在汉密尔顿官邸的对面，汉密尔顿去世后一直被安葬在华尔街上的三一教堂侧面，后来有人称亚历山大·汉密尔顿为“华尔街之父”[②]。

当时美国也有一些人担心汉密尔顿的设计会导致寡头控制美国金融，而州银行也纷纷表示该行的设立影响了它们的银行券发行。因此，20年经营许可期限过后，合众国银行的经营并没有获得延续。这样，州银行开始没有约束地发行银行券，造成市场纸币泛滥，通胀高涨。美国国会不得已于1816年决定在费城再设立一家合众国银行，这样，第二合众国银行诞生了，许可期限仍为20年。20年期限到期后，国会同意该行换发许可证继续经营，但被时任总统安德鲁·杰克逊（Andrew Jackson）否决，否决的主要理由是可能会形成一个

① “英格兰银行和美国银行的源头和本质没有太多的不同。”“英格兰银行建立的目的是为与路易十四的战争筹集资金。路易十四去世时，国债从最初的百万英镑增长到超过5000万英镑。”美国历史学家托马斯·巴宾顿·麦考利写道：“这些债务将会永久地削弱国家政体，成为巨大的累赘。”[美]沃尔特·拉塞尔·米德：《上帝与黄金：英国、美国与现代世界的形成》，涂怡超、罗怡清译，社会科学文献出版社2014年版，第188、169页。

② 刘晓东编著：《全球金融中心华尔街》，吉林人民出版社2012年版，第110～111页。

由银行家和工业家组成的精英圈子，这会影响个人自由，造成政府集权。这就是美国建国后两次设立中央银行都失败的原因。

没有中央银行后，美国政府（财政部）也曾试图发展各种替代机构来取代中央银行的功能和地位，其中之一就是通过一些通称票据交换所的机构，如成立于1853年的纽约清算所、成立于1858年的费城清算所来清算票据，行使中央银行的部分职能，但这些机构都无法像第一合众国银行和第二合众国银行那样保持美国的金融稳定。进入20世纪，美国已是世界上最大的经济体，但其银行业危机发生的频率远远高过拥有中央银行的欧洲国家。金融风险已成为美国社会一个很大的问题，特别是1907年10月14日的那场金融危机，恐慌使得几乎所有的储户都涌到了纽约各银行门前。不幸的是，此时美国缺乏一个最后贷款人——中央银行来应付这场危机。最终，政府、银行家们，特别是纽约清算所发挥了关键作用，才平息了这场银行危机。为了保持金融稳定，1913年，美国总统伍德罗·威尔逊签署了联邦储备法案，依据该法案，1914年成立了美国联邦储备系统，以履行各项中央银行职能，包括银行业监管，货币政策的制定、实施以及支付清算。为了防止国家集权，该系统只是在华盛顿设立了联邦储备委员会（也称为联邦储备系统理事会）和联邦公开市场委员会，后者是货币政策的执行机构。此外，在全美选择了12个储备区，每个区设立一个独立的联邦储备银行，主要负责银行业监管（纽约联邦储备银行还被授权负责货币政策的公开市场操作）和25家分支机构。这12家联邦储备银行的股东都是成员银行（国民银行）和合格的州注册银行，但股份不能转让。联邦储备银行由独立的董事会管理，所有权属于私营性质，但联邦储备银行执行的是中央银行职能。[①] 美联储法案的始作俑者参议员尼尔森·奥利奇在1914年7月《独立》杂志对他的采访中透露："在这个法案之前，纽约的银行家只能控制纽约地区的资金。现在，他们可以主宰整个国家的银行储备金。"[②] 当时对美联储法案持坚决反对意见的议员查尔斯·林德伯格在对众议院发表的演讲中说：

---

① 参见王华庆:《央行·人民币:中国经济可持续发展中的基石作用》,中国金融出版社2016年版,第7～10页。

② 转引自刘汉太:《第四资本》,中国铁道出版社2012年版,第136页。

> 这个法案（美联储法案）授权了地球上最大的信用。当总统签署这个法案后，金钱权力这个看不见的政府将被合法化。人民在短期内不会知道这一点，但几年以后他们会看到这一切的。到时候，人民需要再次宣告《独立宣言》才能将自己从金钱权力之下解放出来。[①] 这个金钱权力将能够最终控制国会。如果我们的参议员和众议员不欺骗国会，华尔街是无法欺骗我们的。如果我们拥有一个人民的国会，人民将会有稳定的生活。国会最大的犯罪就是它的《货币系统法案》（美联储法案）。这个银行法案是我们这个时代最严重的立法犯罪。两党的头头和秘密会议再一次剥夺了人民从自己的政府得到益处的机会。[②]

亲自签署了美联储法案的美国第 28 任总统伍德罗·威尔逊事后非常后悔地说：

> 美国这个国家的发展和我们所有的经济活动完全掌握在少数人手中。我们已经陷入最糟糕的统治之下，一种世界上最完全最彻底的控制。政府不再有自由的意见，不再拥有司法定罪权，不再是那个多数选民选择的政府，而是在极少数拥有支配权的人的意见和强迫之下的政府。这个国家的很多工商业人士都畏惧着某种东西，他们知道这种看不见的权力是如此地有组织、如此地悄然无形、如此地互锁在一起、如此彻底和全面，以至于他们不敢公开谴责这种权力。[③]

---

① 毛泽东也看出这一点。1965 年美国记者爱德加·斯诺与毛泽东谈话结束时说："请主席向美国人民说几句话，美国人民对中国是有好感的。"毛泽东一针见血地回答说："祝他们进步。如果我祝他们获得解放，他们有些人可能不大赞成。我就祝那些认识到自己还没有解放的、生活上有困难的人获得解放……美国人需要再解放，这是他们自己的事。不是从英国的统治下解放，而是从垄断资本的统治下解放出来。"毛泽东：《同斯诺的谈话》（1965 年 1 月 9 日），中共中央文献研究室编：《毛泽东文集》第 8 卷，人民出版社 1999 年版，第 411～412 页。

② 转引自刘汉太：《第四资本》，中国铁道出版社 2012 年版，第 136～137 页。

③ 转引自杜连功：《合作，还是对抗　解读国际石油大棋局》，中国经济出版社 2013 年版，第 82 页。

“经过与美国政府一百多年的激烈较量，国际银行家终于达到了他们的目的，彻底控制了国家货币发行权，英格兰银行的模式终于在美国被复制成功了。这个系统是私有的，它运作的全部目的就是利用别人的金钱来获得最大可能的利润。”① 除此之外，英格兰银行模式的政治作用是将王权关在笼子里。② 临终时威尔逊无限悔恨地承认：“我在无意之中摧毁了我的国家!”③ 美联储成立后，美国政府失去发币权，留下的只有发债权，用国债到私有的中央银行美联储那里做抵押，才能通过美联储及商业银行系统发行货币。“1963 年肯尼迪总统遇刺后，美国政府最终丧失了仅剩的‘白银美元’的发行权。美国政府要想得到美元，就必须将美国人民的未来税收（国债），抵押给私有的美联储，由美联储来发行‘美联储券’，这就是‘美元’。”④ 美国克林顿政府时期的劳工部部长、经济学家罗伯特·赖克说：“这些核心公司宏伟的总部大厦就是美国资本主义的神殿，代表着国家的权力和信心。”⑤ 而此后的美国政府，用马克思的话说，“不过是管理整个资产阶级的共同事务的委员会罢了”⑥。

至此，美国主权独立已蜕变为形式，由于国家信用转入华尔街资本集团手中，美国事实上已堕落为华尔街的债奴，美国政府权力，用小布什的话说，终于被华尔街“关在笼子里”⑦，美国——类似于 1949 年前的中国——已堕落为华尔街操控的半殖民地国家。中国学者杜文君写道：

---

① 刘汉太:《第四资本》,中国铁道出版社 2012 年版,第 137 页。

② “银行组织者和艾迪生非常明白,英格兰银行建立在继续把詹姆斯二世和他的继承人排斥在王座之外的基础上。”[美]沃尔特·拉塞尔·米德:《上帝与黄金:英国、美国与现代世界的形成》,涂怡超、罗怡清译,社会科学文献出版社 2014 年版,第 175 页。

③ 杜连功:《合作,还是对抗　解读国际石油大棋局》,中国经济出版社 2013 年版,第 82 页。

④ 刘汉太:《第四资本》,中国铁道出版社 2012 年版,第 133 页。

⑤ 转引自杜文君:《美国战争经济论》,中国财政经济出版社 2009 年版,第 153 页。

⑥ 马克思、恩格斯:《共产党宣言》,《马克思恩格斯选集》第 1 卷,人民出版社 1972 年版,第 253 页。

⑦ “把权力关在笼子里”,是对美国第 43 届总统乔治·沃克·布什在 2004 年美国国庆日演讲中的一句话的概括,他说:“人类千万年的历史,最珍贵的不是令人眩目的科技,不是大师浩瀚的经典著作,不是政客天花乱坠的演讲,而是实现了对统治者的驯服,实现了把他们关在笼子里的梦想。只有驯服他们,把他们关起来,才不会害人。我现在就是站在笼子里向你们讲话。”转引自李玉杰、孙佳颖:《市场经济背景下的人权及其法律保护》,南开大学出版社 2015 年版,第 8 页。

> 垄断财团既是美国经济的核心，更是美国政治生活浪潮中一支潜伏的暗流，有时甚至根本就是滋生美国战略决策的河床。垄断财团犹如一个首席乐师，只要弹出一串音符，国防部乃至总统就会随乐起舞。①

19世纪前半叶美国的银行改革，很可能引起马克思、恩格斯的注意。他们曾对美国走上社会主义道路的可能性寄予很大希望。② 为此，他们在1848年发表的《共产党宣言》中提醒未来的社会主义国家在完成所有制的改造、实现公有制后，还要特别注意："剥夺地产，把地租用于国家支出。""通过拥有国家资本和独享垄断权的国家银行，把信贷集中在国家手里。"③ 1871年巴黎公社失败后，马克思和恩格斯都认为不将法兰西银行收为国有是巴黎公社失败的重要原因。1891年恩格斯在为马克思总结巴黎公社失败教训的著作《法兰西内战》写的导言中表达了这样的观点：

> 为什么公社在经济方面忽略了很多据我们现在看来是当时必须做到的事情。最令人难解的，自然是公社对法兰西银行所表示的那种不敢触犯的敬畏心情。这也是一个严重的政治错误。银行掌握在公社手中，这会比扣留一万个人质还有更大的意义。这会迫使整个法国资产阶级对凡尔赛政府

---

① 杜文君:《美国战争经济论》,中国财政经济出版社2009年版,第153页。

② 1864年11月马克思起草第一国际中央委员会《致美国总统阿伯拉罕・林肯》的信,在信中马克思给林肯以高度的赞扬,说"从美国的大搏斗开始之时起,欧洲的工人就本能地感觉到他们阶级的命运同星条旗息息相关";"欧洲的工人坚信,正如美国独立战争开创了资产阶级统治的新纪元一样,美国的反奴隶制战争将开创工人阶级统治的新纪元。他们认为,由工人阶级忠诚的儿子阿伯拉罕・林肯来领导他的国家进行解放被奴役种族和改造社会制度的史无先例的战斗,是即将到来的时代的先声"。1865年4月14日,林肯遇刺,当天安德鲁・约翰逊继任总统。5月,马克思代表第一国际中央委员会起草《致美国总统安德鲁・约翰逊》,告诫这位新总统不忘林肯"解放劳动"的伟大使命继续前进,马克思写道:"在这场战争结束之后,阁下,落在您肩上的任务就是用法律去根除那些已被刀剑砍倒的东西,领导政治改革和社会复兴的艰巨工作。深刻地意识到您的伟大使命,将使您在严峻的职责面前不作任何妥协。您将永远不会忘记,为开创劳动解放的新纪元,美国人民把领导责任付托给了两位劳动伟人:一位是阿伯拉罕・林肯,另一位是安德鲁・约翰逊。"《马克思恩格斯全集》第21卷,人民出版社2003年版,第24、25、151页。

③ 马克思、恩格斯:《共产党宣言》,《马克思恩格斯选集》第1卷,人民出版社1972年版,第272页。

施加压力，要它同公社议和。[①]

“制度决定一个国家走什么方向。”[②] 2011 年 9 月，美国出现“占领华尔街”运动，此后，美国民众的各式抗议活动层出不穷。如果九泉之下的汉密尔顿看到这一幕，不知对自己当年建立“中央银行”制度设计会有何感想？

（二）银行的私有化迫使美国政府蜕化为华尔街的买办

同样的道理，美利坚民族在建立新国家后没有及时建立由国家独控的国有银行既是美国迅速崛起并打败欧洲的重要原因，也是美国步入世界大国后迅速没落的主要原因。我们看到，从独立之日起，美国政府就失去了独立的财政能力，而银行的私有化政策又导致政府力量先天不足，重大内政外交政策的实施如果没有财团同意借款，政府就随时面临“财政悬崖”。这导致政府对私人财团的依赖越来越深。从前文引美国经济学家曼昆在《经济学基础》提供的《美国政府债务》图可以看出，从独立战争到第一次世界大战，美国政府的债务与占国内生产总值的比例一直保持在 30％到 40％之间，到第二次世界大战期间这个比例迅速突破 100％[③]。这说明，在美国面临着欧洲压迫的时候，摆脱这种压迫会得到全美各阶级的支持，这时的美国政府会有比单纯的国有银行更强大的融资能力，这种能力又是美国迅速打败欧洲霸权的前提。但是，当美国打败欧洲，在第二次世界大战后成为世界霸权之后，美国的借债水平就成为政府对金融财团的依赖程度的标尺。

比如说为了打赢第二次世界大战，政府大举借债可以理解，可在 2016 年和平的条件下美国政府的总债务与国内生产总值的比例再次突破 100％，接近或达到第二次世界大战期间的债务水平，这说明，此间美国政府从对华尔街财

---

① 恩格斯:《〈法兰西内战〉导言》,《马克思恩格斯选集》第 2 卷,人民出版社 1972 年版,第 333 页。

② 中共中央文献研究室编:《毛泽东年谱(1949～1976)》第 4 卷,中央文献出版社 2013 年版,第 321 页。

③ 参见[美]曼昆:《经济学基础》第 2 版,梁小民译,生活·读书·新知三联书店 2003 年版,第 422 页。

团相对依赖蜕变为绝对依赖。国家的财政一旦被资本财团控制，国家政治就失去了自主性，政府就会异化为财团的傀儡或曰买办。这个苗头从第二次世界大战期间的借款高峰中——这时欧洲败局已定——已经显现。1945 年第二次世界大战结束，美国赢得反法西斯战争的胜利，但战争借款尚未偿还，美国政府必须考虑将堆积如山的军火库存消化掉以清偿所借债务。从 1945 年到 1953 年，再到 1972 年的债务偿还进度的节点分析，这些第二次世界大战所借的债务恰恰是通过朝鲜战争和越南战争消化美国的军工库存而解决的。

直到 1972 年上任的总统尼克松访华之前，美国政府才偿清了第二次世界大战中的借款。还了钱，尼克松才能选择结束越南战争，才能与中国和解。此后直至特朗普之前，美国政府的财政来源从军工美元转向石油美元，从以前的通过“杀羊”的方式获利转为通过“割羊毛”的方式获利。美国铁路经办商詹姆斯·哈里逊·威尔逊（James Harrison Wilson）提出并得到西奥多·罗斯福（Theodore Roosevelt）高度赞赏的“外交就是管理国际商务”[①] 的名言，道出了美国外交的买办本质。

（三）美国从军工帝国主义向高利贷帝国主义蜕变

关于“帝国主义”，列宁说：“‘一般地’谈论帝国主义而忘记或忽视社会经济形态的根本区别，这样的议论必然会变成最空洞的废话或吹嘘，就像把‘大罗马和大不列颠’拿来相提并论那样。就是资本主义过去各阶段的资本主义殖民政策，同金融资本的殖民政策也是有重大差别的。”[②] 同样的道理，即使我们讨论美国帝国主义，也不能陷入“一般地”泛论，而是将美国“帝国主义”按其“社会经济形态”分为“军工帝国主义”和“高利贷帝国主义”。

第二次世界大战美国取得胜利的意义在于美国彻底摆脱了欧洲霸权，作为美国争霸对手的欧洲（大国）整体性地消失了，这时的美国与苏联双双步入了世界帝国的舞台。与此同时，美国也被华尔街的债务缠身并为华尔街军工债权

---

① 转引自[美]孔华润主编:《剑桥美国对外关系史》上，王琛等译，新华出版社 2004 年版，第 416 页。

② 列宁:《帝国主义是资本主义的最高阶段》,《列宁选集》第 2 卷，人民出版社 1972 年版，第 802 页。

人控制。20世纪90年代苏联解体，美国成了世界唯一的超级大国：不同的只是从美苏争霸时的军工帝国主义转变为独家剥削世界的金融-高利贷帝国主义。这时的美国政府的债权人又从军工财团转为华尔街金融集团。没有外敌的美国此后的外交就脱离了它的国家政治的本意：原本是为主义的外交，现在只是变成了一种生意[①]；美国外交的敌人这时已不是冷战中的对手，而是世界和平！

但是，客观地说，在美国没有摆脱欧洲压迫继而霸权之前，美国政府与美国财团们的目标还是一致的，他们都在为打倒欧洲霸权而团结奋斗，这时美国政府得益于军工集团的强大生产力和金融集团的强大融资力。只是在第二次世界大战后，这时美国已打败欧洲并取得世界霸权，美国白宫才迅速倒在华尔街债权人脚下并成为财团谋利的政治工具。必须说明的是，打倒美国的并不是犹太人，而是美国人与犹太人共同接受的清教理念——它在政治上集中表现为400多年前的《五月花号公约》（1620年）原则。这个理念在建立了新美国的同时，置留于其中的矛盾胚胎也就逐渐变大：至20世纪这个共同体面临的反欧洲压迫的主要矛盾解决后，统一体中美利坚民族与资本的统一性成分就下降，对立性矛盾就上升。美国也就从一个正常国家转变为帝国，先是军工帝国（1945～1980年），后又转向金融一高利贷帝国（1981～2016年）[②]，经过二者的短暂辉煌后，在21世纪初，美国快速没落。

四、从进步到反动：美国高利贷帝国主义的形成——理论描述

（一）高利贷的本性："不能容忍任何其他共同体凌驾于它之上"

金融对一个地区的政治经济发展的影响是巨大的，如前所述，它曾在短期

① "由于进入虚拟经济生存状态的资本主义国家，已经没有能力用经济增长和投资回报率等经济因素吸引国际资本流向本国，（美国）就只能通过战争手段来改变世界各主要资本市场的安全环境，打出一个在世界哪儿放钱都不安全，只能把钱借给本国的国际安全环境格局。"王建：《货币霸权战争：虚拟资本主义世界大变局》，新华出版社2008年版，第111页。

② 经过尼克松时期的准备和过渡，里根时期成为美国军工帝国经过短暂的金融时期向高利贷帝国转轨的开始。

内筹集巨大资金帮助资产阶级打败封建贵族并由此推动了人类历史的进步，它也在人类历史上——比如中国战国时期以吕不韦为代表的高利贷货币商和今天的华尔街金融集团——对当时的生产力造成巨大的破坏。各国都是在实践中汲取着经验和教训。通常来讲，一个民族所得到的教训越是沉重，它所获得的经验也就越是深刻，其控制风险的措施也就越是实用，而中国就是这样的国家。

马克思对金融的两面性有过深刻阐述。马克思说："如果考察流通的形式本身，那么在流通中生成，产生，被生产的东西，是货币本身，此外再没有别的东西。"① 产生流通的主要原因是分工，而分工是促使现代社会进步的主要动力。分工越是丰富，社会就越需要流通；流通的形式越丰富，社会生产力就越发达。反之，"流通在社会再生产中所起的作用越是不重要，高利贷就越是兴盛"②。因此，只要私有制下的分工仍然存在（指在私有制下，产品的使用价值屈从于交换价值——笔者），货币及其作用就不会消失。马克思说："只要交换价值仍然是产品的社会形式，废除货币本身也是不可能的。"③

但是，流通以及货币本身并不创造价值，它只有被价值所创造。如果商品离开流通，那货币就是一堆废铁或废纸。马克思说：

从货币和商品这两个点上开始的过程，它的反复并不是从流通本身的条件中产生的。这一行为不能由它自己重新发动起来。因此，流通本身不包含自我更新的原动力。它是从预先存在的要素出发，而不是从它本身创造的要素出发。商品必须不断地从外面重新投入流通，就像燃料被投入火中一样。否则，流通就会失去作用而消失。流通会在货币这个失去作用的结果上消失；货币只要不再和商品、价格、流通发生关系，就不再是货币，不再表现生产关系；货币所留下来的，只有它的金属存在，而它的经

---

① 马克思：《经济学手稿（1857～1858年）》，《马克思恩格斯全集》第31卷，人民出版社1998年版，第375页。

② 马克思：《资本论》第3卷，人民出版社1975年版，第689页。

③ 马克思：《经济学手稿（1857～1858年）》，《马克思恩格斯全集》第30卷，人民出版社1995年版，第95页。

济存在则消灭了。①

有了商品即用于交换的产品，才有货币，货币只有在流通中快速否定自己才能快速肯定自己。马克思说：

> 货币作为一般财富的物质代表，只有当它重新投入流通，和特殊形式的财富相交换而消失的时候，才能够实现。在流通中，货币只有被支付出去，才会实现。如果我把货币保留下来，它就会在我的手里蒸发为财富的纯粹的幻影。使货币消失，这正是保证货币成为财富的唯一可能的方式。花费积蓄来满足短暂的享受，这就是货币的实现。这样，货币又会被别的个人积蓄起来，不过那时同一过程又重新开始。货币对流通的独立性只是一种假象。因此，货币在它作为完成的交换价值的规定上扬弃了它自己。②

货币不是商品，只是商品交换即流通才使某种金属或纸质的媒介成为货币。“商品的生成过程，从而商品的最初占有过程，发生在流通之外”③，而“货币是流通的产物”④。在货币短缺时，货币就给人造成它就是“财富”的假象，这时“货币是商品中的上帝”⑤。马克思说：“货币本来是一切价值的代表，在实践中情况却颠倒过来，一切实在的产品和劳动竟成为货币的代表。”⑥

---

① 马克思:《经济学手稿(1857～1858年)》,《马克思恩格斯全集》第31卷,人民出版社1998年版,第367页。

② 马克思:《经济学手稿(1857～1858年)》,《马克思恩格斯全集》第31卷,人民出版社1998年版,第367～368页。

③ 马克思:《经济学手稿(1857～1858年)》,《马克思恩格斯全集》第31卷,人民出版社1998年版,第348页。

④ 马克思:《经济学手稿(1857～1858年)》,《马克思恩格斯全集》第31卷,人民出版社1998年版,第376页。

⑤ 马克思:《经济学手稿(1857～1858年)》,《马克思恩格斯全集》第30卷,人民出版社1995年版,第173页。

⑥ 马克思:《经济学手稿(1857～1858年)》,《马克思恩格斯全集》第30卷,人民出版社1995年版,第99页。

在这个过程中，人们将具有价值尺度功能的货币假想成财富本身并由此产生了货币拜物教。马克思说："货币拜物教的谜就是商品拜物教的谜，只不过变得明显了，耀眼了。"[①] 比如欧洲资本主义早期的重商主义就把货币储备的增长误认为是财富的增长，这与中国改革开放之初也有人将美元外汇储备误解为国力强弱的标志一样。[②] 在重商主义盛行时，欧洲社会脱实向虚，"货币硬化为贮藏货币，商品出售者成为货币贮藏者"[③]，在"货币拜物教"中人们增殖的手段就从囤藏货物转为囤积货币[④]，人们的活动都集中到不产生价值的流通领域，这样社会物质生产"共同体"之外便形成了货币生产的"共同体"，后者是一群不创造任何价值并不停吸吮社会物质生产机能以货币生息货币的高利贷者。下面的话似乎说出了今天华尔街财团凌驾于美国政府权力之上的原因所在，马克思说：

> 货币本身就是共同体，它不能容忍任何其他共同体凌驾于它之上。但是，这要以交换价值的充分发展，从而以相应的社会组织的充分发展为前提。[⑤]
>
> 货币是商品中的上帝。[⑥]

---

① 马克思:《资本论》第1卷，人民出版社1975年版，第111页。

② "从经济因素来说，中、日、韩三国的经济增长，为东北亚区域意识的形成，提供了强大动力，奠定了坚实的基础。在当今世界，区域意识的萌生与成长，说到底，是个经济问题。经济成就的大小、财力的强弱、科技水平的高低、美元储备量的多寡、知识经济进展的快慢等显示经济总体发展水平的各种指标，不仅是只承认实力的国际社会评判的依据，也是本地区各国自信心、自豪感、连带意识赖以形成的重要源泉。"宋成有、汤重南主编:《东亚区域意识与和平发展》，四川大学出版社2001年版，第186页。

③ 马克思:《资本论》第1卷，人民出版社1975年版，第150页。

④ "范德林特以为商品价格决定于一个国家现有的金银量，他自问：为什么印度的商品这样便宜？他回答说：因为印度人埋藏货币。他指出，从1602年到1734年，他们埋藏的银值15000万镑，这些银最先是从美洲运到欧洲去的。从1856年到1866年这10年间，英国输往印度和中国的银（输到中国的银大部分又流入印度）值12000万镑，这些银原先是用澳大利亚的金换来的。"马克思:《资本论》第1卷，人民出版社1975年版，第150～151页。

⑤ 马克思:《经济学手稿（1857～1858年）》，《马克思恩格斯全集》第30卷，人民出版社1995年版，第175页。

⑥ 马克思:《经济学手稿（1857～1858年）》，《马克思恩格斯全集》第30卷，人民出版社1995年版，第173页。

这里马克思指出了货币对实体经济的排斥和不服从本质，在条件不成熟时，即国家掌控银行时，货币会“委屈”自己成为商品的“仆人”，一旦银行控制了国家，那它就会撕下“金融”“信用”等为现代生产服务的“仆人”外衣而直接显露出其“洪水期前”[①] 的高利贷野蛮本性：以其虚幻的力量主宰真实的力量，用符号的世界主宰实体的世界。而要消除货币这个“恶习”的前提，马克思在1843年写的《论犹太人问题》一文中已有论述，1848年马克思在《共产党宣言》中将其概括为：“消灭私有制。”[②]

（二）从自由资本主义到垄断帝国主义

“对于美国人来说，从一开始他们就并不怀疑自己是被上帝拣选的子民。清教徒相信他们自己是选民中的选民。”[③] 但是，“金融资本追求的是统治，而不是自由”[④]，“在自由竞争情况下，自由的并不是个人，而是资本”[⑤]。美国就是被绝对自由主义成就后被其打倒的国家。它由主张资本绝对自由的清教精神催生，资本放任的天性在刚刚诞生不久的美国广袤的土地上得到几乎是无限制的自由扩张并造成巨大的生产力，用马克思的话说就是：“资产阶级在它的不到一百年的阶级统治中所创造的生产力，比过去一切世代创造的全部生产力还要多，还要大。”[⑥] 这一点，在独立后不久的美国各地得到最充分的张扬，其间出现了饱含激情地“为一个新世界开始歌唱”[⑦] 的诗人沃尔特·惠特曼（Walt Whitman，1819～1892）。他在《对各个州》一诗中

---

① “为什么我们在分析资本的基本形式，分析决定现代社会的经济组织的资本形式时，开始根本不提资本的常见的、所谓洪水期前的形态，即商业资本和高利贷资本。”马克思：《资本论》第1卷，人民出版社1975年版，第186页。

② “共产党人可以用一句话把自己的理论概括起来：消灭私有制。”马克思、恩格斯：《共产党宣言》，《马克思恩格斯选集》第1卷，人民出版社1972年版，第265页。

③ ［美］沃尔特·拉塞尔·米德：《上帝与黄金：英国、美国与现代世界的形成》，涂怡超、罗怡清译，社会科学文献出版社2014年版，第412页。

④ 列宁：《帝国主义和社会主义运动中的分裂》，《列宁选集》第2卷，人民出版社1972年版，第884页。

⑤ 《马克思恩格斯全集》第46卷下，人民出版社1980年版，第159页。

⑥ 马克思、恩格斯：《共产党宣言》，《马克思恩格斯选集》第1卷，人民出版社1972年版，第256页。

⑦ ［美］惠特曼：《草叶集》，李野光译，北京燕山出版社2005年版，第13页。

写道：

对各个州，或它们中的任何一个，或者各州的任一城市，我说，多抵制，少服从，

一旦无条件地服从，就彻底被奴役喽，

一旦被彻底奴役，这个地球上就再没有哪个民族、国家、城市，还能恢复它的自由。①

可是，惠特曼写这首诗的时间是在美国建国后的半个多世纪，反抗、不服从、自由等几乎成了美国人无条件的信念和“法律”，惠特曼《我为他歌唱》一诗写道：

我为他歌唱，
我在过去的基础上把现今举起，
(如多年生树木从它的根上长出，现今也扎根于过去，)
我以时间和空间将他扩展，并将永久的法则融合，
让他凭它们来使自己变成自己的法律。②

与英格兰银行建立初期曾给英国带来了巨大刺激一样③，资本在美国早期的那任性的扩张，确实在美国呼唤出巨大的生产力，给美利坚带来完全不同于旧大陆欧洲的激情燃烧的岁月。惠特曼用饱浸感情的笔墨在《我听见美利坚在歌唱》一诗中写道：

---

① [美]惠特曼：《草叶集》，李野光译，北京燕山出版社 2005 年版，第 9 页。

② [美]惠特曼：《草叶集》，李野光译，北京燕山出版社 2005 年版，第 8 页。

③ “但是，尽管债务是毁灭性的，英国没有在足以碾碎国家的债务重担下呻吟，反而比以往更为繁荣。”历史学家麦考利写道：“城市发展了，耕地扩大了，对于群集的买家和卖家来说市场太小了，港口不足以容纳船运，运河将主要内陆工业区与主要海港连接起来，街道比以前更亮了，房子布置得更好了，华丽的商场里陈列着更昂贵的器皿，更快捷的四轮马车行驶在更平坦的道路上。”[美]沃尔特·拉塞尔·米德：《上帝与黄金：英国、美国与现代世界的形成》，涂怡超、罗怡清译，社会科学文献出版社 2014 年版，第 170 页。

我听见美利坚在歌唱，我听见种种不同的颂歌，
机械工的颂歌，每人以自己的心情歌唱，健壮而快乐，
木匠歌唱着，当他量着他的木板或横梁的时候，
泥瓦匠在准备上工或歇工时唱他的歌，
船夫唱着他船上所有的一切，水手在汽船的甲板上歌唱着，
鞋匠坐在他的板凳上歌唱，帽匠站立着歌唱，
伐木工人唱的歌，犁田的小伙子早晨出工或中午休息或日落时唱的歌，
母亲的美妙的歌声，或者年轻妻子工作时或姑娘缝洗时的美妙的歌声，
每人都唱属于他或她而不是属于别人的事情，
白天歌唱属于白天的事情——夜里是强健而友好的年轻小伙子们在晚会上，
张开嘴放声高唱，那歌声雄壮而悠扬。①

尽管他后来对美国资本主义有了更深刻的反思②，但在早期，惠特曼在他的诗中还是坚信美国清教信条，将“反抗”“抵制”“自由”等当作绝对原则。但是，真理多走一步就会变成谬误。令那些坚守“五月花”自由信念而签署《独立宣言》的国父们怎么也想不到的是，他们坚持并为此而与宗主国决裂的自由资本主义精神经过“否定之否定”式的运动，最终蜕变为“五月花”精神的对立物——垄断。真是历史的讽刺：自由战士为自由所打倒。

① ［美］惠特曼：《草叶集》，李野光译，北京燕山出版社2005年版，第11页。

② 1871年，惠特曼在《民主的远景》一书中写道：“历史是漫长悠远的。不管我们如何变换句式的组合，美国未来的问题在某些方面是无边的黑暗。骄傲、竞争、种族隔离、邪恶意志以及史无前例地放纵已经初见端倪。谁能驾驭这庞然大物呢？谁能给这庞然大物勒上缰绳呢？当我们选择炫耀未来时，我们前进的道路上却隐约出现巨大的不确定性以及可怕的致命黑暗。否认下面的事实是徒劳的：民主繁茂地成长为所有果实中最厚实的，有毒的，最致命的果实——并且带来了越来越坏的入侵者——它需要更新、更大、更强和更好的补偿和刺激。”转引自［美］罗伯特·贝拉：《背弃圣约》，郑莉译，商务印书馆2016年版，第159页。

资本主义产生于欧洲，到美国后在没有任何旧制度的羁绊下得到充分发展，时至20世纪，西方各国，特别是美国从自由资本主义发展到垄断资本主义。对这一时期的垄断资本主义的本质揭示最为深刻的是列宁，列宁在《帝国主义是资本主义的最高阶段》一书中认为：20世纪的帝国主义已经从原来的“旧的资本主义”即自由资本主义进入“新的资本主义”[①] 即垄断资本主义阶段。列宁写道：

> 旧的资本主义，即绝对需要交易所作为自己的调节者的自由竞争的资本主义，已经成为过去。代替它的是新的资本主义，这种新的资本主义带有某种过渡的现象的鲜明特征，某种自由竞争和垄断的混合物的鲜明特征。[②]
>
> 对于欧洲，可以相当精确地确定新资本主义最终代替旧资本主义的时间，那是在二十世纪初。[③]
>
> 帝国主义最深厚的经济基础就是垄断。这是资本主义的垄断，也就是说，这种垄断是从资本主义成长起来并且处在资本主义、商品生产和竞争的一般环境里，同时又经常同这种一般环境发生无法解决的矛盾。[④]
>
> 帝国主义已经从萌芽状态成长为统治的体系，资本家的垄断组织在国民经济和政治中居于首要地位，世界已经分割完毕；另一方面我们看到，现在已经不是英国独占垄断权，而是少数帝国主义强国在争夺垄断权，这

---

① 在同文的其他地方，列宁还用“最新资本主义时代”“资本主义发展的最新阶段”来概括自由资本主义进入垄断资本主义即帝国主义时代的特点。参见列宁：《帝国主义是资本主义的最高阶段》，《列宁选集》第2卷，人民出版社1972年版，第796、797页。

② 列宁：《帝国主义是资本主义的最高阶段》，《列宁选集》第2卷，人民出版社1972年版，第762页。

③ 列宁：《帝国主义是资本主义的最高阶段》，《列宁选集》第2卷，人民出版社1972年版，第743页。

④ 列宁：《帝国主义是资本主义的最高阶段》，《列宁选集》第2卷，人民出版社1972年版，第817～818页。

是整个二十世纪初期的特点。[①]

垄断是自由的必然结果，同时又是对自由的否定。20世纪初的资本主义已进入帝国主义阶段，列宁说，“这种从竞争到垄断的转变，是最新资本主义经济的最重要的现象之一，甚至是唯一的最重要的现象”[②]，“如果必须给帝国主义下一个尽量简短的定义，那就应当说，帝国主义是资本主义的垄断阶段”[③]。列宁总结这个“最新资本主义”有五个特征：

> (1) 生产和资本的集中发展到这样高的程度，以致造成了在经济生活中起决定作用的垄断组织；(2) 银行资本和工业资本已经溶合起来，在这个“金融资本”的基础上形成了金融寡头；(3) 与商品输出不同的资本输出有了特别重要的意义；(4) 瓜分世界的资本家国际垄断同盟已经形成；(5) 最大资本主义列强已把世界上的领土分割完毕。[④]

在论述了这五个特征之后，列宁进一步给出的定义是：“帝国主义是发展到垄断组织和金融资本的统治已经确立、资本输出具有特别重大的意义、国际托拉斯开始分割世界、最大的资本主义国家已把世界全部领土分割完毕这一阶段的资本主义。”[⑤]

列宁注意到并强调在这个历史从“旧资本主义”即自由资本主义转变为“新资本主义”即帝国主义或垄断资本主义的过程中，“在另一个现代资本主义

---

① 列宁:《帝国主义是资本主义的最高阶段》,《列宁选集》第2卷,人民出版社1972年版,第826页。

② 列宁:《帝国主义是资本主义的最高阶段》,《列宁选集》第2卷,人民出版社1972年版,第740页。

③ 列宁:《帝国主义是资本主义的最高阶段》,《列宁选集》第2卷,人民出版社1972年版,第808页。

④ 列宁:《帝国主义是资本主义的最高阶段》,《列宁选集》第2卷,人民出版社1972年版,第808页。

⑤ 列宁:《帝国主义是资本主义的最高阶段》,《列宁选集》第2卷,人民出版社1972年版,第808页。

先进国家北美合众国，生产集中发展得更加猛烈”①。据统计，在1904年，产值在100万美元以上的最大的企业有1900个，它们拥有140万工人，它们的产值有56亿美元。5年过后，在1909年，相应的数字为3060个企业，200万工人，产值90亿美元。“美国所有企业的全部产值，差不多有一半掌握在仅占企业总数百分之一的企业手里！”②

(三) 从金融帝国主义快进到高利贷帝国主义

即便如此，我们也要知道“第一次世界大战前夜的世界是由欧洲主宰的”③。列宁虽然强调了美国，但他研究的帝国主义的重点案例还主要是欧洲列强。列宁发现，这一时期造成资本主义企业快速进入垄断的重要推手是金融的力量，银行在推动工业资本集中的过程中，也成为主宰工业资本的力量，也就是说，在“新资本主义时代”，工业资本与金融资本的关系发生了主客置换。列宁写道：

> 银行原先的主要业务是在支付中起中介作用。这样，银行就把不活动的货币资本，变为活动的即生利的资本，把所有一切货币收入集合起来交给资本家阶级支配。
>
> 随着银行业的发展及其集中于少数几个机构，银行就由普通的中介变成万能的垄断者，他们支配着所有资本家和小业主的几乎全部的货币资本，以及本国和许多国家的大部分生产资料和原料来源。④
>
> 生产的集中；由集中而成长起来的垄断；银行和工业的溶合或混合生

---

① 列宁:《帝国主义是资本主义的最高阶段》,《列宁选集》第2卷,人民出版社1972年版,第740页。

② 列宁:《帝国主义是资本主义的最高阶段》,《列宁选集》第2卷,人民出版社1972年版,第740页。

③ “第一次世界大战前夜的世界是由欧洲主宰的。在我们追溯1913年至1945年间的美国对外关系史时,重要的一点是应当认识到美国是在由欧洲军事、经济和文化主导下的世界体系当中得以建立并从事其对外事务的。”[美]孔华润主编:《剑桥美国对外关系史》下,王琛等译,新华出版社2004年版,第1页。

④ 列宁:《帝国主义是资本主义的最高阶段》,《列宁选集》第2卷,人民出版社1972年版,第753页。

长，——这就是金融资本产生的历史和这一概念的内容。①

垄断是从银行成长起来的。②

与工业集中同步的还有银行业的发展和集中。本来是工业发展带动并支配着银行发展，但行业间的竞争导致投资规模的竞争，为了获得竞争优势就必须获得更多的融资，这样工业资本家在竞争中便有了对银行的依赖。这种依赖使本来只有贮存货币功能的银行发展出融资的功能，这种功能使银行在激烈竞争并急需注资的企业面前有了生死予夺的权杖。让当年追求自由的合众国开国元勋们无论如何也没有想到的，这种主客异位的变化迫使工业资本屈服于金融资本，而“20 世纪是从旧资本主义进到新资本主义，从一般资本统治进到金融资本统治的转折点”③。列宁对这一点特别看重，他写道：

资本主义的一般特性，就是资本的占有同资本在生产中的运用相分离，货币资本同工业资本或生产资本相分离，全靠货币资本的收入为生的食利者同企业家和其他一切直接参与运用资本的人相分离。帝国主义或金融资本的统治，是资本主义的最高阶段，这时候，这种分离达到了极大的程度。金融资本对其他一切形式的资本的优势，表明食利者和金融寡头占有统治地位，表明少数拥有金融“实力”的国家比其余一切国家都突出。④

这是一个很关键的结论，本是服务于实体经济的金融资本，一旦反客为

① 列宁:《帝国主义是资本主义的最高阶段》,《列宁选集》第 2 卷,人民出版社 1972 年版,第 769 页。

② 列宁:《帝国主义是资本主义的最高阶段》,《列宁选集》第 2 卷,人民出版社 1972 年版,第 841 页。

③ 列宁:《帝国主义是资本主义的最高阶段》,《列宁选集》第 2 卷,人民出版社 1972 年版,第 768 页。

④ 列宁:《帝国主义是资本主义的最高阶段》,《列宁选集》第 2 卷,人民出版社 1972 年版,第 780 页。

主，金融进而信用就失去了它的“合乎理性”即积极的意义，取而代之的就是金融向高利贷“返祖”，金融统治让位于高利贷统治。高利贷资本一旦支配工业进而支配整个社会，高利贷资本瓦解生产的本性就会使社会生产发生萎缩，社会出现寄生性腐朽，失去实体经济增长的支持，国家的上升势头就会被打断并转入衰落，当然这种上升和衰落都不是直线式而是螺旋式显现的。列宁说：

帝国主义就是货币资本大量积聚于少数国家；我们看到，这种资本是数目达到一千亿至一千五百亿法郎的有价证券。于是，以“剪息票”为生、根本不做任何事情，终日游手好闲的食利者阶级，确切地说，食利者阶层，就大大地增长起来。帝国主义最重要的经济基础之一——资本输出，更加使食利者阶层完完全全脱离了生产，给那种靠剥削几个海外国家和殖民地的劳动为生的国家打上了寄生的烙印。①

列宁这是在说法国，还说“法国帝国主义与英国殖民帝国主义不同，可以叫作高利贷帝国主义”②，这话放到今天再读，怎么看都像是在说美国。列宁继续写道：

在世界上“商业”最发达的国家，食利者的收入竟比对外贸易的收入高四倍！这就是帝国主义和帝国主义寄生性的实质。

因此，“食利国”或高利贷国这一概念，就成了论述帝国主义的经济著作中通用的概念。世界分为极少数高利贷国和极大多数债务国。③

---

① 列宁:《帝国主义是资本主义的最高阶段》,《列宁选集》第 2 卷,人民出版社 1972 年版,第 818 页。

② 列宁:《帝国主义是资本主义的最高阶段》,《列宁选集》第 2 卷,人民出版社 1972 年版,第 785 页。

③ 列宁:《帝国主义是资本主义的最高阶段》,《列宁选集》第 2 卷,人民出版社 1972 年版,第 819 页。

列宁在论述帝国主义的腐朽性时所选取的样板是欧洲国家特别是英国，那时的美国还处于欧洲国家的“跟班”地位，在世界利益分割中，“英国、法国、德国、比利时和瑞士这五个工业国家，是‘名副其实的债权国’……而美国仅仅是美洲的债权人”①。但到第二次世界大战后，欧洲整体性地在战争中衰落，美国取代英国成为世界超级霸权国，20世纪90年代苏联解体后，“美国对手的垮台使美国处于一种独一无二的地位。它成为第一个也是唯一的一个真正的全球性大国”②。与此同时，列宁曾提出的关于帝国主义的论断便更为典型地体现在美国身上。

五、从被压迫民族到压迫民族：美国高利贷帝国主义的最终完成——现实描述

（一）军工和金融：美帝国主义的两个阶段

1945年第二次世界大战以同盟国的胜利宣告结束，欧洲帝国主义在旧的世界体系即凡尔赛体系中的霸权已退出世界历史舞台，取而代之的是新的世界体系即雅尔塔体系及其中的美国的帝国霸权。此后曾是同盟国中两个最大国家的美国和苏联进入全球争霸的冷战时期。

以尼克松访华和越战结束为界线，美国帝国的历史可以分两个时期。此前由于朝鲜战争和越南战争以及与苏联的军备竞赛，这一时期拉动美元增值的主要动力是军工，政府在对外军事行动的需求中保持大额的国防采购，由此为美国军工资本带来滚滚利润。如图所示：

① 转引自列宁：《帝国主义是资本主义的最高阶段》，《列宁选集》第2卷，人民出版社1972年版，第819～820页。

② ［美］布热津斯基：《大棋局——美国的首要地位及其地缘战略》，中国国际问题研究所译，上海人民出版社1998年版，第13页。

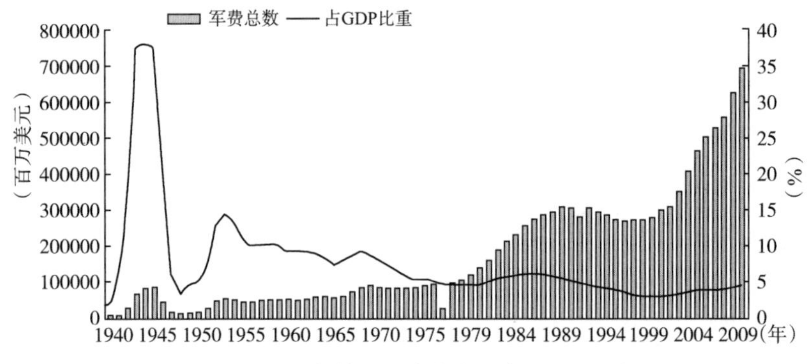

1940～2009 年美国国防支出及占 GDP 比重

汪涛：《纯电动：一统天下》，东方出版社 2018 年版，第 147～148 页。

我们看到，在 1940 年到 1945 年第二次世界大战中，美国国防支出占国内生产总值（GDP）比重接近 40%，而后至 2009 年国防支出在大幅增长的同时，占 GDP 的比重却大幅下降，基本保持在 5%的水平。学者汪涛认为：“如果仅为国家安全考虑的话，这个比例合理的比值在 1%～2%就足够了。就算以 2%考虑，美国军费开支占 GDP 比例有 3 个百分点是超乎‘常规’的，也就是美国军费开支中有一多半是自身安全不需要的。这个增加的投资如果不能获得比投资额高出 3 倍以上的收益，经济上就是不合理和难以常年维持的。也就是说，美国需要通过军费投入获得占 GDP 至少 10%的收益，才能合理地解释其行为在经济上是合理的。事实上，真正获得的收益远超过这个数字，其原因只有通过美元霸权所获得的利益才能获得合理解释。”①

事实也正是如此。1951～1960 年，美国实际国民生产总值（GNP）年增长率为 3.2%，通货膨胀率只有 2.7%；1961～1970 年，实际 GNP 增长 4.0%，通货膨胀率只有 2.9%。这一时期美国经济的高增长、低通胀的健康发展显然与朝鲜战争和越南战争密切相关。如表所示：

① 汪涛：《纯电动：一统天下》，东方出版社 2018 年版，第 147～148 页。

1951～1960 **年美国国民生产总值**

年份	GNP（亿美元）		年增率（比上年）%			比 1990 年	
	现价	1992 年可比价	现价	可比价	通货膨胀	GNP 增长	商品价涨
1951～1960 年	—	—	5.9	3.2	2.7	—	—
1951 年	3284	17023	15.3	7.9	7.4	—	3.15
1952 年	3455	17542	5.2	3.1	2.1	—	3.07
1953 年	3646	18328	5.5	4.5	1.0	—	—
1954 年	3648	18071	0.1	−1.4	1.5	—	—
1955 年	3980	19447	9.1	7.6	1.5	—	—
1956 年	4192	19807	5.3	1.9	3.4	—	3.14
1957 年	4411	20091	5.2	1.4	3.8	—	3.23
1958 年	4473	19860	1.4	−1.1	2.5	—	—
1959 年	4837	21130	8.1	6.4	1.7	—	—
1960 年	5037	21654	4.1	2.5	1.6	6.34	3.28

参见张泽清：《美国，你为何强大?》，中国城市出版社 1999 年版，第 213 页。

20 世纪 50 年代初期，美国实际 GNP 增长形势最好的时期就是朝鲜战争期间，而在战争停止后的 1954 年，美国 GNP 增长率从 1953 年的 4.5%突降至−1.4%，1955 年美国在越南开启“局部战争”，以阻止所谓“共产主义”在东南亚登陆，当年美国 GNP 大幅上涨至 7.6%，经济出现低通胀高增长，随后经济持续下滑，基本都处在不稳定的通胀环境中。20 世纪 50 年代末，苏美关系缓和，美国扭转通胀，在 1959 年、1960 年两年间经济虽处于低通胀期，但经济严重下滑，总体看都没有达到朝鲜战争时期的水平。但 1951～1960 年这 10 年平均下来，经济还是处于低通胀、稳增长的水平上，其间美国发动朝鲜战争对美国经济的贡献是重要因素。接下来的 10 年我们还可以看到越南战争对其 GNP 增长的贡献。如表所示：

1961～1970 **年美国国民生产总值**

年份	GNP（亿美元）		年增率（比上年）%			比 1990 年	
	现价	1992 年可比价	现价	可比价	通货膨胀	GNP 增长	商品价涨
1961～1970 年	—	—	6.9	4.0	2.9		
1961 年	5201	22076	3.3	2.0	1.3	—	—

1961～1970 **年美国国民生产总值**（续）

年份	GNP（亿美元）		年增率（比上年）%			比 1990 年	
	现价	1992 年可比价	现价	可比价	通货膨胀	GNP 增长	商品价涨
1962 年	5603	23523	7.5	6.6	0.9	—	—
1963 年	5905	24464	5.4	4.0	1.4	—	—
1964 年	6324	25800	7.1	5.5	1.6	—	3.28
1965 年	6849	27430	8.3	6.3	2.0	—	—
1966 年	7499	29330	9.5	6.5	3.0	—	—
1967 年	7939	29979	5.9	2.6	3.3	—	3.46
1968 年	8642	31373	8.9	4.7	4.2	—	—
1969 年	9303	32217	7.7	2.7	5.0	—	—
1970 年	9771	32079	0.5	−0.4	0.9	9.40	3.82

参见张泽清：《美国，你为何强大?》，中国城市出版社 1999 年版，第 213 页。

1961～1970 年，美国正投入时间漫长的越南战争，这一时期也是美国军工帝国主义的巅峰期，在这 10 年里美国经济基本都保持着低通胀高增长。只是到 1969 年，美国经济才开始进入滞胀期。到 1970 年美国实际 GNP 增长率竟跌到−0.4%，而通胀为 0.9%。这显然是受越南战争将要结束的影响。

1971～1980 年，美国外交的特点是域外无大战，国内由尼克松、基辛格开启的以中东石油为支撑点的华尔街金融资本正在全球布局。10 年间实际 GNP 为 3.7%，通货膨胀率却大大高于前两个 10 年，达 7.3%。① 经济的增长被高通胀率严重稀释。造成这一时期经济滞胀的原因是外部大规模持久战争的停止，国家处在军工帝国难以为继、金融帝国及紧随其后的高利贷帝国布局尚未完成的过渡期。对美国军工帝国主义时期经济的这一特点，中国学者杜文君在《美国战争经济论》一书中有比较深刻的分析：

每次战争爆发之时或之前，美国经济都正处在衰退之中，即经济衰退预示着战争的爆发。事实上，衰退本身也推动了对战争对象的认定和打击

① 参见张泽清:《美国,你为何强大?》,中国城市出版社 1999 年版,第 213、214 页。

速度，当战争爆发后，美国经济迅速进入高涨期，从几场典型战争爆发的经济背景来看，适时认定和打击战争对象是美国减缓经济衰退、刺激经济复苏的重要手段。

因为每每在经济衰退之时，美国首先借助宏观政策的调整来缓解衰退，而这种宏观政策的变化首当其冲地反映在政府支出的变动上，美国政府往往在经济衰退时骤然增加军事开支，军费的迅速增加虽然不是市场的自发行为，它是政府强制行为的结果，但军事开支的增加与政府其他类型开支增加的效果却有异曲同工之妙，而且，衰退之时的政府军费开支无疑为全社会生产创造了一个全新的庞大市场，尤其军事工业生产（包括专用武器装备和通用军事消费品等）短期内扩增，迅速将军费支出的乘数效应引致到消费和投资走向上，从而使得社会总需求大幅上升，进而在短期内对宏观经济总量产生强烈的刺激作用，最终达到国内当时既定资源得到完全充分利用、释放经济衰退压力的目标。由于军费开支本身对宏观经济的涉及影响和刺激作用非常显著，军费开支的财富效应在一定程度上加大了战争决策者对战争红利的非理性预期，以致将缓解经济衰退寄希望于军费开支的顶峰阶段——战争时期。总之，美国在打击战争对象之时都与当时的国内经济衰退有一定关联。从总体态势上看，美国国力状态和战争频数呈正相关关系，但是在每次具体战争爆发前，美国经济却大多数处在低迷或者衰退状态，这种奇妙的现象在美国战争决策中成为一道独特的风景线。①

20 世纪 70 年代初的第四次中东战争、70 年代末的伊朗霍梅尼革命和美国驻伊朗大使馆人质危机等，都加快了美国国内从军工资本统治让位于金融资本的速度。20 世纪 80 年代起美国国防支出虽大幅上扬，但军事支出在国内生产总值（GDP）中所占的比重一直保持在低水平的 5%～7%的水平，这与此前 5%～15%的水平相比已大幅下降。② 此后对美国 GDP 增长贡献率最大的产业由第二产业转向第三产业。20 世纪 80 年代美国经济开启金融化进程。90 年代美国

① 杜文君：《美国战争经济论》，中国财政经济出版社 2009 年版，第 116 页。
② 参见汪涛：《纯电动：一统天下》，东方出版社 2018 年版，第 147～148 页。

金融化及其全球扩张进入大丰收时期，其间美国的金融业利润收益迅速超过制造业。如下表所示：

美国各产业公司利润变化 单位：亿美元

时期（20 世纪）	国内产业总额	金融业	制造业
60 年代平均	66.59	10.00	33.66
70 年代平均	127.37	24.97	57.90
80 年代平均	223.68	46.81	86.51
90 年代平均	578.40	169.90	165.97

根据 Economic Report of the President 2005. 转引自吕明元：《产业结构升级与经济发展方式转型关系的实证研究与国际比较》，中国经济出版社 2015 年版，第 210 页。

经尼克松时期准备和过渡，里根时期是美国军工帝国经过短暂的金融时期向高利贷帝国转轨的开始。20 世纪 80 年代后美国金融业利润快速飙升。由上表可知，从 60 年代到 90 年代，金融业利润增长了 1599%，制造业利润仅增长了 393%。

下图《美国 1950～2009 年间三次产业的产值份额变化趋势》和《美国 1900～2013年间三次产业的就业份额变化趋势》从长时段描述了美国三大产业的变化趋势，可以看到美国三大产业产值和就业份额从 20 世纪 20 年代开始，已开始向第三产业倾斜，到 20 世纪 80 年代第三产业与第一产业、第二产业之间的剪刀差迅速拉开，第三产业到 20 世纪 90 年代已赢得全面且不可逆的优势。如图所示：

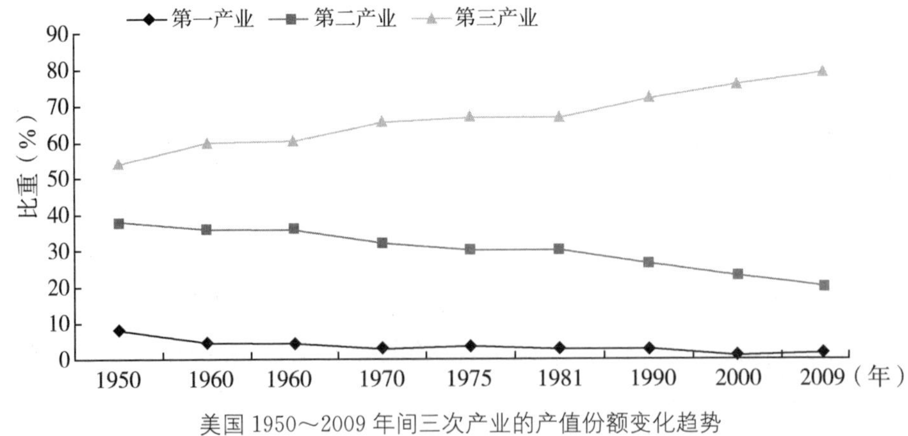

美国 1950～2009 年间三次产业的产值份额变化趋势

叶提芳：《新常态下国际贸易对中国产业结构变迁的影响研究》，华中科技大学出版社 2017 年版，第 48 页。

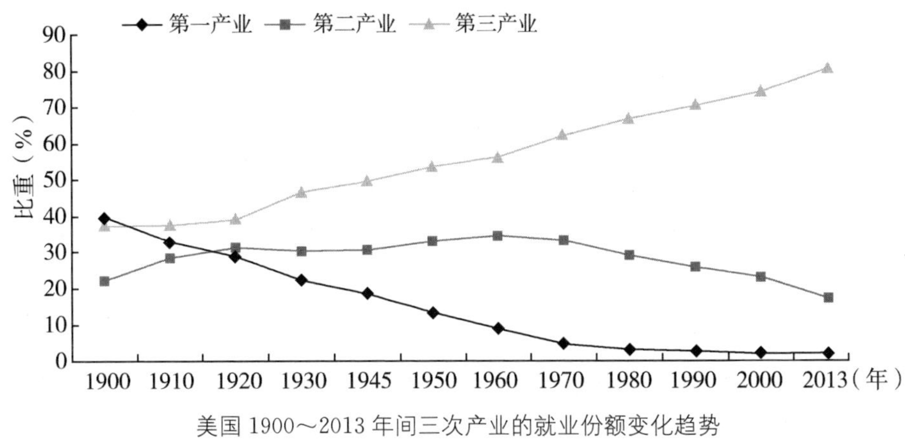

美国 1900～2013 年间三次产业的就业份额变化趋势

叶提芳：《新常态下国际贸易对中国产业结构变迁的影响研究》，华中科技大学出版社 2017 年版，第 48 页。

在金融帝国主义向高利贷帝国主义转变的过程中，美国迎来了历史上最长的“繁荣”期。“在整个 20 世纪 90 年代，美国经济持续高增长。1992～2000 年美国国内生产总值年均增长率达到 3.8%，其中 1998 年为 4.3%，1999 年为 4.2%，2000 年达到 5.2%。而 1975～1990 年美国 GDP 的增长率平均为 2.4%。第二次世界大战后美国共出现过 9 次扩张期，前 8 次中最长的出现在 20 世纪 60 年代，达 106 个月，90 年代初以来的扩张（到 2001 年 3 月）已达 120 个月，是美国历史上最长的扩张期。”① 显然，1992～2000 年间，是美国高利贷获利最丰的时期，此间由苏联解体——相当于一场战争——释放且流向美国的巨量浮财成了推高美元指数的助力，而此前推动 8 次“扩张期”的重要助力就是由战争拉动的军工生产。

20 世纪 80 年代之前美国以军工拉动经济，美元坚挺的前提是美元与黄金挂钩，“持有美元等于持有黄金”②，1971 年尼克松宣布美元与黄金脱钩，布雷顿森林体系解体。美国的黄金储备无法支撑美元供给，为了保持美元在世界货币中硬通货的垄断地位，美元便与国际大宗商品，特别是石油挂钩。1975 年

① 高德步、王珏：《世界经济史》，中国人民大学出版社 2001 年版，第 332 页。

② 史正富：《超常增长：1979～2049 年的中国经济》，上海人民出版社 2016 年版，第 66 页。

石油输出国组织（OPEC）决定只接受美元作为原油支付货币，这意味着各国要购买石油等大宗商品，就得增加美元储备，这就使得美元始终在国际外汇市场中处于中心地位。英国公共有限公司[①]的外汇首席策略分析师阿什拉夫·莱迪（Ashraf laidi）认为：“当OPEC在1975年决定只接受美元作为原油支付货币时，美元立即成了全球的储备货币，这也巩固了原油的重要地位。如果我们将20世纪五六十年代的布雷顿森林体系当作金本位，那么20世纪七八十年代便是原油本位时代。”[②] 在里根之前，美国是通过战争拉动军工利润，尼克松停止越南战争后，便将美国的军事力量收缩至中东，强力控制中东石油。“美国对世界石油的控制关键是确保石油标价和结算使用美元，并且只能使用美元。”[③] 中国学者梁亚滨写道：

> 美国对世界石油控制的关键是确保石油标价和结算使用美元，并且只能使用美元……
>
> 美国凭借在世界政治经济中的优势地位使石油利润全部转换成美元资本，同时使石油美元的流动绕开国际货币基金组织，完全按照美国的利益，以购买美国各种债券等金融资产的方式回流回美国，弥补美国的财政和贸易赤字。实现这一目标的关键在于确立石油的美元标价和结算制度，同时说服石油出口国将石油出口带来的巨额顺差用来购买美国国债。[④]

需要说明的是，造成美国金融化速度加快的原因，除了石油以美元结算之外，中国大陆在20世纪70年代末启动的改革开放及同期亚洲“四小龙”经济

---

① 英国公共有限公司(CMC Markets)作为外汇报价商成立于1989年，总部在英国伦敦金融城，现已发展为世界领先的实时互联网交易公司。

② 转引自魏强斌：《原油期货交易的24堂精品课：顶级交易员的分析框架》上，山西人民出版社2017年版，第51页。

③ 梁亚滨：《称霸密码：美国霸权的金融逻辑》，新华出版社2012年版，第221页。

④ 梁亚滨：《称霸密码：美国霸权的金融逻辑》，新华出版社2012年版，第221页。

的迅速发展拉动了亚洲对美元的超大规模的需求，此间美元指数[①]在 1985 年 2 月被推至历史最高收盘点位的 164.72 点。如图所示：

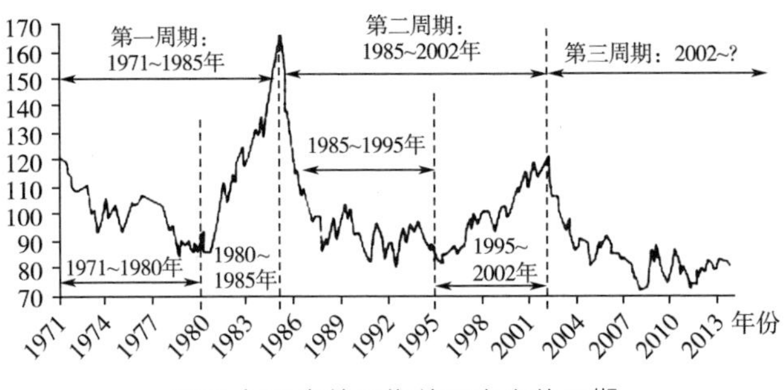

1971 年以来美元指数历史走势周期

陈晓晨、徐以升：《美国大转向：美国如何迈向下一个十年》，中国经济出版社 2014 年版，第 295 页。

需要说明的是，1985 年美元指数的峰值出现并不是国际油价推动的结果，因为同期的国际原油价格恰恰处在历史的最低点。如图所示：

油价与美元走势（1980～2016 年）

陶川：《全球宏观经济分析与大类资产研究》，中国金融出版社 2018 年版，第 220 页。

---

① 美元指数（US Dollar Index，USDX），是衡量美元在国际外汇市场汇率变化的一项综合指标，由美元对六个主要国际货币（欧元、日元、英镑、加拿大元、瑞典克朗和瑞士法郎）的汇率经过加权几何平均数计算获得。布雷顿森林体系解体后，美元指数开始被选作参照点，当时美元指数是 100 点。在过去的几十年间，美元指数曾在 1985 年 2 月达到历史最高收盘点位 164.72 点，2008 年 4 月达到历史最低收盘点位 71.33 点。从 1973 年 3 月至今，美元指数 93％的天数运行在 80 点以上，2007 年金融危机以前美元指数基本未低于 80 点，金融危机以后在 80 点附近波动。2011 年 10 月 25 日，美元指数的收盘价是 76.19。上海市金融学会编：《“十二五”时期金融发展形势和策略选择》，学林出版社 2012 年版，第 40 页。

显然，1985年的美元峰值是1978年后中国大陆改革开放和亚洲“四小龙”的快速发展共同推动的结果。此间，美国经济也在金融全球扩张的路线上获得发展。中国经济学者黄海州客观地指出了这一点，他写道：

> 中国改革开放压低了全世界的通胀水平。新型全球化下发达国家可以从发展中国家进口大量的消费品，发展中国家进入发达国家的体系，如WTO，全世界的商品、资金能够更大范围地流动，大大压低了世界的通胀水平，所以说过去30年是全世界发财最好的时候。①

1981～1990年间，里根总统推行“里根经济学”，其主要内容包括：削减政府开支和控制货币供应量的增长，降低通货膨胀率；减少个人所得税和企业税，加速企业折旧以刺激投资。里根经济学的总体思路是以供给学派的减税政策来对付经济停滞，以货币学派的控制货币供应量来对付通货膨胀。里根时期，美国实际GNP增长率比前十年虽有下降，为2.9%，通胀率却大幅减少，为4.6%②，但还是高于GNP实际增长率。大规模的减税政策增加了个人可支配的货币和企业的流动资本——这是里根货币供应学派的本质，私人和企业可支配的货币总量大规模地增加和流动，是国家经济金融化的前提。

客观地说，里根经济政策推行后美国经济得到恢复，1984年，在里根上台的第四年，美国实际国民生产总值增长率达7%，通胀率被压至4%③，“超过了计划预定的4.5%指标，创30多年来的最高水平”④。大规模减税造成的部门和个人可支配性货币增加了美国百姓的满意度。1984年，谋求总统竞选连任的里根要求选民回答“你们是不是比四年以前生活得更好?”的问题时，美国百姓回报里根的是49个州525张选举人票的压倒性胜利和高达60%的支持率。

值得注意的是，里根时期经济的大面积收益却是在政府借贷和国际收支赤

---

① 刘纪鹏主编：《未来世界的中国定位》，东方出版社2018年版，第8～9页。

② 参见张泽清：《美国，你为何强大?》，中国城市出版社1999年版，第216页。

③ 参见张泽清：《美国，你为何强大?》，中国城市出版社1999年版，第214页。

④ 马远之：《世界六百年与中国六十年》，广东人民出版社2015年版，第306页。

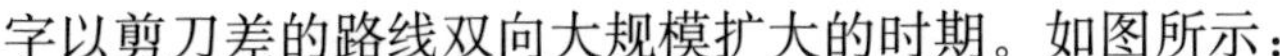
字以剪刀差的路线双向大规模扩大的时期。如图所示：

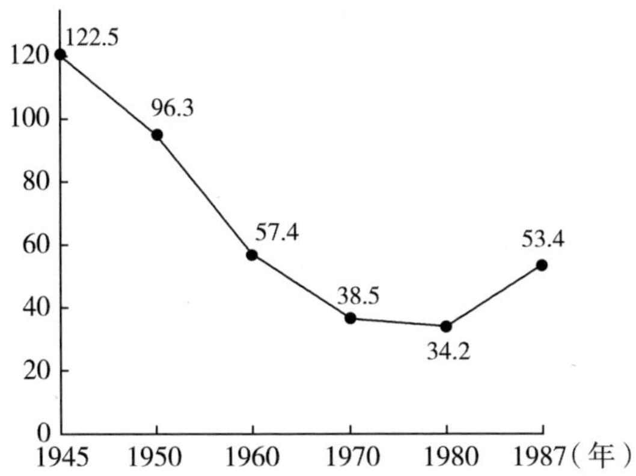

美国联邦债务占国民生产总值的百分比（1945～1987 年）

［美］夏普等：《美国社会问题经济观》，申水平等译，航空工业出版社 1992 年版，第 392 页。

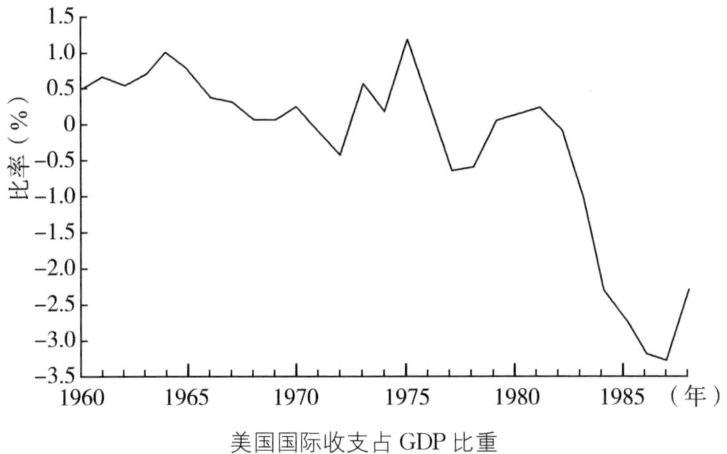

美国国际收支占 GDP 比重

［英］罗思义：《别误读中国经济》，天津出版社 2018 年版，第 214 页。

这里，问题就出来了：谁见过负担着高额债务同时还没有多少实物产品出口的国家还会过上好日子？里根在他的第一个任期内做到了这一点。那人们就要问：美国政府用什么可以交换到美国百姓需要的实物产品？答案是：美元。从里根上台的 1981 年到特朗普上台的 2016 年，美国用全球化的方式推动美元商品化，造成世界需要坚挺美元——坚挺就会有高收益，美国大举借债，再转手输送给需要美元的国家，这些国家通过向美国输送高质量实物商品换回美元外汇，在这个循环过程中，美国百姓获得大量廉价生活日用品，过上“不劳而获”的富足日子。“2006 年中国对美国产生贸易顺差 1442.6 亿美元，贸易顺差积累为中国的外汇储备，而中国外汇储备又将大部分比例投资到了以美国国债为代表的美元资产之上。”①

马克思说：“现代信用制度创始人的出发点，并不是把一般生息资本革出教门，而是相反，对它予以公开承认。”② 美国的信用制度在里根时期开始以扩大金融杠杆的形式向高利贷制度暗度陈仓。

里根放松银根的政策增加了流动资本，理论上说这有利于老百姓的“大众创业”，但在现实中亚洲新兴市场经济国家，尤其是在刚进入改革开放快车道的中国等国迫切需要扩大美元储备的历史条件下，美国国内新释放出来的庞大的货币只流向美元处于优势地位的外汇市场以期获得超额回报，即使投资这些国家的产业也可获得比美国国内更优质的资源和更质优价廉的劳动力。如图所示：

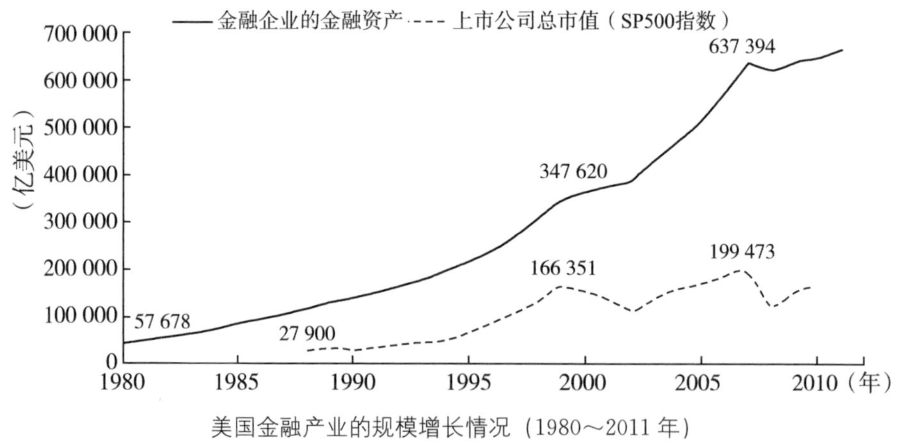

美国金融产业的规模增长情况（1980～2011 年）

史正富：《超常增长：1979～2049 年的中国经济》，上海人民出版社 2016 年版，第 68 页。

① 王建：《货币霸权战争：虚拟资本主义世界大变局》，新华出版社 2008 年版，第 19 页。

② 马克思：《资本论》第 3 卷，人民出版社 1975 年版，第 679～680 页。

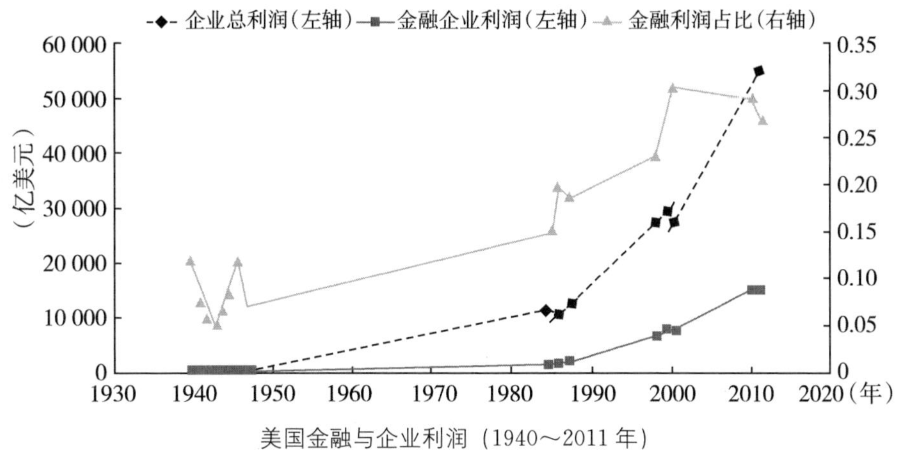

美国金融与企业利润（1940～2011年）

史正富：《超常增长：1979～2049年的中国经济》，上海人民出版社2016年版，第70页。

我们看到1980年后，美国经济中的金融业快速发展，金融利润再上台阶，在1980年到2010年的30年间，金融收益远远高于企业利润收益，“20世纪40年代金融行业利润在美国国民经济总利润中的占比基本在10%以下，1985年增长到15%以上，2000年更是高达30.59%。”① 有资料说明：“美国一个国家自1996年以来，就通过国际资本的流入再转为支付进口，消耗掉了全球每年70%以上的剩余产品或净储蓄。”② “到20世纪90年代后期，世界货币市场的年交易额已经高达600万亿美元，是年国际贸易总额的100倍，全球年金融产品交易额高达2000万亿美元，是全球年GDP总额的70倍。可以说，当代资本运动的主体已经转移到虚拟产品生产方面。”③

昨天“期票是犹太人的真正的神”④，今天金融衍生品成了美国人“真正的神”。这个“真正的神”通过“金融”的幌子虚伪过渡，使美国从军工帝国

---

① 史正富:《超常增长:1979～2049年的中国经济》,上海人民出版社2016年版,第69页。

② 王建:《货币霸权战争:虚拟资本主义世界大变局》,新华出版社2008年版,第19页。

③ 王建:《货币霸权战争:虚拟资本主义世界大变局》,新华出版社2008年版,第27页。

④ 马克思:《论犹太人问题》,《马克思恩格斯全集》第1卷,人民出版社1956年版,第448页。

迅速向高利贷帝国转变。①

(二) 从“G—W—G′”到“G—G′”：美国高利贷帝国主义的出现及其反自然、反人类、反文明的本质

事实上，一个国家的民生依赖金融遑论高利贷的支撑是不能持久的，毕竟货币只是价值的尺度和商品交换的工具；而财富，不管是本国的还是他国的，都需要人的脑力和体力劳动在特定时间内的投入才能产出。这样便与资本化的货币即高利贷产生了矛盾。资本化的货币不同于一般的货币，一般货币是为了交换商品，资本化的货币却是为了交换货币。马克思说：

> 在高利贷资本中，G—W—G′形式简化成没有媒介的两极G—G′，即交换成更多货币的货币。这种形式是和货币的性质相矛盾的，因而从商品交换的角度是无法解释的。②

货币原本只是一种价值尺度，只是商品交换的媒介，在这个“媒介”短缺时，社会就会出现囤积货币以增强商品交换的“权力”。当这种权力成为事实存在时，人们就会用人为囤积货币的方式使自己长期拥有商品交换的权力——本质是占有劳动产品的权力。这样就在货币商之间产生了竞争，竞争又促使货币拥有者从囤积转为直接放贷即用钱生钱。这时货币（G）使自己增殖的对象已不是商品（W），而是处于不同利率中的货币（G′）；也就是说资本增殖的公式从G—W—G′简化为G—G′。当这种转换在一个国家中处于

---

① 也有学者看到了这个转变，但作出笔者不尽同意的阶段划分，笔者认为“虚拟资本主义”属于列宁说的“高利贷帝国主义”，它是由“军工帝国主义”转化过来的，是货币资本的返祖，是目前为止资本主义最高阶段中最野蛮、最腐朽的阶段。中国经济学家王建在2008年出版的《货币霸权战争：虚拟资本主义世界大变局》一书中认为：“在经历了自由资本主义和垄断资本主义两个历史阶段之后，以美国为代表的资本主义目前发展到了虚拟资本主义阶段……在自由资本主义、垄断资本主义时期，世界主要资本主义国家的资本家还是以生产物质产品为主，资本主义经济的基本矛盾和运行规律、帝国主义战争的性质等等，都是围绕物质产品的生产和流通产生的。但是进入虚拟资本主义之后，所有的这些都在发生着深刻的变化。”（王建：《货币霸权战争：虚拟资本主义世界大变局》，新华出版社2008年版，第13页。）

② 马克思：《资本论》第1卷，人民出版社1975年版，第187页。

可控制的有限范围，那只是表明社会经济出现了问题，如果这种转换成了国家行为，那么这个国家就进入了快速腐朽进而衰落和瓦解的轨道。马克思说："货币对不动的、不可分割的财产起瓦解作用。"①马克思说的就是高利贷货币，高利贷货币与一般货币不同的是，一般货币依赖的是商品交换，商品的交换次数是它增殖的原因；高利贷货币依赖的是货币兑换的频率，而货币兑换的频率不是取决于社会生产状况，而是社会破产状况。大破产——最好是国家破产——才能产生对货币的大量需求，从而产生货币兑换。里根时期美国经济加速经济全球化和金融化的进程，增强了美元在国际上的强势地位，到 20 世纪 90 年代，"G—G′"即钱生钱成了美国全民的敛财方式。如图所示：

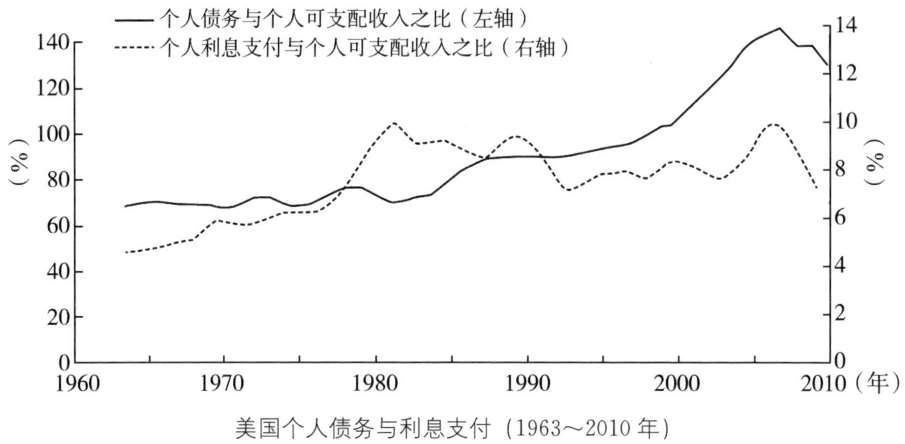

美国个人债务与利息支付（1963～2010 年）

转引自李民琪等：《资本的终结：21 世纪大众政治经济学》，中国人民大学出版社 2016 年版，第 198 页。

由图《美国个人债务与利息支付（1963～2010 年）》可见，自 20 世纪 80 年代初期，中国大陆改革开放和亚洲"四小龙"快速发展，亚洲对美元出现巨

① 马克思：《经济学手稿(1857～1858 年)》,《马克思恩格斯全集》第 31 卷，人民出版社 1998 年版，第 332 页。

大的需求，此间美元货币供应总量紧缩，美元利率飙升①，美国人的个人债务下降，利息支付却在升高，美国公民可支配收入也相应增长。但这对美国工业造成了巨大的贷款负担，也增加了美国百姓的潜在金融风险。1978 年中国实行改革开放，1982 年拉美经济危机爆发，这几件大事持续刺激了世界对美元的刚性需求，再加上 1991 年苏联解体，这使得美国金融产品自 20 世纪 80 年代以后第一次进入丰收期并由此造成美元指数自 1970 年以来出现第一个高峰，美元指数从 80 点左右飙升至近 170 点。苏联解体和东欧社会主义国家垮台，这些又造成美元第二个小高峰，美元指数从 90 年代初的 80 多点猛升至 2000 年的 120 点左右。② 这两次美元的大收益对美国产生的负面影响是导致美国经济严重泡沫化。如表所示：

美国三次产业对国内生产总值的贡献率

美国三次产业对国内生产总值的贡献率（1990～2017 年）								
第一产业（%）			第二产业（%）			第三产业（%）		
1990 年	2000 年	2017 年	1990 年	2000 年	2017 年	1990 年	2000 年	2017 年
0.25	3.8	9.3*	－0.11	25.9	1.7*	1.05	70.4	89.0*

美国国内生产总值产业构成

美国国内生产总值产业构成（1990～2017 年）								
农业增加值占国内生产总值比重（%）			工业增加值占国内生产总值比重（%）			服务业增加值占国内生产总值比重（%）		
1990 年	2000 年	2017 年	1990 年	2000 年	2017 年	1990 年	2000 年	2017 年
2.0	1.2	1.0*	28.1	22.4	18.9*	69.9	73.1	77.0*

以上数据来源于《国际统计年鉴》1999 年、2018 年。注 * 为 2016 年数据。

---

① 100 美元，1950 年兑换 275.00 元人民币，从 1955 年到 1970 年 15 年间，人民币对美元兑换一直固定在 100 美元兑换 246.18 元人民币的汇率上。（参见张光平：《人民币衍生产品》上册，中国金融出版社 2008 年版，第 226、227 页。）从 1985 年人民币开始贬值，当年 100 美元兑换 293.57 元人民币，1990 年兑换 478.32 元人民币，2000 年可兑换 827.84 元人民币，2010 年为 676.95 元人民币，2018 年为 661.74 元人民币。1983～2000 年，中国实际利用外资金额从 22.61 亿美元增至 593.56 亿美元，至 2018 年又猛增至 1349.66 亿美元。人民币对美元的汇率大幅上升导致中国外汇储备的快速增加。1978 年中国外汇储备仅有 1.67 亿美元，2000 年为 1655.75 亿美元，2018 年飙升至 30727.12 亿美元。（参见国家统计局编：《中国统计年鉴 2020》，中国统计出版社 2020 年版，第 357、588 页。）

② 参见陈晓晨、徐以升：《美国大转向：美国如何迈向下一个十年》，中国经济出版社 2014 年版，第 295 页。

我们看到，从1990年到2017年，美国三次产业中对国内生产总值贡献率最大的是第三产业，从1990年的1.05%猛升至2017年的89%，其间，第三产业的增加值占国内生产总值的比重也从69.9%增至77%。至此，美国经济严重金融化。原本在“G—W—G′”道路上迅速崛起且经济高度发达的资本主义美国，却在资本逻辑的推动下回到了“G—G′”，马克思指出，“商人资本和生息资本是最古老的资本形式”①，是“洪水期前的形态”②：

关于商业资本所说的一切，更加适用于高利贷资本。在商业资本中，两极，即投入市场的货币和从市场取出的增大的货币，至少还以买和卖，以流通运动为媒介。在高利贷资本中，G—W—G′形式简化成没有媒介的两极G—G′，即交换成更多货币的货币。这种形式是和货币的性质相矛盾的，因而从商品交换的角度是无法解释的。③

“G—G′”即用钱生钱的经济特点是货币成了货币增殖的对象，这时货币运动就脱离了金融和信用的性质转而向高利贷货币“返祖”：在金融和信用意义上的货币增殖需要的是改善商品生产和销售条件，而高利贷意义上的货币需要的是普遍地破坏生产和销售条件，通过瓦解一切实体经济造成有利于放贷的社会需求，马克思写道：

高利贷不改变生产方式，而是像寄生虫那样紧紧地吸在它身上，使它虚弱不堪。高利贷吮吸着它的脂膏，使它精疲力竭，并迫使再生产在每况愈下的条件下进行。④

对正常的生产国家而言，只有在扩大分工和扩大再生产的条件下才需要更多的货币，而高利贷资本正好相反，它需要的是实体生产的普遍破产。只有破

① 马克思：《资本论》第3卷，人民出版社1975年版，第688页。
② 马克思：《资本论》第1卷，人民出版社1975年版，第186页。
③ 马克思：《资本论》第1卷，人民出版社1975年版，第187页。
④ 马克思：《资本论》第3卷，人民出版社1975年版，第674～675页。

产、战争和疾病等灾害，才能造成社会或家庭对货币的绝对需求。一旦国家经济整体性地进入高利贷陷阱，“银行就由普通的中介人变成万能的垄断者”①，这时的国家政府就成了高利贷商人任意摆弄的仆人。列宁是资本主义进入帝国主义时代的马克思主义者，他以最新的材料证实了马克思上述结论，他写道：

> 在工业高涨时期，金融资本获得大得无比的利润，而在衰落时期，小企业和不稳固的企业纷纷倒闭，大银行就“参与”贱价收买这些企业，或者“参与”有利可图的“整理”和“改组”。在“整理”亏本的企业时，把股份资本降低，也就是按照比较小的资本额来分配收入，以后就按照这个资本额来计算收入了。如果收入降低到零，就吸收新的资本，这种新资本同收入比较少的旧资本结合起来，就能获得相当多的收入。②

事实上，苏联解体和东欧社会主义制度瓦解时，以美国为首的西方国家就在其中大发了一笔横财，这笔横财将美元指数从 1992 年的 80 点左右推向 2000 年的 120 点左右——这是美元自 1985 年以来的第二个高峰。1990 年，波兰华沙大学经济学博士，原“团结工会”积极分子扬·捷符尔斯基以忏悔的心情写了长篇论文揭露了波兰社会主义垮台给波兰人民带来的灾难。他写道：“外国资本将廉价接管我国办得较好的国营企业。企业的价值将采用产品销售的利润额作为计算标准。因为波兰的大部分工业产品成本高，质量低，所以企业价值的估价一般都很低。此外，西方货币汇率比所在国的实际购买力一般又高出一倍，而根据国际货币基金组织的要求，这种货币在波兰的价格又将大大提高。因此，向外国资本出售波兰企业简直是白送一般。然而，外国资本想要得到的远非这些，外国资本不但要有权购得企业，而且要包括企业地皮、甚至地皮以外的东西，还要求有权把从波兰廉价劳动力身上攫取的利润自由汇出

① 列宁：《帝国主义是资本主义的最高阶段》，《列宁选集》第 2 卷，人民出版社 1972 年版，第 752 页。

② 列宁：《帝国主义是资本主义的最高阶段》，《列宁选集》第 2 卷，人民出版社 1972 年版，第 777 页。

波兰。”①

列宁上面所说的“金融资本”的运作方式就是变相的高利贷。高利贷资本与其他资本不同，其他资本是通过生产和销售商品增殖，而高利贷资本是通过“销售”货币增殖，商品生产和销售有生产周期，这个周期决定了金融资本赢利也是有周期的；而高利贷资本不能有生产周期，货币一旦停止流通，它就形同废纸。因此，高利贷不能等待，为此它必须不断创造生产者的贷款需求，这样的需求形成的前提就只能是生产的瓦解和永恒的贫困。于是货币一旦主宰了生产，它就会立即撕下“金融”“信用”的面纱并暴露破坏生产、破坏社会、毁灭人类正常活动，甚至屠杀人类的高利贷的赢利本性。马克思尖锐地指出这一点：

> 要使资本主义生产方式的“永恒的自然规律”充分表现出来，要完成劳动者同劳动条件的分离过程，要在一极使社会的生产资料和生活资料转化为资本，在另一极使人民群众转化为雇佣工人，转化为自由的“劳动贫民”，这一现代历史的杰作，就需要经受这种苦难。②

现在看来，美国已成了这样的以经营高利贷为主业的国家。今天美国及其外交已彻底商业化了，成了为美国垄断财团牟利的工具。“大多数银行家认为独裁政府挺好。”一位银行家在波兰对《纽约时报》说，“在拉丁美洲的每次政变之后，必定出现银行家们欣喜若狂的情景，他们主动找上门来向新政府提供信贷。谁都不知道政治体制能够发挥什么作用，唯一的检验方式就是：看他们能不能清偿账单”③。

由此可以解释为什么美元一旦跌至最低节点，世界必然要发生大事：要么美国与对手妥协，要么消灭对手。1972 年中美改善关系，1979 年中美建交，由此便出现了战后美元指数的最高峰值；1987 年，美元指数跌至谷底，1989

① 柳静编著：《西方对外战略策略资料》第 1 辑，当代中国出版社 1992 年版，第 225 页。

② 马克思：《资本论》第 1 卷，人民出版社 1975 年版，第 829 页。

③ [美]彼得·施魏策尔：《里根政府是怎样搞垮苏联的》，殷雄译，新华出版社 2001 年版，第 86 页。

年中国出现政治风波，美国介入失败，美国转手推动苏联1991年解体①，美元指数再次大幅上扬。2000年普京上台，大幅压缩了美国高利贷资本在俄罗斯的掠夺，美元指数随后大幅下跌，随之而来的是美国国内以吃高利息为生的老百姓的收入大幅降低，其生存条件严重恶化。法国学者托马斯·皮凯蒂（Thomas Piketty）在《21世纪资本论》一书中写道："自1980年以来，美国的收入不平等就开始快速度扩大。前10％人群的收入比重从20世纪70年代的30％～35％，上涨到21世纪伊始的45％～50％——提升了15个百分点。"②2008年美元指数跌至接近70点。当年美国经济危机爆发，2011年底，美国便发生了"占领华尔街"运动。皮凯蒂分析说：

> 1980年以来，美国国民收入中有相当一部分（大约15％）从最穷的90％人口转向了最富有的10％人口。具体地讲，如果我们考察一下危机发生前30年（即1977～2007年）美国经济的增长情况，就会发现最富有的10％人群占据了增长总额的3/4，这一时期最富有的1％人群就独占了美国国民收入增长的近60％。因此，对于底部的90％人群来说，收入增长率每年不足0.5％。这些数字是无可争议的，却很让人吃惊：当人们考虑收入不平等的基本合理性时，都应详细核对这些数字。很难想象，在社会群体之间存在如此极端分化的情况下，这个经济和社会如何能够持续运转下去。③

美国金融史专家威廉·戈兹曼（William Goetzmann）指出了目前愈演愈烈的两极分化将给美国带来的革命前途，他写道："美国金融危机的未来已近在眼前。近来底特律市宣告破产，使得退休人士与在职人士之间的冲突越发尖锐。退休市政人员——警察、消防员、教师和环卫工人——面临着这样一种可能性：这座城市在他们急需用钱之际会背弃其对养老金的承诺。遗忘法国大革

---

① 参见[美]彼得·施魏策尔：《里根政府是怎样搞垮苏联的》，殷雄译，新华出版社2001年版。

② [法]托马斯·皮凯蒂：《21世纪资本论》，中信出版社2014年版，第300页。

③ [法]托马斯·皮凯蒂：《21世纪资本论》，中信出版社2014年版，第303页。

命是不明智的。”[①]

为了挽救美元危机，小布什政府以“反恐”的名义，发动了阿富汗战争，继而发动伊拉克战争，结果折戟伊拉克。2009年美国宣布从伊拉克部分撤军。一旦军事不能控制中东，石油美元也就宣告寿终正寝。2016年特朗普在军工资本的支持下异军突起——迫使华尔街金融资本利益的代理人希拉里退出——成为继奥巴马之后美国第45任总统。特朗普试图用振兴军工生产的方式来扭转美国的颓势，军工采购在特朗普时期大幅上扬：2016～2019年美国国内生产总值（GDP）增长率中的政府消费支出和投资项里，国防增长最快最猛，从2016年的－0.6％增至2019年的5.6％。[②] 从2016年到2019年，美国GDP只有知识产权产品和国防两项增长，其中增长最快以及对美国GDP增长拉动大的还是国防。[③] 这表明，美国正在从20世纪50～70年代的军工帝国主义经80年代后30多年的金融-高利贷帝国主义的否定，又迅速“返祖”到反自然、反人类与反文明的野蛮军工帝国主义——这是一个经典的“否定之否定”[④] 的样本。今后在相当长的时间内不管谁上台，如果不发生人民革命，美国都将在军工和高利贷权力交替中走向其苟延残喘的穷途末路。

道德与劳动是不能分离的孪生子。国家和人一样，如果不劳动，这个国家就会从文明异化为野蛮和堕落。古罗马就是这样，古罗马国家在上升时期，生产性劳动是社会的主流，但是后来打仗代替了劳动，掠夺了很多奴隶，让奴隶劳动，古罗马民众则观赏动物表演、看人兽肉搏，这时古罗马就衰落了。今天的美国也重复了古罗马的兴衰老路。

---

① ［美］威廉·戈兹曼：《千年金融史：金融如何塑造文明，从5000年前到21世纪》，张亚光、熊金武译，中信出版社2017年版，第403页。

② 美国在2016年、2017年、2018年、2019年，国防支出和投资增长率（环比折年率）分别为－0.6％、0.7％、3.3％、5.6％，对美国经济拉动分别为－0.02％、0.0％、0.1％、0.2％。国家统计局国际统计信息中心编：《世界经济运行报告2018/19》，中国统计出版社2019年版，第194、196页；《世界经济运行报告2020/21》，中国统计出版社2021年版，第238、240页。

③ 参见国家统计局国际统计信息中心编：《世界经济运行报告2018/19》，中国统计出版社2019年版，第196页；《世界经济运行报告2020/21》，中国统计出版社2021年版，第238页。

④ 否定之否定规律最初由黑格尔提出，经马克思改造，成为唯物辩证法的一个基本规律。否定之否定规律的基本内容就是：事物的发展是由肯定（黑格尔的“正题”）到否定（黑格尔的“反题”）再到否定之否定（黑格尔的“合题”），如此循环往复的螺旋式运动的辩证过程。

第二次世界大战后，美国摆脱欧洲的“跟班”身份，以独立的姿态转入帝国主义形态。在此后近80年的历史中，高利贷资本将一个曾是健康、向上和反欧洲压迫的工业化的美国推向野蛮堕落的境地。正如马克思所说：

> 商人资本和生息资本是最古老的资本形式。①
>
> 高利贷资本有资本的剥削方式，但没有资本的生产方式。②

需要说明的是，马克思时代的高利贷多是私人或法人的个体行为，今天的美国的“高利贷帝国主义”与马克思所说的历史上的“商人资本”或“高利贷资本”不同，与19世纪初的被列宁称为“高利贷帝国主义”的法国相同，已是一种国家行为。与马克思说的单向贷出的高利贷不同，今天的美国的高利贷具有双向剥削的特点，紧附在作为民族国家美国身上的国际垄断财团以高利贷贷入的形式剥削美国③，同时以高利贷贷出的形式剥削世界其他国家。高利息的压力迫使美国政府必须不择手段地向世界贷出美元“产品”，以平衡财政赤字。

从古代高利贷活动发展出的信用制度，是金融发展史上的重大进步。马克思说：“信用制度是作为对高利贷的反作用而发展起来的……信用制度的发展恰好就是表示生息资本要服从资本主义生产方式的条件和需要。”④ 但是，与美国情形相反，只有在国家掌控银行的地方，比如欧洲一些国家和东方的中

---

① 马克思：《资本论》第3卷，人民出版社1975年版，第688页。

② 马克思：《资本论》第3卷，人民出版社1975年版，第676页。

③ “2010年美国全部国债利息为4139亿美元，成为仅次于国防和社保的第三大支出。2011年美国的国债利息达4540亿美元，占联邦全部财政收入的20%。如此巨大的利息支出将导致每年增发国债近5000亿美元。2000～2010年国债利率平均达到5%，未来国债利息可能还会上升，因为随着国债总量的增加，其风险水平也在上升。那些持有美国债券的国家，如中国、日本和海湾国家政府和持有债券的美国公众自然要求国债利率上升，以抵御风险，美联储也将不得不提高利率以吸引贷款人，而这将造成未来赤字和债务的刚性增长。政府债务筹资成本也随之上升，一旦这种恶性循环开始，美国的债务利息将成为联邦预算中的最大项目。有人测算，到2023年，美国政府的财政收入将全部用来偿还利息。如果经济增长率持续低迷，2050年美国债务率可能上升到GDP的296%。高额利息将使美国经济陷入衰退。即将爆炸的债务炸弹，将彻底摧毁美国。”孙怀玉：《走下巅峰的美国》，武汉出版社2016年版，第48页。

④ 马克思：《资本论》第3卷，人民出版社1975年版，第678页。

国，信用制度才能对货币的高利贷本性进行有效制约[①]。进入 20 世纪 80 年代后，美国金融资本在里根时期“控制货币总量”财政政策的天衣无缝的配合下，美国的实体经济尤其工业遭到重创，其结果是美国工业资本屈服于华尔街金融资本，此后的美国已不是“生息资本要服从资本主义生产方式的条件和需要”，而是资本主义生产方式要服从生息资本的“生产方式的条件和需要”。至此，金融资本家在现代文明史上彻底抛弃了货币服务于实体经济的“金融”“信用”面具，赤裸裸地露出高利贷“夏洛克”的本质：2000～2016 年，美国政府公共债务占 GDP 比重从 33.16％迅速飙升至 99.46％[②]；1990 年到 2017 年，美国第三产业对 GDP 贡献率从 1.05％猛升到 89％[③]。

马克思说：“资本来到世间，从头到脚，每个毛孔都滴着血和肮脏的东西。”[④] 但是，与至少要保证劳动力自身再生产得以维持的工业资本不同，高利贷资本的剥削是无底线的，而它的本性又是与自然的和人类的本性尖锐对立的，它“害怕没有利润或利润太少，就像自然界害怕真空一样。一旦有适当的利润，资本就胆大起来。如果有 10％的利润，它就保证到处被使用；有 20％的利润，它就活跃起来；有 50％的利润，它就铤而走险；为了 100％的利润，它就敢践踏一切人间法律；有 300％的利润，它就敢犯任何罪行，甚至冒绞首的危险。如果动乱和纷争能带来利润，它就会鼓励动乱和纷争。走私和贩卖奴隶就是证明”[⑤]。

---

① 美国金融史专家威廉·戈兹曼注意到东方中国治理金融的有效经验，他写道：“金融问题可以通过许多不同方式解决。中国的金融史就为我们提供了对于比较发展进行研究的机会，尤其是政治环境如何决定技术方案。例如，中国货币和铸币的发展轨迹与希腊、罗马世界完全不同……古代中国没有出现任何形式的公司，却拥有几千年的灿烂文明。”［美］威廉·戈兹曼：《千年金融史：金融如何塑造文明，从 5000 年前到 21 世纪》，张亚光、熊金武译，中信出版社 2017 年版，第 406 页。

② 国家统计局编：《中国统计年鉴　2019》，中国统计出版社 2019 年版，第 195 页。

③ 国家统计局编：《国际统计年鉴　1999》，中国统计出版社 1999 年版，第 100 页；《国际统计年鉴　2018》，中国统计出版社 2018 年版，第 82 页。

④ 马克思：《资本论》第 1 卷，人民出版社 1975 年版，第 828～829 页。

⑤ 转引自马克思：《资本论》第 1 卷，人民出版社 1975 年版，第 829 页，注释 250。

六、其兴也勃，其亡也忽：美国的崛起与美国的没落及其总结

在清教基础上生长出的“五月花”自由原则不受限制地“使资本主义生产方式的‘永恒的自然规律’充分表现出来”并释放出巨大的资本主义的能量，这种能量以前所未有的速度“完成劳动者同劳动条件的分离过程”，“在一极使社会的生产资料和生活资料转化为资本，在另一极使人民群众转化为雇佣工人，转化为自由的‘劳动贫民’”[①]，其结果是“五月花”的自由原则终为它释放出的反自由的力量所毁灭，正如美国政府对2011年反抗金融资本的“占领华尔街”运动的镇压。

进入21世纪，华尔街金融财团终于在美国再现了资本的反民主和高利贷资本反人类的本性。现在美国华尔街金融集团已击败并取代了实体生产资本，独占帝国，结果是被亚里士多德认为“最不合乎自然”[②]的高利贷被包装成各式“金融产品”后成了世界的时尚。此后美国也从一个反抗欧洲霸权、具有革命精神的民族国家蜕变为害人害己手持利斧（军工）的高利贷帝国，这个帝国将世界资本主义在20世纪下半叶推向列宁说的“最高阶段”后又在21世纪初将其拖入没落阶段，将人类送上工业文明的巅峰后又逆向将人类拖入马克思说的“洪水期前的形态”[③]。美国哈德逊研究所教授、对外关系委员会高级研究员沃尔特·拉塞尔·米德认为：“美国不仅只是一个冰冷无情的商人们在无止境地追逐自己无聊工作的空洞社会，它还是意义、道德和

① “要使资本主义生产方式的‘永恒的自然规律’充分表现出来，要完成劳动者同劳动条件的分离过程，要在一极使社会的生产资料和生活资料转化为资本，在另一极使人民群众转化为雇佣工人，转化为自由的‘劳动贫民’这一现代历史的杰作，就需要经受这种苦难。”马克思：《资本论》第1卷，人民出版社1975年版，第828～829页。

② “所谓‘利息’正是‘钱币所生的钱币’。我们可以由此认识到，在致富的各种方法中，钱贷确实是最不合乎自然的。”[古希腊]亚里士多德：《政治学》，吴寿彭译，商务印书馆1965年版，第32页。

③ 马克思：《资本论》第1卷，人民出版社1975年版，第186页。

诚信的敌人。”[1]

进入21世纪的美利坚国家已被没落的资本主义折磨得病入膏肓，可悲的是这时的美国的知识分子却没有足够的反思，他们不仅没有认识到美国更需要一次“文艺复兴”，需要重返欧洲去把早年清教徒在倒掉欧洲“洗澡水”（即封建主义）时抛出的“孩子”（即国家的价值）捡回来，相反，他们仍将“自由主义”当作不变的教条[2]，被欧洲用诺贝尔奖捧起来的美国的“新自由主义”迄今仍是美国的经济理论信奉的圭臬。

姜当然还是老的辣。欧洲人显然看到了美国的问题所在，但他们不仅没有提醒反而高调怂恿美国人的自由主义蛮力。2007～2012年，就在美国深陷危机期间，美国经济学家几乎包揽了这一时期的诺贝尔经济学奖。[3] 也就在此后美国经济似乎得了“肾衰竭”，在危机中日益不能自拔，国力不振，政治上出现人民“占领华尔街”运动和越来越多的各种抗议和占领运动。2021年1月6日，美国大选落幕，就在拜登发表就职演说前，华盛顿部分示威者进入美国国会区域，国会山自1814年后再次遭到冲击，国会议员被要求就地避难。1月20日，拜登就职典礼当天，华盛顿如临大敌，戒备森严：五角大楼部署了2.5万名国民警卫队队员协助加强安保，美国各州也纷纷针对可能发生的暴力事件采取防范措施。

列宁说：“资本家瓜分世界，并不是因为他们的心肠特别毒辣，而是因为集中已经达到这样的阶段，使他们不得不走上这条获取利润的道路。”[4] 同样的道理，一个生气勃勃的美国被这般送入末途，也不是资本家“心肠特别毒

---

① ［美］沃尔特·拉塞尔·米德：《上帝与黄金：英国、美国与现代世界的形成》，涂怡超、罗怡清译，社会科学文献出版社2014年版，第537页。

② 比如当代美国新自由主义代表人物，诺贝尔经济学奖获得者米尔顿·弗里德曼就认为：“用斯密来为他自己的思想背书存在一定困难，因为他很清楚，斯密比他更相信政府，在许多情况下，斯密呼吁政府采取行为，但他却认为不可如此。”［美］丹尼尔·斯特德曼·琼斯：《宇宙的主宰：哈耶克、弗里德曼与新自由主义诞生》，贾拥民译，华夏出版社2017年版，第137页。

③ “从1901年首设诺贝尔经济学奖到去年为止，总计有71位美国公民单独或者分享了诺贝尔经济学奖。梳理2007年至今年，美国经济学家几乎‘包揽’了诺贝尔经济学奖。”《美国人再次拿走诺贝尔经济学奖》，《环球时报》2012年10月16日第4版。

④ 列宁：《帝国主义是资本主义的最高阶段》，《列宁选集》第2卷，人民出版社1972年版，第795页。

辣”，它是美国人建立的这类绝对资本主义制度使然。美国人太热爱自由了以至于将自由绝对化，结果为自由“创新”出来的制度反而成了打倒美国自由的力量：为自由而挣脱欧洲，为捍卫和巩固革命得来的自由成果又将自由绝对化，结果绝对自由及建立于其上的片面信仰又将自由葬送。这样的结局确实需要今天的美国人乃至新成长起来的中国青年反思。

无疑，促成美国上升的并非一种力量，同样，导致美国没落的也不能只是一种（比如华尔街的）力量，而应当是美国各阶层民众即“无数个力的平行四边形”的选择形成的合力促成的结果。1890 年 9 月，恩格斯在写给友人的信中说：

> 历史是这样创造的：最终的结果总是从许多单个的意志的相互冲突中产生出来的，而其中每一个意志，又是由于许多特殊的生活条件，才成为它所成为的那样。这样就有无数互相交错的力量，有无数个力的平行四边形，而由此就产生出一个总的结果，即历史事变，这个结果又可以看作一个作为整体的、不自觉地和不自主地起着作用的力量的产物。因为任何一个人的愿望都会受到另一个人的妨碍，而最后出现的结果就是谁都没有希望过的事物。所以以往的历史总是像一种自然过程一样地进行，而且实质上也是服从于同一运动规律的。但是，各个人的意志——其中的每一个希望都得到他的体质和外部的、终归是经济的情况（或是他个人的，或是一般社会性的）使他向往的东西——虽然都达不到自己的愿望，而是融合为一个总的平均数，一个总的合力，然而从这一事实中决不应作出结论说，这些意志等于零。相反地，每个意志都对合力有所贡献，因而是包括在这个合力里面的。①

一个月后，恩格斯在另一封信中特别强调了合力运动的“不均衡”性及其中的“最有决定性”的经济因素。他说：

> 整个伟大的发展过程是在相互作用的形式中进行的（虽然相互作用的

① 《恩格斯致约·布洛赫》,《马克思恩格斯选集》第 4 卷，人民出版社 1972 年版，第 478～479 页。

力量很不均衡：其中经济运动是更有力得多的、最原始的、最有决定性的)，这里没有任何绝对的东西，一切都是相对的。[①]

“历史是这样创造的”，这个过程用马克思的话说就是“社会经济形态的发展是一种自然历史过程”；在这个过程中“涉及到的人，只是经济范畴的人格化，是一定的阶级关系和利益的承担者”[②]。“自然历史过程”也就是合力发生发展的过程。

美国的历史也是这样一个发生、发展和没落的过程。美国人民用革命的方式摆脱欧洲的民族压迫，仅用两百多年的时间建立了一个生机勃勃并在后来独霸世界的美利坚合众国。但是，美利坚民族毕竟还是太年轻了，以至于对自己的国家在诞生之初就存在的自我否定因素缺乏深刻的认识，遑论反思和批判。[③] 第二次世界大战的胜利使美国彻底摆脱了欧洲的压迫，获得自由的美利坚民族却被华尔街随后绑架至美国，盲从华尔街垄断财团参与帝国主义的全球扩张和剩余价值瓜分，由此美利坚民族也整体性地从被压迫民族异化为压迫民族。[④] 时至20世纪末美国从一般的民族国家经军工帝国主义和短暂的金融化过渡，最终异化为高利贷帝国主义国家，而美利坚民族则异化为美国的附庸，作为民族国家的美国则转化为遭受“美帝国”剥削和压迫的半殖民地国家。

“美国被自己的居民认为是一座山巅之城、自由堡垒。”[⑤] 但真理多走一步就会变成谬误，自由成为绝对也会走向反面。自由为自由所打倒，美国“其兴

---

① 《恩格斯致康·施米特》,《马克思恩格斯选集》第4卷,人民出版社1972年版,第487页。

② 马克思:《资本论·第一版序言》第1卷,人民出版社1975年版,第12页。

③ 美国学者沃尔特·拉塞尔·米德将负债当作英美国家比其他国家“出类拔萃”的动因,他写道:“海洋秩序的历史表明,英美人并不会在无债务情况下而出类拔萃。相反的是,他们通常比其他民族背负更大的债务。但他们历史上一直比他人更善于通过创造性融资和灵活市场来管理债务,他们一直以来在充分利用借来的钱方面取得了不寻常的成功。在背负惊人巨债的同时,却能够保持持续增长和繁荣,从17世纪晚期英美人从‘荷兰金融’中所领会到这种技术开始,这种能力一直以来都是英美人的标志。”[美]沃尔特·拉塞尔·米德:《上帝与黄金:英国、美国与现代世界的形成》,涂怡超、罗怡清译,社会科学文献出版社2014年版,第461页。

④ “帝国主义的特点,正如我们所看到的那样,就是现在全世界已经划分为两部分,一部分是为数众多的被压迫民族,另一部分是少数几个拥有巨量财富和强大军事实力的压迫民族。”列宁:《民族和殖民地问题委员会的报告》,《列宁全集》第39卷,人民出版社1986年版,第229页。

⑤ [美]沃尔特·拉塞尔·米德:《上帝与黄金:英国、美国与现代世界的形成》,涂怡超、罗怡清译,社会科学文献出版社2014年版,第317页。

也勃焉，其亡也忽焉”[①] 的历程为历史辩证法提供了一个经典案例！

如果从历史合力的视角来看，造成今天作为帝国的美国没落和作为民族国家的美国受到重创的原因，除了华尔街垄断资本外，包括华盛顿[②]、汉密尔顿、杰斐逊[③]等开国功臣在内的美国各阶层，特别是知识分子阶层也有不可推卸的责任：他们不仅没有对美国的上述历史异化（实则是反动）过程实行有效的抵制[④]，反而参与了削弱美国国家权力的活动，特别是在彻底摆脱欧洲压迫后，美利坚民族几乎是毫不犹豫地转入压迫民族，以压迫民族的姿态整体地参与并推动了美国从进步转向反动的全过程。[⑤] 马克思总结得好：

> 任何民族当它还在压迫别的民族时，不能成为自由的民族。[⑥]

---

① “禹、汤罪己，其兴也悖焉。桀、纣罪人，其亡也忽焉。”李梦生撰：《左传译注》，上海古籍出版社1998年版，第123页。

② 1790年12月，汉密尔顿在国会上提出关于设立国家银行的报告，其具体内容是：由政府签发给该银行开办20年的特许证，资本总额为1000万美元，政府承担1/5，并推举董事名额中的1/5，政府在宏观上对该银行加以控制。银行既帮助政府征税，也可向政府、各州和个人发放贷款，并有权发行纸币。国会中的南方议员反对这一报告，认为这是一项偏袒东北部商人和金融家的经济措施，是“一台贵族政治的发动机”。（参见关立勋主编：《中外治政纲鉴》上，人民日报出版社1991年版，第500页。）1791年2月12日，华盛顿最终批准了汉密尔顿提出的设立合众国银行的议案。这就是今天美联储的前身。

③ “我承认，我对一个军事力量非常强大的政府没有好感。它总是压迫性的。它使统治者逍遥自在，而人民却饱受苦难。”“给政府军队，或者给人民知识，究竟何者能最好地维护和平。后者是最可靠、最正当的统治手段。”[美]托马斯·杰斐逊：《杰斐逊选集》，朱曾汶译，商务印书馆1999年版，第416～417页。

④ 1914年，对美联储法案持坚决反对意见的议员林德伯格对众议院发表演讲说：“如果我们的参议员和众议员不欺骗国会，华尔街是无法欺骗我们的。如果我们拥有一个人民的国会，人民将会有稳定的生活。国会最大的犯罪就是它的《货币系统法案》(《美联储法案》)。这个银行法案是我们这个时代最严重的立法犯罪。两党的头头和秘密会议再一次剥夺了人民从自己的政府得到益处的机会。”刘汉太：《第四资本》，中国铁道出版社2012年版，第136～137页。

⑤ 美国学者阿瑟·萨尔兹说，这一时期“政府与经济学已走得很近，共同存在于一个政合国，甚至在很大程度上讲，共同存在于一个君合国。虽然经济学家此前依靠对政府的建设性批评获得了声誉，但现在已与政府握手言和，并成为一度最为严厉的批评过的政府机构的朋友和支持者”。转引自[美]迈克尔·赫德森：《金融帝国：美国金融霸权的来源和基础》，嵇飞、林小芳等译，中央编译出版社2008年版，第7页。

⑥ 马克思、恩格斯：《论波兰》，《马克思恩格斯选集》第1卷，人民出版社1972年版，第288页。

七、资本主义的没落与世界的社会主义前途

列宁说："政治上的全面反动是帝国主义的特性。"[①] 进入21世纪的美帝国主义与列宁时期的英帝国主义相比，更带有"洪水期前的形态"的野蛮特性。

比较而言，在帝国主义的诸形态中，最接近社会达尔文主义从而最原始最野蛮形态的就是高利贷帝国主义，这就是今天的美帝国主义，"9·11"事件、"斯诺登事件"[②] 等所暴露的问题表明，今天的美帝国不仅与社会主义国家人民乃至世界人民为敌，而且还对西方盟国和美国公民保持着高度戒备。2011年年底发生于美国的"占领华尔街"运动及随后几年的日益高涨的美国各地的抗议和占领运动说明今天的美国人民正在反思和觉醒，重建美利坚合众国的历史任务不可避免地将越来越多地成为今后美国人民思考的问题。马克思说："只有在北美合众国（至少是其中一部分），犹太人问题才失去了神学的意义，成了真正的世俗问题。"[③] 世俗问题也就是唯物主义的阶级与阶级斗争、国家与革命的问题。毛泽东说："种族问题实质上是阶级问题。"[④]

"占领华尔街"及随后发生的一系列人民运动，已使美国人民族群的界限日益模糊，而阶级的对垒日益鲜明。基督教的新约没有拯救资产阶级，有一部分对现实不满的欧洲资产阶级试图在激进的道路上推进资产阶级的自由理想，

① 列宁：《帝国主义和社会主义运动中的分裂》，《列宁选集》第2卷，人民出版社1972年版，第884页。

② 2013年6月，美国中情局（CIA）职员爱德华·斯诺登将两份绝密资料交给英国《卫报》和美国《华盛顿邮报》。2013年6月5日，英国《卫报》披露国国家安全局有一项代号为"棱镜"的秘密项目，要求电信巨头威瑞森公司必须每天上交数百万用户的通话记录；6月6日，美国《华盛顿邮报》披露称，过去6年间，美国国家安全局和联邦调查局通过进入微软、谷歌、苹果、雅虎等九大网络巨头的服务器，监控美国公民的电子邮件、聊天记录、视频及照片等秘密资料。世界舆论随之哗然。斯诺登随后主动公布自己的身份，他说，过去四年，他一直为美国国家安全局的军事承包商工作，因此有机会接触到安全局的秘密项目。在舆论的压力下，美国政府2013年7月31日被迫主动解密了与斯诺登泄露的"棱镜"网络监控计划及电话监听计划这两大秘密情报监控项目相关的三份文件。

③ 马克思：《论犹太人问题》，《马克思恩格斯全集》第1卷，人民出版社1956年版，第424页。

④ 《建国以来毛泽东文稿》第10册，中央文献出版社1996年版，第339页。

他们回归旧约，另立教门——清教，这部分人在北美将资产阶级的理想和资本主义生产力在两百多年的时间里迅速推向世界巅峰，随后自由的理想又为反自由的垄断所打倒，代表近现代文明核心理念的工业资本为“洪水期前”的高利贷资本所打倒。结果是犹太教信奉的旧约也没有拯救资产阶级。美国是近代以来资产阶级的所有能量得到充分发挥的地方，也是近代以来资产阶级理念试验的纯粹的范本，让早期资产阶级革命家们始料不及的是，他们一腔热血竟将他们所属的阶级推到高利贷资本手中。高利贷资本家剥削的对象不是某个阶级而是整个人类，从这个意义上讲，它没有阶级属性，它破坏的对象不是某个国家，而是一切国家。它需要的不是某种文明，因为它的存在条件始终与一切文明相对立。今天的美国社会应验马克思在《共产党宣言》中的预言：

> 资产阶级再不能做社会的统治阶级了，再不能把自己阶级的生存条件当做支配一切的规律强加于社会了。资产阶级不能统治下去了，因为它甚至不能保证自己的奴隶维持奴隶的生活，因为它不得不让自己的奴隶落到不能养活它反而要它来养活的地步。社会再不能在它统治下生活下去了，就是说，它的存在不再同社会相容了。①

身为犹太人的马克思是从人类解放的角度来考虑犹太人解放问题的。1844年马克思撰写《论犹太人问题》，将犹太人的解放与消灭国际垄断资本联系起来，他说：“我们不是到犹太人的宗教里去寻找犹太人的秘密，而是到现实的犹太人里去寻找犹太教的秘密。”② 那么，什么是现实的“犹太人的秘密”呢？马克思说得很直接：“犹太人的世俗基础是什么呢？实际需要，自私自利。犹太人的世俗偶像是什么呢？做生意。他们的世俗上帝是什么呢？金钱。”③ 由此，马克思为犹太人解放指出道路，他说：

---

① 马克思、恩格斯：《共产党宣言》，《马克思恩格斯选集》第1卷，人民出版社1972年版，第263页。

② 马克思：《论犹太人问题》，《马克思恩格斯全集》第1卷，人民出版社1956年版，第446页。

③ 马克思：《论犹太人问题》，《马克思恩格斯全集》第1卷，人民出版社1956年版，第446页。

既然这样，那末从做生意和金钱中获得解放——因而也是从实际的、现实的犹太中获得解放——也就是现代的自我解放。

一种社会组织如果能够消除做生意的前提，从而能够消除做生意的可能性，那末这种社会组织也就能使犹太人不可能产生。他的宗教意识就会像烟雾一样，在社会的现实的、蓬勃的空气当中自行消失。另一方面，假如犹太人承认了自己这个实际本质毫无价值，因而尽力消除它，那他就会摆脱自己以前发展的范围，直接从事于人类解放，为反对人类自我异化的极端实际表现而奋斗。①

社会一旦消灭了犹太的经验本质，即做生意及其前提，犹太人就不可能产生，因为他的意识就不再有对象，犹太的主观基础即实际需要就会人性化，因为人的个体感性存在和类存在的矛盾就会消失。

犹太人的社会解放就是社会从犹太中获得解放。②

这里，马克思说的“犹太的经验”就是高利贷者的经验。读明白了这些，我们也就明白为什么马克思、恩格斯在《共产党宣言》中提出“消灭私有制”并在宣言全文结尾时呼吁：“全世界无产者，联合起来！”③ 看看今天的美国的纯粹的没有其他制度因素干扰的资本主义实验给世界资产阶级带来的末路窘境，我们也就理解了列宁为什么提出“全世界无产者和被压迫民族联合起来”④，理解了毛泽东提出的“工人阶级只有解放全人类才能最后解放自己”⑤的论断。当然，无产阶级的解放也是资产阶级的解放的必要前提。这样一来，

① 马克思：《论犹太人问题》，《马克思恩格斯全集》第1卷，人民出版社1956年版，第446页。

② 马克思：《论犹太人问题》，《马克思恩格斯全集》第1卷，人民出版社1956年版，第451页。

③ 马克思、恩格斯：《共产党宣言》，《马克思恩格斯选集》第1卷，人民出版社1972年版，第286页。

④ “我们现在不仅是全世界无产者的代表，而且是各被压迫民族的代表。不久以前共产国际出版了一种叫作《东方民族》的杂志。共产国际为东方各民族提出了这样的口号：‘全世界无产者和被压迫民族联合起来！’”列宁：《在俄共(布)莫斯科组织积极分子大会上关于租让的报告》，《列宁全集》第40卷，人民出版社1986年版，第73～74页。

⑤ 1950年3月，第一次全国统战工作会议在北京召开，毛泽东听取会议汇报并提出了统一战线的指导思想：“工人阶级只有解放全人类才能最后解放自己。”李维汉：《回忆与研究》下，中共党史资料出版社1986年版，第682页。

实现社会主义不仅是无产阶级的前途，也是与高利贷资本家（这些人的生存逻辑是 G—G′）相对立的一般资产阶级尤其是美国资产阶级（这些人的生存逻辑是与 G—W—G′）的前途。列宁说：

> 帝国主义是过渡到社会主义去的垂死的资本主义，因为从资本主义中成长起来的垄断已是资本主义的垂死状态，是它过渡到社会主义去的开始。①

马克思说：

> 信用制度固有的二重性质是：一方面，把资本主义生产的动力——用剥削别人劳动的办法来发财致富——发展成为最纯粹最巨大的赌博欺诈制度，并且使剥削社会财富的少数人的人数越来越减少；另一方面，又是转到一种新生产方式的过渡形式。②

这种“新的生产方式的过渡形式”，就是向社会主义生产方式的过渡形式。也就是说，资本主义信用制度的破产是资本主义没落的标志，替代它的将是一种新的社会主义的生产方式。

八、归纳和预判

综上所述，可归纳如下：

第一，美利坚民族团结一致通过强大的金融力量以前所未有的速度和规模调动了巨大资源、发掘出巨大的工业尤其是军事工业的潜力，通过两次世界大战摧毁了欧洲霸权，而后美国便在 20 世纪 40～70 年代整体性地落入军工垄断

① 列宁：《帝国主义和社会主义运动中的分裂》，《列宁选集》第 2 卷，人民出版社 1972 年版，第 884～885 页。

② 马克思：《资本论》第 3 卷，人民出版社版 1975 年版，第 499 页。

集团的“债权人”的控制之中；美利坚民族在朝鲜战争和越南战争后无力再开辟新的战场，“军工复合体”因此无利可图，在20世纪70年代尼克松就任之后到特朗普上台之前，美国金融集团又取代了军工集团，将军工帝国主义的美国带入高利贷帝国主义。

第二，同样的原因，21世纪头10年，美国在伊拉克战争中的失败，导致它对中东石油天然气独控权的瓦解，这使美国军工集团势力东山再起，特朗普试图带领美国军工资本家复活曾有过的“激情燃烧的岁月”。但是，如果世界不能再出现像苏联解体时流出的那样巨大的浮财补偿，美国华尔街金融和军工集团就会分赃不均，它们通过共和党与民主党在前台的冲突就会加剧。拜登上台是美国军工资本集团与金融-高利贷集团妥协的产物，其结果是“夏洛克”和战斧导弹相结合，这样给美国带来的结果就是日益法西斯化。法西斯是高利贷资本与军工资本苟合的产儿。目前美国正在以极大的惯性向法西斯帝国主义的断崖猛冲。①

第三，第二次世界大战后，帝国主义意义上的“美国”既失去了正义也失去了道义，它始终在“（军工资本）杀人—（高利贷资本）喝血—再杀人—再喝血”的恶循环中向人类“洪水期前”的野蛮时代加速堕落。20世纪下半叶以来的美帝国主义不是富有自由精神的美国人民的选择，而是对自由和民主的反动和对美国人民民主权利的践踏。

第四，与英国资本主义实践相比，建立在清教理念之上的美国的资本主义实践具有纯粹的宗教激进主义的特征，其资本主义理念在“五月花”原则中以不同于欧洲的“绝对精神”得以确立。欧洲黑格尔的“绝对精神”是国家至上，结果是欧洲大陆主要国家权力牢牢控制着宗教和金融。与欧洲决裂的美国人的“绝对精神”则是资本至上，资本不受任何限制地在美国得到最纯粹最充分的展现，结果是资本继而高利贷资本反客为主，绝对地控制了美国，为绝对自由而奋斗的美国不幸地被资本主义拉回到了人类的“洪水期前的形态”，美帝国主义反映的是没落阶段的只能靠“群体免疫”来死抗衰落命运的野蛮的资本主义。毛泽东同

---

①　英国《卫报》刊登美国前劳工部部长、加州大学伯克利分校公共政策教授罗伯特·赖希的文章，称“美国今天面临的最大危险不是来自中国，而是美国向原法西斯主义（proto-fascist）的转变”。《环球时报》社官方账号2021年6月22日。

志转引美国《锤与钢》杂志的形象比喻："美国像一株空了的大树，里边已被虫子咬空了，外面还枝叶茂盛。"[①]

第五，今天发生在美利坚民族国家的悲剧，不能简单地归罪于美国的个别资本家或资本家集团，它是美国历史合力的结果。早期美国人与欧洲人决裂的同时，也忽视了欧洲政教二元冲突对欧洲造成的痛苦教训，以及欧洲人为摆脱这种危害的有益的经验总结，以致美利坚民族对历史的认识一直没有达到欧洲黑格尔遑论中国人的高度。加之美国崛起的速度较快，在高歌猛进时没有时间消化和学习世界各国历史发展进程中的有益经验。第二次世界大战后美国人沉浸在帝国狂欢之中，更加忽视了以黑格尔为代表的欧洲人对国家价值的深刻的认识总结，以至于黑格尔在美国学术圈里成了文人把玩的"艺术品"[②]，这使美国人成功摆脱欧洲的控制后又落入高利贷商人的控制之中。

第六，当今世界正经历百年未有之大变局。新冠疫情的全球大流行使这个大变局加速变化。基辛格说"新冠病毒大流行将永远改变世界秩序"，如果接着这句话说就是世界要么迎来更野蛮、更反动、更腐朽堕落的黑暗的世界秩序，要么迎来民主、文明、南北平衡的"人类命运共同体"。

需要说明的是，中国全球外交的政策目标要和"两个一百年"奋斗目标结合起来，要和中华民族的伟大复兴结合起来，要和世界百年未有之大变局结合起来。如果脱离了这些，简单的输赢就没有意义了。中国在世界的发展不仅仅是一个输赢的问题，是赢了以后可以给予人类和世界什么的问题。不能光索取，不给予的索取是不可持续的，这是问题的关键。今天美国全球退缩的本质，是美国曾给予世界且高于英国工业殖民主义文明的工商自由主义文明（包括 20 世纪 90 年代后美国主导的有利于金融帝国主义的"新自由主义"文明）已经不能解决世界的现实问题。而从金融向高利贷的蜕化就是美国文明全面失败的风向标。同样的道理，不管是哪个大国，如果在未来不能给人类和世界以更先进的文明，那它也消化不了已经或将要获得的发展利益。今天世界急需的

---

① 中共中央文献研究室编：《毛泽东年谱（1949～1976）》第 5 卷，中央文献出版社 2013 年版，第 262 页。

② "国家不是艺术品。"[德]黑格尔：《法哲学原理》，范扬、张企泰译，商务印书馆 2009 年版，第 259 页。

是一个新的和更高一级的文明形态，这个任务历史地落在中国共产党和中国人民的肩上。2021年7月1日，习近平在庆祝中国共产党成立100周年大会上明确指出："我们坚持和发展中国特色社会主义，推动物质文明、政治文明、精神文明、社会文明、生态文明协调发展，创造了中国式现代化新道路，创造了人类文明新形态。"①

第七，"人类命运共同体"将是未来人类新的联合方式，是更高一级的文明新形态。就在列宁发表《帝国主义是资本主义的最高阶段》这部著作后的第三年，毛泽东在《民众的大联合》一文②中曾提出在"人类也苦到了极点"时社会改革和民众大联合的任务，他说："到了近世，强权者，贵族，资本家的联合到了极点，因之国家也坏到了极点，人类也苦到了极点，会社（社会）也黑暗到了极点。于是乎起了改革，起了反抗，于是乎有［民］众的大联合。"③几天后，毛泽东在同一篇文章中继续写道：

> 我们人类本有联合的天才，就是能群的天才，能够组织社会的天才。"群"和"社会"就是我所说的"联合"。有大群，有小群，有大社会，有小社会，有大联合，有小联合，是一样的东西换却名称。所以要有群，要有社会，要有联合，是因为想要求到我们的共同利益。共同利益因为我们的境遇和职业不同，其范围也就有大小的不同。共同利益有大小的不同，于是求到共同利益的方法（联合），也就有大小的不同……像要求解放要求自由，是无论何人都有分的事，就应联合各种各色的人，组成一个大联合。④

---

① 习近平《在庆祝中国共产党成立100周年大会上的讲话》(2021年7月1日),《人民日报》2021年7月2日第2版。

② 这是毛泽东于1919年写的著名的《民众的大联合》,文章于7月21日、28日和8月4日在《湘江评论》分三期连载发表。参见中共中央文献研究室、中共湖南省委《毛泽东早期文稿》编辑组:《毛泽东早期文稿》,湖南人民出版社2008年版,第312～315、342～346、355～359页。

③ 中共中央文献研究室、中共湖南省委《毛泽东早期文稿》编辑组:《毛泽东早期文稿》,湖南人民出版社2008年版,第312～323页。

④ 中共中央文献研究室、中共湖南省委《毛泽东早期文稿》编辑组:《毛泽东早期文稿》,湖南人民出版社2008年版,第342、346页。

至于这个“民众的大联合”所要采取的文明形态，马克思在一百多年前发表的《共产党宣言》中有过预言：

> 代替那存在着阶级和阶级对立的资产阶级旧社会的，将是这样一个联合体，在那里，每个人的自由发展是一切人的自由发展的条件。[①]

沿着马克思的思路，新中国成立之初，毛泽东提出了“无产阶级必须解放全人类，才能最后解放自己”[②] 的思想。1955 年 3 月 8 日，毛泽东在谈话中说：“我们要将全中国都搞好，再把眼光放大，要把全世界都搞好。”[③] 1967 年毛泽东在会见赞比亚总统卡翁达时说：“全世界如果不解放，中国这个国家就不可能最后解放自己，你们也不可能最后解放自己。”[④] 1960 年 5 月 8 日，毛泽东提醒拉丁美洲的朋友说：“西方国家和美国的逻辑同我们的是两套。朋友们，哪个对，将来看吧！总有一天，美国人民不喜欢帝国主义制度。”[⑤]

四百多年前，莎士比亚[⑥]曾借《哈姆莱特》（1601 年）剧中人物的口说：“生存还是毁灭，这是一个问题。”[⑦] 这个问题，对今天的美国人民来说，就是革命还是毁灭的问题，对世界人民来说，就是社会主义的“人类命运共同体”

① 马克思、恩格斯：《共产党宣言》，《马克思恩格斯选集》第 1 卷，人民出版社 1972 年版，第 273 页。

② 中央统战部研究室编：《历次全国统战工作会议概况和文献》，档案出版社 1988 年版，第 7 页。

③ 毛泽东：《同达赖喇嘛的谈话》（1955 年 3 月 8 日），中共中央文献研究室、中共西藏自治区委员会、中国藏学研究中心编：《毛泽东西藏工作文选》，中央文献出版社、中国藏学出版社 2001 年版，第 114 页。

④ 中共中央文献研究室编：《毛泽东年谱（1949～1976）》第 6 卷，中央文献出版社 2013 年版，第 94 页。

⑤ 中共中央文献研究室编：《毛泽东年谱（1949～1976）》第 4 卷，中央文献出版社 2013 年版，第 390 页。

⑥ 威廉·莎士比亚（William Shakespeare，1564～1616），英国文艺复兴时期剧作家、诗人。

⑦ “To be，or not to be，that is the question。”[英]莎士比亚：《哈姆莱特》，《莎士比亚全集》第 32 卷，中国广播电视出版社 2002 年版，第 134 页。

还是资本主义的以邻为壑的“货币共同体”[①] 的问题。这是一个不能再拖并且必须决断的问题。“世界好，中国才能好；中国好，世界才更好。”[②] 这是一个世界需要中国“走近世界舞台中央、不断为人类作出更大贡献”[③] 的新时代！1919 年，毛泽东在《民众的大联合》连载文章结束时对今日中国就有准确的预见并激励我们说：

> 他日中华民族的改革，将较任何民族为彻底。中华民族的社会，将较任何民族为光明。中华民族的大联合，将较任何地域任何民族而先告成功。诸君！诸君！我们总要努力！我们总要拼命地向前！我们黄金的世界，光华灿烂的世界，就在前面。[④]

在 21 世纪第二个 10 年发生的一系列重大事件已使世界百年未有之大变局提速向我们接近！向着光华灿烂的前景，我们正在全力前进！

---

① “货币本身就是共同体，它不能容忍任何其他共同体凌驾于它之上。但是，这要以交换价值的充分发展，从而以相应的社会组织的充分发展为前提。”马克思：《经济学手稿（1857～1858 年）》，《马克思恩格斯全集》第 30 卷，人民出版社 1995 年版，第 175 页。

② 《习近平谈治国理政》第 2 卷，外文出版社 2017 年版，第 545 页。

③ 《习近平谈治国理政》第 3 卷，外文出版社 2020 年版，第 9 页。

④ 中共中央文献研究室、中共湖南省委《毛泽东早期文稿》编辑组：《毛泽东早期文稿》，湖南人民出版社 2008 年版，第 359 页。

第七章

世界大变局与中华民族伟大复兴[①]

一、走向全面反动的美国：从金融-高利贷帝国主义转入高利贷-军工帝国主义

中国进入了中国特色社会主义新时代，同时美国也进入了“新时代”。不同的只是前一个是向着光明和进步，后一个是向着黑暗和反动。美西方国家内外政策出现的大转折，说明世界政治也进入了“新时代”。如果说昨天世界政治的特征是和平与发展，那么，21 世纪的世界政治则具有非常鲜明的战争与和平的特征。特朗普将美元增值依赖的路径从石油移至军工，“金融-高利贷资本”[②]“割羊毛”不成，便直接转入军工，“喝血”不成便直接“杀人”。这时的美国已前所未有地表现出它最凶恶的面貌，同时也暴露出最虚弱的纸老虎本质。战争一旦在美国成为生意，那和平就成了美国的敌人。可以说，反和平将是特朗

① 本文连载于《世界社会主义研究》2023 年第 3、4 期，有修订。

② 克林顿至特朗普之前美国资本的特征是从金融资本向高利贷资本过渡，即“金融-高利贷资本”形态，这个过程的完成也是美国资本从正常的生产型资本向反常的反生产型资本过渡的完成。马克思将资本分为商业资本和高利贷资本，前者是在“G(货币)—W(商品)—G′(增殖的货币)”过程中为生产而融资并通过生产而增殖的资本，认为这种资本是“值得称赞的”，后一种资本是“G—G′”，即不是通过生产而是通过不惜人为制造社会或生态灾难而刺激货币需求及由此刺激的高利借贷而增殖的资本。马克思认为它是资本“洪水期前的形态”，理应受到谴责。参见马克思：《资本论》第 1 卷，人民出版社 1975 年版，第 186～187 页。

普之后相当长一段时间内美国外交的本质。列宁说："资本家瓜分世界，并不是因为他们的心肠特别毒辣，而是因为集中已经达到这样的阶段，使他们不得不走上这条获取利润的道路。"[①] 同样的道理，今天美国外交反和平的性质也不是因为今天的美国政客"心肠特别毒辣"，而是他们获取利润的方式使然。

战争还是和平，光明还是黑暗；是在人类命运共同体中共存互助，还是在四分五裂中相互杀戮，两种前途再一次摆到世界人民面前。两次世界大战曾给美国军工集团带来"盛宴狂欢"，为了世界和平，今后我们要放弃幻想，积极准备"进行具有许多新的历史特点的伟大斗争"[②]。

与早期为自由而奋斗不同，今天的美国成了一个为美元而存在的国家，也就是说，只要美元不断赢利，它毁掉世界也在所不惜。马克思曾在《资本论》里引用亚里士多德的话指出，高利贷受人憎恨完全理所当然，因为货币是为商品交换而产生的，但利息却使货币生出更多的货币。因此在所有的赢利部门中，高利贷是最违反自然的。[③]

如果说金融资本需要的是发达的社会生产，那么，高利贷资本需要的则是日益升级的高频度的社会灾难。战争是高利贷资本最热衷的"投资"环境，自里根之后，美元与国际大宗商品尤其是能源商品绑定并由此成了世界多国尤其是发展中国家参与经济全球化必需且紧俏的"商品"：世界各国出口到美国实物商品，美国则"出口"美元货币以平衡。这种剥削方式对美国造成的结果是美国国内实体生产迅速瓦解。由于没有民生商品的生产能力，美国对金融的依赖不自觉地转化为对高利贷的依赖。这一时期美国对世界各国的需要不再是商品供给的增长，而是高利贷环境的深化，而"违反自然"的破坏，尤其是战争破坏是高利借贷最理想的生存环境。因此，制造生物灾难和战争对今天的美国

---

① 列宁：《帝国主义是资本主义的最高阶段》，《列宁选集》第2卷，人民出版社1972年版，第795页。

② 习近平：《高举中国特色社会主义伟大旗帜　奋力谱写全面建设社会主义现代化国家崭新篇章》，《人民日报》2022年7月28日。

③ 马克思：《资本论》第1卷，人民出版社1975年版，第187页。

白宫买办集团来说，已不是主义的存在，而是生意的存在。[①] 这样，打不垮对手中国和俄罗斯就压榨欧盟，对美国来说就不是不可思议的选择。

如果说，20 世纪初，列宁笔下的帝国主义只是“资本主义的最高阶段”，当时的资本主义还基本处在以商业资本或现在说的金融资本在“G—W—G′”公式中实现增殖，这时资本是通过实体生产——这在后来的美国日益向最无道德底线的军工生产快速集中——增殖，但 100 多年后的今天，美国的资本增殖基本定格于含生物武器生产在内的军工和高利贷两大部门，前者的破坏功能就是为后者创造高利贷环境。这种活动就是亚里士多德说的“最违反自然的”[②] 反人类、反文明活动。

在 1940 年到 1979 年中美建交前，美国通过第二次世界大战、朝鲜战争、越南战争及美国与苏联的军备竞赛造成的军工生产规模扩大拉动 GDP 上升；可到 20 世纪 80 年代之后，美国对外战争频次大幅减少，国内生产对军工产品需求减少及由此形成的 GDP 下降的同时，军费却不降反升。政府在海外开展的对外军事行动及由此拉动的大额国际军备采购，为美国军工资本带来巨额利润。

特朗普上台后，美国政府的国防采购费用呈几何式攀升。

2016～2019 年，美国国防支出和投资增长从－0.6％飙升至 5.6％。除与军工联系密切的耐用消费品、固定资产投资、知识产权产品等项增长率保持高位运行外其他都处于疲软不振状态。2016～2019 年美国国防支出和投资对经济增长的拉动从－0.02％升至 0.2％，国内失业率从 2010 年的 9.6％降至 2019 年的 3.7％。[③]

现在的问题是，军工的市场是战场，军工生产已经开工，美国却迟迟打不开“市场”（战场）。美国激化乌克兰冲突，试图将欧洲拖入与俄罗斯的大战，

---

① 1892 年，恩格斯指出：“美国人早就向欧洲世界证明，资产阶级共和国就是资本主义生意人的共和国；在那里，政治同其他一切一样，只不过是一种买卖。”《马克思恩格斯全集》第 38 卷，人民出版社 1972 年版，第 561 页。

② 马克思：《资本论》第 1 卷，人民出版社 1975 年版，第 187 页。

③ 参见国家统计局国际信息中心编：《世界经济运行报告》，中国统计出版社 2019 年版，第 194、196、199 页；2021 年版，第 238、240、243 页。

欧盟环顾左右就是不接这一招——可以给乌克兰许多援助就是不让乌克兰加入北约，乌克兰不加入北约，欧洲就不会卷入与俄罗斯的战争，欧洲不与俄罗斯发生冲突，就不会发生世界大战。如果没有世界规模的战争，美国的军工投入就无法以利润的方式收回，而自 20 世纪 80 年代以来的金融-高利贷高额红利回报已使美国实体经济普遍衰落。[①]

很显然，与 20 世纪初处于“最高阶段”的帝国主义不同，今日美国已将资本帝国主义送入没落阶段。这时的资本已不是通过“G—W—G′”公式而是通过“G—G′”公式赢利，这就是说，不是通过生产而是通过破坏生产；不是通过人类劳动，而是通过破坏人类劳动来获利。这时的金融已脱离了金融为生产而融资的本性，而以金融的名义制造经济危机，使生产者在一次次经济危机中被迫高利借贷。马克思说这是理应受到谴责的资本“洪水期前的形态”。可以说，今天的美帝国主义已将资本主义从列宁时期的“最高阶段”送入没落阶段，它从人类文明的参与者异化为与人类文明对立而存在的反动势力。

美国是近代以来资产阶级的所有能量得到最充分发挥的地方，也是近代以来资产阶级理念试验最纯粹的范本。美国人为了绝对“自由”而回归“旧约”，另立教门——清教，并以此与欧洲的“专制”划清界限。自由地追求资本使美国生产力在两百多年的不长时间里迅速冲向世界巅峰，当资本坐大后又反客为主，将自由的追求者打翻在地：代表近现代文明核心理念的工业资本为“洪水期前”的高利贷资本所打倒。让早期资产阶级革命家们始料不及的，是他们的一腔热血竟将他们所属的阶级推到“洪水期前的形态”即华尔街高利贷资本手中。[②] 高利贷资本家剥削的对象不是某个阶级而是整个人类，从这个意义上讲，它没有阶级属性只有反人类的属性；它破坏的对象不是某一个国家、某一个民族，而是一切国家和民族；它需要的不是某种文明，因为它的存在条件始终与一切文明相对立。

---

① 叶提芳:《新常态下国际贸易对中国产业结构变迁的影响研究》,华中科技大学出版社 2017 年版,第 48 页。

② 参见邹韬奋:《萍踪忆语》,生活・读书・新知三联书店 2018 年版,第 34～45 页。

二、“第三次世界大战已经打响”[①]，东西方两线互动及其世界意义

进入 21 世纪，华尔街金融财团终于在美国再现了资本的反民主和高利贷资本的反人类本性。现在美国华尔街金融集团已击败并取代了实体生产资本，独占帝国，结果是被亚里士多德认为“最不合乎自然”[②] 的高利贷被包装成各式“金融产品”后竟成了世界时尚。此后美国也从一个反抗欧洲霸权、具有革命精神的民族国家蜕变为手持“利斧”（军工）害人害己的高利贷帝国，这个帝国将世界资本主义在 20 世纪初推向列宁说的“最高阶段”后又在 21 世纪初将其拖入没落阶段，将人类送上工业文明的巅峰后又逆向将人类拖入马克思说的“洪水期前的形态”：新文明与旧文明、进步与反动、光明与黑暗的斗争在 21 世纪伊始未经过渡便直接进入“白刃战”。

几乎是 20 世纪初的世界形势的翻版，21 世纪初的世界又是“东边日出西边雨，道是无晴却有晴”：东边太平洋是“半江瑟瑟半江红”，西边则是俄乌的连天战火和欧洲的恐慌。

2008 年，美国经济危机，这次美国已没有能力再用和平演变的形式制造一个大国出现“苏联式”的解体灾难。于是发动一场用蓬佩奥的话说就是“第三次世界大战”（the third world war）[③] 成了美国垄断资本集团的必然选择。与前两次世界大战不同，也让人始料不及的是，这次世界大战是从生物战开始的；与第二次世界大战相同，这次世界大战也是从东方中国拉开剧幕的。

2020 年 1 月 23 日，新冠疫情袭击中国武汉，6 月 11 日，新冠疫情在北京

---

① 《美国西点军校文件泄露：蓬佩奥演讲称新冠病毒是美国生化武器》，来自昆仑策网。

② “所谓‘利息’正是‘钱币所生的钱币’。我们可以由此认识到，在致富的各种方法中，钱贷确实是最不合乎自然的。”[古希腊]亚里士多德：《政治学》，吴寿彭译，商务印书馆 1965 年版，第 32 页。

③ 2020 年 6 月 13 日，蓬佩奥在西点军校讲话时将 2020 年初的新冠疫情称为“第三次世界大战”（the third world war），他说：“你们要理解，当你们被部署到世界不同角落的时候，你们将面临的是没有硝烟的战争。维护世界秩序、确保美国优先是你们的使命！现在，第三次世界大战（蓬佩奥讲话的英文用词是：‘the third world war’——笔者）已经打响，更多的泄露还将继续！”《美国西点军校文件泄露：蓬佩奥演讲称新冠病毒是美国生化武器》，来自昆仑策网。

新发地卷土重来，6 月 13 日，特朗普到西点军校向毕业学员讲演，讲话中他在疫情问题上甩锅中国，声称："从一个叫作中国的遥远国度来到我们海岸的新病毒。我们会消灭病毒的，我们要消灭这场瘟疫。"①

2020 年 1 月中国抗击新冠疫情的战役全面拉开，2020 年 1 月 23 日武汉封城，到 2020 年 4 月 8 日解封，"武汉保卫战"② 在动态清零的政策中获得全局性的胜利。紧接着就是 6 月 11 日北京新发地疫情卷土重来，至 8 月 6 日实现清零。

我们看到，美国垄断资本集团发动的这次所谓的"第三次世界大战"完全是一场屠杀世界人民并通过屠杀直接掠夺人类劳动财富的反人类、反文明行为。这也从反面证明 2020 年初中国抗击新冠疫情的武汉保卫战，是 21 世纪第一场大规模的由中国人民进行并以中国为"主战场"的为保卫人类文明所进行的绝地反击。武汉保卫战和北京保卫战的意义相当于第二次世界大战的斯大林格勒战役和库尔茨克战役，是人类进步力量对反动势力的绝地反击，结果是进步战胜反动，光明战胜黑暗，并为已经开始的世界百年未有之大变局的正向前进打开了第一块坚冰。历史将会证明：这次中国抗疫对于世界百年未有之大变局的正向转折以及人类文明新形态的健康发展的意义，怎么估计都不会过高。

武汉和北京的抗疫斗争使索罗斯认识到对中国发起的生物攻击失败了，迫不得已，他又重续第二次世界大战美国吃不了苏联吃欧洲的旧章，将注意力转向欧洲。8 月 14 日，索罗斯接受采访时说：

> 由于并非铁板一块，欧盟的情况要脆弱得多。另外，欧盟在内部和外部还面临很多敌人。

---

① 英文原文：The new virus that came to our shores from a distant land called China. We will vanquish the virus. We will extinguish this plague.《特朗普西点军校演说：捍卫美国自身利益，不忘攻击中国(附中英全文)》，来自昆仑策网。

② 2022 年 5 月 5 日，中共中央政治局常务委员会召开会议，分析当前新冠疫情防控形势，研究部署抓紧抓实疫情防控重点工作。中共中央总书记习近平主持会议并发表重要讲话，指出："实践证明，我们的防控方针是由党的性质和宗旨决定的，我们的防控政策是经得起历史检验的，我们的防控措施是科学有效的。我们打赢了武汉保卫战，也一定能够打赢大上海保卫战。"《中央政治局常委会会议：我们打赢了武汉保卫战，也一定能够打赢大上海保卫战》。

> 欧洲目前正处在生死存亡的关头，需要在化解病毒威胁和应对气候变化挑战两条战线上同时作战，但资金支持上却是捉襟见肘。回头来看，欧洲理事会会议显然已经失败，目前遵循的政策路径并不能解决多少资金。这让我再次想到“永久债券”。只有真心展开对话，欧盟发行“永久债券”的设想才能被投资者接受。如果没有资金支持，欧盟将可能不复存在。真的走到这一步，无论对欧洲还是整个世界来说，都将是巨大的损失。欧盟解体不仅存在可能，而且可能正在发生。我相信，在公共舆论的压力下，各国会避免这一灾难性后果的发生。①

言下之意，欧洲不要光考虑向华尔街借钱，还要考虑帮华尔街赢利（还钱），即欧洲人得为华尔街流些血，向俄罗斯下手，从俄罗斯人那里夺取资源。

盎格鲁-撒克逊人会向自己下手？

这对资本家来说，并不是难为情的事。因为资本，尤其是高利贷资本根本就没有祖国，它们有的只是公司。资本家没有领导只有董事长，决定他们升迁的不是人民的意愿而是资本的多少。所以马克思说“资本不是一种个人力量，而是一种社会力量”②，马克思在《资本论》中对共济会评价说：“资本家在他们的竞争中表现出彼此都是虚伪的兄弟，但面对着整个工人阶级却结成真正的共济会团体。”③ 当资本家集团无法打败工人阶级的时候，他们便立即转向同类杀戮。对此，经历过第一次世界大战与第二次世界大战并带领苏联人民打赢反法西斯战争的斯大林有深刻的体会，1952 年 9 月，斯大林的《苏联社会主义经济问题》一文写道：

> 有人说，资本主义和社会主义之间的矛盾比资本主义国家之间的矛盾更为剧烈。从理论上讲来，这当然是对的。这不仅在现时、在目前是对的，在第二次世界大战以前也是对的。这是资本主义国家的领导者们也多少懂得的。然而，第二次世界大战终究不是从对苏联作战开始，而是从资本主

① 《索罗斯最新访谈录：特朗普只是个过客，美股已陷入流动性泡沫》，引用时有删节，来自网易。

② 马克思、恩格斯：《共产党宣言》，《马克思恩格斯选集》第 1 卷，人民出版社 1972 年版，第 266 页。

③ 马克思：《资本论》第 3 卷，人民出版社 1975 年版，第 221 页。

义国家之间的战争开始的。为什么呢？第一，因为对于资本主义说来，对苏联作战，即对社会主义国家作战，是比资本主义国家之间的战争更加危险，因为资本主义国家之间的战争所提出的问题，只是某些资本主义国家对其他资本主义国家取得优势的问题，而对苏联作战所一定要提出的问题，却是资本主义本身存亡的问题。第二，因为资本家虽然为了“宣传”的目的叫嚷什么苏联的侵略，可是他们自己也不相信苏联会侵略，因为他们估计到苏联的和平政策，并且知道苏联自己是不会进攻资本主义国家的。①

由此，斯大林得出结论：

资本主义国家之间争夺市场的斗争以及它们想把自己的竞争者淹死的愿望，在实践上是比资本主义阵营和社会主义阵营之间的矛盾更为剧烈。②

斯大林是曾跟随列宁在俄国取得社会主义革命胜利，建立世界上第一个社会主义国家后又在第二次世界大战中充分利用资本主义国家间的矛盾最终赢得战争胜利的政治家，只有有了这样经历的人，才能对资本主义战争性质有如此深刻的认识。

2021 年 4 月，乌克兰总统泽连斯基呼吁对 2015 年 2 月在俄、乌、德、法四国首脑见证下签署的《明斯克协议》③ 进行修改，随后，乌克兰政府怂恿乌克兰纳粹势力加大对乌东俄罗斯族及亲俄民众迫害，俄罗斯为落实《明斯克协议》在乌克兰东部地区采取“特别军事行动”。

---

① 斯大林：《苏联社会主义经济问题》，《斯大林选集》下卷，人民出版社 1979 年版，第 564 页。

② 斯大林：《苏联社会主义经济问题》，《斯大林选集》下卷，人民出版社 1979 年版，第 565 页。

③ 2014 年 4 月，乌克兰东部的顿巴斯地区（包括卢甘斯克州和顿涅茨克州）民间武装同乌政府军发生流血冲突。2015 年 2 月，在俄、乌、德、法四国首脑的见证下，负责解决乌克兰东部问题的三方联络小组与两个“人民共和国”代表最终分别在协议上签了字，冲突双方达成《明斯克协议》，协议规定乌东地区实现军事停火、恢复地区间社会经济联系、推进有关中央放权和扩大地方自主权的宪法改革。乌方同意在乌克兰启动宪法改革，制定一部新的宪法，在 2015 年年底之前达成结果，宪法改革的关键因素之一是地方自治分权，也永久立法同意顿涅茨克和卢甘斯克的个别地区作为特殊地位自治州，按照附注说明所附的措施将在 2015 年年底被纳入乌克兰法律。2021 年 4 月，乌克兰总统泽连斯基呼吁对《明斯克协议》进行修改。

在俄乌战场之外，美国、欧盟纠集英国、加拿大、日本、韩国等，策应乌克兰，对俄罗斯发动前所未有的严厉制裁。

2022 年 2 月俄乌冲突以来，俄卢布对美元汇率 3 月上旬一度跌至 150∶1，股市也因暴跌而暂停交易。此后，俄央行大幅上调基准利率，并要求“不友好国家和地区”以卢布结算天然气贸易。在一系列金融稳定措施推动下，卢布对美元汇率强劲反弹，至 5 月上旬已突破 70∶1。俄股市也于 3 月底恢复交易并持续反弹。[①]

与卢布升值相伴的是美元持续走低。国际货币基金组织（IMF）统计显示，2020 年第四季度美元在全球央行外汇储备中占比下降至 59%，为 25 年来最低水平。从长期来看，各国央行正逐渐减持美元，反映出美元在全球经济中的作用下降。[②] 俄乌冲突以来，美西方制裁导致美国、欧洲、日本、韩国对俄商品和服务出口都在急剧压缩，其中欧盟 2022 年 3 月对俄出口额同比下降了 55%。在出口额维持原有水平的情形下，俄罗斯出现了巨额贸易顺差。2022 年前 4 个月，俄贸易顺差同比增长 3 倍，创纪录地超过 1000 亿美元。与此同时，俄公民出国旅游受限，外币需求疲软。在此背景下，市场对美元、欧元的外汇需求在下降，俄卢布急剧升值。[③] 另一方面，对俄罗斯的金融制裁也使美元受到“反噬”，《光明日报》载文认为“这是货币史上的一个转折点：美元霸权的终结”：

> 西方采取极端措施对俄进行金融制裁和金融孤立，不仅破坏国际金融市场稳定，也成为改变国际金融秩序的催化剂，推动国际货币体系、全球金融格局发生深刻演变，而这也在反噬美元霸权的根基。
>
> 一方面，制裁使美元的使用受到限制。美国太平洋论坛研究员阿基尔·拉梅什指出，对于俄罗斯小麦和能源的主要进口国来说，寻找替代方案和建立替代供应链需要时间和资本，因此它们大多选择通过不同机制规

---

① 樊宇：《俄乌冲突“世界冲击波”之金融篇——金融秩序遭遇重创　美元霸权受到反噬》，《光明日报》2022 年 5 月 14 日。

② 《日媒：美元在全球外汇储备占比降至 59%，各国央行都在减持》，来自观察者网。

③ 韩显阳：《俄以“平行进口”对抗美西方制裁》，《光明日报》2022 年 8 月 12 日。

避西方对俄制裁，包括采取易货贸易的方式和使用本国货币而非美元进行交易。国际货币基金组织第一副总裁戈皮纳特表示，西方对俄金融制裁可能导致全球金融体系更加“碎片化”。“我们已经看到，一些国家正在就以何种货币进行贸易结算重新谈判。”

另一方面，制裁使美元的安全性受到质疑。西方国家冻结高达数千亿美元的俄外汇储备资产，从根本上动摇了全球市场中的信任关系，让各国更重视储备资产安全性并考虑避险选项。美国《华尔街日报》刊文指出，目前发展中国家78％的国际储备为外汇资产。长期以来，这些储备被视为“存钱罐中的储蓄”，但西方近来一系列制裁措施表明，这些外汇储备可以随时被“夺走”。对于企业来说，也有这方面的担忧。“任何国家的企业在某个时候都可能成为华盛顿的制裁目标。现在，它们在将资产留在美国前会三思而后行。”美国纽约市立大学客座教授、世界银行前经济学家布兰科·米拉诺维奇说。

美国智库彼得森国际经济研究所高级研究员加里·赫夫鲍尔认为，从长期来看，美国政府财政赤字大幅扩张、滥用金融制裁以及欧元等储备货币地位提升，都将对美元地位构成挑战。拉梅什也认为，随着世界走向多极化，美国已不再是世界上最大的贸易国，美元的实力和地位会同步减弱。“问题在于美元将在何时丧失全球货币体系的主导地位，而不在于是否会丧失。”

事实上，近年来美元的地位已经在逐步下滑，而俄乌冲突后西方的极端制裁则加快了这一进程。国际货币基金组织数据显示，2021 年第四季度，美元在全球央行国际储备中的份额降至 58.81％，创 26 年来新低。最近，美国的铁杆盟友以色列在历史上首次将加元、澳元、日元和人民币纳入其外汇储备，同时将减持美元和欧元，以使外汇储备多样化。巴西央行今年 3 月底公布的报告显示，过去一年来，美元在巴西外汇储备中的占比从 86.03％降至 80.34％，欧元占比从 7.85％降至 5.04％，而人民币占比则从 1.21％上升至 4.99％，成为第三大外汇资产。

可见，美国主导西方国家对俄实施的极端金融制裁正在反噬美国自身，导致美元霸权根基失稳，加快国际储备货币格局的多元化。美国考尔

> 德伍德资本公司对冲基金经理迪伦·格莱斯说，西方对俄金融制裁是前所未见的“大规模货币武器化”行动。然而，“这张牌你只能出一次。这是货币史上的一个转折点：美元霸权的终结”。[①]

近几年美元霸权危机并由此导致美国没落的原因是它损人不利己地打破了世界物质总量与货币总量的动态平衡。美国提供的美元只是交易财富的手段而不是财富本身。在国际资金清算系统中提供财富的是处在美元交易收益低端的以中国、俄罗斯为主体的发展中国家。美西方国家在这个系统中长期远离民生生产劳动，通过与发展中国家高比值的“剪刀差”贸易，赚得盆满钵满，这致使西方人对财富的认识产生错觉：将交易财富的美元误认作真实财富，将占有真实财富的中国和俄罗斯或明或暗地踢出美元交易系统。结果美西方国家留下的就只有没有实物财富支撑的美元，美元离开实物就成了纸。美西方提供货物交易手段即美元货币，中国提供产品，俄罗斯提供能源、粮食等。交易离不开货币，这让美西方国家产生世界离不开它们的幻觉，但货币只是财富的倒影而不是财富本身。在平时，西方人是贵族精英，拥有很多财富。物质短缺时，极而言之，或到饥荒时，工人的产品和农民地里种的粮食就比货币来得实在，那时谁家里有个农村亲戚，生活就有指望。美国平时看不起中国和俄罗斯，对其发展壮大不满，将他们赶出国际资金清算系统圈子，结果发现自己没吃没喝的了。人在难时可以没钱，但不能没饭吃。结果有钱人放下身段去买粮，由于制裁不让人家用美元，于是有粮人宣布用本币交易，这使中国的人民币和俄罗斯的卢布成了坚挺货币。美元日渐疲软，就开始明抢俄罗斯，乃至美元暴力加息，美国收割欧洲不多的财富。

2022年9月22日，美联储将基准利率再上调75个基点，并表示将继续远高于当前水平的情况加息。值得注意的是，美联储官员本次是一致投票同意将联邦基金基准利率提高到3%～3.25%，为2008年年初以来的最高水平。[②]在俄罗斯卢布退出美元交易体系之后，这将大幅提高欧洲购买美国能源的费用

① 樊宇：《俄乌冲突“世界冲击波”之金融篇》，《光明日报》2022年5月14日。

② 《美联储宣布加息75个基点，并承诺将继续加息》，来自搜狐网。

并大幅加重欧洲的通货膨胀。更让欧洲感到雪上加霜的是，同年9月，“北溪-1”和“北溪-2”天然气管道发生两次强烈的水下爆炸。9月30日，在谈及“北溪”天然气管道泄漏事件给欧洲能源供应带来更大压力时，美国国务卿布林肯透露，美国已大幅增产，向欧洲提供液化天然气等能源。他还直白地指出，当前形势是一个“巨大的机遇”，可以借此“一劳永逸地”消除（欧洲）对俄罗斯能源的依赖。① 联合国秘书长前特别顾问、美国哥伦比亚大学经济学教授杰弗里·萨克斯在接受采访时表示，种种迹象表明，“北溪”天然气管道泄漏最有可能的肇事者是美国。② 10月4日，俄罗斯总统新闻秘书佩斯科夫说：“有某些特定方或某一方在这些管道不运行的情况下，有机会以更高的价格出售更多的液化天然气。这一方是众所周知的——是美国。”③ 10月5日，石油输出国组织（欧佩克）与非欧佩克产油国第33次部长级会议在奥地利维也纳举行，会议决定从11月起，将原油总产量日均下调200万桶。英国《金融时报》披露：针对“欧佩克＋”（欧佩克与非欧佩克产油国）的决定，美国表示，它将继续“酌情”从其战略库存中释放石油，并正在探索“额外的负责任的行动”，以提升国内石油供应。④ 同日，德国副总理哈贝克公开抱怨，以美国为首的“友好”国家利用德国对天然气的迫切需求，将出售给德国的天然气价格提高到“天文数字”。他说，美国卖给德国的液化天然气价格是俄罗斯管道气价格的3倍，是美国国内天然气价格的7倍。⑤ 10月6日，法国总统马克龙在巴黎的一场企业家大会上向美国喊话称，在盟友能源紧张时高价出售能源的行为并不是欧美“友谊的真谛”⑥。

英国前首相张伯伦在1934年9月就说过：“美国代表在私下强调，只要我们同心协力就会给世界带来巨大好处。他们以这种值得赞赏的精神让我们亮牌而他们却不亮自己手中的牌。在我们把所有牌都摊到桌子上以后，他们却悲天

① 《美国务卿布林肯谈北溪管道遭破坏：巨大机遇，一劳永逸》，来自百家号。
② 《美专家：美国最可能是“北溪”泄漏肇事者》，来自百家号。
③ 《佩斯科夫：“北溪”管道泄漏后，美国以高价出售其液化天然气》，来自参考消息网。
④ 《“欧佩克＋”决定11月起日均减产200万桶，拜登：失望》，来自新浪网。
⑤ 《果然，德国开始醒悟，抱怨美国不地道了》，来自搜狐网。
⑥ 《马克龙抱怨美国“天价”天然气：这可不是真朋友》，来自网易。

悯人地摇摇头并且十分遗憾地表示，他们相信，如果我们不作出更加适应美国国会的要求的允诺，美国国会是不会理睬我们的。”① 1937 年 7 月，罗斯福总统邀请英国首相张伯伦到华盛顿共商合作方案，张伯伦拒绝并留下一句名言：“除了甜言蜜语，最好别依靠美国人任何东西。”② 1975 年 9 月 21 日，毛泽东在会见英国前首相希思时说：“美国究竟怎么样啊？会保护欧洲吗？我是怀疑。真要打起来，它会要跑，跑回去，不干涉，然后再回来。”③

“历史上常常有惊人的相似之处。”④ 第二次世界大战中，富兰克林·罗斯福见希特勒在苏联战场上大势已去，就转向反噬欧洲，可以肯定的是，今天美国如果再次看到中国和俄罗斯不可战胜，它必然还会再次反噬欧洲。

“任何民族当它还在压迫别的民族时，不能成为自由的民族。”⑤ 美元霸权危机是美国陷进了自己做的局，即把为世界市场干活的“农民”（俄罗斯）和“工人”（中国）排除出世界市场。美国先宣布与中国“脱钩”⑥，接着又将俄罗斯踢出国际资金结算系统，其外汇储备里的欧元和美元资产也被冻结。这使俄罗斯的外汇交易不得不转向其他货币，拥有丰富实物产品的中国的人民币就成为一种合理选择；同理，这也使欧洲更加依赖日渐虚弱的美元。在俄乌冲突刚刚爆发的头几个月，俄罗斯的多家银行数据显示，人民币的资金量大幅增加。冲突刚爆发一个月，圣彼得堡银行的人民币资金增长了

---

① 转引自《张伯伦备忘录》，[英]C. A. 麦克唐纳：《美国、英国与绥靖(1936～1939)》，何抗生等译，中国对外翻译出版公司 1987 年版，第 28 页。

② 转引自[美]孔华润主编：《剑桥美国对外关系史》下，王琛等译，新华出版社 2004 年版，第 144 页。

③ 中共中央文献研究室编：《毛泽东年谱(1949～1976)》第 6 卷，中央文献出版社 2013 年版，第 609 页。

④ 马克思、恩格斯：《论波兰问题》，《马克思恩格斯选集》第 1 卷，人民出版社 1972 年版，第 291 页。

⑤ 马克思、恩格斯：《论波兰问题》，《马克思恩格斯选集》第 1 卷，人民出版社 1972 年版，第 288 页。

⑥ 2019 年 8 月 23 日，特朗普在“推特”上说，他下令要求美国公司撤出中国。他在“推文”中写道：“几十年来，中国一年又一年地从美国赚走、偷走了大量的钱，这必须停止。因此，我郑重命令我们伟大的美国企业立刻开始寻找中国之外的选项，包括将业务转移回美国，在美国境内生产商品。这会是美国的伟大机遇…… ”2020 年 5 月 14 日，美国总统特朗普在福克斯新闻的采访中再一次语出惊人地表示，如果美国和中国“彻底切断关系”，“可以省下 5000 亿美元”。《特朗普强令美国公司撤出中国 美企恐难从命》，来自百家号；《“切断对华关系”不是疯话那么简单》，来自百家号。

350%，乌拉尔开发银行增长了超过 400%。2022 年 8 月 18 日，人民币在莫斯科交易所的交易量，首次超越美元。在莫斯科交易所的实时交易量列表里，当时人民币交易量达 293 亿卢布，而美元交易量仅为 288 亿卢布。[①] 现在越来越多产油国开始主动地减少美元石油体系的影响。同样受到各种禁令影响的伊朗，正在以人民币和欧元来代替美元结算石油的地位。在与伊拉克的双边贸易中，两国使用的货币是欧元。其实在更早之前，卡塔尔就已经使用其他货币进行石油交易，巴林早在多年前就已经同时使用非美元货币进行石油结算。此外还有委内瑞拉、尼日利亚、沙特与阿联酋等，都已经在不同的程度上开启了去美元化，并且纷纷抛售美债。中国也在去美元化，在抛售美债的过程中，正在买入黄金。央行公布的黄金储备已经两年多没有变动，一直是 6400 万盎司。不过我们可以通过海关数据看到，这些年来中国一直在进口黄金，而且数量不少，只不过这些黄金并未出现在央行的黄金储备中。另外，世界黄金协会公布的数据也显示，中国的“黄金交易型开放式证券投资基金”（Exchange Traded Fund，以下简称黄金 ETF）持仓量越来越大，有数据表明，2022 年 7 月整个亚洲的黄金净买入量，全部流入了中国的黄金 ETF。[②] 2022 年 9 月 7 日（当地时间），俄罗斯总统普京在第七届东方经济论坛全会上表示，美国破坏了世界经济秩序的基础，美元和英镑已经失去了可信度，俄罗斯正在放弃使用它们。[③]

美西方与中国经济脱钩、把俄罗斯踢出国际资金清算系统的行为反伤了自己，这导致美西方在冻结了俄罗斯的外汇储备的同时也断绝了与世界重要的能源、粮食生产国的贸易，与中国经济脱钩也大幅减少了中国商品向这些国家的

---

① 这个趋势至 10 月仍在持续。10 月 3 日，莫斯科交易所共完成 T+1 人民币/卢布交易 64900 笔，交易金额 703 亿卢布，同日美元/卢布成交 29500 笔，交易额 682 亿卢布。人民币交易额在莫斯科交易所超越美元，成为该交易所交易量最大外币。10 月 4 日，人民币在莫斯科交易所受欢迎的地位仍未改变，截至收盘时，美元/卢布交易额为 594 亿卢布（21500 笔交易），人民币/卢布的交易额为 639 亿卢布（46000 笔交易），卢布/欧元的交易额仅为 473 亿卢布（18500 笔交易）。《莫斯科交易所人民币首次超过美元成为交易量最大外币》，来自观察者网。

② 《人民币交易额首超美元，产油国纷纷抛售美债，中国“偷偷”买黄金》，来自网易。

③ 《普京：美国破坏了世界经济秩序的基础 俄罗斯正在放弃使用美元和英镑》，来自快资讯网。

输出。近些年美国实体经济不振、供应不能自给，中断或减少与俄罗斯、中国的商品贸易，这引发美西方国家通胀连创新高且不可遏制。2022 年 1 月，美国居民消费价格指数就创下 7.5%的高位，2 月迅速提升至 7.9%，3、4、5 月分别为 8.5%、8.3%和 8.6%，6 月高达 9.1%，消费者物价指数则基本维持在 6%以上。①

2022 年 9 月 7 日（当地时间），俄罗斯总统普京在东方经济论坛全会上指出了美西方自制裁俄罗斯后“自损八百”的后果，他说：

> 虽然人尽皆知，但我要重申：截至 7 月下旬，美国的通货膨胀率已经达到 8.5%。俄罗斯的通货膨胀率则刚刚超过 14%（我将进一步谈论这个问题），并且正在下降，与西方经济体不同。西方经济体的通货膨胀率在上升，而我们国家则在下降。我相信，截至今年年底，我们将有可能将通货膨胀率降到 12%左右，正如我们的许多专家认为，在 2023 年第一季度或第二季度，我们很可能达到目标通胀率——可能是 5%～6%，或 4%。让我们拭目以待。无论如何，趋势是乐观的。但同时，我们的邻国怎么样了？德国的通货膨胀率已经达到 7.9%，比利时是 9.9%，荷兰是 12%，拉脱维亚是 20.8%，立陶宛是 21.1%，爱沙尼亚是 25.2%。而且数字还在不断上升。
>
> ……
>
> 早在春天之时，许多外国公司便急于宣布从俄罗斯撤出，他们认为我国将比其他国家遭受更多损失。今天，我们看到一个又一个欧洲生产基地关闭。当然，关键原因之一在于他们与俄罗斯的商业关系被切断。②

2022 年以来，在全球疫情和俄乌冲突持续影响下，全球大宗商品价格高

---

① 刘英：《〈降低通货膨胀法〉难控美国通胀》，《经济日报》2022 年 8 月 10 日。2021 年的数据可参考《美国价格涨跌率》，国家统计局信息中心编：《世界经济运行报告》，中国统计出版社 2022 年版，第 236 页。

② 《普京在第七届东方经济论坛演讲全文：西方正在失败，而亚洲拥有未来》，来自观察者网。

位运行，产业链供应链困局难解，中国国家统计局报告认为：

> 美国通胀水平处于历史高位，CPI 同比涨幅 40 年达最高，PPI[①]（生产者物价指数）同比涨幅屡创 2010 年有记录以来新高。根据 IMF 预计，由于通胀压力上升，2022 年美国通胀预期为 7.7%，较上年 4.7%的涨幅扩大了 3.0 个百分点。面临严重的通胀局面，美联储[②]不得不在加息缩表进程上“快步走”以遏制通胀风险。[③]

鉴于欧洲入冬需要大量进口能源，而美西方已将俄罗斯的主要银行排除在以美元为主要货币的国际资金清算系统之外，因而，这次美元升值并非世界经济过热造成的。美联储在入冬之际加息，真是“项庄舞剑”，意在欧洲。也就是说，因为在中国和俄罗斯那里没有得逞，而美国通胀又高企不下，与前两次世界大战一样，美国再次向自己的盟友欧洲下重手。据《日本经济新闻》报道，全球债券和股票市值正在急速缩水。2022 年 4 月到 9 月，股市债市累计蒸发 44 万亿美元，成为历史上下降最快的一个半年。债券价值下跌主要源于创纪录的激进加息，而包括英国养老金基金在内的意想不到的领域也已经出现危机萌芽。[④]

---

① PPI，Producer Price Index，是衡量工业企业产品出厂价格变动趋势和变动程度的指数，是反映某一时期生产领域价格变动情况的重要经济指标，也是制定有关经济政策和国民经济核算的重要依据。生产者物价指数与 CPI 不同，主要的目的是衡量企业购买的一篮子物品和劳务的总费用。由于企业最终要把它们的费用以更高的消费价格的形式转移给消费者，所以，通常认为生产者物价指数的变动对预测消费者物价指数的变动是有用的。

② 美国的金融机构体系是以联邦储备体系为核心，以商业银行为主体，以私人和政府专业性信贷机构与其他各类非银行金融机构为两翼，再加上在美国的外国金融机构和国际金融机构而形成的一个庞大而复杂的体系。联邦储备银行，根据《联邦储备法》，按美国地理范围，将全国划分为 12 个联储区，每个联储区分别设有一家地方联邦储备银行，12 家地方联储银行及其分支机构，共同构成联邦储备体系的运行实体，是该体系的运行基础，具体执行该体系大部分日常业务，包括开展清算、再贷款、再贴现等。会员银行，加入各联邦储备银行并成为其会员的主要是商业银行，包括本地全部国民银行（在联邦政府注册）和部分州银行（在非政府注册）。联邦储备银行并不归国家所有，其资本由会员认购，会员是其股东，每年按 6%的固定利率获得股息。黄永兴主编：《现代货币金融学》，中国科学技术大学出版社 2020 年版，第 171～172 页。

③ 国家统计局信息中心编：《世界经济运行报告》，中国统计出版社 2022 年版，第 84 页。

④ 《全球债市股市半年缩水 44 万亿美元 市场担忧引发系统性金融风险》，来自参考消息网。

欧洲有识之士对此看得明白。2022 年 9 月 22 日，英国《金融时报》网站刊登题为《全球对美联储的强烈反对正在酝酿》的文章，认为美联储周三连续第三次加息 0.75 个百分点。虽然这对美国经济来说可能是最佳做法，但这种激进的做法是一种“以邻为壑”的政策。美联储的错误造成的后果正从美国外溢，对其贸易伙伴造成了负担。① 在全球经济尚未完全复苏的情况下，美国饮鸩止渴的货币政策将加大高杠杆部门债务负担，打击在疫情中脆弱恢复的产业，降低居民消费需求，加大企业生产经营和业务扩张压力，从而导致美国经济衰退风险上升。② 专家将美国经济增长 3.7%的预测，下调 0.3 个百分点。③

与美国通胀同步的还有欧洲，2021 年 1 月，欧元区消费者同比价格指数仅为 0.9%，12 月上升到 5.0%④，至 2022 年 7 月再上新高，直冲 8.9%⑤，略高于美国同月水平。截至 2022 年 1 月，欧洲天然气进口量占消费量比重达 99.6%，产量占消费量比重仅为 28.6%，对外依存度过高。从欧盟能源进口看，天然气、煤炭、原油从俄罗斯进口占各能源总进口比重分别为 36.1%、37.9%和 21.0%，此外，俄罗斯对欧洲出口天然气主要以管线方式运输，这些管线约 1/4 需经乌克兰境内。⑥ 分析认为：

> 欧洲对俄罗斯严厉制裁的结果反伤了自己。俄乌冲突以来，欧洲对俄制裁层层加码，实施金融制裁、禁止进口俄煤、出台油气禁令，在制裁、博弈及冲突持续下，欧元区多项经济指标出现恶化。2022 年 3 月，欧元区 CPI 升至 7.5%的历史新高，其中，法国、意大利均创有记录以来新高，爱沙尼亚、拉脱尼亚、立陶宛及荷兰均高达两位数。同时欧洲央行大

---

① 《英媒:全球对美联储的强烈反对正在酝酿》,来自参考消息网。

② 国家统计局信息中心编:《世界经济运行报告》,中国统计出版社 2022 年版,第 84 页。

③ 国家统计局信息中心编:《世界经济运行报告》,中国统计出版社 2022 年版,第 71 页。

④ 欧盟统计局 18 日公布的数据显示,欧元区 19 国 7 月通胀率为 8.9%,超过 6 月的 8.6%,再创历史新高。欧盟统计局表示,导致 7 月通胀率再创历史新高的主要因素在于能源和食品价格的进一步上涨,与此同时,占欧元区经济产值三分之二以上的服务业价格在 7 月上涨了 3.7%。国家统计局信息中心编:《世界经济运行报告》,中国统计出版社 2022 年版,第 247 页。

⑤ 《欧元区 7 月通胀率达 8.9%　再创历史新高》,来自一财网。

⑥ 国家统计局信息中心编:《世界经济运行报告》,中国统计出版社 2022 年版,第 93 页。

幅上调欧元区 2022 年通胀预期至 5.1%。伴随着高通胀的是经济增长的持续放缓，3 月欧洲央行下调 2022 年欧元区经济增长预期至 3.7%，并预计 2023 年、2024 年分别增长 2.8%和 1.6%，市场对欧元区经济陷入滞胀的担忧正在上升。①

对制裁俄罗斯带来的伤害最为敏感的是欧洲一些国家。匈牙利外交部部长西雅尔多曾多次警告西方，制裁打不倒俄罗斯反会伤及自身。2022 年 7 月 15 日，匈牙利总理欧尔班表示，欧盟对俄制裁适得其反，给欧洲造成的困难比给俄罗斯的更大，而且也未能推动俄乌冲突结束，“起初，我认为我们只是朝自己的脚上开了一枪，但现在很明显，欧洲是在朝自己的肺开了一枪，经济已经喘不过气了”。8 月 18 日，欧尔班接受德媒采访时再次指出，西方国家并没有能力通过军事手段赢得俄乌冲突的胜利，西方采取的“惩罚性”制裁措施实际上也未能撼动俄罗斯，这些制裁反而对欧洲自身造成了巨大的破坏，并让俄罗斯等国家和地区从中获益。他认为，俄乌冲突结束后，欧盟的力量将比以往更加虚弱，这场战争将可能终结西方的“优势地位”。据“今日俄罗斯”网站当地时间 2022 年 8 月 29 日报道，匈牙利外交部部长西雅尔多警告：即使在没有合适替代能源的情况之下，西欧国家仍然采取拒绝俄罗斯能源的政策，这可能导致冬季民众供暖不足，进而发生“系统性崩溃”。他认为，与石油和天然气这些实实在在的能源资源不同，所谓“意识形态上的信念”并不能让欧洲人在冬天取暖。② 9 月 26 日（当地时间），匈牙利总理欧尔班在国会发表讲话时表示，自 2022 年 2 月以来，能源价格高企使俄罗斯受益匪浅，而制裁适得其反，欧洲穷下去，俄罗斯富起来。③ 10 月 10 日，土耳其总统埃尔多安称，西方国家的领导人“没有从常识的角度去评估俄罗斯和乌克兰之间的事件”。他强调“未来一段时间，世界将不可避免地发生激进的政治变革”④。当地时间 10 月 10 日，摩根大通首席执行官杰米·戴蒙警告称，欧洲经济已陷入衰退，而

① 国家统计局信息中心编：《世界经济运行报告》，中国统计出版社 2022 年版，第 93～94 页。
② 《匈牙利外交部长警告：意识形态信念不会让欧洲人在冬天感到温暖》，来自观察者网。
③ 《匈牙利总理称对俄制裁适得其反：欧洲穷下去，俄罗斯富起来》，来自参考消息网。
④ 《埃尔多安：西方未从常识角度评估俄乌冲突，世界将发生激进政治变革》，来自百家号。

“非常非常严重的”不利因素可能会让美国和全球经济在2023年年中陷入衰退，也就是6个月到9个月之后。[①] 1942年1月22日，毛泽东在审改关于太平洋战争后沦陷区情况的通报材料时，加写这样一段话：“总之，极端毒狠的殖民地政策，现已推行于租界，不分阶级，有财即掠，表示了日本法西斯最后挣扎时期的紧张性。”[②] 如果将这段话中的“日本”换作美国华尔街垄断资本集团，也会让人觉得很贴切。

美国乃至整个西方世界走向高通胀的原因是自身经济脱实向虚及由此导致的深层衰退。自20世纪80年代以来，西方的生产力要素结构及其交易系统都是建立在由整个发展中国家提供的原材料和初级产品的基础上，并通过与发展中国家产品之间的价格剪刀差来获得高额利润的。现在美西方国家将发展中国家中最大的原材料、能源、粮食生产国和最大的民生产品生产国或明或暗地排除在这个系统之外，接下来这个系统庞大的“货币交易量”就成了纸与纸的交易，系统中物质产品尤其是基础生存产品日益稀缺，它们用增发货币的方式给人造成消费力增加的虚幻印象，这就是美西方近来出现通胀和加息的背后原因。

值得注意的是，西方这次经济危机与历史上物质产品增长而消费不足造成的经济危机不同，这次危机是物质产品严重不足而消费力量特别巨大造成的，因此，它是无解的危机，除非将中国与俄罗斯再请回这个系统并承认它们在其中的大国地位，不然的话，另立于美元之外的新的国际资金清算系统将破土而出。在这个新系统中，产品总量与货币交易总量保持着新的平衡，当然拥有产品总量最大的国家即中国和俄罗斯的货币自然是这个新系统信用最好的货币。如果这样，民族国家的压迫者“美帝国”也就寿终正寝了，正如昨天民族国家的压迫者英帝国寿终正寝一样。目前世界历史正在加速向这个方向前进，而造成沿着这一方向历史运动的第一推手不是别人，正是由华尔街操控的美国自己。马克思说：

一个工业民族，当它一般地达到它的历史高峰的时候，也就达到它的

---

① 《摩根大通首席执行官杰米·戴蒙:欧洲已陷入经济衰退,明年年中将轮到美国》，来自观察者网。

② 中共中央文献研究室编:《毛泽东年谱(1893～1949)》中卷,中央文献出版社2013年版,第355页。

生产高峰。实际上，一个民族的工业高峰是在它还不是以既得利益为要务，而是以争取利益为要务的时候。在这一点上，美国人胜过英国人。①

今天的美国已从以往“以争取利益为要务”的国家异化为“以既得利益为要务”的国家，其曾经有过的“工业高峰”已异化为“军火工业”和金融-高利贷的高峰。正如当年英国的历史高峰已成为往事一样，今天美国的历史高峰在不久的将来也会成为只存在于好莱坞大片中的传说。

三、世界大变局与中华民族伟大复兴

未来一段时期，我们看到的将是美国疯狂无底线的反扑。为此，“我们必须增强忧患意识，坚持底线思维，做到居安思危、未雨绸缪，准备经受风高浪急甚至惊涛骇浪的重大考验”②。

自中国取得疫情防控“重大决定性胜利”、俄罗斯“特别军事行动”基本达到了战略目标后，华尔街美国在由自己开启的东方和西方两条战线均遭严重挫败，力量对比的优势逐渐转到另一边。今后如果还看不到足以导致地区乃至世界大破坏或大毁坏——这是高利贷放贷并获利的基本社会条件——的结果，届时华尔街自己将面临破产的可能。

目前，为了击败中国和俄罗斯，华尔街资本财团做的资本投资已近极限。国际货币基金组织（IMF）在2020年10月14日发布的报告称，2020年全球政府债务将达到几乎与全球GDP（约90万亿美元）同等的规模，创历史最高水平。为应对新冠疫情，各主要资本主义国家采取了总计12万亿美元的财政刺激措施，如何使庞大的债务规模恢复至正常水平将是疫情后面临的重要问题。

---

① 参见马克思:《〈政治经济学批判〉导言》,《马克思恩格斯选集》第2卷,人民出版社1972年版,第89页。

② 习近平:《高举中国特色社会主义伟大旗帜　为全面建设社会主义现代化国家而团结奋斗——在中国共产党第二十次全国代表大会上的工作报告》,《中国共产党第二十次全国代表大会文件汇编》,人民出版社2022年版,第22页。

国际货币基金组织的数据称，截至 2020 年 7 月底，发达经济体债务水平占其国内生产总值（GDP）的比重已经攀升至 128%，而在第二次世界大战后的 1946 年，这一比重为 124%。1946 年，新兴经济体前身的国家债务占其 GDP 比重为 46.9%，目前，这一比重为 62.8%。① 如图：

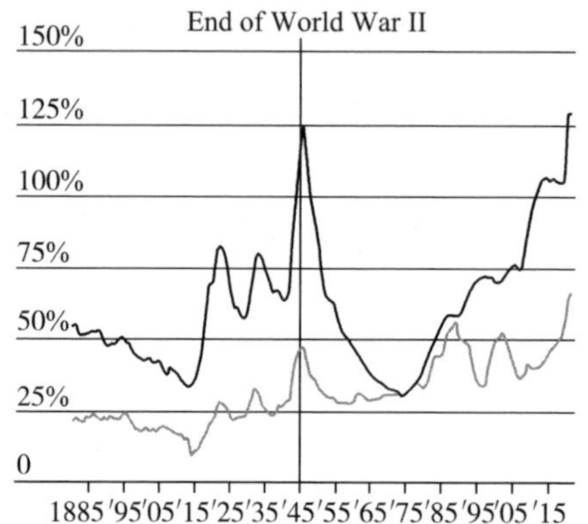

1885 年以来发达经济体（黑线）和新兴经济体(灰线）政府债务占其 GDP 比重

《发达国家政府债务飙升　创二战以来最高纪录》，来自新浪网。

其中美国“2020 财年的债务总量已经达到国内生产总值的 98%，是第二次世界大战以来的最高水平。美国债务水平上一次超过经济产出是 1946 年，债务水平达到了 106%”②。2022 年 10 月 8 日，美国未偿联邦政府债务总额已超过 31.1 万亿美元，GDP 比例已超 120%。③ 这表明美国即将加入日本、意大利、希腊等负债超经济体总量的国家行列。有报道指出：“尽管二战导致发达国家债务飙升，但得益于战后经济快速复苏，发达经济体债务迅速下降。到 1959 年，发达经济体债务占其 GDP 的比重降至不到 50%。不过，这次债务水平下降可能没有二战后那么快，无论是人口增长率还是经济增长率都与那时不能同日而语。”④ 1946 年，第二次世界大战已结束，各国已

---

① 《发达国家政府债务飙升 创二战以来最高纪录》，来自新浪网。

② 《美国 2020 年债务总量达国内生产总值的 98%，将陷入债务危机》，来自腾讯网。

③ 《美债这样“野蛮生长”！》，来自新华网。

④ 《发达国家政府债务飙升 创二战以来最高纪录》，来自新浪网。

转入恢复经济的轨道。而这次有利于债务还贷的社会和经济条件远远看不到曙光，如此下去，华尔街的破产就不是不可以想象的了，靠借债治国的美国面对的如果不是苏联式的解体，那就只能是革命——这是最令华尔街大佬们担忧的事。2016～2019年，美国国防投资增长从－0.6％飙升到5.6％，而到2021年美国国防投资猛跌至－0.9％。[①] 这反映出华尔街对白宫的借贷能力已力不从心，对美国还贷能力也已失去信心。2022年10月11日（当地时间），《华盛顿邮报》披露：美国总统拜登曾私下里告诉乌克兰总统泽连斯基，如果他表现出不领情的样子，一直说援助不够，那么自己就很难继续向美国国会要钱。[②]

今天美国的战略与20世纪不同，20世纪的美国始终与一个有胜利潜力的大国（先是苏联后是中国）捆绑在一起。进入21世纪后的美国不仅与两个有胜利潜力的大国（俄罗斯和中国）同时作对，而且还不断削弱昔日的盟友。近几年美国更是用日益极端的方式（比如在俄乌冲突中支持乌克兰，在台湾问题上又通过“2022年台湾政策法案”）将俄罗斯与中国紧紧地逼到一起。

大国力量不同组合所产生的不同结果是有历史规律可循的，这就是1－2＝－1。历史表明，世界上没有一个大国有力量可以与两个以上的大国对抗。古罗马人开始只是为了自卫，先与北方的高卢人打仗，后又与南方迦太基人发生战争，取得辉煌胜利，后继续向整个地中海国家进攻，结果导致整个罗马帝国灭亡；19世纪初，拿破仑与英国作战，取得辉煌的胜利，继而于1812年轻率深入俄国，其后三年便遭到失败；20世纪40年代，德国希特勒开始跟英国作对，赢得西欧，1941年正在得意之际挥师直奔苏联，其后又是三年便遭到失败；同时期的日本与中国开战，初期取胜，1941年年底又与美国开战，其后还是三年多失败；20世纪50年代在朝鲜战场上，美国与中国和苏联对阵，美国三年便败；60年代在越南战场上，美国还是与中国和苏联作对，时间是长了些，但结果也是败得没有面子。勃列日涅夫时期的苏联与中国和美国作对，结果苏联很快败阵并于戈尔巴乔夫时期解体。“9·11”事件后，小布什更

① 国家统计局信息中心编：《世界经济运行报告》，中国统计出版社2019年版、2020年版、2021年版、2022年版，第194、218、238、230页。

② 《美媒：拜登曾提醒泽连斯基“别一直说援助不够”，会令他难向美国会要钱》，来自百家号。

是点名向多个所谓“邪恶轴心”[①] 国家叫板，从此美国国运败象显露。现在拜登政府又直接单挑中国和俄罗斯，如果有一点历史知识的人，都会知道这是老虎吃天，只能是耗尽虎力后一无所获。

具体再看看苏联是怎么解体的吧。事实上，苏联是在“五大三粗”即军事实力仍然强大时解体的。解体前的苏联仍是令西方国家非常恐惧的国家。直到1978年之前，美国国内生产总值（GDP）增长率始终不如苏联。如图所示：

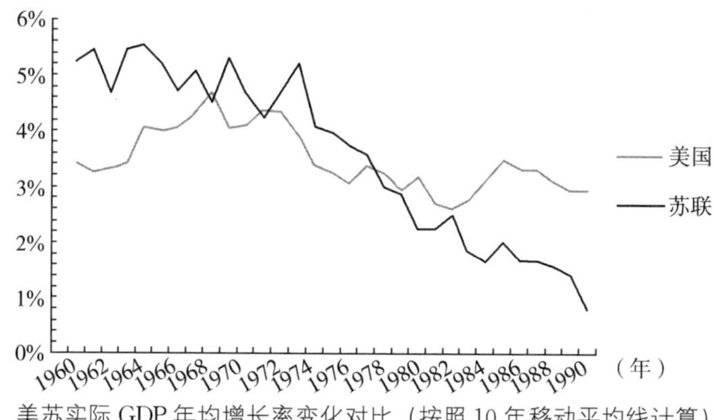

美苏实际 GDP 年均增长率变化对比（按照 10 年移动平均线计算）

根据世界大型企业联合会发布的 Total Economy Database 2016 数据计算。参见［英］罗思义：《无论谁上台，中美对抗都不符合双方利益》，来自观察者网。

为什么苏联经济在 1978 年后严重下滑直至解体？这是由于苏联的霸权扩张在这一年最终将中国和美国逼至一条战线，中美联手，苏联原来只用于对付美国的资源不得不转为同时对付美国和中国。这使得苏联外交形势严重恶化。同样的道理，今天的美国经济支付能力萎缩的原因与当年苏联是一样的，都是陷入了 1－2＝－1 的战略困境。

毛泽东明白并善于运用“1－2＝－1”这一可视为大国力量组合的规律。1972年1月6日，毛泽东同周恩来、叶剑英谈外事工作时说：“其实这个公报[②]没把基本问题写上去。基本问题是，无论美国也好，中国也好，都不能两面作战。口头上说

① “9·11”事件之后，美国总统乔治·W. 布什将那些“赞助恐怖主义的政权”形容为“邪恶轴心”，其中明确指出的国家包括伊朗、伊拉克和朝鲜。

② 指正在拟订中的《中美联合公报》。

两面、三面、四面、五面作战都可以，实际上就是不能两面作战。”[①] 送走尼克松后，7 月 24 日，毛泽东在与周恩来、姬鹏飞、乔冠华、王殊等谈国际问题时，再次叮嘱：“在两个超级大国之间可以利用矛盾，就是我们的政策。两霸我们总要争取一霸，不两面作战。”[②] 毛泽东始终在避免的战略错误，昨天的苏联和今天的美国却在不知疲倦地重复，而今天的中俄已经完全避免，其间的输赢已无悬念。

解铃还须系铃人，现在的问题是这个“铃”被美国系得太死了以至于很难解开。

美国自里根以来适逢世界特别是东亚经济崛起，东亚国家，尤其是中国对储备美元有非常大的需求，大规模的美元输出使美国在获得了极丰厚的高利贷回报[③]的同时，这也使美国实体经济此后受到重创。2009 年美国奥巴马政府实施“再工业化”[④] 战略，但由于它不能给私人投资者在短期内带来高于海外投资的丰厚的利润，结果成效十分有限。1990～2017 年，第三产业对美国 GDP 的贡献率从 1.05％竟飙升到 89％，但第二产业对 GDP 的贡献率仅从－0.11％上升到 1.7％。[⑤]美国失去了实体经济支撑。与人吃得太好易得糖尿病的道理一

---

① 中共中央文献研究室编:《毛泽东年谱(1949～1976)》第 6 卷,中央文献出版社 2013 年版,第 422 页。

② 中共中央文献研究室编:《毛泽东年谱(1949～1976)》第 6 卷,中央文献出版社 2013 年版,第 441 页。

③ 100 美元,1950 年兑换 275.00 元人民币,1955～1970 年的 15 年间,人民币对美元兑换一直固定在 100 美元兑换 246.18 元人民币的汇率上。(数据参见张光平:《人民币衍生产品》上册,中国金融出版社 2008 年版,第 226～227 页。)从 1985 年人民币开始贬值,当年 100 美元兑换 293.57 元人民币,1990 年兑换 478.32 元人民币,2000 年可兑换 827.84 元人民币,2010 年为 676.95 元人民币,2018 年为 661.74 元人民币。1983～2000 年,中国实际利用外资金额从 22.61 亿美元增至 593.56 亿美元,至 2018 年又猛增至 1349.66 亿美元。人民币对美元的汇率大幅上升导致中国外汇储备的快速增加。1978 年中国外汇储备仅有 1.67 亿美元,2000 年为 1655.75 亿美元,2018 年飙升至 30727.12 亿美元。国家统计局编:《中国统计年鉴 2020》,中国统计出版社 2020 年版,第 357、588 页。

④ 从 2009 年底开始,美国“再工业化”规划的关键文件相继发布。2009 年 12 月公布的《重振美国制造业框架》涉及工人培训、创新型科技、资本市场、物流运输、市场环境等多个方面;2011 年 6 月的《先进制造业伙伴计划》着重强调了对制造业前沿领域的人才、资源、创新投入,以保障美国在全球创新方面的领先优势;2012 年 2 月,《先进制造业国家战略计划》将促进先进高端制造业发展提高到了国家战略层面;奥巴马在 2012 年的国情咨文中更是详细阐述了“制造业回归本土”“技术密集型新兴产业”以及“更为强硬的贸易措施”三部分内容,涉及税收、补贴、法规修订等多个方面。

⑤ 参见《国际统计年鉴(1999)》,中国统计出版社 1999 年版,第 99、98 页;《国际统计年鉴(2018)》,中国统计出版社 2018 年版,第 82 页。

样，高利贷的丰厚回报反伤了美国的国力。

特朗普上台后又要坚决与产品大国中国经济“脱钩”，这造成美国经济立即进入日益严重的通胀，而通胀只能通过加大物质生产（这对美国政府来说已力不从心）而不能通过进一步借贷（这对美国政府来说已得心应手）来缓解。此后，如果世界再不能出现大规模的战乱并由此引发对美元的大规模高利借贷，那破产的就不仅是美国，更是华尔街，而华尔街的破产则几乎就是资本主义的破产——这可是自英国工业革命以来的天大的事！于是在东方战场非传统生物战的一无所获后，华尔街大亨们就必须从西方战场传统热兵器战争中寻求补偿。这就是乌克兰向俄罗斯率先发难的深层动因。

看美国问题要看华尔街，不要看白宫；要看利润，不要看声明。在乌克兰问题上，华尔街没有主义，只有生意。当美国资本家无利可图时，乌克兰也就退出战场了，就像昨天的蒋介石，失去了美援也要退场一样。

但是，俄乌冲突发展至今，欧洲并没有出现美国和英国朝思暮想的以欧俄为主战场的世界大战，欧洲不让乌克兰加入北约的绝对立场就是对“第三次世界大战”转向欧洲的绝对抵制。欧洲人知道美国就是利用欧洲的分裂挑起第一次和第二次世界大战，并由此摧毁了、褫夺了欧洲的世界霸权。这次欧盟国家与美英国家看似站在一条反俄战线，但在制止蓬佩奥称之为“第三次世界大战”出现在西方战场的问题上，欧洲与俄罗斯却是暗通款曲，心照不宣。他们知道俄欧一旦开战，退场的不会是俄罗斯——欧洲在历史上从没有打败过俄罗斯——而是欧盟和欧元。如果乌克兰泽连斯基或美国政客再不能拱出更大的战火，特朗普以来白宫从华尔街借出的庞大的军工投资就无以回报。如此，华尔街的破产继而帝国的坍塌，就不是不可思议的。

没有主义，只有生意，是认识美国外交本质的重要视角。对此，毛泽东看得明白，讲得清楚。1960 年美国国家安全各部门雇用的人员达 3700 万人。有关国家安全的各项主要开支共为 457 亿美元，约占政府预算的 58%，占国民生产总值的 9%。1950～1959 年，美国全国企业数量扩大了 76.5%，而国防部开支则增加了 246.2%。美国最大的 50 家公司获得了全部主要军事合同的 65%。1960 年 6 月 8 日，毛泽东在看到这份材料后批示：“此件印发各同志。值得研究。美国为什么不愿意裁军呢？答案就在这里。这是资产阶级，特别是垄断资产阶级，需要一个庞大的军力和一个庞大的武器库。”[①] 1973 年 6 月 5 日，他告诉越南劳动党第一书记黎笋说，越南战争“花了一千二百亿美元，打了十一年。一个不能讲越南话的美国兵，离开美国多少公里，跑到越南送死，那个能持久啊？其所以能打十一年，就是军火商人拼命要消耗那些 B-52 之类”[②]。现在回头看，当时美国政府发动对朝鲜和越南的侵略战争，是通过战争消化“庞大的武器库”以偿清第二次世界大战中的债务。

毛泽东的分析及结论对于认识当下美国对于乌克兰冲突所采取的“只嫌事小，不嫌事大”的立场也是有帮助的，用毛泽东的话说：“就是军火商人拼命要消耗那些 B-52 之类。”与昨天不同的只是，昨天美国还在朝鲜和越南出兵流血作战，今天美国自己只出钱——这钱是要还的，流血的只能是乌克兰。2022 年 11 月 9 日，俄罗斯卫星社报道称，俄罗斯驻华盛顿大使安东诺夫在接受该社采访时表示，美国在经济上有兴趣通过乌克兰与俄罗斯进行消耗战，他说：“为什么会这样？有数个原因，其中之一是存在经济利益。通过大规模销售军用产品、供应液化天然气来‘捞油水’。”[③]

在俄乌冲突中美国人最愿意看到的结果是它引发俄欧战争，目前看，俄罗斯在乌东地区实现了它既落实明斯克协议又没有引起与欧洲全面战争的战略目标。2022 年 8 月 26 日（当地时间），俄联邦安全会议副主席梅德韦杰夫接受法国信息频道（LCI）新闻台采访时表示，俄罗斯对乌克兰发起特别军事行动是为了防止第三次世界大战爆发。他说：

> 俄罗斯之所以发起特别军事行动，就是为了防止第三次世界大战爆发。特别军事行动其实是可以避免的，如果乌克兰领导层有勇气承认现实，如果乌克兰领导层没有在顿涅茨克和卢甘斯克迫害自己的民众达八年之久，如果没有成千上万的乌克兰和俄罗斯公民受害，俄罗斯不会发起军

---

① 中共中央文献研究室编:《毛泽东年谱(1949～1976)》第 4 卷,中央文献出版社 2013 年版,第 411 页。

② 中共中央文献研究室编:《毛泽东年谱(1949～1976)》第 6 卷,中央文献出版社 2013 年版,第 481 页。

③ 《俄驻美大使:为“捞油水”,美国利用乌克兰与俄进行消耗战》,来自参考消息网。

事行动。正是因为乌克兰政府这些年来的所作所为，迫使重大利益受到威胁的俄罗斯不得不采取特别军事行动。

梅德韦杰夫还称：

当前的俄罗斯正按照最温和的方式在乌克兰开展行动。俄罗斯只派出了相对少量的军人和“顿涅茨克共和国”“卢甘斯克共和国”的部队一道，只针对乌克兰的武装力量采取行动。如果采取强硬方案，让军事行动更快结束，会带给乌克兰完全不同的结果。[①]

目前看，俄罗斯在乌克兰可能超额实现巩固乌克兰东部地区明斯克协议成果的战术目标。

21 世纪 20 年代中国抗击新冠疫情的胜利，使得西线战场上的俄罗斯胜利有了地缘政治的保障。目前俄罗斯在西线、中国在东线取得的胜利，为世界和平和人类文明守住了基本的底线。可以设想，如果没有中国与俄罗斯在东西方战场的胜利，从 2020 年始，世界和平和人类文明就会倒在资本法西斯的脚下，21 世纪的历史就会倒退到——用马克思的话说——“洪水期前的形态”[②]：高利贷配之以生物病毒全球肆虐，使 21 世纪初世界重复 20 世纪初的世界场景，这就是战火连天和哀鸿遍野！

今天中国和俄罗斯在被有些美国政客命名的所谓“第三次世界大战”的东西两条战线已取得相对稳定的优势，由此我们也可以进一步判断：自美国与中国“脱钩”后历史所出现的中美战略相持已加速进入以中国为优势方的后期阶段，当然这也是最残酷因而最艰苦的阶段。在这个阶段，以美元霸权为基础的世界帝国体系，正在发生结构性松动。索罗斯 2019 年 9 月 9 日在《华尔街日报》上发表的那篇文章就意识到这一点，他说：

---

① 《梅德韦杰夫：俄罗斯发起特别军事行动，是为了防止世界大战爆发》，来自百家号。

② 马克思：《资本论》第 1 卷，人民出版社 1975 年版，第 186 页。

> 我相信：北京正在建立的社会信用体系，如果任其扩展，在中国乃至全球都可能敲响开放社会的丧钟。

无独有偶，2022年9月7日（当地时间），俄罗斯总统普京在东方经济论坛全会上的讲话中也指出了这一点，与索罗斯的结论不同的是，普京认为“西方正在失败，而亚洲拥有未来”① 这一趋势是不可逆的。他说：

> 为了阻挠历史的进程，西方国家还破坏了几个世纪以来的全球经济体系的支柱。我们正目睹着，美元、欧元和英镑作为适合进行交易、储存储备和资产计价的货币，已经失去了信誉。我们正在采取措施，以摆脱对失信的外国货币的依赖。顺便说一下，甚至美国的盟友也在逐渐减持美元资产，我们可以从统计数据中看到，以美元进行的交易和储蓄的数量正在逐渐减少。
>
> ……
>
> 虽然大家都很清楚，但我想再次提醒，在过去十年里，亚洲国家每年GDP的增速接近5%，而全球的GDP增速约为3%，美国——2%，欧盟——1.2%。但这些都不是最重要的。重要的是，这样的增长趋势仍在继续。长此以往，会不可避免地发生什么？亚洲各经济体占全球GDP的比重将从2015年的37.1%增长到2027年的45%，这一趋势可能会一直保持下去。②

为了打断这一趋势，从2020年起，华尔街美国用各种方式遏制中国发展的尝试均未成功的态势下，将战场移向西方欧洲。经过2021年一年的准备，于2022年2月又在乌克兰挑起了“俄乌冲突”，乌军受到重挫。似乎是回光返照，9月中旬乌军发起大规模的“反攻”③，结果乌军不仅在战场上受到更严重

---

① 《普京在第七届东方经济论坛演讲全文：西方正在失败，而亚洲拥有未来》，来自观察者网。

② 《普京在第七届东方经济论坛演讲全文：西方正在失败，而亚洲拥有未来》，来自观察者网。

③ 《乌克兰开始反攻，已打到俄乌边境，车臣领导人急了，宣布增兵一万》，来自腾讯网。

的打击而且还不得不面对乌克兰境内顿涅茨克、卢甘斯克、赫尔松和扎波罗热四个地区全民要求并入俄罗斯版图的公投结果及其被俄罗斯接纳的现实——这对华尔街美国的攻势来说有些“再而衰”意味。接下来，华尔街美国如果在中国统一问题上还不知趣的话，那台湾海峡就是美帝国“三而竭”即没落质变的节点。这时的中美博弈的结局就应验了《曹刿论战》中的那句话：“夫战，勇气也。一鼓作气，再而衰，三而竭。彼竭我盈，故克之。”①

与第二次世界大战中的战场形势相似，中国在东方战场拖住日本法西斯才保证了斯大林在西方战场的有力抵抗，并以西方战场的胜利为东方战场中国抗击日本法西斯战争的最终胜利提供了地缘政治的保障。今天，中国在东线、俄罗斯在西线在欧亚大陆腹地从东到西，连轴滚动出一个不同于西方体系的“人类文明新形态”——这一趋势在2022年9月上海合作组织成员国元首理事会第二十二次会议发表的《上海合作组织成员国元首理事会撒马尔罕宣言》中已现端倪。

美国有识之士看出这一趋势，2022年9月11日，今日俄罗斯电视台网站刊登美国海军陆战队前情报官员斯科特·里特写的《“9·11”事件21周年，美国新现实一周年》一文。文章这样描述“9·11”事件之后的美国：

> 在中东和中亚的地缘政治荒野徘徊了20年后，美国的军事、经济和外交实力显著下降。雪上加霜的是，在美国开展长达20年的“自焚”行动时，世界其他国家并没有原地踏步，而是在向前迈进。
>
> 美国的民主看似是“山巅之城”，本该激励世界其他国家效仿，现在却暴露了“波将金村”的本质——只不过是一个伪装成高档郊区的贫民窟而已。世界目睹了这个转变，而美国人对此浑然不觉，在不受约束的消费主义的裹挟下愚昧地屈服。
>
> 但欠债总是要还钱的。“9·11”事件发生21周年后，许多国内外债务即将到期。

---

① 《左传·曹刿论战》，阙勋吾、许凌云、张孝美等译注：《古文观止》上，湖南人民出版社1982年版，第25页。

在"9·11"事件发生21周年后，美国正处于一场政治内战中，这场内战有可能演变成美国南北战争以来规模最大的由党派分歧驱动的暴力活动。美元作为世界储备货币的主导地位遭到质疑，因为对美国干涉其主权经济决定感到厌烦的全球市场正在放弃美元，转而使用地区货币篮子。在指责俄罗斯不过是一个"伪装成国家的加油站"后，美国及其盟友发现自己就像是被困在荒野公路上的司机，燃料箱空空如也，前方也看不到加油站，而这主要是因为他们在出发前关闭了所有加油站。西方对俄罗斯集体施加的经济制裁变成了一种自残行为，导致欧洲经济崩溃，而美国没有能力也没有意愿拯救欧洲。[①]

进入战略相持阶段后期的衰落的以美国为首的反动势力，将变得更加无理性、更加疯狂并具有"国家恐怖主义"特点。

在欧亚大陆西头，2022年8月20日，俄罗斯知名社会学家杜金的女儿杜金娜遇刺身亡，普京称这是"卑鄙和残忍的罪行"[②]。8月23日，英国执政党保守党新党首伊丽莎白·特拉斯表示，如果有必要，她"准备好"按下核按钮——即使那意味着"全球毁灭"[③]。9月6日，特拉斯正式就任英国首相。9月13日，乌克兰总统泽连斯基的办公室发布了一份"乌克兰安全保障草案"，其中建议欧盟国家、美国、英国、澳大利亚和土耳其作为其安全担保国。该草案建议上述国家投资乌克兰的军事工业基地，大规模提供武器和情报，并在欧盟和北约的主导下进行军事训练和联合演习。草案还提出，欧盟国家应向基辅长期提供武器及财政援助。俄罗斯国家安全会议副主席梅德韦杰夫在社交平台上写道，基辅的"安全保障草案"是迈向全球冲突的第一步。他指出："基辅酝酿出了'安全保障草案'，这实质上是第三次世界大战的序幕。"[④] 9月26日，在"北溪-1"和"北溪-2"天然气管道发生泄漏的同一水域探测到两次强烈的水下爆炸。10月8日，连接俄罗斯和克里米亚的克里米亚大桥发生剧烈

① 《美前情报官员:"美国开始面对20年间种下的恶果"》,来自参考消息网。
② 《普京追授杜金女儿勇气勋章,称杜金娜被杀是"卑鄙和残忍的罪行"》,来自网易。
③ 《特拉斯称若自己成为英首相,"准备好"在必要时使用核武器》,来自百家号。
④ 《梅德韦杰夫痛斥乌"安全保障草案"》,来自参考消息网。

爆炸。随着美俄之间的情况愈发剑拔弩张，美媒再曝出一则重磅消息——美军将对包括普京在内的俄罗斯高层进行“斩首行动”[①]。

在欧亚大陆的东头，2022 年 6 月 22 日，中国西北工业大学发布公开声明，该校遭受境外网络攻击，9 月 5 日，中国国家计算机病毒应急处理中心和 360 公司分别发布了西北工业大学遭受美国国家安全局（NSA）网络攻击的调查报告。[②] 8 月 2 日，美国国会众议长南希·佩洛西窜访中国台湾地区，中国人民解放军东部战区陆续在台岛周边开展一系列反制军事行动。美国参议院于当地时间 9 月 14 日通过“2022 年台湾政策法案”[③]。据称，许多条文都要帮助台湾增强防卫实力，以及提升台湾驻外机构的地位。[④] 10 月 7 日，美国政府公布了一系列全面出口管制措施，其中包括让中国无法获得世界上任何地方使用美国工具制造的某些半导体芯片。这些规则建立在 2022 年稍早美国政府在给一些大型芯片设备制造商的信函中提出的限制上。美国商务部在给科磊（KLAC）、科林研发（LAM）和应用材料（AMAT）等公司的信中提出的限制，实际上要求这些企业停止向生产先进芯片的中国工厂出口芯片制造设备。公布的部分措施将立即生效。报道称，这一系列措施可能是 20 世纪 90 年代以来美国对华技术出口政策的最大转变。[⑤]

美国这些严重不顾外交起码体面（遑论“三个联合公报”原则[⑥]）的行为

---

① 《美媒爆料：美军要对普京实施“斩首行动”？世界大战征兆已现！》，来自网易。

② 《西北工业大学遭网络攻击，源头系美国国家安全局》，来自新浪网。

③ 2022 年 6 月 17 日，美国参议院外交关系委员会官方网站发布新闻，称美国参议院外交关系委员会主席梅南德兹和参议员格雷厄姆宣布向美国国会提交了跨党派法案“2022 年台湾政策法案”（*Taiwan Policy Act of 2022*）。2022 年 6 月 16 日，参议员梅南德兹和格雷厄姆共同提出了“2022 年台湾政策法案”，经过二读后提交参议院外交关系委员会。法案全文已经在美国参议院外交委员会网站上公布，共 107 页。《“台湾政策法案”的制定背景》，来自百家号。

④ 《严重挑衅！大幅改动对台政策，美参议院审议“台湾政策法案”，国台办痛批》，来自百家号。

⑤ 《突发！美国公布全面出口管制措施，对华技术出口再遭重击》，来自浙江省国际贸易促进网。

⑥ 中美“三个联合公报”是指 1972 年 2 月 28 日签订的《中华人民共和国和美利坚合众国联合公报》（《上海公报》）、1978 年 12 月 16 日中美两国发表的《中华人民共和国和美利坚合众国关于建立外交关系的联合公报》（《中美建交公报》）和 1982 年 8 月 17 日签订的《中华人民共和国和美利坚合众国联合公报》（《八一七公报》）。美国在三个联合公报中均强调坚持一个中国原则，这是中美两国关于两国关系以及我国台湾问题的重要历史文件。坚持一个中国政策和中美三个联合公报的原则是中美关系健康发展的政治基础。

已说明，在中国和俄罗斯面前，华尔街美国已进入有失理性的疯狂状态。值得注意的是，在西方战场不能获利的情况下，预计今后几年美国将表现得更加疯狂与无理性。

疯狂是因为绝望。美国海军陆战队前成员、地缘政治专家布莱恩·布莱迪克看明白了这一点，他在接受《环球时报》记者专访时表示：华盛顿在对台政策上确有从“战略模糊”转向“战略清晰”的趋势。“然而，这不是出于冒险主义，而是出于绝望：因为美国没有时间了。”他表示，中国经济军事实力的迅速上升意味着，随着时间的推移，如果美国直接或通过其代理人挑起冲突，它相对于中国的优势会越来越小。“随着自身作为全球霸主地位的下降，一种绝望感现在已明显在美国占据上风。”①

绝望，不仅是说华盛顿对未来没有信心，而是说美国在东西方两条战线上受到的重挫，使支撑华盛顿信心的物质条件快速消失。美国支持乌克兰的目标不是维护乌克兰的主权安全，而是要让乌克兰卖惨，把欧洲和北约诱向东扩并由此与俄罗斯发生全面战争乃至世界大战。但一年多过去，欧洲大战的影子也没出现。自拜登政府执政以来，美国承诺向乌克兰提供的安全援助总额已达约98亿美元。② 美国国会2022年4月28日（当地时间）通过了乌克兰军事援助租借法案，针对该法案，俄罗斯国家杜马（议会下院）主席维亚切斯拉夫·沃洛金警告称：租借不是免费的，美国对乌租借的武器需要几代乌克兰人来偿还，泽连斯基正在将自己的国家推向债务深渊。据路透社当日报道，他的意思是说，“乌克兰把自己抵押给了美国”③。9月13日（当地时间），乌克兰政府通过了2023年财政预算，其中约298亿美元支出用于安全和国防领域，相当于年度预算总额的50％。④

在今天，已看不出乌克兰对美国、华盛顿对华尔街及军工财团还有什么可持续的还贷能力，也看不出华盛顿与乌克兰可以为华尔街打开一个更有利的还贷

---

① 《美海军陆战队前成员：华盛顿在台湾问题上“很绝望”，因为“没时间了”》，来自百家号。

② 《美国向乌克兰提供价值10亿美元额外安全援助》，来自人民网。

③ 《俄国家杜马主席警告：乌从美租借武器并非免费，泽连斯基将国家推向债务深渊》，来自腾讯网。

④ 《乌政府通过2023年财政预算，安全和国防支出占一半》，来自观察者网。

和借贷环境——比如世界大战或地区性的大灾难。考虑到目前发达国家的债务水平已超过第二次世界大战胜利后的1946年，那么，目前美国受到的重挫，几乎把华尔街推向破产的边缘，而目前乃至今后相当一段时期美国日益升级的歇斯底里病态外交，都是当代美国金融-高利贷帝国主义没落触底前的回光返照。

现在，暴风雨不仅比人们预料的提前来临，而且还愈演愈烈。1962年，毛泽东同志对这个形势的到来曾有准确的判断，他告诫全党：

> 从现在起，五十年内外到一百年内外，是世界上社会制度彻底变化的伟大时代，是一个翻天覆地的时代，是过去任何一个历史时代都不能比拟的。处在这样一个时代，我们必须准备进行同过去时代的斗争形式有着许多不同特点的伟大的斗争。①

变化的结局必然是东风压倒西风，社会主义一定战胜资本主义。但是，仅仅在战略上蔑视对手是远远不够的，当前我们最要紧的是战术上重视对手，知彼知己。对于新时代的中国而言，不管世界形势怎样万变，我们政策的制定都要牢牢扭住祖国统一及由此加速推进的中华民族的伟大复兴这条主线。

首先，自2020年迄今，美国开始用收割盟友欧盟的方式来弥补最基础储备的损失。② 不可否认美西方国家的基础资源总量也是很大的，但它们的私人所有制度大大内耗了其资源的使用效率，1991年11月，也就是在苏联解体前一个月，撒切尔在休斯敦的讲话也道出这一点，她说：

> 苏联是一个对西方世界构成严重威胁的国家。我讲的不是军事威胁。从本质上讲，军事上的威胁并不存在。我们这些国家装备精良，包括核武器。我指的是经济上的威胁。借助计划政策，加上与独特的精神上和物质上刺激手段相结合，苏联的经济发展指标很高。其国民生产总值增长率过

---

① 毛泽东:《在扩大的中央工作会议上的讲话》(1962年1月30日),《建国以来毛泽东文稿》第10册,中央文献出版社1996年版,第32页。

② 《欧洲经济学家:美联储激进加息令欧洲经济雪上加霜》，来自新华网。

> 去比我们高出一倍。如果再考虑到苏联丰厚的自然资源，如果加以合理地运营，那么苏联完全有可能将我们挤出世界市场。因此，我们一直采取行动，旨在削弱苏联经济，制造其内部问题。①

反者道之动。美国的绝望和疯狂加速了旧世界的衰落与新世界的出现。美国以迅雷不及掩耳的速度和前所未有的打击力度无间歇地先向中国后向俄罗斯出手，这些反使中国和俄罗斯生长出强大的国家动员力和抵抗力并取得了全局性和体系性的胜利——胜利的副产品是在原有的西方体系尤其是金融体系之外又生长出一个以中国和俄罗斯为中心，以“上海合作组织”②“金砖国家”③为纽带，以资源大国俄罗斯货币卢布和产品大国中国货币人民币为基础信用的世界新文明体系。这个新文明体系因美国破坏力度空前增大而加速扩展。

最令美西方国家恐慌的是这个“控制体系”的生长点恰恰在英国地缘政治先驱哈尔福德·麦金德论述的“枢纽地区”。1904 年哈·麦金德在英国皇家地理学会上宣读《历史的地理枢纽》论文，提出著名的世界“地理枢纽”理论。

1919 年，麦金德把他这个理论提炼为富有冲击力的“心脏地带”的概念，并以更简洁的短句作出如下概括：

> 谁统治东欧，谁就能主宰心脏地带；谁统治心脏地带，谁就能主宰世界岛；谁统治世界岛，谁就能主宰全世界。④

2001 年在中国上海宣布成立的永久性政府间国际组织“上海合作组织”，

---

① 转引自李慎明主编：《世界社会主义跟踪研究报告（2010～2011）》，社会科学文献出版社 2011 年版，第 424 页。

② 上海合作组织是 2001 年在中国上海宣布成立的永久性政府间国际组织。

③ 金砖国家（BRICS）于 2006 年成立，成员国有巴西、俄罗斯、印度、中国、南非。

④ 转引自［英］哈·麦金德：《历史的地理枢纽》“引言”，林尔蔚、陈江译，商务印书馆 1985 年版，第 14 页。

目前拥有包括伊朗在内的 9 个成员国[①]，3 个观察员国[②]，9 个对话伙伴国[③]。上海合作组织有两个常设机构，行政机构上海合作组织秘书处设在中国北京，地区反恐怖机构执行委员会设在乌兹别克斯坦塔什干。负责推动组织经贸合作的上海合作组织实业家委员会位于俄罗斯莫斯科。2022 年 9 月 14～16 日，上海合作组织成员国元首理事会第二十二次会议在撒马尔罕国际会议中心举行。上合组织成员国领导人签署并发表《上海合作组织成员国元首理事会撒马尔罕宣言》。会议发表了关于维护国际粮食安全、国际能源安全、应对气候变化、维护供应链安全稳定多元化等多份声明和文件，签署关于伊朗加入上海合作组织义务的备忘录，启动接收白俄罗斯为成员国的程序，批准埃及、沙特、卡塔尔、巴林、马尔代夫、阿联酋、科威特、缅甸为新的对话伙伴，批准成员国睦邻友好长期合作条约未来 5 年实施纲要等一系列决议。

辩证法是被压迫人民的守护神，哪里有压迫，哪里就有反抗。天下苦美帝久矣，今亡亦死，举大计亦死；等死，死义可乎？[④] 200 年前，全世界无产者汇聚在“全世界无产者，联合起来！”[⑤] 的旗帜下，100 年前全世界被压迫人民和民族聚集在“全世界无产者和被压迫民族联合起来！”[⑥] 的旗帜下，今天世

---

① 9 个成员国是：哈萨克斯坦、中国、吉尔吉斯斯坦、俄罗斯、塔吉克斯坦、乌兹别克斯坦、印度、巴基斯坦、伊朗。伊朗于 2021 年成员国元首理事会第二十一次会议上获正式批准成为成员国，2022 年元首理事会第二十二次撒马尔罕峰会期间签署了关于伊朗伊斯兰共和国加入上合组织义务的备忘录，会议决定启动接收白俄罗斯成为上合组织成员国的程序。

② 3 个观察员国是：阿富汗、白俄罗斯、蒙古。

③ 9 个对话伙伴国是：阿塞拜疆、亚美尼亚、柬埔寨、尼泊尔、土耳其、斯里兰卡、沙特阿拉伯、埃及、卡塔尔。2022 年元首理事会第二十二次撒马尔罕峰会批准了给予巴林王国、马尔代夫共和国、科威特国、阿拉伯联合酋长国和缅甸联邦共和国对话伙伴地位的决议，签署了给予阿拉伯埃及共和国、沙特阿拉伯王国和卡塔尔国上合组织对话伙伴地位的备忘录。

④ 此句转借《史记》：“二世元年七月，发闾左适戍渔阳，九百人屯大泽乡。陈胜、吴广皆次当行，为屯长。会天大雨，道不通，度已失期。失期，法皆斩。陈胜、吴广乃谋曰：‘今亡亦死，举大计亦死；等死，死国可乎？’陈胜曰：‘天下苦秦久矣。’”［西汉］司马迁：《史记》卷四十八《陈涉世家》，许嘉璐主编：《二十四史全译・史记》下，汉语大词典出版社 2004 年版，第769 页。

⑤ 马克思、恩格斯：《共产党宣言》，《马克思恩格斯选集》第 1 卷，人民出版社 1972 年版，第286 页。

⑥ “我们现在不仅是全世界无产者的代表，而且是各被压迫民族的代表。不久以前共产国际出版了一种叫作《东方民族》的杂志。共产国际为东方各民族提出了这样的口号：‘全世界无产者和被压迫民族联合起来！’”列宁：《在俄共（布）莫斯科组织积极分子大会上关于租让的报告》，《列宁全集》第 40 卷，人民出版社 1986 年版，第 73～74 页。

界被压迫的人民和民族又在美西方视为世界政治的“心脏地带”，高举着“人类命运共同体”[①] 的大旗，走到了一起。

自十月革命以来，新的世界政治中心在西方人所说的“心脏地带”再次形成；最让华尔街美国恐慌的是，它以不可阻挡的势头从麦金德说的“心脏地带”迅速向亚非拉发展中国家辐射。2022 年 9 月 16 日，上海合作组织成员国元首理事会发表《撒马尔罕宣言》，明白宣示：

> 成员国认为，中亚是上合组织的“核心区”，支持地区国家为确保和平繁荣、实现可持续发展、建立睦邻友好互信空间所作的努力。各方支持上合组织在维护本地区稳定和促进经济社会发展方面进一步发挥作用，欢迎定期举行中亚国家元首会议。成员国注意到 2022 年 7 月 21 日在吉尔吉斯共和国乔蓬阿塔成功举行中亚国家领导人会晤。
>
> 成员国认为，加强中亚与南亚互联互通，有助于通过建立可持续的经贸、交通、通信联系，增进不同文明间的对话，实现确保上合组织地区繁荣与安全的共同目标。
>
> ……
>
> 成员国重申，继续完善全球经济治理体系十分重要，将继续维护和巩固以世界贸易组织的原则和规则为基础的开放、透明、公正、包容、非歧视的多边贸易体制，促进开放型世界经济发展，反对破坏多边贸易体制、威胁世界经济的单边保护主义行为和违背世贸组织原则的贸易限制。成员国强调，实施未得到联合国安理会认可的单边经济制裁对其他国家和国际经济关系造成不利影响。[②]

① “新形势下，上海合作组织作为国际和地区事务中重要建设性力量，要勇于面对国际风云变幻，牢牢把握时代潮流，不断加强团结合作，推动构建更加紧密的上海合作组织命运共同体。”《习近平在上海合作组织成员国元首理事会第二十二次会议上的讲话》，来自参考消息网。

② 《上海合作组织成员国元首理事会撒马尔罕宣言》，来自人民网。

世界真的变了，变的不仅是气候，更是文明。从80多年前的《大西洋宪章》[①]，到20年前的《上海合作组织宪章》[②]，再到今天的《撒马尔罕宣言》，世界政治重心正在加速向欧亚大陆枢纽地带倾斜。

麦金德认为，西方近代文明是东方中世纪冲击的结果[③]，同样，近代西方对东方的冲击也促成了东方的现代觉醒和当代崛起。比较早地认识到这一点的是拿破仑。1816年（嘉庆二十一年）2月，英国政府任命威廉·皮特·阿美士德勋爵（William PittLord Amherst，1773～1857）为访华全权大使。他于2月自英启程，7月抵达中国，但因下跪礼仪问题，被嘉庆皇帝拒绝接见。阿美士德使团在北京仅停留10个小时即被赶回国。阿美士德1817年7月1日在圣赫勒拿岛遇见拿破仑。[④] 阿美士德讲述了自己在中国的经历，而拿破仑对英国的做法充满了蔑视。拿破仑说："觐见中国皇帝却要遵行英国的习俗，这是没有道理的。"拿破仑嘲讽说，"如果英国的习俗不是吻国王的手，而是吻他的屁股，是否也要中国皇帝脱裤子呢?"阿美士德说只有通过战争来敲开中国的大门，拿破仑以轻蔑的语气评论说："要同这个幅员广大、物产丰富的帝国作战是世上最大的蠢事。""开始你们可能会成功，你们会夺取他们的船只，破坏他们的军事和商业设施，但你们也会让他们明白他们自己的力量。他们会思考；他们会建造船只，用火炮把自己装备起来。他们会把炮手从法国、美国甚至伦

---

① 《大西洋宪章》，又称《丘吉尔罗斯福联合宣言》，于1941年8月13日由英国首相丘吉尔与美国总统罗斯福签署的联合宣言。苏德战争爆发后，第二次世界大战范围扩大，英、美迫切需要进一步协调反法西斯的战略。两国首脑于1941年8月在大西洋北部纽芬兰阿金夏海湾内的美国的重巡洋舰"奥古斯塔"号上举行大西洋会议。13日，两国首脑在"威尔士亲王"号战列舰的后甲板上进行了《大西洋宪章》的签字仪式，14日正式公布。

② 《上海合作组织宪章》是在2002年6月上合组织成员国在圣彼得堡举行第二次峰会时，由6国元首共同签署，是上合组织的纲领性文件。上合组织新成员印度和巴基斯坦加入后，为搭建更为广泛的交流平台，上合组织秘书处与中国外文局联合策划，新星出版社以汉、俄、英3种语言正式出版《上海合作组织宪章》，面向全球发布。

③ 西方地缘政治学先驱麦金德在其《历史的地理枢纽》的讲演中也告诉那些持"欧洲中心论"观点的同行说："正是在外来野蛮人的压力下，欧洲才实现它的文明。因此，我请求你们暂时地把欧洲和欧洲的历史看作隶属于亚洲和亚洲的历史。因为在非常真实的意义上说，欧洲文明是反对亚洲人入侵的长期斗争的成果。"[英]哈·麦金德：《历史的地理枢纽》，林尔蔚、陈江译，商务印书馆1985年版，第52页。

④ 葛桂录：《中外文学交流史》中国—英国卷，山东教育出版社2015年版，第123～124页。

敦请来，建造一支舰队．把你们打败。”阿美士德反驳说：“中国在表面强大的背后是泥足巨人，很软弱。”拿破仑却认为，中国并不软弱．它只不过是一只睡眠中的狮子。“以今天看来，狮子睡着了连苍蝇都敢落到它的脸上叫几声……中国一旦被惊醒，世界会为之震动。”①

无独有偶，恩格斯也表达过与拿破仑同样的观点。1857 年，恩格斯在《英人对华的新远征》一文中写道：“如果这次新的战争真正开始的话，它大概还会按前一次战争的样子来进行。可是，现在有许多原因使英国人不能指望得到同样轻易的成功。那一次战争的经验，中国人是不会白白放过的。不久以前在珠江的军事行动中，中国人在炮兵射击和防御方法上技术大有进步，以致使人怀疑在中国军队中是否有欧洲人。在一切实际事务中——而战争就是极其实际的——中国人远胜过一切东方民族，因此毫无疑问，英国人定会发现中国人在军事上是自己的高材生。”②

1913 年列宁曾提出“落后的欧洲和先进的亚洲”③；1993 年美国学者塞缪尔·亨廷顿发表文章说：“几个世纪来全球权力先是从东向西，然后又反过来从西向东转移。”④ 尼克松说：

> 中国现在正在觉醒中，它可能不久就要撼动世界。
>
> 富有异国情调，神秘莫测，令人神往——中国从远古时代起就一直使西方人浮想联翩。但是，连一百五十年前预言过美国和俄国将成为世界上互相竞争的两大强国的先知德托克维尔，都不可能预见到，在二十世纪的最后几十年能够决定世界力量对比，在二十一世纪可能成为世界上最强大国家的那个国家，将是中国。⑤

---

① 杨柳主编:《羊城后视镜》6,花城出版社 2017 年版,第 52～53 页。

② 恩格斯:《英人对华的新远征》,《马克思恩格斯全集》第 12 卷,人民出版社 1962 年版,第 190～191 页。

③ 列宁:《落后的欧洲和先进的亚洲》,《列宁选集》第 2 卷,人民出版社 1972 年版,第 449 页。

④ [美]塞缪尔·亨廷顿:《文明的冲突与世界秩序的重建》,周琪等译,新华出版社 1999 年版,第 365～366 页。

⑤ [美]尼克松:《真正的战争》,常铮译,新华出版社 1980 年版,第 151 页。

1817 年 7 月阿美士德见到拿破仑并听到“中国一旦被惊醒，世界会为之震动”的预言后的 100 年即 1917 年，“十月革命一声炮响，给我们送来了马克思列宁主义”[①]。1921 年 7 月，伟大的中国共产党诞生，100 年后的今天，中国人民从站起来到富起来后，开始向新时代的强国目标进军。中国成就，不仅震动了世界，而且也改变了世界。

世界大势越来越向着有利于中国的方向发展。20 世纪初曾是压迫民族的俄罗斯加入被压迫民族并由此引发改变世界历史方向的十月革命，21 世纪初曾是第一世界的俄罗斯民族加入第三世界，可以说是 21 世纪初改变世界政治的大事变。俄罗斯的正向加入 21 世纪初的世界政治使得美国体系的衰落和文明新形态的成长更加不可阻挡。在这个历史大趋势中，俄罗斯的利益与第三世界国家的利益有了越来越多的协同，发展中国家的力量前所未有地得到加强。

今天西方有识之士对此看得清楚。2022 年 9 月 15 日，德国《新德意志报》网站报道，上合组织成员国在乌兹别克斯坦撒马尔罕举行的峰会象征着地缘政治的转折。报道称：“在中亚心脏地带聚首的这些领导人各自所代表的国家总共拥有数十亿人口，在这方面明显超过了西方。它们中有联合国安理会常任理事国和新兴经济大国，有古老的文化大国和资源丰富的国家。这至少应该让西方战略家反思一下他们自己的全球‘霸权’。”[②] 伊朗即将加入上合组织，还有一些国家开启了加入进程。报道认为，一个新的世界正在出现。新的国际格局发展清楚地表明，历史“没有终结”，美国的“政治规矩”也没有在全球占据主导地位。[③] 德国《青年世界报》网站 9 月 16 日报道，上合组织的力量正在不断壮大。该组织 2021 年的经济产出达到 23.3 万亿美元——超过美国或欧盟，但更重要的是，这一数值是其成立时的 13 倍。报道还称，从长远来看，上合组织扩大势不可当。值得注意的是，沙特阿拉伯、埃及和卡塔尔这三个长期与西方关系密切的国家现在也更倾向于非西方

① 毛泽东：《论人民民主专政》(1949 年 6 月 30 日)，《毛泽东选集》第 4 卷，人民出版社 1991 年版，第 1471 页。

② 《德媒称上合组织峰会是转折点：一个新世界正出现》，来自百家号。

③ 《外媒：“一个新的世界正在出现”》，来自新浪网。

联盟。[①]

这里，笔者需补充的是，这个“非西方联盟”所拥有的不是货币而是一切货币的基础——资源和产品。没有资源和产品，货币就是空中楼阁，有资源和产品则可另立货币体系。

“生存还是毁灭，这是一个问题。”[②] 看来，人类真的要重新选择了，选择的不是站边，而是文明；与第一次世界大战、第二次世界大战催生出社会主义国家阵营的结果一样，今天催生新文明的暴风雨正在向我们逼近。

大国博弈，不要说朋友，即使是战略性的盟友，仅靠张伯伦式的努力是不能够赢得的。天要下雨，张伯伦和斯大林、罗斯福的差别在于，前者忙着躲雨，而后两者在雨前积极“插秧播种”。结果，当雨停的时候，苏联和美国已实现了相当的战略利益，尤其是当时要解决且是最紧迫的战略利益；而英国则将老本赔了个精光。那么，在这个正在到来的世界大变局前，中国最需要解决的是什么问题呢？当然是台湾问题，台湾问题我们这一代人如果不解决，再拖就不知拖到哪年哪月了，这是中华民族伟大复兴不能绕过的坎，同时我们也要知道，目前的国际环境和周边环境是新中国历史上我们解决台湾问题的最有利的时期。

在回答这个问题之前，先要回答什么是外交环境不利的时期。不利的外交环境不是有人骂你，而是腹背受敌，即受到与你同等力量的国家两面夹击。用毛泽东的话说就是：“基本问题是，无论美国也好，中国也好，都不能两面作战。口头上说两面、三面、四面、五面作战都可以，实际上就是不能两面作战。”[③] 我们看看，现在谁在“两面作战”呢？中国没有，美国有。在中、俄、美，这几个世界大国中，中俄密切合作，背靠背，而美国则与中俄这两个无缝连接的地缘政治大板块作对。这种有利形势只在新中国初期出现过，进入20世纪60年代就没有了，不得已中国大搞“三线建设”，启动“内循环”，耐心

---

① 《外媒述评:上合组织力量不断壮大》,来自百家号。

② “To be, or not to be, that is the question.”[英]莎士比亚:《哈姆莱特》(1601),《莎士比亚全集》第32卷,中国广播电视出版社2002年版,第134页。

③ 中共中央文献研究室编:《毛泽东年谱(1949～1976)》第6卷,中央文献出版社2013年版,第422页。

等待，直到80年代中美建交，中国摆脱了两面夹击的形势，而苏联则在“两面作战”的形势中轰然倒下。现在这种形势又转到美国，尽管美国没有倒下，但“1－2＝－1”的前景是毋庸置疑的。现在对美国的基本判断是，美国仍是强国，但可以说，美国正处在自二战以来最虚弱的时期，而中国则是富强的时期。这一加一减就看出目前是历史上中国解决台湾问题的最佳时期。这是从国际大环境说。

如果从周边形势看，目前也是中国实现国家统一的战略契机。

我们先看北方，北方中国和俄罗斯边境线处于自20世纪60年代以来最稳定时期，鉴于中俄战略方向东西互补，可以预计这个稳定期会保持较长的时间。

再看西面。西部关乎新疆稳定，西部稳定又关乎东部战略目标的实现条件。西部地区对新疆稳定有重大影响的有两条路线，一是伊犁河谷，二是瓦罕走廊。伊犁河谷这条线对中国北疆稳定意义重大，在这条线的出口，目前有上海合作组织中亚五国，这些都是中国友好国家。瓦罕走廊这条线对中国南疆稳定意义重大，而与这条线相关联的是沿印度河北上至瓦罕走廊进入中国新疆喀什这条线，此线有中国友好邻国巴基斯坦；另一条是沿兴都库什山、伊朗高原至叙利亚一线，这是西方势力影响中国西域稳定的重要线路。当年亚历山大①、罗马人都是沿着这条线从欧洲进入中亚的。据说，中国甘肃现在还有罗马人后裔②。如果没有成建制的恐怖主义分子源源不断地送入，中国西域的稳定就无可撼动。而要保证这一点，就必须经营好伊朗高原这条联系东西方的通道。2021年3月26～27日，中国国务委员兼外交部部长王毅应邀访问伊朗，

---

① 亚历山大大帝(前356～前323)，生于马其顿王国首都佩拉城，曾师从古希腊著名学者亚里士多德，18岁随父出征，20岁继承王位。即位后，大举远征东方，公元前326年南下印度，因气候不适而撤回。

② “在甘肃省永昌县者来寨，生活着一群酷似罗马士兵的中国人。他们在外貌上大都是‘红须、绿眼、黄头发’，据说他们是罗马人的后裔。据史料记载，西汉元帝时期曾在这里设置‘骊罣’城，用来安置古罗马帝国降人。公元前53年，一支在古安息(今伊朗一带)作战的罗马军团神秘失踪，成为史学上的一桩悬案。2000年后，英国学者大胆推测，这支罗马军团可能来到了中国。甘肃罗马村的村民极有可能就是罗马军团的后裔。”徐如庆：《神奇的中国》，中国城市出版社2010年版，第169页。

中国与伊朗签署25年全面合作协议，这个协议是2016年《中华人民共和国和伊朗伊斯兰共和国关于建立全面战略伙伴关系的联合声明》的实际推进。2022年9月，上合组织接纳伊朗为成员国。这样，进入中国新疆的北、南、西三条通道已全是与中国有战略合作关系的国家，而曾于2001年以反恐的名义打入阿富汗的美国驻军，则陷入四面楚歌的窘地，被迫于2021年8月仓皇撤离喀布尔。2021年7月21日，王毅在天津会见了来访的阿富汗塔利班政治委员会负责人巴拉达尔一行，中方承认阿富汗塔利班在未来阿富汗政府中占有一席之地的现实。9月7日，阿富汗塔利班在喀布尔宣布组建新政府，公布了政权组成人员名单。9月8日，王毅在北京以视频方式出席首次阿富汗邻国外长会，中方决定向阿富汗紧急提供价值2亿元人民币的粮食、疫苗等物资。至此，中国西部边界进入新中国有史以来安全性和稳定性最好的时期。这些，尤其是美国从阿富汗撤军，在西部为中国在东部顺利解决台湾问题提供了最有力的安全保证。

再看西南。有人说印度是“威胁”，这是不准确的。原因不是别的，是那种几乎是垂直的高海拔的地形使印度方面没有进行一场由下而上的大规模战争的条件。沿中国周边看了一圈，在数千年的历史长河中，边界线变动最小的就是中印边界这条线。为什么？一般来说，要改变一条边界线至少要有几场中型以上的战争反复拉锯。而这样规模的战役更要有极大规模辎重补给。由于地形所限，这对中印双方，尤其是印度方面来说都是难以实现的。在中国和印度之间，也很难说谁占有绝对优势：如果印方上来接近中国实际控制线，中方占据优势；如果我们下去接近印度边境，中方则不具有优势——这就是1962年中国军队将印军驱退后迅速撤回的原因。当年亚历山大和成吉思汗①放弃了进入印度，不是攻不下，而是地理条件使其回不来。因此，中印之间会有小型冲突，不会有大规模的战争，尤其是有改变边界能力的战争。鉴于这样的历史经验，1959年5月13日，毛泽东在审阅中国外交部对印度外交部外事秘书杜德

---

① 孛儿只斤·铁木真（1162～1227），尊号“成吉思汗”，世界史上杰出的政治家、军事家。1206年，被推为大汗，建立蒙古汗国，此后多次发动对外征服战争，征服地域西达中亚、东欧的黑海海滨。1227年灭西夏，在六盘山病逝。

1959年4月26日谈话的答复稿时加写了一段文字："总的说来，印度是中国的友好国家，一千多年来是如此，今后一千年一万年，我们相信也将是如此。"[①] 为什么一千年一万年"也将是如此"呢？地理环境使然也。从这个意义上看，印度对华态度不会实际影响中国西南稳定。辅佐成吉思汗的重臣耶律楚材更有体会，他在诗中写道："古来天险阻西域，人烟不与中原通。"[②] 总之，在西南方向，印度与中国之间关系不主要表现为地缘方面而是政治方面。未来中国若没有出现像20世纪60年代那样因美苏南北夹击需要向西南作战略布局的形势，中国和印度关系合作面始终大于冲突面。这样的地缘政治特点对于中国顺利解决东部的台湾问题是十分有利的。

中国在可预期的时间内比较彻底地排除了西面的战略牵制，这是目前中国解决台湾问题最有利且千载难遇的历史条件。

现在我们将目光移至东面的西太平洋。

围绕台湾，中国实现统一的阻力主要来自美国和日本。但在台湾问题上日本和美国两者性质是不同的，美国是第二次世界大战中的战胜国，美国要维护自己在雅尔塔体系中的利益，为此，它承认台湾是中华人民共和国的一部分，美国又极力阻碍中国统一，这是在极力扩大美国的冷战利益。冷战是雅尔塔体系框架中战胜国之间的矛盾。日本则是第二次世界大战中的战败国——为此美国还在日本投掷两枚原子弹，日本在台湾问题上的立场是要复辟凡尔赛—华盛顿体制中的利益，在这个体制中，日本在1895年中日甲午战争后攫夺中国台湾，第二次世界大战中太平洋战争的失败迫使日本归还台湾于中国。在台湾问题上，表面上看日本与美国目标一致，实则大相径庭。美国利用台湾是敲诈中国，而日本则要再次占据台湾。但不管怎样，今天二者在台湾问题上的短期目标自20世纪50年代以来是最为接近的。之所以如此，是由于美国和日本国家实力进入第二次世界大战以来最虚弱因而最需要抱团取暖的时期。且不说日本与美国国内经济通胀高企不下，日本与美国的战略环境也是第二次世界大战以来最糟糕的。美国再次回

---

① 毛泽东:《印度不是中国的敌对者，是中国的朋友》(1959年5月13日)，《毛泽东文集》第8卷，人民出版社1999年版，第66页。

② [元]耶律楚材:《过阴山和人韵》，《湛然居士文集》，商务印书馆1939年版，第14页。

到20世纪50年代与中国、苏联作对的战略困境，陷于其中的美国在朝鲜战争、越南战争中的结局已是前车之鉴。日本紧随美国而使其与中国和俄罗斯的关系恶化，“北方四岛”（俄罗斯称“南千岛群岛”）问题对日本来说日益难以解决，中国海上战略力量大幅提升，日本西北方向又出现一个有核国家朝鲜，这对日本南下与“台独”势力遥相呼应是一个绝大的牵制，这个牵制对日本来说是自第二次世界大战以来最有力的时期。

现在我们再来看看东南亚国家。这一地区的国家类似欧洲，属对称型破碎地带，相互牵制——用现在的话说就是过于“内卷”——因而难以形成统一的意见。它们大多属于第二次世界大战后从日本殖民地独立而来的国家，因此，他们在台湾问题上的立场基本不出雅尔塔体系框架，也就是说，只要在一个中国的原则内，他们尽量回避在中国和美国之间选边。2022年9月23日，新加坡外长维文谈到中美关系时坦言：“我认为这个问题的最终焦点是台海，这是中方红线中最红的一条。”他警告，中美之间持续缺乏战略互信可能会引发“螺旋式升级”。中美之间的纷争影响全世界，尤其是亚洲国家。东南亚国家中一些可能会比较亲近中国或者一些可能比较亲近美国，但没有一个国家愿意彻底选边站队。[①] 东南亚一些国家在雅尔塔体系框架中的“中立”可以理解，但同时也要看到雅尔塔体系框架是排斥日本的，这一点不利于美国的冷战利益却有利于中国的国家利益。

综上所述，我们看到近几年是我们实现祖国统一条件最有利、最成熟的时期，由于它最成熟，按照辩证法，它同时也最脆弱，因此时机稍纵即逝，任何一个突发事件都会延宕乃至突然打断台湾问题的解决进程，比如，1950年新中国登岛解放台湾的进程就为年底发生的朝鲜战争所中断。朝鲜战争结束后，毛泽东又将解放台湾问题提上日程，1954年7月23日，《人民日报》发表社论，重申“中国人民一定要解放台湾，不达目的，决不罢休”；8月11日，周恩来在政府委员会作外交报告，强调台湾是中国内政，不容外人干涉。政府委员会通过了一定要解放台湾的决议。[②] 1954年9月，中国东南沿海炮声大起，至次年1月中国

① 《新加坡外长维文告诫美方：台海问题是中方红线中最红的一条》，来自观察者网。

② 《作家文摘》编：《决策内幕》，现代出版社2014年版，第25页。

人民解放军炮击并夺取一江山岛和大陈岛。1958 年 7 月，中国人民解放军福建前线部队对据守福建省金门岛的国民党军进行惩罚性大规模炮击封锁行动。然而，这次解放台湾的考虑又为 1959 年 9 月苏联赫鲁晓夫到美国与艾森豪威尔会面和随后的中苏关系恶化而暂搁。1972 年，尼克松总统访华，1979 年 1 月 1 日中美正式建交，推进祖国和平统一的进程再次启动，1979 年 1 月 1 日，中华人民共和国全国人大常委会发表《告台湾同胞书》。1980 年 1 月，邓小平同志提出“八十年代我们要做的主要是三件事”：第一是“在国际事务中反对霸权主义，维护世界和平”，第二是“台湾归回祖国，实现祖国统一”，第三是“要加紧经济建设”①。令人意料不到的是，8 年后即 1988 年 1 月 13 日蒋经国的去世和李登辉的接任主政，使统一进程再次受阻。邓小平听到蒋经国逝世的消息，他立刻召集中共中央政治局举行扩大会议，在听取了台湾事务办公室和对台工作小组的报告后，邓小平表示，蒋经国健在时，“中国的统一就不会像现在这样困难和复杂。国民党和共产党过去有过两次合作的经验，我不相信国共之间不会有第三次的合作。可惜，经国死得太早了”②。

时间一晃几十年过去了，今天，历史又将祖国统一的有利时机摆在中国人民面前，前车之鉴，事关中华民族伟大复兴的历史责任，我们当认真总结。

---

① 1980 年 1 月，邓小平同志提出“八十年代我们要做的主要是三件事”：第一是“在国际事务中反对霸权主义，维护世界和平”，第二是“台湾归回祖国，实现祖国统一”，第三是“要加紧经济建设，就是加紧四个现代化建设”。在台湾问题上，小平特别强调说：“我们要力争八十年代达到这个目标，即使中间还有这样那样的曲折，也始终是摆在我们日程上面的一个重大问题。”邓小平：《目前的形势和任务》（1980 年 1 月 16 日），《邓小平文选》第 2 卷，人民出版社 1994 年版，第 239～240 页。

② 转引自吕发成：《砥砺初心》，研究出版社 2019 年版，第 50 页；郭晨：《统一大业 台海交锋六十年全景纪实》下，天地出版社 2016 年版，第 857 页。

余　论

大失败——布热津斯基战略理论及其历史地位[①]

2017 年 5 月 27 日（北京时间），美国前国家安全事务助理兹比格涅夫·布热津斯基逝世，享年 89 岁。布热津斯基的著作《大棋局——美国的首要地位及其地缘战略》在中国产生了重要影响，在布热津斯基逝世后，有人撰文称他为“地缘政治专家”[②]。但布热津斯基的地缘战略思想仅以“著名”评价是很不够的，人有因成功而“著名”，也有因失败而“著名”。笔者以为，布热津斯基当属后者。

一、布热津斯基的理论对美国今天的没落，具有“决定性的贡献”

如果说 20 世纪初对英国国力破坏性最大，当然也是十分不成熟的战略理论家是哈·麦金德[③]，50 年代，对美国国力破坏性最大的战略理论家是乔治·凯南的话，那么 20 世纪 90 年代后对美国破坏性较大的战略理论家，就是集约

---

① 本文刊发于《世界经济与政治》2017 年第 6 期，有修订。

② 刘鹏飞、张力、杨卫娜：《世界形象地图：中国网民眼中的多元世界》，新华出版社 2018 年版，第 68 页。

③ 关于此可参见张文木：《“麦金德悖论”与英美霸权的衰落——基于中国视角的经验总结》，《国际关系学院学报》2012 年第 5 期。

瑟夫·麦卡锡[①]的激烈的反共意识形态和凯南的浪漫主义于一身的兹比格涅夫·布热津斯基。这三人出生年代不同，其战略理论所犯的无哲学的错误却是一致的。

现在布热津斯基走了，盖棺当可定论。这样，由他认定的作品——而不是一些道听途说的采访、访谈或对华“友好”的只言片语——就成了检测他的理论功过的依据。

布热津斯基的作品在中国以“大”（Grand）著称，如“大失败”“大棋局”等。1989 年，他出版反共著作《大失败——20 世纪共产主义的兴亡》，其反共意识之强烈与当年的麦卡锡不相上下。1997 年，布热津斯基又出版《大棋局——美国的首要地位及其地缘战略》，他在书中给美国设计的战略，其特点与凯南、麦克阿瑟相同：目标如天女散花且大得惊人。

在全球战略上，他告诉美国今天的“地缘政治已从地区问题扩大到全球范围”，“当务之急是确保没有任何国家或国家联合具有把美国赶出欧洲大陆，或大大地削弱美国关键性仲裁作用的能力”；他告诉美国政府“美国的首要利益是帮助确保没有任何一个大国单独控制这一地缘政治空间（即中亚——笔者注），保证全世界都能不受阻拦地在财政上和经济上进入该地区”[②]；“美国应给予最有力的地缘政治支持的国家是阿塞拜疆、乌兹别克斯坦和（在该地区之外的）乌克兰”[③]。

在中国台湾问题上，他说话的轻率程度与当年麦克阿瑟不相上下，甚至连口气都很像。1950 年 10 月 15 日，道格拉斯·麦克阿瑟（Douglas MacArthur）与杜鲁门在威克岛进行那次决定美国在朝败局的谈话时，麦克阿瑟告诉总统说：

---

① 约瑟夫·麦卡锡是美国共和党人，狂热极端的反共分子。1946 年，他依靠激进的反共观点当选为参议员，其间，他推动在全美清理共产党运动，指挥调查委员会调查美国民主党成员以及政敌、对他有意见的新闻人物，不少人被撤职、逮捕甚至被处死。后来他在军队中搞忠诚调查，引致艾森豪威尔的不满。1954 年，参议院通过法案谴责麦卡锡的政治迫害行为。1957 年死于肝炎。

② [美]布热津斯基:《大棋局——美国的首要地位及其地缘战略》，中国国际问题研究所译，上海人民出版社 1998 年版，第 197 页。

③ [美]布热津斯基:《大棋局——美国的首要地位及其地缘战略》，中国国际问题研究所译，上海人民出版社 1998 年版，第 198 页。

> 朝鲜的复兴只有等到军事行动结束后才能开始。我相信对整个南北朝鲜进行的正式援助将在感恩节前结束。北朝鲜几乎没有什么抵抗力量——只剩下约 1.5 万人——而那些我们没有消灭的力量将会随着冬季的来临被消灭。在我们的临时集中营里现在约有 6 万名战俘。
>
> 十分不幸的是，他们正在北朝鲜追求一个无望的目标。他们约有 10 万人作为补充兵员接受训练，这些人训练无素，领导无方，装备极差，但他们却十分固执，我都讨厌去消灭他们。他们只是为了保全面子而战。东方人宁可死也不愿丢面子。
>
> ……
>
> 我希望能在圣诞节前把第八集团军撤到日本。那将使重组的第五集团军由第二师、第三师和联合国分遣队组成。我希望联合国能在新年第一天组织选举。军事占领一无所获。所有的占领都是失败。（总统点头称是。）大选过后，我希望能撤出一切占领军队。①

麦克阿瑟那“少帅”作派很早就引起他的上司的警觉。1942 年 2 月 8 日，艾森豪威尔在收到麦克阿瑟关于战略方针问题的一些建议后，在日记中写道：“他对我们这些年来的研究的想法令人诧异。他的谴责可能只对军校一年级学生有好处。”同年 2 月 23 日，他给麦克阿瑟的通电发出后，在日记中写道：“爱出风头可能毁掉了他（麦克阿瑟——笔者注）。”② 罗斯福曾经当面对道格拉斯·麦克阿瑟说：“道格拉斯，我认为你是我们最出色的将军，但我觉得你将是我们最蹩脚的政治家。”③ 麦克阿瑟晚年也认识到这一点，他在回忆录中援引了罗斯福的这个评价来评价自己。不幸的是，半个世纪后，麦克阿瑟的“少帅”作派在布热津斯基（及其理论的忠实推行者小布什）这里得到传承：为战略研究者大忌讳的骄横之情在布热津斯基《大棋局——美国的首要地位及

---

① 《1950 年 10 月 15 日威克岛会议纪要》，陶文钊主编：《美国对华政策文件集 1949～1972》第 1 卷下，世界知识出版社 2003 年版，第 488 页。

② ［美］罗伯特·H. 费雷尔：《艾森豪威尔日记》，陈子思等译，新华出版社 1987 年版，第 68、71 页。

③ 转引自［美］尼克松：《领导者》，尤勰等译，世界知识出版社 1997 年版，第 191 页。

其地缘战略》一书中跃然纸上。他说：

> 如果台湾那时候无力保护自己的话，美国决不能在军事上无所作为。
>
> 换句话说，美国将不得不进行干预。但那并不是为了一个分离的台湾，而是为了美国在亚太地区的地缘政治利益。这是个重要的区别。①

至于俄罗斯，布热津斯基几乎是用命令、轻蔑和挖苦的口吻说：

> 俄国唯一真正的地缘战略选择，亦即能使其发挥符合实际的国际作用和能使俄国得到改造自身和实现社会现代化的最佳机会的选择就是欧洲。这不是随随便便的一个欧洲，而是一个横跨大西洋的、扩大的欧盟和北约的欧洲……这样一个欧洲正在形成，而且这个欧洲也可能仍然与美国紧密地联系在一起。如果俄国要避免在地缘政治上被危险地孤立，这就是俄国必须与之打交道的欧洲。
>
> 对美国来说，俄国实在太虚弱了，不配成为伙伴；但如只是作为美国的病人，俄国又太强壮了。②

苏联解体后，这位美国著名的地缘战略家在《大棋局——美国的首要地位及其地缘战略》一书中向俄罗斯下达了“死亡通知书”。他说：“什么是俄国？俄国在哪里？做一个俄国人是什么意思?”“一个扩大和民主的欧洲必须是一个没有尽头的历史进程，不应受在政治上任意涂抹的地理的限制”“不管怎么说，以‘什么是俄国和俄国在哪里’的问题重新作出回答可能只能分阶段进行，而且还需要西方作出明智和坚决的姿态”③。这些话说白了就是要让俄罗斯为欧

---

① ［美］布热津斯基：《大棋局——美国的首要地位及其地缘战略》，中国国际问题研究所译，上海人民出版社 1998 年版，第 245～246 页。

② ［美］布热津斯基：《大棋局——美国的首要地位及其地缘战略》，中国国际问题研究所译，上海人民出版社 1998 年版，第 154 页。

③ ［美］布热津斯基：《大棋局——美国的首要地位及其地缘战略》，中国国际问题研究所译，上海人民出版社 1998 年版，第 126、156、157 页。

盟让路，要开除俄罗斯的“地球籍”。

乌克兰是欧洲与俄罗斯的接榫地带，布热津斯基完全不顾当年希特勒在乌克兰[①]惨败，以及除了在第二次世界大战中斯大林和 1992 年戈尔巴乔夫有意收缩和放弃外，俄罗斯在乌克兰从没失手的史实，建议欧洲迫使俄罗斯放弃乌克兰，他说：

> 从地缘政治上看，丢掉乌克兰有举足轻重的影响，因为这使俄国的地缘战略选择受到极大限制。即使失去了波罗的海诸国和波兰，一个依然控制着乌克兰的俄罗斯仍可争取充当一个自信的欧亚帝国的领袖，主宰前苏联境内南部和东南部的非斯拉夫人。但丢掉了乌克兰及其 5200 多万斯拉夫人，莫斯科任何重建欧亚帝国的图谋均有可能使俄国陷入与在民族和宗教方面已经觉醒的非斯拉夫人的持久冲突中。与车臣的战争也许仅是第一个例子而已。另外，由于俄国出生率日益下降而中亚人口急剧增加，任何没有乌克兰而仅建立在俄国力量之上的新欧亚帝国，随着时间的推移，其欧洲化色彩将不可避免地减弱，而日趋更加亚洲化。[②]

20 世纪 50 年代初，麦克阿瑟的轻率导致美国在朝鲜战场大丢其丑；布热津斯基于 20 世纪 90 年代说了这么多，预测了那么多，其结果如何呢？结果是他在去世前看到的结局与他的结论完全相反：

在欧亚大陆，2016 年 6 月中俄联合发表声明，表示两国元首“高度重视维护国际和地区的战略平衡与稳定”[③]。

---

① 1941 年 8 月 18 日，德国陆军司令部提交一份“中集团军群下一步作战”备忘录，要求立即进攻莫斯科。8 月 21 日，希特勒在对这份备忘录的答复中说：“8 月 18 日陆军关于在东方继续作战的建议与我的意图背道而驰。我命令如下：冬季到来以前必须达到的最重要的目标不是攻下莫斯科，而是夺取克里米亚、顿涅茨工业区和煤矿，切断俄国的高加索地区的石油供应线，在北方包围列宁格勒并和芬兰联合。”[德]尼·冯·贝洛：《希特勒副官的回忆》，张连根译，吉林人民出版社 1984 年版，第 306～307 页。

② [美]布热津斯基：《大棋局——美国的首要地位及其地缘战略》，中国国际问题研究所译，上海人民出版社 1998 年版，第 121～122 页。

③ 《中俄关于加强全球战略稳定的联合声明》，来自环球网。

在东亚和东南亚地区，布热津斯基看到的是钓鱼岛的形势已发生翻转；中国航母横空出世，中国空军和海军穿越宫古海峡已成常态；日本在钓鱼岛已转入守势；菲律宾迅速摆脱美国的控制并转而成为与中国友好的国家：2016 年 10 月 20 日，菲律宾总统杜特尔特访问北京，宣称将中断与美国的军事、经济关系。由此，盘踞在中国台湾的“台独”分子更加没有底气，中国统一趋势日益不可阻挡。

在中东地区，伊拉克战争的结局也让布热津斯基大跌眼镜。土耳其、伊朗日益向俄罗斯靠拢。2016 年 8 月 19 日土耳其总统访问莫斯科，迅速扭转自 2015 年 11 月土耳其击落俄战机事件以来两国关系恶化的僵局。双方同意尽快实现两国关系正常化，并就恢复高层对话机制，加强国防工业领域合作等议题达成一致。2016 年 8 月 16 日，俄罗斯轰炸机首次从伊朗空军基地起飞，完成对叙利亚境内极端组织的打击并顺利返航。这是俄罗斯首次利用伊朗军事基地打击叙利亚境内的武装分子，同时也被认为是自伊朗 1979 年伊斯兰革命后，首次允许他国利用伊朗领土开展军事行动。

在黑海、乌克兰地区，布热津基斯基看到的结果是，当西方按照其设计扩张到了乌克兰并将俄罗斯逼到“生存还是毁灭”的底线时，普京在格鲁吉亚继而在克里米亚进行了果断和成功的反击：现在克里米亚已为俄罗斯控制。在乌克兰问题上俄罗斯在 2015 年 2 月召开的明斯克会议上与法国和德国达成谅解。俄罗斯人在克里米亚用实力告诉美国和北约：俄罗斯就在这里，这里是俄罗斯的战略底线，不容动摇。今天的俄罗斯，在地缘政治上有了一种向苏联回归的气象。

这样的结果则让布热津斯基的《大棋局》大丢其丑，也让布热津斯基多年的热捧者集体失语。

布热津斯基或许忘了这段历史：在 20 世纪初沙俄帝国解体时，英国寇松勋爵“甚至赞成取消陈旧过时”的俄罗斯国体，还谈到“争取新的土地或衰亡国家的继承”[①] 问题，结果却是在苏俄的抵抗中，英国于 1921 年成为第一个承认这一新政权的大国。寇松不得不勉强地在英国宫廷接见了苏维埃驻英大使。基辛格说：“凯南的成就是，到了 1957 年，自由世界所有的矮墙都已配置

① ［英］杰弗里·帕克：《二十世纪的西方地理政治思想》，解放军出版社 1992 年版，第 49 页。

卫兵防守，他的观点对此有决定性的贡献。事实上，由于岗哨林立，美国可以大大自我批判。”[①] 基辛格很少提及布热津斯基，但将基辛格对凯南的批评用于布热津斯基也是合适的：布热津斯基的观点对今天美国的没落无疑具有“决定性的贡献”；布热津斯基的学说，在今天的美国也“可以大大自我批判”。

二、布热津斯基属于犯有右派“幼稚病”的战略学者

那么问题出在哪里呢？出在布热津斯基的战略理论架构中缺乏哲学元素。与麦金德、凯南所犯的理论错误相同，布热津斯基理论最幼稚的地方在于他只知道对手是谁，却不知道美国力量的边界在哪里。人一旦只知力量而不知边界，随之而来的就是骄横和傲慢。这是布热津斯基研究态度骄横傲慢，研究结论偏执单一，因而形成远离实际的认识论的根源。

战略是刀尖上的哲学。国家战略是要带刀子的，要弄清谁是我们的敌人，谁是我们的朋友。同时，哲学是讲边界的。尼克松到中国来，在飞机上说，要去跟毛泽东谈哲学。他说的“哲学”就是两个国家的国力边界及其合作的边界。毛泽东与尼克松这两个讲哲学的政治家一见面，这个世界就变了。

生活经验是辩证法表现最为丰富的地方。与尼克松、基辛格不同，而与中国历史上的赵括、苏联历史上的盖达尔（Yegor Gaidar）之流相同，布热津斯基理论最大的问题是用逻辑代替经验，用原则代替常识。斯大林常将一些只有革命热情而无实际经验的人形容为“飞蛾投火的共青团员”[②]，其含义接近列宁批评的“‘左派’幼稚病”[③]。布热津斯基属于犯有右派“幼稚病”的战略学者。

布热津斯基在书中向美国描述的是地地道道的真理，其论述逻辑之强让许

① ［美］亨利·基辛格:《大外交》,顾淑馨、林添贵译,海南出版社 1998 年版,第 423 页。

② 斯大林常将一些只有革命热情而无实际经验的人形容为“像飞蛾投火的共青团员那样”,其含义接近列宁批评的“‘左派’幼稚病”。参见《科拉罗夫关于苏、保、南领导人会谈的笔记(摘录)》(1948 年 2 月 10 日),沈志华主编:《苏联历史档案选编》第 24 卷,社会科学文献出版社 2002 年版,第 226 页。

③ 列宁:《共产主义运动中的“左派”幼稚病》,中共中央马克思恩格斯列宁斯大林著作编译局编:《列宁选集》第 4 卷,人民出版社 1972 年版,第 178 页。

多学人为之倾倒，以至于人们忽略了他指出的这个“真理”对美国只是一道可望而不可即的天边彩虹。小布什被布热津斯基画出的天边彩虹忽悠得直奔中亚，最后却落了个灰头土脸的下场。

在目前中国海陆空诸军种已长足发展的形势下，曾在朝鲜、越南一败涂地，迄今还在伊拉克不能自拔的美国，难道在台湾海峡还能立起美国的“凯旋门”?

答案当然是否定的。

道理很简单，与当年英国一样，美国永远不可能拥有足以覆盖全球所有目标的防务资源，甚至没有防务位于中国和俄罗斯这类陆权大国近邻的非关键目标的资源——这与苏联 1962 年没有插手美国近邻古巴事务的资源、美国 2008 年没有插手俄罗斯近邻格鲁吉亚事务、2014 年没有插手克里米亚事务的资源而被迫后撤的道理一样。对于这一点，曾任陆军部长助理并参加过巴黎和会的沃尔特·李普曼看得远比布热津斯基明白，他指出：

> 事实上，他（约翰逊）的战争目标无限大：它担保整个亚洲的和平。这样的无限大目标，战争不可能以有限的手段去打赢。由于我们目标无限，我们必然会“被击败（defeated）”。[①]

事实上，毛泽东已注意到凯南为美国设计的战略边界过于庞大的“遏制”战略是拖垮美国的原因。因此，李普曼的文章曾长期受到毛泽东的关注。1950 年 11 月，朝鲜战争爆发不久，毛泽东注意到李普曼的观点，曾经要求印发李普曼的有关专栏文章，以供党内领导阅读研究。1958 年 11 月 12 日，李普曼在《纽约先驱论坛报》上发表《苏联的挑战》一文，认为西方的军事集团和基地包围政策不能遏止共产主义的发展。新华社《参考资料》第 2512 期刊载了这篇文章，毛泽东在读了李普曼的这篇文章后，写下批语：“此件印发。值得一看。”[②] 尼克松访华走后不久，毛泽东在一个批示中告诫全党：“深挖洞，广

---

① 转引自[美]亨利·基辛格:《大外交》,顾淑馨、林添贵译,海南出版社 1998 年版,第 614 页。
② 《建国以来毛泽东文稿》第 7 册,中央文献出版社 1992 年版,第 603 页。

积粮，不称霸。”[①] 毛泽东意在警示未来中国不要重犯美国扩张目标与国家资源不匹配导致国家衰落的错误。

三、大失败：与麦金德一样，布热津斯基也看到了帝国的黄昏

历史的辩证法是无情的。英国沿着麦金德的“枢纽地带”理论控制了印度，长期在中亚和印度洋扩张。事实上，当时英国扩张已至朝鲜半岛，这在相当程度上耗尽了英国的国力，英国由此转入——尽管速度较慢——衰落。1956年苏伊士运河危机，是英国与印度洋的最后诀别[②]。

第二次世界大战后美国又沿着凯南的遏制理论向全球扩张，结果导致美国在朝鲜战争和越南战争中惨败，国力大幅衰落。尼克松、里根放弃凯南的全面出击的理论，转而采取英国人擅长的均势制衡（比如在中亚用塔利班制衡伊朗和俄罗斯，用萨达姆制衡伊朗，用科威特制衡萨达姆）和各个击破（比如在东亚放弃与中国敌对，专力打击苏联）的策略，又使美国国力得到大幅恢复。

苏联解体后，小布什又沿着布热津斯基的理论，借“反恐”之名打破了有利于美国的中东均势：他打倒了阿富汗的塔利班政权，这反倒帮助俄罗斯打开了阿富汗困局；美国大兵又冲到伊拉克，在伊拉克扶持伊斯兰什叶派政权，这又反倒帮助伊朗改善了被伊斯兰逊尼派政权包围的困境。几年下来小布什打出的竟是一个越反越恐的反美世界和美国国力日益衰落的形势。

似乎是历史的讽刺，就在麦金德对英国海洋实践做出如此经典的理论概括且因此誉满全球的时候，他却看到了英帝国的黄昏：1947年8月15日印度和巴基斯坦分治，印度独立，五个月前，3月6日麦金德去世。同样，也就在布热津斯基挂满学术桂冠的时候，他也看到了“美帝国”的黄昏：中国与俄罗斯结成日益紧密的战略伙伴关系且日益不可战胜；俄罗斯与法国、德国在乌克兰

---

① 《毛泽东军事文集》第6卷，军事科学出版社、中央文献出版社1993年版，第408页。

② 关于这段历史，可参见“世界霸权与印度洋——关于大国世界地缘战略的历史分析”，张文木：《世界地缘政治中的中国国家安全利益分析》，山东人民出版社2004年版，第104～126页。

达成谅解；克里米亚已转入俄罗斯手中等。

在这快速转变的世界大局下，布热津斯基随其理论也提前谢幕了，时间定格在2017年5月26日。似乎也是历史的讽刺，也就在53年前的同一天，即1964年5月26日，突然转向反华并于1962年在中印边境挑起冲突的尼赫鲁去世。而五个月后，中国的原子弹试爆成功。布热津斯基走前已看到了中国的“大棋局”即“一带一路”的宏伟构想及其伟大实验。如果布热津斯基还健在，相信他会看到与他的《大失败——20世纪共产主义的兴亡》一书描述相反且更为精彩的世界大棋局。

当年凯南的错误有幸为基辛格所纠正，尼克松之后美国国力得以恢复并再次走向强大；不幸的是，目前布热津斯基的错误尚无人可以纠正。特朗普上台后会见的是基辛格而不是布热津斯基，目前看对于布热津斯基带给美国的“战略遗产”，美国政府已没有了当年尼克松、基辛格那般“拨乱反正”的逆天豪情。尼克松、里根为美国赢得的这一手好牌，在布热津斯基这里竟输得所剩无几。

1989年布热津斯基在《大失败——20世纪共产主义的兴亡》一书开篇便说：“这是一本论述共产主义的最后危机的书。书中描述和分析了共产主义制度及其信条的逐渐衰败的过程和日益加深的困境。书中断言，到下个世纪，共产主义将不可逆转地在历史上衰亡，它的实践与信条将不再与人类的状况有什么关系。”[①] 可在不到30年的时间里，布热津斯基看到，步入“大失败”结局并不是“共产主义”而是他自己的地缘战略理论及其对美国造成的影响。

这大概也是布热津斯基离世前最痛的心结。

四、布热津斯基是中国战略研究的一面镜子

“往者不可谏，来者犹可追。”[②] 布热津斯基为后人尤其是从事战略研究的学者留下的遗产负面且深刻。

---

① ［美］布热津斯基：《大失败——20世纪共产主义的兴亡》，军事科学院外国军事研究部译，军事科学出版社1989年版，第1页。

② 杨伯峻译注：《论语译注》，中华书局1980年版，第193页。

对于今天的战略学者而言，布热津斯基是中国战略学界的一面镜子，它警示中国的学术研究不要脱离实事求是的认识路线，不要选择性地忘却中国的近代耻辱和中国人民的伟大力量以及中国共产党带领人民从胜利走向胜利的历史，不要为了一点个人虚荣留下对不起祖国和人民，老了又让自己后悔甚至悔罪的“白纸黑字”。

“强不能遍立，智不能尽谋。”[①] 对中国未来而言，布热津斯基先生留下的反面经验更是有用的，这就是：大国崛起于地区性守成，消失于世界性扩张；在未来，中国人，首先是中国的知识分子，要更加谦虚谨慎、戒骄戒躁，全心全意地为中国人民和世界人民服务。

总之，布热津斯基留给世界的影响是特殊而深远的，人们会在他留下的文字中从反面看到一个更为合理的世界，这个世界就是“环球同此凉热”的社会主义的世界。

---

① 徐兆仁主编:《中国韬略大典·管子》,中国国际广播出版社 1997 年版,第 188 页。

新时代：国家战略能力与大国地缘博弈①

国家战略能力是国家领导集体治国理政能力的综合体现。本文从世界史和地缘政治角度观察大国兴衰中的战略选择和利益得失，探讨在当代世界格局大变动中，特别是进入强国新时代后，中国需要何种战略思维和战略能力以及在此基础上制定怎样的地缘战略。

一、每个国家都有自己的生存的底线和利益扩展的极限

（一）战略研究是国家“养生”的学问

我在《全球视野中的中国国家安全战略》一书中，用了三卷本的长篇幅分析了世界地缘政治三大支点地区即大西洋、太平洋、印度洋的特征和差异，以及在此基础上，大国力量能达到的极限和底线。每一个国家都有扩张的欲望，但也都有可为与不可为、可得可失——以其固有版图为起点——的极限和底线。

汉语中的“福”字，其实很有些战略意味。左边的“礻”字旁有崇拜的意思，拜的就是右边的“一口田”。它的意思是，人只要有了一口田就饿不死，对其必须死守。反过来，如果超出一口田，假设达到了十口田，那也可能要撑死。对于一个穷国来说，战略目标防止的是饿死，即确保主权、寸土不让；当国家富强起来了，防止的就是撑死。饿死是死，撑死也是死。穷的时候总说，

① 本文刊发于《经济导刊》2018年第5期，有修订。

等富起来就好了，到时很多问题自然迎刃而解。但当我们富起来时才发现，富有富的问题：所谓穷时防贼、富时防匪，什么时候都有安全问题。过去是“贫血”，现在是“高血脂”“糖尿病”。战略能力首先是认识自己的利益底线和极限，底线是唯物论，极限是辩证法。对进入强国新时代的中国而言，学习辩证法就显得格外重要。

国家饿死的不多，撑死的不少。国家衰亡，饿死的不多，所谓的饿死就是被侵略，整个被颠覆了；但撑死的多，近代日本、德国和现代苏联都是撑死的。人饿了其实更容易团结，容易一块儿去奋斗。

战略研究不是“国家拼命的学问”。从麦金德到布热津斯基，他们研究的战略都是“国家拼命的学问”，是“地理和地理”的关系。比如，控制了A就控制了B，而要保证控制的战果，半径就要不断地扩大，也会不断有接下来的目标，最终会把国家的国力拉伸到难以收缩的地步。一个国家的利益扩张线不在于有多长，关键是要能收回来，收不回来就会要命。辩证法研究的就是能不能收回来。利益扩张，如果战线拉得太长，矛盾就会转化：回来的力气就要比前进的力气还要大，而惯性又导致扩张者不愿意后撤，最终会把国家的资源链绷断。比如，有人说控制了中亚就能控制世界，但历史告诉我们，在中亚总是弱国打败强国，许多大国止步于此：古罗马、大英帝国、希特勒德国、苏联、美国，都栽在这里。

战略家要擅长拉皮筋。毛泽东同志深知，远战当速、近战可久。比如，抗美援朝能打三年，因为朝鲜离我们近，部队和辎重随时可以补给和撤回。印度则不同，路远势险，必须速战速决，不然后勤跟不上。“穷家富路”是老百姓都知道的道理。斯大林执政时期，苏联扩张的幅度其实非常小，基本上就是把自己的版图和边缘地区控制住，这是因为他明白扩张越过极限就会走向反面的道理。莫迪上台前，调门曾经很高，什么西向红海，东向太平洋，进军南海等，还搞了一个所谓“新印度洋战略”。我们对此无须在意更不能当真，因为体重加引力场决定一个人跳跃的高度，看看印度那瘦弱的“身板”，就知道高调门是没用的。

形成战略能力的出发点是“生死存亡”。司马光在北宋后期写了一部《资治通鉴》，开篇就是三家分晋，意在告诉人们：周朝是由此分裂并进入战国时代的。世界是斗争的，斗争是要见血的。没有这样的认知，就会有无限的战争，死的人更多。毛泽东同志当年过长江需要很大的勇气，他认识到这个时候如果为了和平而放弃过江，可能暂时伤亡少些，但将来在统一的时候会牺牲更多人的生命。这就是国家战略能力。有时候国是因为受到入侵或向敌人屈服而亡的，也有的时候是因为多贪多占而亡的。所以，极左和极右都是要不得的。

从“生死存亡”考虑问题，就能学会辩证法。我们的大脑要建立战略坐标，横坐标是生，纵坐标是死；横坐标是发展，纵坐标是生存。这个坐标是跨时代的，从古至今都适用。我常鼓励学生看央视的《动物世界》。两只动物见面，一看打不过，双方蹬一蹬腿就走了，能打过保准把对方吃掉。动物之间也有边界线，抬腿撒泡尿就是划边界的，它们很清楚自己的体力能走多远、能控制多大地盘。

研究战略要学地理，更要学历史。1944 年 10 月，丘吉尔和斯大林的谈判，是非常典型的两个智者的谈判。当时希特勒马上就被打败了，于是两人坐下来分天下。他们提的条件都不超出本国的能力，所求的都是对方力量极限之外，因为他们都懂历史。相比之下，希特勒的历史理解力就缺少辩证法。斯大林曾认为德国不可能出兵苏联，因为历史上就没有欧洲侵略俄国成功的案例。希特勒出兵后，斯大林说希特勒作为战略家已经名存实亡了。

我们看地图要看立体图，看平面地图说的是“神”话，立体地图就会说“人”话。俄罗斯强在陆军，但除了海洋，山地就是陆军大兵团合成作战优势的“坟墓”，是游击战的天堂。这也是为什么陆军和海军都强大的国家在阿富汗都打不赢，因为山峰会像刀子一样把大部队分割成碎片，使之无法形成合力。克里米亚事件的结局也说明了同样的道理，虽然俄罗斯出不了黑海，但其他国家却也进不去，进去了打仗也是失败。

（二）重点国家的极限和底线

美国的利益边界线过长。美国的安全边界线特别长，因为它是海洋帝国。海洋帝国要防止别国的入侵，就必须控制整个海洋，也就意味着必须时刻提防一流大国，因为能越过海洋挑衅的都是一流大国。国家有两条边界线：安全边界、边界安全。安全边界指的是利益边界线，边界安全就是主权安全。两者之间的差距不能太大，如果利益线和边界线太远，就很难控制。美国的利益边界线太远了，看上去比较威武，但是耀武扬威需要资源，当资源不够的时候，敌人就多了。

东北亚地处美国战略极限之外。每个国家都有它的极限，美国的极限实际上达不到朝鲜半岛，因为这里离它的核心利益线太远了。因此，它在这一区域只能佯攻，不能实战，实战必败。罗斯福、艾森豪威尔都明白，所以朝鲜战争是艾森豪威尔叫停的。他明白国家不能在非重要利益上太过用力，即使在朝鲜半岛打赢了，美国也无法长期控制。二战中美国也是将东北亚连同日本交给斯大林解决，雅尔塔协议是战后合作的基础，之所以能成为基础，就是双方力量都找到了各自的边界，找不到边界是无法合作的，更不必说长期稳定。

日本的南向战略的极限在我国台湾。而日本的战略极限却是中国的战略底线。日本在甲午战争后占了我国台湾，而台湾是西太平洋的枢纽。1937 年 3 月，毛泽东在《祭黄帝陵文》中说：“琉台不守，三韩为墟。”这是说琉球、台湾地区和朝鲜半岛唇齿相依的关系。谁占了台湾，谁就得了黄海，得黄海就控制了西太平洋战略形势转换的枢纽地区。为了保住台湾“战果”，近代日本的防御半径一直划到整个中太平洋，由此也就有了侵华战争，继而太平洋战争。随着日本的战线越拉越长，其防卫半径及其成本就不断飙升，最终将日本压垮。拉皮筋与战略设计遵循同一道理，原则是皮筋既不能拉得太过，也不能收不回来。

俄罗斯的地缘政治特点是版图超大，俄罗斯也因此留给世人的印象是个扩张国家。其实 20 世纪以来的俄罗斯已是一个扩张力释放殆尽，因而是底线和极限近乎重合的国家。1853～1856 年的克里米亚战争，俄国通过黑海海峡向南扩张的企图受到重挫。俄罗斯能控制黑海北部海域，但始终进不了地中海；能进入东北太平洋，但控制不了北太平洋。望洋兴叹就成了俄罗斯的宿命。

二、大国兴衰成败的关键在于战略思维和战略能力

苏联和美国都是在“五大三粗”即强盛的时候、没有经过战争就解体和没落的。这说明，技术、装备固然重要，但真正导致国家衰落的往往是这个国家的战略能力的衰落。有两个方面的问题：搞战略的一不知唯物论，二不知辩证

法。而唯物论、辩证法是比原子弹还强大的武器。展示财富，不是强；展示军队，也不是强，强大的思想才是最强的。

地缘政治不是研究地理和地理的关系，而是研究资源和目标在特定地理空间中的关系。国家要的是实现战略目标，而非占地盘。目标定了，资源能不能跟上？我们知道空间距离远，所耗资源多，但距离近，地形又复杂，用的资源也多。战略家应该研究资源和目标在一个特定地理空间中的转化关系。不能实现目标，一切都是白搭。1962 年的中印边境自卫反击战，就是运用上述方法的典范。中国与印度的边界距离并不远，但中间有着 4000～7000 米高的天然屏障，而且近乎垂直。这样的地形，后勤供给就要重新考虑。有些人只看平面地图，于是就想不明白为何中国军队打到藏南就撤退了。只要去看看立体地图就能理解，地形决定了中国必须速战速决。我方的资源补给在当时很难保证，打下去会因资源不继而守不住。1963 年 2 月 19 日，毛泽东在听取中印边界东段自卫反击作战情况汇报时，谈到中印后勤比较时说：“我们的后勤是比较原始的，印军是近代的。”基辛格评价这场战争时就说：“中印边界冲突中，军事后勤条件对印度有利，因为喜马拉雅山离中国的力量中心过于遥远。”在地形极为复杂的情况下，目标就不能设得太高。

（一）领导层战略思维能力的弱化最终导致苏联解体

在勃列日涅夫执政期间，苏联与美国在全球范围内开展全面竞争。在两个国家都觉得吃不消时，苏联犯下了不可挽回的致命错误，即把自己的盟国中国逼到美国一边。从此，苏联国力就是“黄鹤一去不复返，白云千载空悠悠”。戈尔巴乔夫执政后，苏联又走向另一个极端。戈尔巴乔夫相信美国倡议的全球化，认为世界不需要战争了，战争将导致零和结果，所以他首先放弃战争而选择走和平道路。但他没有学好唯物论，没有认识到世界上的资源是有限的，大国之间的竞争是残酷的，最终导致苏联瞬间解体。当然，这不能归责于戈尔巴乔夫一个人，当时苏联整个领导层、知识界都弥漫着一种唯心论和历史虚无主义思潮。唯心论是国家战略能力提升的大敌。

（二）战略上的狂妄和失衡决定了日本必然战败

毛泽东同志曾说，在任何时候都要避免两线作战。希特勒、拿破仑、赫鲁晓夫、小布什都是犯了两线作战的错误。二战中日本打到珍珠港树立两个敌人的时候，蒋介石在日记中写道："抗战政略之成就，本日达于极点，物极必反，能不戒惧?!"最终中国赢了。日本输在哪儿？1931 年的时候，日本开始向中国挑战，他的军费占国民生产总值的 3.76％。军费和国民生产总值的比例，是一个消化和被消化的关系，军费如果过大，一定消化不良。1937 年日本全面侵华时军费占 14％，有超 10％的增长；1941 年军费占 28％；1942 年向美国开战时军费占 34.6％；1944 年军费占 98.5％。它的战略目标无限扩大，大大超出自己的能力极限。日本的优点是敢打、能打，结果用力过头把自己打倒了。优点的过度使用就是缺点。中国人常说"过错"，过了就是错，没有绝对的对，也没有绝对的错。这是东方的思想。西方是非黑即白，错就是错，对就是对。中国人判断真理的标准是按实践经验，西方判断真理的标准是按理论、规则。我们常说"经常"，意思是理论不能背离常识；西方是常不离经。近代以来，作为东方人的日本人换上了西化的大脑，塞满了形而上学的东西。

（三）体制和结构决定了美国的扩张性战略难以收敛

二战后美国才真正成为世界性的大国，其国家命运也因此为军工资本集团所操纵。艾森豪威尔曾警告美国要警惕军工复合体。战争时期，军工资本对美国是有利的，军工资本也因世界大战坐大并反客为主。战争结束意味着军工市场消失，于是美国军工资本家为了赢利就推动国家的战略理论往扩张和激进的方向发展，最终促使美国打了朝鲜战争。真正有利于美国发展的战略思想是沃尔特·李普曼，他强调"目的和力量之间保持平衡"。但主张从全球遏制共产主义的凯南却被推上战略家的地位并受到追捧。凯南的背后就是美国的军工集团。基辛格说："凯南的成就是，到了 1957 年，自由世界所有的矮墙都已配置卫兵防守。"进入冷战时期后，美国军工产业大发展；朝鲜战争对美国是灾难，对美国的军工却是狂欢盛宴。特朗普当选美国总统后，向华尔街金融资本开火，又把军工资本请了回来。但军工的市场主要是战场，这样美国的历史又回到 20 世纪 50 年代的逻辑即战争的逻辑：国内稳定繁荣靠海外战争维持。

但今天美国的形势已大不相同，因为美国在伊拉克、阿富汗战场已由“再而衰”进入“三而竭”。美国已没有发动大规模战争的动员条件，其他国家也不愿卷入战争。目前特朗普的软肋在哪里？就在世界和平。没有战争，他就维持不了国内军工生产及其就业。这是他气急败坏的原因。

如给今天的美国病诊，那就是“肾虚火大”。肾虚是没有民用的实体经济，火大是干着急。观察美国，应注意它自身的固有的逻辑即资本的逻辑，比如美元指数往往是美国政治的晴雨表：凡是美元指数低点的时候必然有大事。20 世纪 70 年代初，美元指数持续下跌，尼克松 1972 年访问中国后美元指数逐渐回升。1978 年美元指数又到低点，这时中美建交，改革开放的中国大陆和快速发展的亚洲“四小龙”都大规模需要美元。由此，美元从货币变成商品。尼克松之后，美国从产品生产国变为美元生产国，脱实向虚。80 年代中期开始，苏联对美国的威胁性大大降低，但美国当时的情报部门仍极力坚持苏联是敌人的定位，要搞“星球大战”计划，所有这些都是为了确保军工产业的赢利。关于美国的“星球大战”计划，安德罗波夫说：“美国人计划的底线是让我们的

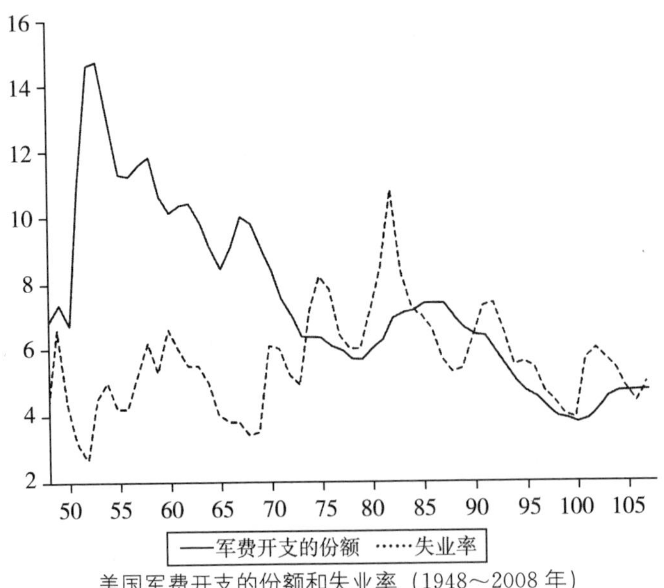

美国军费开支的份额和失业率（1948～2008 年）

［英］罗恩·史密斯：《军事经济学：力量与金钱的相互作用》，孙建中译，新华出版社 2010 年版，第 131 页。

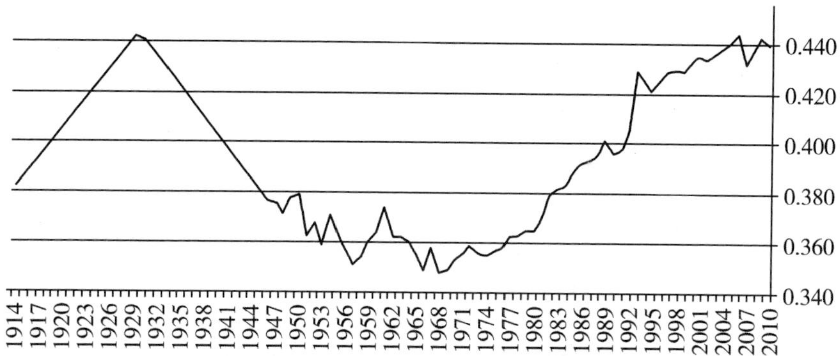

美国近百年来的基尼系数变动图

李晓鹏：《这个国家会好吗：中国崛起的经济学分析》，中国发展出版社 2012 年版，第 34 页。
说明：这两幅图表反映了美国的国内稳定与海外战争的密切关系。

开销超出承受能力，当然了，美国也是为了自己的大企业有活可干。”战后历史表明，美国军工投资率与失业率成反比；军工投资低的时候，失业率就高。通过美国的基尼系数变化也可以看出军工生产对美国社会的作用。美国基尼系数较低的时期是 1956 年、1965 年和 1968 年，此时贫富差距也是较小的。这是因为发生了越南战争。有战争，军工业就发展，人们就有工作。今天同样如此，美国要解决这样的问题还是需要战争，而这也是中国最需要警惕的。美国的全球扩张是制度和结构问题，因为没有全球扩张，资本就不能盈利。

（四）中国领导层较成熟的战略思维能力造就了今天的优势局面

20 世纪后半叶，苏、美、中三国都曾面临过两面受敌的形势，但只有中国最终避免了“1－2＝－1”的结局。毛泽东同志的战略思维和哲学素养来自长期的的革命实践，只有实践出真理，实践认识真理。国家外交不怕有敌人，就怕敌人来自不同的方向。今天的中国对手出自一面即来自东海。

20 世纪后半叶，世界格局出现三次大变化。50 年代，中国面对的是美苏两极争霸，中国在苏联阵营里，保证了自己站起来和生存下去。后来，由于苏联搞霸权，中美逐渐接近。在苏联为自己的无限扩张目标所打倒的时候，我们及时撤离了，没有像东欧国家那样随着苏联一块儿倒下。今天美国东施效颦，也为自己的扩张目标严重消耗，将中国逼到俄罗斯一边。今天中国北方一万多公里的边界线是安全的，这是中国安全环境的大局。与苏联解体时的情形一样，在美国衰变的过程中，中国也没有绑在美国扩张的战车上随美国一起没落，而是一直保持着强劲的发展势头。这得益于中国领导人较成熟的战略能力和战略智慧。

三、 欧亚历史大棋局与中国地缘战略

（一）版图结构决定国家命运

欧洲的特点是中间碎小，周边庞大，这样的版图对国家和地区发展最为不利。

古代罗马时期，欧洲曾是一个以地中海为中心的统一国家。罗马帝国解体后，基督教在意大利形成一个权力中心，德国皇权在北部形成一个中心。汉字中，一个中心为“忠”，两个中心就为“患”，欧洲力量就开始内耗。皇权和教权、多个皇权之间相互损耗，欧洲大陆内斗愈演愈烈，最终打了两次世界大战。两次世界大战都是结构性的矛盾所致，以至拿破仑、希特勒包括今天的默克尔都没能实现欧洲的统一。英国作为岛国，更是不希望欧洲大陆统一，因为破碎有利于它运筹帷幄。今天英国又退出了欧盟，这是欧洲的命运，内耗太多。

欧亚大陆的地缘政治力量分布呈现“2.5 规律”。在欧亚大陆地区，尤其在它的北纬 50 度到北纬 30 度之间，只能存在 2.5 个战略力量。假设欧洲是一个合力板块，其战略力量之和是 1，亚洲也是 1，那中亚一定是 0.5。再假设，如果中国或欧洲任何一个板块破碎，其战略力量之和就会降至 0.5，中亚就会上升至 1。不管如何变，欧亚大陆的战略力量之和永远是 1＋1＋0.5＝2.5。其中这个 0.5 在其他两个战略力量的极限之外，谁也无法填补，更不要说控制，因为各自的“皮筋”都拉不到、力所不及。欧洲在古罗马的时候强大，中国也

是强大的，当时是秦朝和汉朝。这时中亚是破碎的。罗马之后，欧洲大陆破碎，中国基本是统一的，这时欧洲的战略合力下降为0.5，阿拉伯帝国、蒙古汗国崛起，中亚战略合力就上升为1。历史上的中亚类似于一个“堰塞湖”，西面的欧洲和东面的中国，哪边板块破碎和力量衰落，它的“蓄水”就会往哪边泄流。

在今天俄罗斯和中国处于上升期的历史条件下，中亚的力量只会往西走，不会往东走。

美国的特点是没有周边，海洋就是它的周边。这样的国家就必须向外走，必须发展海军。当一个国家完全以海洋为它的边界，看似八面威风，实则负担太重。海军是美国的强大之处，也是美国的痛点。

中国的特点是中间大、四周小。这个特点对国家发展非常有利，因为中间大结构才能稳定且内耗小。中间大，力量能外射，如果内部破碎的话，力量就内耗了。中国版图还有几个特点：一是中国离世界的资源（工业矿产）和市场中心近，它西接能源，东接财源，太平洋地区是新兴市场密集区，印度洋地区是工业资源密集区，这两个都在家门口，使我们不需要漫长的海岸基地线；二是中国的地形有利，三分之二是山地，山地不容易入侵，有二次反击能力，实在不行就进山；三是面积大，这对于海权建设有好处。马汉曾说：“海权和陆权都不是单独存在的东西，而是彼此相辅相成”，“陆上强国也需要推进至海边以利用海洋为己服务，而海上强国也必须以陆地为依托并控制其上的居民”。历史表明，绝对制海权是以绝对制陆权为依托的，反之亦然。沿着沿海边界地区，我们对海洋的反作用力的覆盖面积就很大，西太平洋完全在我们覆盖之内。战争胜利方不是看谁更能打，而是谁更有资源。朝鲜战争双方都能打，但我们的资源更可以持续。一定要注意到，一个饥饿的人念什么经都没有用。我们要感谢老天赋予中国的有利地形，中华五千多年，不仅因为文化，还有许多地缘政治优势。

东北是中国地缘政治安全的关键地带。中国只有东北三省是最完整的平原；西北也是平原，但是必须经过关中平原的过滤，这一路就把力量消耗掉了。只有东北，既有资源又是平地，没有障碍。所以东北在明朝之后一直是风暴诞生的源头。唇亡齿寒，不要小看东北亚局势与我们的关系。

明朝的时候缅甸北方有一个麓川国。当时麓川国对明朝廷滋生反意，明朝廷一气之下反复出兵重创麓川势力。结果是打破了缅甸的南北力量平衡，缅南兴起的缅人政权乘虚北进，于1604年灭掉麓川国，基本形成今天缅甸的版图。这个教训告诉我们，对于我们的周边治理，要注意促成有利于我的形格势禁的形势，不能意气用事自己打破有利的区域力量平衡。这是英国的经验。西奥多·罗斯福是对英国这份经验运用得比较好的政治家。1918年11月，他曾在信中说："我赞同这样一个联盟，只要我们的期望不要太高。我不愿扮演连伊索寓言都视为笑柄的角色，在这则寓言中羊与狼同意解除戒备，而羊群为表现诚意，请牧羊犬离去，结果它们却成了狼群的晚餐。"在这则故事中，明朝廷不是驱逐了而是打残了保护自己的"牧羊犬"即麓川国，这使得清朝乾隆时期就不得不与缅甸产生更大的冲突，多次西南用兵，牺牲非常大。政治是什么？政治是自己的敌人越来越少，朋友越来越多；而对朋友尤其对盟友要求过高，则不免要落个"水至清则无鱼"的下场。

（二）世界格局正在发生有利于中国的变化

当前，英国脱欧；美国是彻底甩脱盟国，把战略当买卖来做，说明它没有控制全球事务的能力了；而沿欧亚大陆的边缘地带国家又开始向中心地带汇聚。法国和德国是欧亚大陆西端的大国，2015年2月11日，俄、德、法、乌四国领导人齐聚明斯克会谈，在没有邀请北约核心成员国英国和美国的情况下，法、德、俄三国联手解决了乌克兰问题。美国在两次世界大战中大获其利，它希望欧亚大陆国家最好火并。德国和法国深知这一点，所以在乌克兰问题上，它们选择跟俄罗斯而不是美国或英国合作。默克尔是非常睿智的，她延续的是俾斯麦的路线。如果欧洲的这个三角关系维持下去，欧洲发生不了大规模战争。

中东位于欧亚大陆的中部。2015年底因为军机被击落事件，土耳其、俄罗斯一度进入战争的边缘。但事后不到一年，两国就实现关系正常化，继续加强国防工业领域合作。2016年8月16日，俄罗斯轰炸机首次从伊朗空军基地起飞，完成对叙利亚境内极端组织的打击并顺利返航。这是自伊朗1979年伊斯兰革命后，首次允许他国利用其领土开展军事行动。

日本现在是南北不能相顾。北部的俄罗斯目前跟我们比较配合，又加上朝鲜核试验对日本形成压力。日本在北方和西北方都有顾虑的情况下，往南冒进有心无力。再加上我们多年的经营准备，台湾和平回归还是很有可能的。值得注意的是，目前日本在尽可能挑动中国与周边国家的矛盾——菲律宾、印度乃至东北亚地区国家。

（三）中国应该抓住完成统一大业的难得机遇期

利用上述有利时机，为了“两个一百年”的奋斗目标，在新时代，中国应该完成统一大业。新中国成立后，我们每次要解决台湾问题的时候，都因为形势的变化而耽误。50年代初，是因为美国介入台湾海峡和中国不得不进行的抗美援朝；50年代末则因中苏关系恶化，80年代末因中美关系的波折，使得台湾问题搁置至今。现在我们北部一万多公里的边境安稳、西南相对平稳，东南亚的菲律宾、马来西亚也是出现了有利于我们的转向，党的十八大以后，中国特色社会主义进入了新时代，历史又将我们送到解决台湾问题的最佳时期。中国作为世界性大国的关键在台湾，有了台湾，中国就直面太平洋。中国的沿海地带在花莲一线。

（四）新时代：中国需要节制与平衡的地缘战略

全力建设强国时期，“两个一百年”的奋斗目标是关键，必须毫不动摇。为了实现这个目标，我认为，中国需要设计有效的地缘政治战略。设计这样的战略应遵循如下原则：

1. 国内保政权

我们走向世界的步伐走得再远，还得心系党中央，目的还是保证社会主义的长治久安。这是必须确保的首要任务。

2. 国家保主权

主权当然是包括台湾在内的主权利益。

3. 周边保格局

当前的格局对我们总体上是有利的。当年之所以有对越自卫反击战，就是因为越南侵略柬埔寨，那是对东南亚格局进而区域平衡的破坏。

4. 全球稳利益

在世界范围内我们还要保护或维护利益。如果是一些太远且非核心的利益，只能维护，留得青山在，不怕没柴烧。

5. 世界保和平

必须牢牢地抓住世界和平的大旗。美国的软肋就是世界和平，这也是我们要坚守的道义制高点。

地缘政治的本质及其中国运用①

一、地缘政治的本质

笔者认为，近代和现代是中国地缘政治研究推进最快、气象也最为宏大的时期，同样，这也是中国陷入半殖民地深重灾难及中国人民救亡图存精神最为高涨的时期。久病成良医，良医治久病。中国地缘政治研究的这种大幅推进是时代的需要。但理论的大幅推进难免会有粗放的一面，其对国家发展影响最大的，还是对地缘政治本质的把握。

（一）地缘政治不能研究成让国家四处“拼命”的学问

地缘政治（geopolitics）是一个外来词汇，但这绝不意味着中国历史上没有地缘政治思想，中国古代多用“形胜”“方舆”等来表述“地缘政治”的内容，现代中国则多用“历史地理”或“地理政治”等。中国清代顾祖禹的《读史方舆纪要》、魏源的《海国图志》，都是中国地缘政治的奠基之作。前者重点研究中国内部的山川形势，后者研究世界地理布局，贯穿其中的还有相当丰富的利用地形争衡天下的历史经验和教训。历史进入20世纪以后，地缘政治研究在世界范围得到极大推进。我国曾问吾、史念海、谭其骧等在其中都有很大贡献；西方同期的麦金德、马汉、凯南、布热津斯基等的研究也对学界产生巨大的冲击。前者是为了中国反殖民地、反帝国主义的时代主题，后者是为了英

① 本文刊发于《太平洋学报》2017年第8期，有修订。

美国家拓展“生存空间”、推行帝国主义和霸权主义的国家私利的需要。19世纪德国地缘政治学的倡导者们就认为，“地缘政治学是一种科学方法，是一种以编排地理资料去开发地理空间的世界思想”①。

资源的绝对有限性与发展的绝对无限性的矛盾，以及由此引起的国家力量的绝对有限性和国家发展需求的绝对无限性的矛盾，是人类及其赖以生存的国家发展自始至终面临的基本矛盾，而贯串其间的生存斗争则是人类文明进步的绝对底线和动力。由此而言，地缘政治的本质并不是地理与地理的关系，而是地理与政治的关系。

那么，什么是政治呢？政治问题就是吃饭问题，对于国家而言，就是资源问题。由此而论，笔者认为，地缘政治与资源政治的统一，是现代地缘政治学说的本质特征。而资源则是地缘政治的核心，简而言之，没有资源就没有地缘政治。司马迁说：“天下熙熙，皆为利来；天下攘攘，皆为利往。”② 世界资源密集区便是世界地缘政治的天然中心。与大西洋不同，太平洋是世界新兴市场国家十分密集因而也是市场潜力巨大的区域，印度洋是世界包括石油天然气在内的工业资源极为丰富的区域，这使得近代以来几乎所有的强国都将目光锁定在太平洋和印度洋。

随着研究的进一步深入，笔者发现学者与政治家对地缘政治的认识有着重大的区别：学者往往注重并能较好地把握地理中点与面的关系，以麦金德为先驱的西方的地缘政治学者还破天荒地为人们提供了从整体上认识世界地缘政治的全球框架③，他们的理论的缺点是其优点的过度运用。他们在纸稿上尽情挥洒他们天才想象的同时，又得鱼忘筌，注意了地缘却忽略了政治，结果写出的只是一部部优秀的“地理手册”而不是“地缘政治”。他们笔下的“形胜”没有一个是不重要的，他们书中那一个接一个的“枢纽地带”宛如动人的“塞壬

---

① [英]杰弗里·帕克:《二十世纪的西方地理政治思想》,解放军出版社1992年版,第61页。

② [西汉]司马迁:《货殖列传》。

③ 1987年,麦金德在一次讲演中告诉人们:“世界是一个整体,它已经成为一个联系紧密的体系。”([英]哈·麦金德:《历史的地理枢纽·引言》,林尔蔚、陈江译,商务印书馆2007年版,第19页。)英国地缘政治学者杰弗里·帕克对麦金德的贡献予以肯定,他认为:“现在,全球体系的概念对收盘定局的世界所起的作用将会对所有未来地理政治学思想有着深邃的影响,而且这种概念已经与哈尔福德·麦金德爵士的名字不可分离地连系在一起。”([英]杰弗里·帕克:《二十世纪的西方地理政治思想》,解放军出版社1992年版,第14页。)

的歌声”[①]，诱使着他们的国家为争地而四处“拼命”，由此拉长战线、透支国家资源并导致国家的衰落。

与麦金德同时代的美国海权论的先驱学者马汉也谈资源和战略目标的关系问题，但他的帝国主义视角将地缘政治的本质本末倒置了。他片面地强调“位置应成为首先关注所在”，但他忽视了目标的过度扩张会导致能力不足，结果反被目标压垮的问题。他说：

> 人们可以在位置合适之处集聚力量和资源，但无力将一个地点的本身并不优越的位置予以改变，因而位置应成为首先关注所在。[②]

马汉的著作在当时的德国和日本风靡一时，并对这两个国家及后来的美国的地缘政治理论造成很大的影响。卡尔·豪斯浩弗[③]说：“在地理上无知的代价将是巨大的。”[④] 可惜的是，豪斯浩弗本人的理论就过于深入地理而由此失去了政治。英国地缘政治理论学者杰弗里·帕克评价说，正是“德国的地缘政治学思想促成了 1945 年 5 月第三帝国的众神末日”[⑤]。如将这个评价用于西方许多地缘政治学者及理论也是合适的。1908 年，英国寇松勋爵[⑥]在他的《边疆线》一书中就疯狂主张：“沿着上千英里的遥远疆界，都将出现我们 20 世纪的边防骑士（Marcher Lords）。”[⑦] 结果，与 20 世纪下半叶美国的凯南、布热津斯基的学说一样，寇松的地缘政治学说成了让英国为扩张利益而无节制地四处

---

① 塞壬(Siren)是希腊神话中人首鸟身的怪物，经常飞降在海中礁石或船舶之上，又被称为海妖。塞壬用自己的歌喉使得过往的水手倾听失神，航船触礁沉没。

② [美]马汉：《海权论》，萧伟中、梅然译，中国言实出版社，1997 年版，第 350～351 页。

③ 豪斯浩弗(1869～1946)，德国地缘政治学家，生于慕尼黑，曾任日本陆军炮兵教官。第一次世界大战中任德国少将军官，战后任慕尼黑大学地理学和军事学教授。希特勒上台后，被任命为地缘政治学院院长和德国科学院院长。主编《地缘政治学杂志》，著有《太平洋地缘政治学》《地缘政治学原理、实质与目的》《防御地缘政治学》等。

④ [英]杰弗里·帕克：《二十世纪的西方地理政治思想》，解放军出版社 1992 年版，第 84 页。

⑤ [英]杰弗里·帕克：《二十世纪的西方地理政治思想》，解放军出版社 1992 年版，第 80 页。

⑥ 乔治·寇松，英国政治家，1898～1905 年任印度总督。著有《中亚细亚的俄国》《波斯与波斯问题》《远东问题：日本、朝鲜和中国》《边疆线》等。

⑦ [英]杰弗里·帕克：《二十世纪的西方地理政治思想》，解放军出版社 1992 年版，第 34 页。

拼命的学问。基辛格说："凯南的成就是，到了1957年，自由世界所有的矮墙都已配置卫兵防守，他的观点对此有决定性的贡献。事实上，由于岗哨林立，美国可以大大自我批判。"①

地缘政治不应当被研究成让国家四处"拼命"的学问。毛泽东同志说："'灭此朝食'的气概是好的，'灭此朝食'的具体计划是不好的。"② 这就是说，拼命只是战役层面上的事，绝不能将它上升到战略，尤其是国家战略层面。1937年，毛泽东在《论持久战》中就提出"赌国家命运的战略决战应根本避免"；"拼国家命运的战略的决战则根本不干"的原则。③ 中国坚持了这一原则，积小胜为大胜，以时间换空间，中国最终赢得了抗日战争的全面胜利。英国的麦金德，德国纳粹时期的豪斯浩弗，美国的凯南、布热津斯基等为自己的国家提供了一整套导致国家为争地盘而四处拼命的研究④，结果他们的国家却倒在这些学者的眼前。

政治家是实践地缘政治学的主体。历史上，能够吸取和运用学者研究成果，充分认识不同地理空间的不同特点，较好地把握战略目标与战略资源/能力的匹配及其矛盾转化关系的政治家，一般都取得了巨大的成就，因为他们的认识会使国家培养元气，行稳致远，而这样的学识恰恰是麦金德、凯南、布热津斯基等地缘政治学者力所不及的。

(二) 地缘政治本质是研究国家目标与国家资源在特定地理空间相匹配及其矛盾转化的学问

地缘政治本质上应被理解为国家"养生"和争取有方向的世界和平的学问；其要义是正确地认识国家目标与资源在特定地理空间相互匹配的关系及其矛盾转化的学问。在这方面做得比较好的人物集中于优秀政治家群体，其中大

① [美]亨利·基辛格：《大外交》，顾淑馨、林添贵译，海南出版社1998年版，第423页。

② 毛泽东：《中国革命战争的战略问题》，《毛泽东选集》第1卷，人民出版社1991年版，第234页。

③ 毛泽东：《论持久战》，《毛泽东选集》第2卷，人民出版社1991年版，第506、507页。

④ 参见张文木：《"麦金德悖论"与英美霸权的衰落》，《国际关系学院学报》2012年第5期；《大失败——布热津斯基的战略理论及其历史地位》，《世界经济政治》2017年第6期。

多数人的伟大并不在于他们对本国战略目标的认识和把握能力，而在于他们对本国战略目标与战略资源在特定地理空间的匹配关系及其矛盾转化节点的认识和把握能力。

1927 年 8 月 7 日，中共中央决定在湘、鄂、粤、赣组织秋收起义。8 月 23 日，中共中央复信湖南省委说："……中央认为：湖南暴动，可以湘南为一发动点，长沙为一发动点，在宝庆一带如有可能亦可做一暴动点；'湘中发动，集中军力，扑城取长沙'；湘南，湘中的暴动尽可能地同时发动，免陷一地于孤立。" 8 月 30 日，中共湖南省委就暴动范围等问题致信中央说"我们是以向长沙暴动为起点，并不是放弃湘南；没有把衡阳做第二个发动点，是因为我们的力量只能做到湘中起来；各县暴动，力量分散了，恐连湘中暴动的计划也不能实现。"① 1928 年年底，毛泽东在《井冈山的斗争》一文中指出："我们的经验，分兵几乎没有一次不失败，集中兵力以击小于我或等于我或稍大于我之敌，则往往胜利。中央指示我们发展的游击区域，纵横数千里，失之太广，这大概是对我们力量估计过大的缘故。"②

抗日战争时期，这个力量有限性的思想成了毛泽东判断中国抗日战争和苏联反德国法西斯战争结局的重要依据，1937 年 7 月，毛泽东在接受斯诺采访时说："在长期占领中国的靡费重压下，在无数不定的战争中，日本的经济是要崩溃的；日本的军心是要分散的。当日本帝国主义的洪水在中国抗战的暗礁上打散了以后，中国革命人民中潜在的大量人力，却还可以送出无数情愿为自己的自由而战斗的人民到前线来。"③ 这个思想在 1938 年毛泽东写作《论持久战》时得以系统发挥。毛泽东说：

> 日本的军力、经济力和政治组织力虽强，但这些力量之量的方面不足。日本国度比较地小，其人力、军力、财力、物力均感缺乏，经不起长

---

① 中共中央文献研究室编：《毛泽东年谱(1893～1949)》上卷，中央文献出版社 2013 年版，第 210、212 页。

② 毛泽东：《井冈山的斗争》，《毛泽东选集》第 1 卷，人民出版社 1991 年版，第 67 页。

③ [美]埃德加·斯诺：《西行漫记》，董乐山译，生活·读书·新知三联书店 1979 年版，第 87 页。

期的战争。日本统治者想从战争中解决这个困难问题，但同样，将达到其所期求的反面，这就是说，它为解决这个困难问题而发动战争，结果将因战争而增加困难，战争将连它原有的东西也消耗掉。①

1942年，毛泽东运用力量有限性的思想准确地提出德国法西斯将在入侵苏联战争中灭亡的判断，他在《第二次世界大战的转折点》一文中写道：

希特勒进攻苏联的战略企图没有一个不是失败的。在此期间，希特勒鉴于去夏分兵的失败，集中他的兵力向着南线。然而他尚欲东断伏尔加，南取高加索，一举达成两个目的，仍然分散了他的兵力。他尚未计算到他的实力和他的企图之间的不相称，以致“扁担没扎，两头打塌”，陷入目前的绝路。在相反方面，苏联则是越战越强。斯大林的英明战略指挥，完全站在主动的地位，处处把希特勒引向灭亡。今年冬季开始的第四个阶段，将是希特勒走向死亡的阶段。②

到20世纪70年代，毛泽东将这一思想进一步发展为指导国家外交的“深挖洞，广积粮，不称霸”的基本方针。

毛泽东将他在长期的军事斗争实践中形成的这些认识用于历史研究，其观点更显卓尔不群。1953年10月17日，毛泽东在与即将赴越南的韦国清谈话时说：

三国时代，刘备终不能取天下，首先是因为误于诸葛亮初出茅庐时的《隆中对》，其为刘备设计的战略本身就有错误。千里之遥而二分兵力，其

① 毛泽东：《论持久战》(1938年5月)，《毛泽东选集》第2卷，人民出版社1991年版，第448页。

② 毛泽东：《第二次世界大战的转折点》(1942年10月12日)，《毛泽东选集》第3卷，人民出版社1991年版，第886页。

终则关羽、刘备、诸葛亮三分兵力，安得不败？[①]

从某种意义上说，诸葛亮属于学者型政治家，与当代美国的凯南、布热津斯基等有着同类气质。正是由于诸葛亮立都于成都，才造成已被两分的兵力因战线太长而更难收拢，以致难以迅速弥补关羽失去荆州后蜀国国防出现的战略缺环；也正是因为立都于成都，才迫使刘备率兵东进并陷入一百多年前公孙述政权“空国千里之外，决成败于一举”[②] 的危境。

据《资治通鉴》，曹操取得汉中后，刘晔曾向曹操建议：“蜀民既定，据险守要，则不可犯矣。今不取，必为后忧。”[③] 毛泽东在读到这一段时，在页旁批注：“不可信。”[④]

显然，毛泽东的见解更具实践价值。这里，刘晔考虑的是有限的资源投入与局部目标实现的关系，他的建议当然不会被曹操采纳。曹操考虑的是有限的资源投入与全局目标实现的关系。且不说曹操的战略目标是逐鹿中原，也不说入川后因地形复杂，“清剿”刘蜀政权的部队需要大量的资源而因路途险远运输不能保证，我们只要看看 13 世纪中叶蒙古大军入川后大汗蒙哥战死在钓鱼城（今重庆合川）下以致终不能出川的窘境，就会知道，要进入四川若不能控制重庆，那就会被——用毛泽东的话说——“瓮中捉鳖”，遑论入中原。入主中原，得到的是中国，而占据四川得到的只是偏地。如果采纳了刘晔的建议，曹操届时所失的将是天下，而获渔翁之利的则是孙权。毛泽东在读《魏书·刘

① 中共中央文献研究室编：《毛泽东年谱（1949～1976）》第 2 卷，中央文献出版社 2013 年版，第 180 页。

② 《后汉书》卷四十三《公孙述传》，许嘉璐主编：《二十四史全译·后汉书》第 1 册，汉语大词典出版社 2004 年版，第 496 页。

③ 丞相主簿司马懿言于操曰：“刘备以诈力虏刘璋，蜀人未附，而远争江陵，此机不可失也。今克汉中，益州震动，进兵临之，势必瓦解。圣人不能违时，亦不可失时也。”操曰：“人苦无足，既得陇，复望蜀邪！”刘晔曰：“刘备，人杰也，有度而迟；得蜀日浅，蜀人未恃也。今破汉中，蜀人震恐，其势自倾。以公之神明，因其倾而压之，无不克也。若少缓之，诸葛亮明于治国而为相，关羽、张飞勇冠三军而为将，蜀民既定，据险守要，则不可犯矣。今不取，必为后忧。”操不从。居七日，蜀降者说：“蜀中一日数十惊，守将虽斩之而不能安也。”操问晔曰：“今尚可击不？”晔曰：“今已小定，未可击也。”乃还。［宋］司马光编著：《资治通鉴》卷六十七《汉纪五十九·献帝建安二十年》，中华书局 1956 年版，第 2140 页。

④ 中共中央文献研究室编：《毛泽东读文史古籍批语集》，中央文献出版社 1993 年版，第 291 页。

表传》时批注："做土皇帝，孟德不为。"[①]

地缘政治理论的守衡本质并不出自学者书房中的逻辑推理，它是地缘政治实践中所蕴含着的守衡规律的真实反映。既然是规律，那它就具有普遍的认识论意义。

历史上有一个重大且同类的现象值得研究。那就是为什么曾打到印度河上游的两个"战无不胜"的帝王——亚历山大和成吉思汗——面对唾手可得的印度半岛，却班师回朝而不是顺河而下，直捣黄龙？

据史书载，公元前325年，亚里士多德的学生、马其顿亚历山大大帝从希腊越过爱琴海率军东进，沿古丝绸之路的南线侵入伊朗高原，继而挥师越过印度河。此后他不是继续南下占领印度，而是"自我封闭三日"，书上说，他随后认识到"他不是世界之主"，决定班师回朝[②]，转而采取东西方民族融合政策[③]。这是因为亚历山大知道得鱼不可忘筌，进印度不难，难在出来。而消耗大量资源进了印度，若出不来那就只能当"南亚之王"，届时他丢掉的则是他已征服的从希腊到伊朗高原的东方世界。但亚历山大认识到这样的真理毕竟太晚了，其战线已拉得过长。公元前323年亚历山大病逝后，他的帝国随即分裂。

13世纪初，成吉思汗在后来的英国人、美国人和苏联人都望而生畏的帕米尔高原上所向披靡，但当他打到印度河边时也停了下来。1222年，他约丘处机[④]深谈。史书上说两人谈养生，其实是在讲今后的战略方向。谈后成吉思汗与曹操"得陇不复望蜀"的想法一样，得了帕米尔就不再南望印度了。成吉思汗回到一千多年前亚历山大的思路，遂决定打道回府：回新疆，图中原。[⑤]

---

① 中共中央文献研究室编：《毛泽东读文史古籍批语集》，中央文献出版社1993年版，第241页。

② "当亚历山大通过印度而获悉真相之后，他仍然于其帐篷中自我封闭三日，然后决定班师。"［法］鲁保罗：《西域的历史与文明》，耿昇译，人民出版社2012年版，第72页。

③ 建立起地跨欧亚非三洲的大帝国后，亚历山大意识到马其顿和希腊只占其中很小一部分，帝国中心不得不放在东方，帝国的统治也不得不在很大程度上依赖东方人管理。因此，亚历山大采取东西融合的政策。他以身作则，要求随他来的希腊人、马其顿人和东方人通婚。参见周一良、吴于廑：《世界通史·古代部分》，人民出版社1962年版，第241～242页。

④ 丘处机(1148～1227)，字通密，道号长春子，登州栖霞(今属山东省)人，道教全真道掌教、真人，曾以70多岁高龄远赴西域劝说成吉思汗止杀爱民而闻名世界。

⑤ 据《蒙兀儿史记》卷三《成吉思汗本纪　下》："秋九月(1223年)丙午朔，车驾回渡阿梅河(阿姆河)。路途访道于丘处机，驻毕薛米思坚城东。冬十一月丙子朔，下诏班师。"转引自朱耀廷：《成吉思汗传》，人民出版社2004年版，第468页。

地缘政治的本质和规律在近代也为西方一些思想家和政治家所认识和运用。欧洲启蒙运动的法国思想家卢梭在《社会契约论》一书中对彼得大帝作了一番评价之后，认为“俄罗斯帝国想要征服全欧洲，但是被征服的却将是它自己”[①]。他几乎是在用物理学的眼光审视问题，他写道：

> 正如大自然对于一个发育良好的人的身躯给定了一个限度，过了这个限度就只能造成巨人或者侏儒那样；同样地，一个体制最良好的国家所能具有的幅员也有一个界限，为的是使它既不太大以致不能很好地加以治理，也不大小以致不能维持自己。每个政治体都有一个它所不能逾越的力量极限，并且常常是随着它的扩张而离开这个极限也就愈加遥远。社会的纽带愈伸张，就愈松弛；而一般说来，小国在比例上要比大国更坚强得多。[②]

卢梭认为：衡量版图之于国家利益的标准不在于大小，而在于面积与国力之间的比例。人口数量则是国家力量的最基础的参数。[③] 由此卢梭似乎看出了沙俄的脆弱所在。他说：

> 我们可以用两种方式来衡量一个政治体，即用领土的面积和用人口

---

① [法]卢梭:《社会契约论》,何兆武译,商务印书馆 2003 年版,第 59 页。

② [法]卢梭:《社会契约论》,何兆武译,商务印书馆 2003 年版,第 59 页。

③ 除了人口这个最基础的参数外,生产方式和生产关系先进与否也是国力研究中不可忽视的要素,卢梭没有提及这一点,但他从重农学派的视角将农业条件也纳入国力要素。他说:“使土地的广袤与人口的数目这两者得以互相满足的确切比率,我们是无从加以计算的;这既因为土地的质量、它的肥沃程度、物产的性质、气候的影响有着种种差异;同时,也因为我们察觉到的各种居民的体质也有着种种的差异:有的人居住在肥沃的地方而消耗甚少,另外也有人居住在贫瘠的土壤上却消耗很大。还必须顾及妇女生育力的大小、国土对于人口有利与否的情况、立法者的各种制度可望起作用的程度,等等;从而立法者便不应该依据自己所见到的,而是应该依据自己所能预见到的来做判断;也不应该只站在人口的实际状况上,而应该站在人口自然会达到的状况上。最后,各地方特殊的偶然事件还有千百种情况,迫使人们或允许人们拥有多于必要的土地。因而,山地的人们就要扩展他们的土地;山地的自然物产,即森林、饲草,只需较少的劳动,而经验也告诉我们这里的妇女比平原上的妇女生育力更强,并且大片倾斜的山地上也只有小块的平地才能指望耕种。反之,在海滨,人们便可以紧缩土地,哪怕在几乎是荒凉不毛的岩石和沙滩上;因为渔业可以弥补一大部分土地上的出产,因为居民更需要聚集在一起以便抵御海盗,也因为人们在这里更容易以殖民的办法来减轻国土上负担过多的人口。”[法]卢梭:《社会契约论》,何兆武译,商务印书馆 2003 年版,第63～64 页。

> 的数目；这两种衡量彼此之间存在着一个适当的比率，可以使一个国家真正伟大。构成国家的是人，而养活人的则是土地；因此，这一比率就在于使土地足以供养其居民，而居民又恰好是土地所能够养活的那么多。正是在这一比例之中，才可以发现一定数目的人民的最大限度的力量；因为如果土地过多，防卫就会艰难，开发就会不足，物产就会过剩，而这就是形成防御性战争的近因；如果土地不敷，国家就要考虑向它的四邻寻找补充，而这就是形成攻击性战争的近因。一个民族所处的地位，若是只能抉择商业或者战争，它本身必然是脆弱的；它要依赖四邻，它要依赖局势，它只能有一个短促不安的生命。它或者是征服别人而改变处境，或者是被别人所征服而归于乌有。它只有靠着渺小或者伟大，才能够保全自己的自由。①

最后，卢梭认为，促使国家强大的关键因素不单单在于版图的扩张，而在于政治家们能在版图与力量之间找到一个合适的比例，卢梭认为，政治家们如果做到这一点，“那就是很不小的政治才能了”。他写道：

> 由此可见，既有需要扩张的理由，又有需要收缩的理由；能在这两者之间求得一种对于国家的生存最为有利的比例，那就是很不小的政治才能了。我们可以一般地说，前者既然只是外在的、相对的，就应该服从于后者；后者乃是内在的、绝对的。一个健全有力的体制乃是人们所必须追求的第一件事；我们应该更加重视一个良好的政府所产生的活力，而不只是看到一个广阔的领土所提供的富源。②

欧洲启蒙运动的另一位法国思想家孟德斯鸠总结古代历史教训，说：

> 如果居鲁士不去征服吕底亚王国，如果塞琉古留在巴比伦而把沿海各

① [法]卢梭:《社会契约论》,何兆武译,商务印书馆2003年版,第62～63页。

② [法]卢梭:《社会契约论》,何兆武译,商务印书馆2003年版,第61～62页。

> 省留给安提冈的继承者们，那么波斯帝国对希腊人来说就是不可战胜的，而塞琉古帝国对罗马人来说也是不可战胜的了。为了控制人类的野心，大自然给各国定出了某种界限。当罗马人越过了这种界限的时候，帕尔提亚人几乎总是能够把他们歼灭掉，而当帕尔提亚人胆敢踏过这个界限时，结果是他们不得不仍然退回；而在今天，当土耳其人超越了这样的界限时，他们也是不得不退回去的。[①]

俾斯麦是近代德国少有的参透地缘政治要义的政治家。他用“铁血政策”统一德国并打败法国后，将德意志的强国地位仅限于欧洲地区，拒绝任何全球性的战略企图。在他担任首相近 20 年的时间里，他的目的就是孤立法国，稳定四方，用较长时间巩固、消化德国 1866～1872 年在欧洲取得的地缘政治成果。遗憾的是，这种节制政策在威廉二世执政时期（1888～1918 年）受到破坏[②]，俾斯麦于 1890 年离职。此后德国大规模扩军，实行全面扩张的政策。[③]到第一次世界大战初，俾斯麦时期的地区性守成的外交成果已荡然无存，德国与奥匈帝国已四面楚歌。1914 年德国利用萨拉热窝事件，挑起第一次世界大战，结果是德国在战争中全面毁灭；20 世纪 30 年代末德国希特勒步其后尘，结果又是德国被强力肢解。

俾斯麦似乎对这种灾难的出现有某种预见。退休后，“有一次他在大学生面前说，他们将到 1950 年还为皇帝和帝国而举杯庆祝。但在私下的讲话里他常常很悲观地谈到帝国的未来和未来的危险。有一次他说，有可能，上帝给德

---

① ［法］孟德斯鸠：《罗马盛衰的原因论》，婉玲译，商务印书馆 1962 年版，第 29 页。

② 威廉二世（1859～1941），德意志帝国皇帝和普鲁士国王，威廉一世之孙。任内对内专制对外扩张。制定以争夺世界霸权为目标的战略。1897 年派舰队强行占领中国胶州湾；1898 年力图通过建巴格达铁路在近东伸张势力；1900 年 7 月，出兵镇压中国义和团运动，参与瓜分中国领土的竞争；1905 年、1911 年，制造摩洛哥危机，与法国争夺在摩洛哥的殖民权益；多次插手巴尔干事务，加深德国与英、法、俄等国的矛盾。1914 年利用萨拉热窝事件挑起第一次世界大战。1918 年德国十一月革命爆发后逊位，逃亡荷兰。

③ 1897 年，德国派舰队侵略中国，出发时，威廉二世做了关于德国世界政策的讲话，他说：“帝国的力量即意味着海军的力量，它们是互为依赖的，缺一则不能生存。”参见周一良、吴于廑主编：《世界通史资料选辑・近代部分》下册，商务印书馆 1964 年版，第 46 页。

国安排好第二次分裂的时间和在此基础上而出现的一次新的光荣时代的可能性”①。德国后来的历史证明了俾斯麦的预见：1949年，德国正式分裂为德意志联邦共和国（9月20日成立）与德意志民主共和国（10月7日成立）。基辛格对俾斯麦有很高的评价，认为：“由于他了不起的建树，使得他所缔造的德国经历了两次世界大战的失败、两度遭外国占领及国家分裂达两个世代之久，却仍巍峨屹立。”②

同样的诱惑在不同的政治家中会有不同的选择。1940年11月，希特勒曾对苏联外交部长莫洛托夫说：“你们应该有通向温暖海洋的出海口，将来要像伊朗、印度那样。”莫洛托夫后来对此评价说：“这是个毫无远见的人，对苏联的政策缺乏透彻的了解，却要把我们拉去冒险。如果我们在南方陷了进去，他的处境就会轻松得多，一旦英国要和我们作战，我们就得依靠他。如果不理解这一点，那就太天真幼稚了。”③

1947年12月24日，希腊共产党已宣布成立希腊临时民主政府，衰落的英帝国已无力控制希腊的局势，于是不得不请求美国的帮助。在此紧急关头，保加利亚共产党领导人于1948年2月10日拜见斯大林并请求苏联支持，斯大林认为支援希腊已超出苏联的能力。在回答保加利亚工人党书记、政治局委员、部长会议副主席特拉伊乔·科斯托夫提出“希腊的游击运动的失败将会给其他巴尔干国家造成非常困难的局面”的问题时，斯大林说：

> 自然，对游击队应该予以支持。但如果游击运动的前景无望的话，最好将斗争推移至最佳时间。即使在力量对比上有什么差距，那也不能喊叫。必须理智地计算力量。如果计算表明，当时工作不可能有进展，那也无须羞于承认这一点。如果局势不利的话，可以收缩游击运动。即使今天

---

① 参见威·莫姆森：《俾斯麦》(中文版)，陈宝译，河南教育出版社2001年版，第162页。

② [美]亨利·基辛格：《大外交》，顾淑馨、林添贵译，海南出版社1998年版，第116页。

③ [俄]费·丘耶夫：《同莫洛托夫的140次谈话》，王南枝等译，新华出版社1992年版，第25～26页。

不可能，明天也会是可能的。[①]

这时斯大林脑海中想到的一定是法国拿破仑在特拉法尔加[②]惨败于英国海军的教训以及德国纳粹即使在最强大的时期也没能控制地中海的事实[③]，他告诉保加利亚同志，苏联没有可与英美匹敌的海军，况且“希腊的地理位置是在西方国家重要的运输线上。美国直接插手这个地区——美国是世界上最强盛的大国”。因此斯大林要求他们“应该把希腊起义的事收起来”。

莫洛托夫和斯大林的思路是一致的。有意思的是斯大林的思路与前述1927年8月23日，毛泽东就中共中央关于在湘、鄂、粤、赣四省组织秋收起义的决定回复中共中央湖南省委信中的思路也是一致的。这就是准确地把握战略目标与资源之间的匹配节点，不做华而不实即目标超过能力的蠢事。鉴于同样的哲学，1935年10月，红军翻越岷山，长征即将取得胜利，毛泽东作《念奴娇·昆仑》：

横空出世，莽昆仑，阅尽人间春色。飞起玉龙三百万，搅得周天寒彻。夏日消溶，江河横溢，人或为鱼鳖。千秋功罪，谁人曾与评说？而今我谓昆仑：不要这高，不要这多雪。安得倚天抽宝剑，把汝裁为三截？一截遗欧，一截赠美，一截还东国。太平世界，环球同此凉热。[④]

---

① 《科拉罗夫关于苏、保、南领导人会谈的笔记》(1948年2月10日)，沈志华主编:《苏联历史档案选编》第24卷，社会科学文献出版社2002年版，第230～231页。

② 特拉法尔加海战是英国海军史上的一次大胜利。1805年10月21日，双方舰队在西班牙特拉法加角外海面相遇，战斗持续5小时，法兰西联合舰队遭受决定性打击，主帅维尔纳夫被俘。英军主帅霍雷肖·纳尔逊海军中将也在战斗中阵亡。此役之后法国海军精锐尽丧从此一蹶不振，拿破仑被迫放弃进攻英国本土的计划。英国海上霸主的地位得以巩固。

③ “对地中海控制的失败是理论和实践之间的另一重要差距。许多地缘政治学家认为，控制地中海是致胜的基本前提中的另一个战略要求。英国利用她在直布罗陀、塞浦路斯和苏伊士的基地成功地保护了这条盟国船只通航的海路，即使在战时马耳他遭到经常性轰炸、轴心国潜艇在直布罗陀和西西里周围海域作战的最坏的时刻也是如此。在保障盟国舰只航行的同进，英国实际上已经能阻断敌国的海上通道了。1942年秋，轴心国军队在北非的阿莱曼受到巨大挫折，1943年夏季又被盟军全部消灭。”[英]杰弗里·帕克:《二十世纪的西方地理政治思想》，解放军出版社1992年版，第82页。

④ 吕祖荫:《毛泽东诗词解读》，同心出版社1999年版，第79页。

1958年12月21日，毛泽东对《念奴娇·昆仑》曾做批注："昆仑，主题思想是反对帝国主义，不是别的。"[①] 毛泽东在词的前半阕预言中国必将发展壮大并将对旧世界产生巨大冲击，后半阕告诫我们不要走称霸世界的路。

地缘政治是刀尖上的哲学，而地缘政治学的要义不在刀子而在哲学。刀子是要有对象的。这就要求我们明确敌人是谁，另一方面，哲学是讲边界的，这就要求我们要知道自己的力量边界在哪里。1972年，尼克松来到中国，说要跟毛泽东谈哲学。他说的"哲学"就是两个国家的国力边界及其合作的边界。毛泽东与尼克松这两个讲哲学的政治家一见面，这个世界就向光明的方向转变。麦金德、凯南，尤其是布热津斯基等"地缘战略大师"为自己的国家提供了只有刀子而没有哲学，只有战略目标而没有能力界限的学说，这些学说诱导他们的国家走向了衰落。1972年年底，尼克松访华后，毛泽东在一个批示中告诫全党："深挖洞，广积粮，不称霸。"毛泽东是在警示未来中国不要重犯美国扩张目标与国家资源不匹配导致国家衰落的错误。

似乎是历史的讽刺，就在麦金德对英国海洋实践做出如此经典的理论概括且因此誉满全球的时候，他看到的是由他的理论推起的第二次世界大战及战后英帝国的落幕：1947年8月，印度和巴基斯坦分治，印度独立，5个月前麦金德去世。"直接以麦金德的思想为基础"[②] 的凯南的"冷战"理论，将美国推向朝鲜战场和越南战场并由此造成美国的衰退，与麦金德、凯南一样，就在布热津斯基挂满学术桂冠的时候，他也看到了美帝国的黄昏。此时中国与俄罗斯已结成日益紧密的战略伙伴关系且不可战胜；俄罗斯与法国、德国在乌克兰达成谅解；克里米亚已转入俄罗斯手中，英国已决定脱离欧盟。如果布热津斯基还健在，相信他会看到与他的描述相反的西方世界"大失败"的结果。

遭遇"大失败"的为什么总是这些"满腹经纶"的人呢？这是因为他们的研究偏离甚至违背了地缘政治的本质和其中"环球同此凉热"这样一个连中学

---

① 参见中共中央文献研究室编：《毛泽东年谱(1893～1949)》上卷，中央文献出版社2013年版，第476页。

② [英]杰弗里·帕克：《二十世纪的西方地理政治思想》，解放军出版社1992年版，第145页。

生都不陌生的“能量守恒定律”。地缘政治的本质与生活常识是一致的。

违背常识是要吃亏的，而违背常识的往往是那些认识走不出书斋的人。

二、地缘政治的中国特点及其运用

（一）中国的地缘政治优势在世界各国中绝无仅有

笔者在研究中国地缘政治的初期曾把海权置于很高的地位，那是因为当时中国海权处于起步阶段，需要“矫枉过正”。鉴于中国海上力量已有长足推进，在笔者于2014年出版的《论中国海权》（第3版）[①] 和《印度与印度洋——基于中国地缘政治视角》[②] 两书中，这一立场已有适度回调。

在上述两书中，笔者提出绝对的制海权要依托于绝对的制陆权，反之，绝对的制陆权也要依托于绝对的制海权。在陆权和海权的边际地带，制陆权可以反作用于制海权，同样，制海权也可以反作用于制陆权。占据较大版图的制陆权可以在较大范围内影响（反作用于）周边的制海权，同样，占据较广阔海域的制海权也可以影响（反作用于）制陆权。比如，在印度洋地区，因占领了印度半岛，近代英国在此地区拥有比当代美国更高水平的制海权；同样，由于拥有广阔海域的制海权，近代英国曾使陆权霸主沙俄帝国多面受敌，疲于应对。马汉也曾论述过海权与陆权的这种相互作用的关系，他说：“海权和陆权都不是单独存在的东西，而是彼此相辅相成。就是说，陆上强国也需要推进至海边以利用海洋为己服务，而海上强国也必须以陆地为依托并控制其上的居民。”[③] 但他并没有从整体予以强调，更没有形成理论概括，出于美国国情的需要，马汉更多强调的是远海。大概还是出于国情的考虑，苏联海军元帅戈尔什科夫则强

---

① 笔者在这部著作中指出：“近代以来的历史经验表明，绝对的制陆权来自绝对的制海权，而绝对的制海权同样也来自绝对的制陆权；而没有陆战的胜利，海战的效果就会大打折扣。”

② “作为世界海权大国的英国在印度洋的这一实践经验丰富了我们的海权学说，这就是：没有制陆权的制海权是不完整的；同样，没有制海权的制陆权也是不完整的。可以这么说，没有绝对的制陆权就没有绝对的制海权；反之，没有绝对的制海权，也就没有绝对的制陆权。”张文木：《印度与印度洋——基于中国地缘政治视角》，中国社会科学出版社2015年版，第229～230页。

③ ［美］马汉：《海权论》，萧伟中、梅然译，中国言实出版社1997年版，第234页。

调陆军的作用：

> 历史经验也证明：每一军种都能对胜利各自作出一定的、往往是很有份量的贡献。纯粹的陆战和纯粹的海战几乎是不存在的。然而，有一个原理是不变的：在战役或者整个战争中，只有陆军才能巩固胜利的成果，它以自己实际的参与来确保胜利成为事实。①

结合中国国情，我更倾向于戈尔什科夫的意见。近代以来，除了日本外，海上来的国家均未对中国东部实行过有效占领。抗战期间，日本能够在相当的时期内控制中国东部地区的原因，就是日本拥有依托关东军的强大的陆军。

地缘政治和资源政治的统一是当代地缘政治的基本特点，地缘政治本质上是资源政治。因此，评价国家制海权强大与否，仅仅用传统的根据海军装备技术的强弱而忽视国家陆地版图濒海线长短及其与资源丰富地区的距离远近，是不全面的。与能量传输距离越远损耗越大的原理相同，对于体量相同或相近的国家而言，其濒海线的长短及其与资源地区的距离远近，从相当意义上影响着该国海权评级的权重。比如我们常说印度是印度洋上的海权大国，并不是说印度比西方海权国家有更强大的海洋作战能力，而是说它在印度洋的中心位置及其在直插印度洋的大陆主体板块可释放出对印度洋的巨大反作用力。

印度洋是世界包括石油、天然气在内的工业资源极为丰富之地，因而也是工业大国的必入之地，现在也是中国政府倡导的海上丝路的必经之地。

但中国不同于远离印度洋的西方海权国家，远道而来的西方海权国家在印度洋只能靠占领岛屿而存在，目前我们能读到的海权理论，特别是马汉的海权理论提供的都是这样的视角。尽管中国海权起步较晚，但自然条件相对于英国和美国还是有比较大的优势。青藏高原的存在使中国天然具有了优于英美的东接太平洋财源（市场）、西接印度洋资源的地理优势。中国依靠全球战略制高点青藏高原，占尽两洋地利。这种地缘优势——如能在青藏高原远望印度洋中部迪戈加

---

① ［苏］谢·格·戈尔什科夫：《国家的海上威力》，济司、二部译，生活·读书·新知三联书店1977年版，第5页。

西亚岛上的美国空军基地，或由此反视青藏高原，我们就会对中国在印度洋所具有的地缘政治的天然优势毫不怀疑——又使中国得以避免英美国家为获取世界优质市场和优质资源/能源而不得不劳师远涉西太平洋和西印度洋的困境，并由此可以避免英美国家通过建立漫长的海上岛链的方式推进中国海权。

陆权与海权的作用与反作用理论告诉我们，最有效的制海权是有大陆板块依托，因而可以获得可持续的巨量资源跟进制海权。中国因超大的近海大陆板块，特别是具有中远程导弹打击技术，使得当代中国对两洋有着强大的反作用力以及由此形成了较强的近海制海能力。由此反观西方国家因距离印度洋太远而产生“岛屿链”思维，实属无奈之举。在远海建立岛屿链需要巨大的资源支持，英国和美国要控制或占领印度洋，首先要从大西洋经过地中海或太平洋过来，而中国则可就近直达印度洋遑论太平洋，这种地缘政治中的大陆板块所具有的强大的海上反作用力的优势，如果再考虑到中国沿海已具有的强大的空防力量①，使得中国在相当程度上可弥补被西方人认为的海权技术上的短板。有利的地理位置，大大降低了中国处理海洋事务的成本，并因此有远比西方国家更从容的等待时间。

中国所独具的东接太平洋财源（市场）、西接印度洋资源的地缘政治优势打破了近代西方的“海权”神话，它使中国海洋安全研究有了革命性的视角，这就是：中国是一个天然具有海权资质的大国。目前中国尚不是世界一流的海权技术大国，但中国以自身的地缘政治优势，会比西方英美国家以更快的速度步入海权大国行列。由此，“海洋自信”，继而“海权自信”应是中国海洋文化中的应有之义。

（二）用“西太平洋中国海”的概念统合“南海”“东海”“黄海”的分立表述

西太平洋关乎中国重大的主权利益，又是中国海上丝绸之路的起始线，在全新的视角下，我们对西太平洋的制海权建设也会有革命性的变化。

---

① “德国地缘政治学家把空中力量的发展视为英国的另一不利因素，他们认为，空中力量有利于大陆国家而不利于海洋国家。”［英］杰弗里·帕克：《二十世纪的西方地理政治思想》，解放军出版社 1992 年版，第 75 页。

1958年10月6日，毛泽东在起草《告台湾同胞书》中告诫美国人说：“西太平洋是西太平洋人的西太平洋，正如东太平洋是东太平洋人的东太平洋一样。”① 1959年2月22日，毛泽东在审阅并修改陈毅报送的《陈毅外长答新华社记者问》一文时再次强调“西太平洋”的概念。毛泽东写道：

> 所有西太平洋各国人民不了解，处在遥远地方的美国人，为什么，有什么理由，要跑到西太平洋这些国家来，以其军事、政治、经济、文化的力量，对这些国家加以控制呢？实在说不出理由的。所以总有一天，不论迟早，如同美国要从世界其他地区放手、缩回家去一样，美国也一定要从世界的西太平洋这部分地区放手，缩回家去。如果美国人自己不走，硬是要无限期地赖在这些国家的话，那末，总有一天，各国人民要起来把它赶走的。②.

毛泽东在不到半年的时间两次用“西太平洋”的概念，显然是有成熟的战略考虑。我们可沿着毛泽东从中国视角提出的“西太平洋”的构想，用“西太平洋中国海”的概念统合“南海”“东海”“黄海”分立式表述。这样可以避免“头痛医头，脚痛医脚”式的政策倾向，并以此推动中国人对中国海的整体认识。

根据英美等海洋国家海军建设的经验以及中国近现代失去台湾后即失近海制海权并由此反遭大规模入侵的教训，将并排于中国东部海域的南海、东海、黄海三大海上力量合编为统一的西太平洋舰队指挥体系实属必要。在这样的海上力量体系中，实现两岸统一以及捍卫东海、南海海域的中国主权已成应有之义，同时又不至将其力量伸展过远，大体在雅尔塔体系安排之内。有了深海，中国的核潜艇才可发挥终极反击作用，中国航母建设才能大步向前迈进，中国大陆的经济建设成果才能得到有效保卫，中国内陆安全的压力才会大幅降低。

---

① 中共中央文献研究室编:《毛泽东年谱(1949～1976)》第3卷,中央文献出版社2013年版,第459页。

② 中共中央文献研究室编:《毛泽东年谱(1949～1976)》第3卷,中央文献出版社2013年版,第595～596页。

（三）中国和印度之间存在一个和平交往规律

如果说中国周边外交有规律可循的话，那么，其间使这种规律比较稳定地得到展现的是中国和印度的关系。纵观两千多年中国版图，其伸缩变化最小的就是西南中印边界，究其因，非不为也，实不能也：北面下去不可继，南面上来不可守。正因此，当年走向印度河上游的亚历山大和成吉思汗，面对唾手可得的印度，都放弃了顺水南下的打算。与这两位君王稍有不同的是 14 世纪末南下进入印度的帖木儿①。帖木儿自称是成吉思汗的后裔，史载他于 1398 年由中亚进入印度并攻陷德里，“繁荣的德里毁于顷刻之间，多年积累的财富被劫掠一空”②，即使如此，帖木儿没在印度久留，“15 天后，帖木儿离开德里返国（1399 年 1 月）”③。

与此相反的是唐贞观年间唐使王玄策令“天竺响震”却无所建树的例子。史载：

> 初，中天竺王尸罗逸多兵最强，四天竺皆臣之，玄策奉使至天竺，诸国皆遣使入贡。会尸罗逸多卒，国中大乱，其臣阿罗那顺自立，发胡兵攻玄策，玄策帅从者三十人与战，力不敌，悉为所擒，阿罗那顺尽掠诸国贡物。玄策脱身宵遁，抵吐蕃西境，以书征邻国兵，吐蕃遣精锐千二百人，泥婆国遣七千余骑赴之。玄策与其副蒋师仁帅二国之兵进至中天竺所居茶镈和罗城，连战三日，大破之，斩首三千余级，赴水溺死者且万人。阿罗那顺弃城走，更收余众，还与师仁战；又破之，擒阿罗那顺。余众奉其妃

---

① 埃米尔·帖木儿(1336～1405)，出生于撒马尔罕以南的碣石(今沙赫里萨布兹)。帖木儿出身于巴鲁剌思氏部落，其祖先做过察合台汗国的大臣。1362 年，帖木儿在故乡附近起义。后为了巩固政权，采取婚姻关系，将西察合台汗国后王的公主纳为妻妾，成了察合台汗国的驸马。1369 年，他杀死西察合台汗侯赛因，建立了帖木儿帝国。1388 年征服花剌子模(中亚)，1389 年征服阿富汗。1390 年征服东察合台汗国(包括今乌兹别克斯坦和中国新疆的部分地区)。1393 年征服波斯。1398 年南征印度。1399 年末西征土耳其，1402 年在安卡拉战役中大败奥斯曼帝国，俘其苏丹巴耶塞特一世。1404 年 11 月，率领 20 万军队东征明朝，1405 年 2 月病死于行军途中。

② 林承节：《印度史》，人民出版社 2004 年版，第 129 页。

③ 林承节：《印度史》，人民出版社 2004 年版，第 129 页。

> 及王子，阻乾陀卫江，师仁进击之，众溃，获其妃及王子，虏男女万二千人。于是天竺响震，城邑聚落降者五百八十余所，俘阿罗那顺以归。以玄策为朝散大夫。[①]

除了“天竺响震”浮功外，中国版图并未因“城邑聚落降者五百八十余所，俘阿罗那顺以归”的战果而在南亚次大陆得到像张骞远征西域那样的大幅推进：在天竺国地，既没有出现中国的附属国，更没有出现朝廷册封的藩王。新旧《唐书》皆不为王玄策作传，其“不足为训”的深意不言而喻。

与进入印度而又迅速退出的帖木尔、王玄策完全不同的是帖木尔后裔巴布尔[②]，他以喀布尔为根据地力图复辟帖木尔帝国的辉煌，失败后进入印度，其结果是他在1526年建立了莫卧儿王朝的同时，自己也脱离中亚、融入印度并脱胎成印度人。

毛泽东似乎注意到这个历史事件及其意义。据基辛格披露：1962年10月“毛泽东告诉手下的军政领导人，历史上中国和印度打过‘一次半’仗，北京可以从中吸取经验。第一次中印战争发生在1300年前的唐朝（618～907年），中国出兵支援印度王国打击非法作乱的敌手。中国出手干预后，中印两国之间开始了长达数百年繁荣的宗教交流和经济交流。用毛泽东的话说，这场战争给人的启迪是，中国和印度并非注定是宿敌。”基辛说：“在毛泽东脑海里，那‘半次’中印战争发生在700年后，当时的蒙古统治者帖木儿攻陷了德里。”这一次“毛泽东吁嘱中国军队要做到‘有理有节’”。[③]

青藏高原北缓南陡的地形使我国西藏地区与中原政权发生天然联系而不与南面的南亚次大陆国家联系遑论冲突，这使西藏天然成为中国的一部分。同时还使中国在不需要巨大国防投入的条件下在西南方向天然获得了居高临下的地缘优势。阿里地区位于中国西南边陲，在巴基斯坦和缅甸从英印统治下获得独立后，印度与中国的关系从地理上反倒更有了和平的保证。

---

① 司马光：《资治通鉴》第一百九十九卷《唐纪十五》，中华书局1956年版，第6257～6258页。

② 扎希尔丁·穆罕默德·巴布尔（1483～1530），统治印度次大陆的莫卧儿帝国的开国君主。其名“巴布尔”在波斯语中意思是“老虎”。

③ ［美］基辛格：《论中国·前言》，中信出版社2012年版，第XI～XII页。

最能够说明中印之间这种因地理环境造成的和平交往规律的案例，是吐蕃王朝。该王朝起于西藏山南地区并迅速向北扩张，历时200余年，其统治范围最广时西起葱岭，与大食接壤，东至现今甘肃省陇山、四川盆地西缘，北起天山山脉以南、居延海，南至青藏高原南麓与印度次大陆北部接壤。吐蕃王朝曾强大到几乎可以和中原唐王朝“谈婚论嫁”，即使如此，尤其是在王玄策带着吐蕃的军队将天竺国统一政权打碎后，印度陷入为时长达五百多年分裂的历史，吐蕃王朝的边界也“不从这个根据地向南方的印度发展”，而是“越过他们领土中最荒凉、最困难的漫漫地区，向中国西部及中亚发展”①，同期吐蕃王朝的南境也没有受到南方印度的侵略；与中国西域相反，此间中印之间留下更多的并不是冲突，而是唐玄奘西去天竺国取经的和平佳话。对此，拉铁摩尔解释得比较有力，他说：“在西藏地区，山岭代替了长城。”②

但是，“和平规律”并不是没有冲突，而是说，如果有，与中国周边其他地区相比，其冲突的概率、规模和烈度，都是最低的，其对边界线的影响也是最小的。

毛泽东同志比较早地洞见到这一“万年规律”。1959年5月13日，毛泽东审阅中国外交部对印度外交部外事秘书杜德于4月26日谈话的答复稿时加写了如下一段文字：

> 总的说来，印度是中国的友好国家，一千多年来是如此，今后一千年一万年，我们相信也将是如此。中国人民的敌人是在东方，美帝国主义在台湾、在南朝鲜、在日本、在菲律宾，都有很多的军事基地，都是针对中国的。中国的主要注意力和斗争方针是在东方，在西太平洋地区，在凶恶的侵略的美帝国主义，而不在印度，不在东南亚及南亚的一切国家。尽管菲律宾、泰国、巴基斯坦参加了旨在对付中国的东南亚条约组织，我们还是不把这三个国家当作主要敌人对待，我们的主要敌人是美帝国主义。印度没有参加东南亚条约，印度不是我国的敌对者，而是我国的朋友。中国

① ［美］拉铁摩尔:《中国的亚洲内陆边疆》,唐晓峰译,江苏人民出版社2010年版,第152页。
② ［美］拉铁摩尔:《中国的亚洲内陆边疆》,唐晓峰译,江苏人民出版社2010年版,第169页。

不会这样蠢，东方树敌于美国，西方又树敌于印度。西藏叛乱的平定和进行民主改革丝毫也不会威胁印度。你们看吧，“路遥知马力，事久见人心”（中国俗语），今后三年、五年、十年、二十年、一百年……中国的西藏地方与印度的关系，究竟是友好，还是敌对的，你们终究会明白。我们不能有两个重点，我们不能把朋友当敌人，这是我们的国策。几年来，特别是最近三个月，我们两国之间的吵架，不过是两国千年万年友好过程中的一个插曲而已，值不得我们两国广大人民和政府当局为此而大惊小怪。[①]

毛泽东在这段文稿中将中印关系放到“一百年”“一千年”“一万年”的历史大尺度中，认为“总的说来，印度是中国的友好国家，一千多年来是如此，今后一千年一万年，我们相信也将是如此”。但这并不排除会出现短暂冲突，但这即使发生，也不值得两国“为此而大惊小怪”，这只“不过是两国千年万年友好过程中的一个插曲而已”。

1962年的对印自卫反击战——比较抗美援朝战争——是对这一规律的辩证运用。在中国边防部队在中印边境全线停火的第二天，即1962年11月23日，据《毛泽东年谱》记载，毛泽东让身边工作人员找来除《宋史纪事本末》以外的其他各朝纪事本末。次日，又要《续通鉴纪事本末》。毛泽东说，读完《元史》，再读《通鉴纪事本末》，然后读《续通鉴纪事本末》[②]。基辛格写道：

难以想象，除了中国还有哪一个国家的现代领导人会借用千年之前的战役的战略方针作出一项牵动全国的决定。同样难以想象，他确信他的同事能够领悟他借鉴历史事件的深意。[③]

---

① 毛泽东：《印度不是中国的敌对者，是中国的朋友》（1959年5月13日），《毛泽东文集》第8卷，人民出版社1999年版，第66～67页。

② 中共中央文献研究室编：《毛泽东年谱（1949～1976）》第5卷，中央文献出版社2013年版，第170页。

③ ［美］基辛格：《论中国·前言》，中信出版社2012年版，第XII页。

（四）中国国内安全是一个相互联动的整体

如果说在明朝之前，中国东南安全与西北安全紧密联动的话，那么明朝之后，中国西南方向的安全日益紧密地与东部，特别是东北部安全相联动。明朝中期，中国东海尚未出现大的危机，此前西南方向对于中原诸王朝而言，只是稳边安民的问题。但到明末，东海倭患蜂起，特别是清兵入关后，西南便成了各类反清力量的啸聚之地，缅甸之于中国地缘政治的战略意义也随之上升，渐成为中国大西南诸力量获取外援的重要通道。

清末，中国东部出现乱局，英俄境外势力也加大了对西南地区的打劫。1902 年，英日签订《英日同盟条约》，1903 年 10 月英印军队便向西藏发起攻击并于年底进占拉萨。1907 年 8 月 31 日，英俄签订协约，调整了各自在中亚的势力范围，协约把伊朗分为三部分，北部属俄国势力范围，东南部属英国势力范围，中部划为“缓冲区”；俄国承认阿富汗为英国的附属国，规定双方“承认中国对西藏的宗主权”。这个协定表明俄国退出与英国在涉藏问题上的争夺。

1937 年，日本全面侵略中国，东海的制海权沦落日本之手，中央政府迁至重庆。缅甸通道对于中国的战略意义陡然增升，西康设省已刻不容缓。1938 年 11 月 22 日，行政院议决西康准予建省。在中国东部被日本全面封锁的情况下，中央政府急需打通滇缅公路，于 1937 年 10 月始征调云南民工 20 万人，用了不到一年的时间修成了连接昆明至瑞丽的中国境内段公路，进入缅甸后又继续修建了经过缅北的公路，两段合称“史迪威公路”，中国由此从境外获得大量战略物资，为抗战胜利提供了有力支持。而所有这些举措得到有力执行，西康省的设置功不可没，而以西藏为重心的青藏高原的主体部分在中国境内的存在则为中华民族一次次战胜外敌入侵提供了坚不可摧的后方支撑。

鉴于这些历史的经验，毛泽东始终将中国东部安全与西部安全、继而东北安全与西南安全联系起来考虑。1953 年，就在朝鲜停战协议即将签字的前夕，毛泽东即从抗美援朝前线抽调秦基伟至云南，当年 6 月 13 日毛泽东在中南海颐年堂接见秦基伟，告诉他：“调你到云南工作。云南是我国的西南大门，处于重要的战略位置。”[①] 1959年中苏交恶后的一系列事件引起毛泽东的高度警觉，毛泽东提议“三线建设”。为了对付“从中间突破”的可能性，在各种方案中，毛泽东首选以西南为重心的“大后方”建设，集中投资于四川东部山区和中部平原，特别是重庆一带，在四川西南端的攀枝花和甘肃酒泉建造钢铁基地。为了消除大三线建设的外围干扰，1962年，毛泽东指示在西南中印边境发起自卫反击战，有力遏止了印方对我方边界的蚕食。1969年3月，中国在东北黑龙江省乌苏里江主航道中心线中国一侧珍宝岛针对苏联入侵发起反击，随后毛泽东迅速将目光移至中国大西南，12月18日，经毛泽东审阅同意，中共中央发出《关于加强西藏阿里地区工作的指示》，指出：“阿里地区地处我国西南边疆，战略地位十分重要。”[②]

（五）欧亚大陆战略力量存在比例也有一个“黄金分割率”

“黄金分割率”是古希腊哲学家毕达哥拉斯发现的美学定理。他曾经过反复比较，最后确定1∶0.618的比例最完美。事实上，欧亚大陆战略力量存在也有一个天然比例。

在欧亚大陆分区并存有欧洲、中亚和中国三种战略力量。历史表明，在欧亚大陆的主要区位即北纬30°至60°之间可容纳的战略力量只有2.5个，也就是说，在三种战略力量之间，必然有一个生存空间要受到其他两个的严重挤压并因此出现破碎地带。比如上古时代在欧亚大陆分区并存的是欧洲罗马帝国、中亚诸帝国和中国。此间欧洲罗马帝国和秦汉强大，中亚地区力量受到挤压并分出安息、贵霜诸帝国。此时欧洲、中亚和中国之间的力量比为1∶0.5∶1。罗马帝国解体后欧洲中世纪陷入碎片化时代，这为中亚阿拉伯帝国继而蒙古汗国、奥斯曼帝国乃至俄罗斯帝国的崛起和大面积扩张腾出空间。此时中国保存完好并转入持续统一朝代。此时，欧洲、中亚和中国之间的力量比就转为0.5∶1∶1。进入工业革命后，欧洲又开始复兴和强大，中亚伊斯兰力量在欧

① 中共中央文献研究室编：《毛泽东年谱（1949～1976）》第2卷，中央文献出版社2013年版，第113页。

② 中共中央文献研究室编：《毛泽东年谱（1949～1976）》第6卷，中央文献出版社2013年版，第275页。

洲、中国尤其俄罗斯的挤压下日渐式微，此时的欧洲、中亚和中国之间的力量比又恢复到1：0.5：1。俄罗斯在北方崛起并向南强力插入中亚地区，部分地取代了原来夹在欧洲和中国之间的伊斯兰力量及其比例。此后原来的欧洲、中亚伊斯兰诸国和中国三种战略力量并存的格局就为欧洲、俄罗斯-中亚伊斯兰诸国和中国（1：0.5/2：1）并存的格局所取代。近代历史经验表明，在欧洲、俄罗斯-中亚伊斯兰诸国、中国三者中很少有一支力量能单独扩充到1.5的水平，即使有，比如唐王朝、蒙古政权都勉强接近这个水平，英国、沙俄、苏联也都曾入侵阿富汗试图填充中亚，其结果也都是短暂和失败的。如果将中亚战略力量比喻为欧亚高地的“堰塞湖”，那么，不管是欧洲还是中国，在近代以后还有俄罗斯，其中若有任何一方衰落——比如19世纪末清王朝的衰落和20世纪上半叶欧洲在两次世界大战中的衰落及20世纪末的苏联解体——并由此造成的战略力量的收缩，都会引发中亚战略力量（主要是伊斯兰力量）在欧亚接合部即中亚地区的崛起及向其他战略力量坍塌方向的扩张。今天出现大规模涌入欧洲的“难民潮”与欧盟分裂相伴而生便是这一规律的历史再现。

认识欧亚大陆战略力量“黄金分割”规律有利于我们看清欧亚大陆此起彼伏的战略力量消长规律及其成因，并由此认识在这个规律作用下中国国力在中亚地区的极限。而认识国家力量的极限，是成熟和成功外交的前提。

麦金德先生以天才的想象提出了欧亚大陆的“地理枢纽”理论，但他没有认识到欧亚战略力量存在着这样的一个“黄金分割”规律，以致他的理论成了英国将国力延伸到中亚和印度洋并由此造成大英帝国衰落的诱因。凯南、布热津斯基步麦金德后尘，他们的理论更成了将美国驱至印度洋和中亚并由此造成美国衰落的元凶。

（六）中国在世界格局中有着独特的定位，不能任意夸大和缩小

美国和俄罗斯作为民族国家，因其拥有巨大的战略回旋空间而拥有超强的生存能力和超强的反侵略能力，它们是保证世界战略平衡的主角，是“真老虎”；但作为帝国，它们也为其巨大的本国版图所拖累，它们又是“纸老虎”，其扩张和帝国控制能力是脆弱和不堪一击的。与俄罗斯和美国不同，中国不是保证世界战略平衡的主角，却是决定主角间输赢的关键砝码。比如，第一次世

界大战俄国战败和苏俄十月革命胜利，决定了世界格局，而中国在太平洋战争中的胜利和新中国的建立，只是加强了雅尔塔格局和世界社会主义阵营的力量。相对于欧洲而言，中国政治具有很强的整体性，在大陆中心国家和海洋边缘国家之间，中国砝码的倒向——相对于法国、德国而言——对于两边平衡具有更为关键的作用；从某种意义上，也可以说中国在世界变局中扮演着“The last straw that breaks a camel's back”① 即压垮骆驼的最后一根稻草的角色。

三、未来中国国家利益的拓展要在不失国重、保持国力支出不失衡的原则下进行

历史上因赢而败的战争要比因败而赢的战争多得多，这是由于战略制定者没有把握好资源和战略目标在特定空间距离间的匹配关系，以及利用地理阻力实现战略与目标之间矛盾转化的节点。与欧洲政治版图的破碎地带由中心发生的地缘形势相反，亚洲政治版图的破碎地带围绕中国展开，这使中国天然地成为亚洲的中心和重心②。中国又与美国不同，中国是一个近邻太平洋和印度洋的国家，东接市场财源西接工业资源，这种天然优势使中国不需劳师涉远就可获得国际优质资源；同时，中国又是一个大陆国家，受四面牵制，与任意一边过度拉伸会导致平行四边形的稳定性受到破坏的道理一样，中国在四边任意方向的过度扩张都会导致另一方向受到相应挤压及不得不做出的相应的战略收缩。“留得青山在，不怕没柴烧”，根据亚洲的地缘政治的特点，伴随国力增长，未来中国国家利益的拓展要在不失国重、保持国力支出不失衡的原则下进行。笔者认为：“国家保主权、国内保政权、周边保格局、全球稳利益，世界保和平”应是这一原则的具体表述，而做到了这几点，国家基

---

① The last straw that breaks a camel's back。阿拉伯的寓言，说的是有一匹老骆驼一天到晚任劳任怨地干活，有一次主人想看看这个老骆驼到底还能承载多少货物，于是不断地向它背上加载货重，当主人最后将一根稻草放在骆驼背上的时候，出乎意料的是，这一根稻草却使老骆驼轰然倒地。

② 毛泽东：“美国侵略政策的对象有好几个部分。欧洲部分，亚洲部分，美洲部分，这三个是主要部分。中国是亚洲的重心，是一个具有四亿七千五百万人口的大国，夺取了中国整个亚洲都是它的了。”毛泽东：《别了，司徒雷登》，《毛泽东选集》第 4 卷，人民出版社 1991 年版，第 1491 页。

本就可行稳致远和长治久安。

今天的中国“比历史上任何时期都更接近、更有信心和能力实现中华民族伟大复兴的目标”[1]。与此相应，中国地缘政治研究需要告别“言必称希腊”的心态，回归到中国的月亮与外国一样圆的基本常识之中。

① 习近平:《决胜全面建成小康社会夺取新时代中国特色社会主义伟大胜利》,《习近平谈治国理政》第3卷,外文出版社2020年版,第12页。

后 记

半生回忆半生谢

1957年5月27日我出生于陕西西安，学名张文木。父亲取名出自《庄子·人世间》，庄子在这篇文章中将树木分为文木和散木。文木是有用之木，散木是无用之木。文木因其有用而夭于斧斤，散木因其无用而颐养天年。学者认为庄子在赞扬散木。我以为庄子的本意是有为与无为的统一。由于现实世界太强调有为，庄子才强调无为的好处。父亲取名时说：人还是要有作为的。

我小名叫望回。望，比也；回，颜回。孔子赞扬颜回“一箪食，一瓢饮，在陋巷，人不堪其忧，回也不改其乐”。我父亲说，可与颜回比比。我考上博士后，对父亲半开玩笑说，与颜回比，吃苦耐劳和安贫乐道的精神我不输颜回，相比之下，颜回就差个博士文凭。

回顾一生，除了自己努力外，总觉得老天也眷顾我，在我人生最困难的时候总会柳暗花明。

我们这一代人是从读毛主席的书起步人生的。读小学时，正是20世纪60年代，学校基本没课上，图书馆也贴上封条。除了背诵毛主席语录和雷打不动的“天天读”外，学校就没有多少其他知识教育。在这样的大背景中，毛主席就成了我们这一代人的启蒙老师。毛主席的书，我读得早，记得也熟。

入中学后，学校已经复课了，图书馆也解禁。这时毛主席鼓励大家“认真看书学习”，学历史、学哲学、学马列主义。当时我一头沉下来“响应号召”，按当时流传的毛主席为青年人开的书单，读起书来。先读马列的书，转读范文澜的《中国通史简编》。范老的文章绝无八股气，极通俗，我从此受益于他的文风——当然，这也是毛主席在延安倡导的那种文风。那时学校课堂上考勤不严格，更没考大学这回事，我因此有幸摆脱了如今学生那么多的负担和压力。大量的阅读时间让我可以有计划地读了几年书。由此我便结了书缘。

今忆起，觉得当时对我影响最大最深刻，同时也让我最受益的就是毛主席的书。毛主席的书使我在人生的启蒙阶段生发了理想和做人的主义；有了理想和主义（尽管当时还很朦胧），就有了做人的根底和方向。我当教师的时候，学生常请我向他们推荐好书，每逢此时，我都会告诉他们：毛主席的书将使每个中国青年终身受益。

1975年，我响应毛主席上山下乡的号召，到陕西渭南大荔县插队锻炼。乡下生活苦，但我至今都觉得它是我一生收获最丰的年份。初到农村，我抱着“改造中国与世界”的宏愿，为改变农村落后面貌，用仅有的一点积蓄为农民办沼气、搞夜校，其间有成有败，有快乐也有痛苦。与农民的交往使我知道了自己在世界中的位置，知道了知识分子还应多向工农学习。四年的苦辣酸甜，特别是其中那迎着刺骨寒风，披星戴月与众人会战黄河大坝的经历，使我知道了中国的农村和农民；知道了农村与农民，从某种意义上说，就了解了中国。现在看来，正是这一时期的坎坷，使我能够对后来读书工作，乃至爱情婚姻中出现的挫折坦然处之；正是这一时期农村生活的陶铸，使我养就了朴素的品质，朴素让我后来的人生过得很充实；最后，还是这四年的农村磨砺，使我知道了国情，这种只有从生活，特别是基层生活才能学到的知识使我得以在后来的社会激荡变迁中保持冷静，冷静又使我在无常的生活变化中得以为人无愧，为己无悔，始终保持了做人的本分。

1978年，我上半年参加征兵，下半年参加招工考试。记得那年参军快戴红花了，又不行了；招工考试差一分，如有那一分，我就到大荔县粮食局卖粮食去了。

结果，学习好的被招工走了，我这学习“不好”的用5个月的时间从ABC完全自学考上西北大学英语本科。记得考大学的同时，我父亲也在给我办下乡知识青年的回城手续，结果是我父亲同时收到返城批文和我的大学入学通知书。记得那天父亲左手是批文，右手是入学通知书，高兴极了。

入学后，由于有四年下乡经历，我非常珍惜大学学习时间。整整四年，我基本是晚上在图书馆自习后再回教室学到12点。过年也是除夕回家，初二返校读书。总的说来，成绩还好。

但是，我并不满足只学英语而没有其他专业知识，我开始旁听中文系世界文学和历史系世界通史的课程。大学四年级时，我决定考西北大学历史系研究生。那年我信心满满，在宿舍写下“奋斗”二字，可视为自我鼓励。

记得那年就初录了我一人，可在面试时我被刷了下来。当时外语系不支持跨专业学习。我在毕业时被分配到临潼县（今陕西省西安市临潼区）中学，一年后又下放到新丰镇，就是项羽给刘邦摆鸿门宴的地方，在一个技术学校教英语。那里的娃娃真的很朴实，让人难忘。学校只有四间教室，围墙高不过肩。我记得很清，工会主席腰上挂着学校的许多公章。我是本科生，算是分到一间十几平方米的住房。上班第一天，回到房间拉被子休息，被子里竟跑出一窝小老鼠。乡下学校一年放四次假，学习时间富裕。1984年我写了13万字的《宏观信息论》，手稿现在还压在我的书柜里。《资本论》《爱因斯坦问答》等书也是这一时期读的。下面是当年写的一篇日记，那种愈挫愈奋的心情跃然纸上：

> 我一天都在写作，写我的《宏观信息论》，下午出来散步，我漫步在不平的小路上。路边是奔跳的小溪，小溪两边是簇簇秋草。风儿使劲地吹，小草翻动着落日的光，彩色的光。我心情抑郁，壮怀激烈：我在骊山脚下四方漂泊，可我不忘少年抱负；我放眼远望天上腾空雄奔的大云，幻想何时才能那样掀起历史的大浪；我凝视眼前这遍地秋风，但愿我也能驰骋沙场……少年啊少年，少年并没有忘却当年的文字激扬，少年并没有意志颓废，他多么想再振华夏声威，报效这爱国心肠……我慢慢地走着，只有小溪和小草理解我的心，小溪欢腾地随行，小草热情地歌唱，我俯视着它们，仿佛它们都是我的将士，瞬间，我眼前晃动着百万大军，待我调令……我知道这是幻觉，我却激动地与小草握手，与小溪同行，我真不愿与它们告别。

2019年《太平洋学报》第10期发表我1985年写的《群环共构的宇宙》。这是我唯一的一篇天体物理学的随笔，其中的构思恰恰产生于天津读研期间，而这些思想则最初萌发于在新丰镇阅读爱因斯坦理论时的思考。

1985 年我考上天津师范大学研究生班，专业是科学社会主义。此前读了爱因斯坦和自然辩证法，这促使我一直在思考宇宙问题。思考这些问题的人在同学中基本属于“疯癫”类了。记得有一天晚上散步时，我问自己：既然人的认识是无限的，那为什么人至今也不知道自己头的背面是什么样的？——通过镜子看到的只能是间接的认识，间接的认识只能接近真实但不是真实。由此我又问：宇宙的后面是什么？我只能知道宇宙后面还是宇宙。这样就打破了牛顿、爱因斯坦的单环宇宙，提出群环共构的宇宙的构想。于是我一气写出《群环共构的宇宙》，三十多年后这篇文章得以发表。那真是一段激情燃烧的青春。文章不长，但其思维深刻的程度，今天读来仍让我吃惊，我都不知当时是怎么写的。

我人生有太多的失败，今天看来，都是天意：老天不让我走的路都是对我不好，对国家民族也不利的路。

20 世纪 80 年代，我大学毕业前许多同学劝我出国，今天看来没去是对的。大学毕业后，也曾试着涉足商海，但性格使我很快回到学校读书。2016 年，美国海权论之父马汉曾执教的海军战争学院请我参会，除了来回机票等条件，他们知道我尽管英语本科毕业却不爱说英语，还说给我配翻译。对此，我感谢后秒拒。

1987 年我研究生毕业从天津来到杭州，到浙江财经学院任教，天津老师介绍一位杭州姑娘，谈了几天就谈成了媳妇，当月领证。也算闪婚，可这一闪，就是一生情。

1989 年我就信息战问题思考成文《迎接新世纪的挑战：21 世纪国防新思维与中国对策》，我把文章寄给钱学森教授并得到钱老的回信。

记得写这封信并收到钱老回信之后，有一位同事，也是好心，觉得我书呆子气重，不灵光，当面指着我断言十年内我将一事无成。我无言以对。

当时杭州没多少学术氛围，大多数人不太理睬这类“没花头”的事。因此我决定北上。1994 年我考入山东大学读博士。

1997 年，我博士毕业被分配到北京做国际关系与国家安全研究。

我一生没当过任何级别的干部。我的研究员职称是五十多岁时评上的。从教以来没当过硕导遑论博导，就是发表的文章多，出的书多，涉及领域广泛。没申报过重大课题，有一个课题是一家单位专为我设的，人家让我写两万字，我一下写了两百多万字，这就是那部《全球视野中的中国国家安全战略》（上、中），课题费没用完，剩余部分也还给人家了。这部著作的上卷获得了2008年第二届国家新闻出版总署“三个一百”原创出版工程奖，2020年该著作收入《张文木战略文集》第五、六卷。

吉人天相。我博士毕业来北京，天赐我住在这么好的小院读书做学问，让我还能做出符合中国国情的国家安全理论。在我六十岁花甲年，国家新闻出版署批复同意安排出版以我名字命名的十卷本《张文木战略文集》，六十三岁退休时这套文集由山东人民出版社出版。

一生多在学校教书。现在与我同龄的人都退休了。今回忆，当年分道扬镳的同事许多都随钱或虚名去了，我则选择与祖国的命运同行。是盈是亏老了才能看明白。正是：

明月不负好教师，
种瓜得瓜花甲日。
浮生不计吃亏事，
是盈是亏老来知。

我一生感谢的人除父母外就是我夫人和我弟媳，我夫人陪我一生助我事业，我弟媳为我西安父母送终，代我尽大孝。

感谢山东，我在山东大学读的博士，山东人民出版社出版了我的绝大多数作品及《张文木战略文集》，山东既是中华文化的福地，也是我的福地。

今回忆，要不是天助，这些仅凭个人努力是做不到的。后悟出这个“天助”就是中国和中国的事业，就是这个伟大的新时代。我一路走来，不受诱惑，实事求是，宁可终生被边缘，也要始终“站在历史正确一边”，结果我选对了人生的方向。

谢天谢地！

感谢祖国！

感谢时代！

不求，上进；求之，不得。人生辩证法到老了才能觉悟。我将无我，不负这个伟大的时代！正是：

国事已陈可对天，
文章不争自风流。
潮起潮落石不动，
文也木也春与秋。